학문을 키워주는 미래로의 산책

에게 드립니다

온고지신(溫故知新)

'온고(溫故)'는 옛것을 익힌다는 뜻이고, '지신(知新)'은 새것을 안다는 뜻으로 새로운 것을 알기 위해서 옛것을 익히고 배워야 한다.

온고지신 인문학 8

원저:공자 / 편저:박일봉

일봉 논어2

개정판

육문사
Yukmoonsa

온고지신 인문학 8

일봉 논어2

초판 1쇄 | 2017년 5월 15일 발행

원저자 | 공자
편저자 | 박일봉
교　정 | 이정민
디자인 | 인지숙
펴낸이 | 이경자
펴낸곳 | 육문사

주소 | 경기도 고양시 일산동구 산두로 128, 909동 202호
전화 | 031-902-9948
팩시밀리 | 031-903-4315
출판등록 | 제313-2011-2호 (1974. 5. 29)

ISBN 978-89-8203-029-1 04140
978-89-8203-100-7 (세트)

국립중앙도서관 출판예정도서목록(CIP)

(일봉) 논어. 2 / 원저자: 공자 ; 편저자: 박일봉. -- 고양
: 육문사, 2017
p. ; cm. -- (온고지신 인문학 ; 8)

한자표제: 論語
원표제: 论语
원저자명: 孔子
중국어 원작을 한국어로 번역
ISBN 978-89-8203-029-1 04140 : ₩15000
ISBN 978-89-8203-100-7 (세트) 04140

논어(사서)[論語]

148.3-KDC6
181.112-DDC23 CIP2017010518

一峰 論語2

논어를 시작하며……

≪논어(論語)≫는 깊은 맛이 있는 말씀과 엄격하되 따뜻한 삶의 모습을 전하기 때문인지 아득한 한대(漢代)로부터 집집마다 간직되고 사람마다 읽어 온 책이다. 더구나 독자는 천하에 걸치고 남녀노소를 묻지 않는다.

710년에 위구르(Uighur)에서 열두 살의 소년이 베껴 쓴 ≪논어정씨주(論語鄭氏註)≫를 오늘날 우리는 볼 수 있다. 국적을 묻지 않고 지금까지 도대체 얼마나 많은 사람이 이 책을 읽은 것일까? 한 사람이 하염없이 읽고 또 읽었다면 그 연인원 수는 오늘날 지구에 사는 총인구와 비교하여 어느 쪽이 많을까? 당연히 무수한 주석(註釋)이 만들어지고 해설이 기술되어 있다. 이제 와서 내가 또 무슨 말을 하려는 것인가?

모든 고전은 독자의 수를 제한하지 않는다. 육십억 인구 중에 둘도 없는 나 한 사람임을 소중히 여길 때, 그리고 자기 자신의 존재를 돌이켜볼 때 고전은 이미 그 사람 앞에 문을 활짝 열어 놓고 있다. 그리고 기연(機緣)으로 맺어진 선인(先人)의 주석이 안내역을 한다. ≪논어≫는 우리 인류에게 둘도 없는 고전이다.

나는 지금 우리에게 주어져 있는 통행본(通行本)으로 ≪논어≫를 읽는다. 그리고 그것이 나에게 이야기해 주는 바를 적는다. 중국의 고전이 표

의문자(表意文字)로 씌어져 있음은 우리에게 있어서 천만다행이다. 만일 2500년 전 이민족의 한 지역, 더욱이 한 무리의 사람들의 대화가 표음문자(表音文字)로 기록되어 있었다면 오늘날의 우리가 그것에 접근하기란 거의 절망일 것이다.

≪논어≫에서 우리는 한자(漢字) 하나하나에서 일단의 개념을 보고 느낄 수 있다. 그 개념에 포함되는 속성(屬性)에서 하나하나의 말이 각각의 경우에 주장하는 의미를 짜내어 파악하려는 시도가 주석이 되고 해설이 된다. 많은 선인들이 그것을 시도해 왔다. 나도 또한 그 뒤를 따라 그 아름다운 것을 주워서 이 완석본(完釋本)을 만든다. 사실상 선인들의 주석의 일가(一家)에 치우치는 것도 잃는 바가 많고, 여러 갈래에 걸치는 것도 얻는 바가 많지 않다.

나는 주로 여러 옛 주석가를 따른다. 말의 추구에 있어서 새 주석보다는 충실함을 높이 사는 것이다. ≪논어≫의 성립과 전승(傳承)에 따르는 여러 문제는 전공의 연구 성과에 맡기고 지금은 언급하지 않는다.

박일봉

차 례 / 논어(論語)2

차 례 / 논어(論語)1

<일러두기>

- 이 책은 세상을 움직이는 책 《일봉 논어》를 원본으로 하여 자신의 내면을 바르고 건전하게 가꾸며 타인, 공동체, 자연과 더불어 사는 데 필요한 인간다운 성품과 역량을 기르는 인성교육의 도움이 되도록 온고지신 인문학 시리즈로 발간하였다.
- 한자의 뜻과 문장을 【글자 뜻】, 【말의 뜻】, 【뜻 풀이】로 음과 훈을 달아 자세히 풀어 한자 사전을 찾는 번거로움을 덜도록 하였다.
- 한자와 어구(語句)를 익힌 다음, 【뜻 풀이】로 문장을 참고해 가며 원문을 큰 소리로 되풀이하여 읽으면 한문 실력이 좋아질 것이다.

제10 향당편 (鄕黨篇)

≪논어≫는 공자와 제자들의 어록(語錄)이다. 오직 이 향당편(鄕黨篇)만은 전편에 걸쳐서 공자 또는 군자라 일컬어지는 사람들의 공사(公私)에 걸친 일상생활의 처신을 등재하였다. 특이하며 독립된 한 편이다.

이와 같이 특이한 것은 권말(卷末)에 덧붙여지는 것이 편집의 상례(常例)이다. 따라서 ≪논어≫도 원래는 여기서 마무리되었던 것으로 생각된다. 이른바 「상론(上論)」「하론(下論)」의 설을 성립시키는 하나의 중요한 자료이다.

1

孔子於鄕黨 恂恂如也. 似不能言者. 其在宗廟朝廷 便便言唯謹爾.
공자어향당 순순여야 사불능언자 기재종묘조정 편편언유근이

공자께서 향리에 계실 때에는 공순하시어 말할 줄 모르는 사람 같으셨다. 그러나 종묘나 조정에서는 시원시원하게 발언하시되 아주 정중하셨다.

【글자 뜻】 恂:정성 순. 似:같을 사. 廟:사당 묘. 便:편할 편.

【말의 뜻】 鄕黨(향당):거주 지역의 공동체. 향리. 恂恂如(순순여):온화하고 공손한 모습. 其在宗廟朝廷(기재종묘조정):국왕이 종묘에서 조상의 제사를 받드는 것을 도울 때. 또 조정에서 정치에 종사할 때. 便便(편편):변론이 유창한 모양. ≪사기(史記)≫ 공자세가는 「변변(辯辯)」이라고 하였다. 唯謹爾(유근이):「唯」는 전심으로. 「爾」는 글의 상태를 고르기 위한 구말(句末)의 조사(助辭). 「謹」은 삼가고 공경함. 우쭐하여 상대를 가리지 않고 지껄여대지 않음.

【뜻 풀이】 ≪논어≫는 공자와 제자들의 어록(語錄)이다. 오직 이 향당편(鄕黨篇)만은 전편에 걸쳐서 공자 또는 군자라 일컬어지는 사람들의 공사(公私)에 걸친 일상생활의 처신을 등재하였다. 특이하며 독립된 한 편이다.

이와 같이 특이한 것은 권말(卷末)에 덧붙여지는 것이 편집의 상례(常例)이다. 따라서 ≪논어≫도 원래는 여기서 마무리되었던 것으로 생각된다. 이른바 「상론(上論)」 「하론(下論)」의 설을 성립시키는 하나의 중

요한 자료이다.

고주(古註)와 신주(新註)가 다 같이 향당편(鄕黨篇) 전체를 한 장(章)으로 하고 단락을 절(節)로 하였다. 고주는 25절, 신주는 17절로 절을 나누는 법은 동일하지 않으나 이 편을 특수 취급하고 있는 것은 양자가 다 같다. 그러나 지금은 그것에 구애받지 않고 다른 여러 편과 마찬가지로 장(章)으로 순서를 세웠다.

이 제1장에 「孔子」라 하였고 그 이후의 각 장에는 끝에 공자의 이름을 내지 않는다. 본편 12의 「丘」, 13의 「子」 외에 주어를 보이지 않는다. 모두 공자를 주인공으로 삼고 있는 것이리라. 이것도 특이한 기술법이다.

여기에 기록되어 있는 동작은 ≪의례(儀禮)≫, ≪예기(禮記)≫에서 말하는 예의 모습과 같다. 공자에 의하여 예용(禮容)이 갖추어지고 그것이 공문(孔門)의 예의 기준이 되고 모범이 되어 일정한 틀이 잡혔던 것이리라. 이 향당편(鄕黨篇)은 독자에게 그 경과를 더듬는 흥미를 제공한다.

2

朝與下大夫言 侃侃如也. 與上大夫言 誾誾如也. 君在 踧踖如也 與與如也.

(조여하대부언 간간여야. 여상대부언 은은여야. 군재 축적여야 여여여야.)

조정에서 하대부와 이야기할 때에는 온화하셨으며, 상대부와 이야기할 때에는 아첨하지 않으셨다. 국왕이 납신 때에는 공경스럽고 침착하셨다.

【글자 뜻】 侃:화락할 간. 誾:온화할 은. 踧:삼갈 축. 踖:밟을 적.

【말의 뜻】 朝(조):조정에 있어서의 집합소. 국왕의 집무 개시를 기다리고

있는 동안에 신하가 서로 이야기하는 곳. 下大夫(하대부) · 上大夫(상대부):제후국의 신하에는 경(卿) · 대부(大夫) · 사(士)의 계급이 있었다. 경(卿)을 상대부라 하고, 그에 대하여 대부를 하대부라고 하는 수도 있다. 이 기록이 이루어졌을 당시 공자는 필시 하대부를 동료로 하는 신분이었을 것이다. 조선에서는 「大夫」를 태우라 하고 「下大夫」를 아래 태우, 「上大夫」를 위 태우라 하였다. 侃侃如(간간여):화락한 모양. 태도가 모나지 않고 부드러움. 誾誾如(은은여):중정(中正)한 모양. 아첨하는 짓을 하지 않음. 君在(군재):국왕이 조정에 나와 집무하고 있음. 踧踖如(축적여):공경하는 모양. 이 말은 본편 4에도 보임. 與與如(여여여):위의(威儀)가 알맞은 모양. 행동거지가 조용함.

【뜻 풀이】 제11 선진편(先進篇) 13에 「閔子騫侍側 誾誾如也. 子路行行如也. 冉有子貢侃侃如也」라고 하였다. 「行行如」는 강직한 모양. 유씨정의본(劉氏正義本)은 「誾誾如也」까지를 위에 붙여 제1장으로 하고 「君在」 이하를 독립시켜 제2장으로 하였다. 「君在」 이하는 동작을 말한다. 그 앞의 「言」을 말하는 것과 다르기 때문이다.

3

君召使擯 色勃如也. 足躩如也. 揖所與立 左右手. 衣前後襜如也. 趨進翼如也. 賓退 必復命曰 賓不顧矣.
군소사빈 색발여야 족곽여야 읍소여립 좌우수 의전후첨여야 추진익여야 빈퇴 필복명왈 빈불고의

임금에게 불리어 빈(擯) 역할을 분부 받았을 때 얼굴 표정은 긴장하여 황공해 하고 걸음걸이는 종종걸음으로 하셨다. 좌우에 선 내빈들에게 인

사할 때에는 각각 왼손과 오른손을 쓰셨다. 의복의 앞뒷자락이 아름답게 흔들리셨다. 임금 앞에 보조를 맞추어 들어갈 때에는 모양이 훌륭하셨다. 손님이 물러가면 반드시 임금께 '손님은 돌아보지 않았습니다.' 하고 보고하셨다.

【글자 뜻】 擯:인도할 빈. 勃:일어날 발. 躩:바삐갈 곽. 揖:읍할 읍. 襜:홑옷 첨. 翼:날개 익. 顧:돌아볼 고.

【말의 뜻】 擯(빈):내빈을 맞는 주인 측의 접대 담당원. 상빈(上擯) · 승빈(承擯) · 소빈(紹擯) 등 복수의 인원으로 구성됨. 色勃如(색발여):얼굴 표정이 긴장하여 황공해 하고 삼감. 「勃如」는 긍지가 장중한 모습. 足躩如(족곽여):발의 움직임이 종종걸음으로 됨. 꾸물거리지 않음. ≪의소(義疏)≫에 「한가히 걷고 있을 틈이 없음. 躩(곽)은 바른 모양」이라고 하였다. 揖所與立(읍소여립):「揖」은 예에 따라서 하는 인사. 「所與立」은 함께 빈(擯) 역할을 맡고 있는 자들. 빈(擯)의 열(列)은 문의 안 동쪽에서 서쪽을 향하여 남북으로 한 줄로 늘어섬. 左右手(좌우수):왼쪽의 빈(擯)에게 왼손으로 읍하고, 오른쪽의 빈에게 오른손으로 읍함. 내빈의 말을 남쪽 끝의 하위에 있는 말읍(末揖)이 듣고 그것을 승빈(承擯)에게 전하고 승빈이 상빈(上擯)에게 전한다. 즉 말을 왼쪽에서 듣고 오른쪽으로 전할 때마다 술자리에서 술잔을 돌릴 때처럼 일일이 읍을 함. 「左右手」라는 것은 공자께서 이때 승빈(承擯)의 위치에 있었음을 가리킨다. 衣前後襜如也(의전후첨여야):좌우로 읍할 때마다 의복의 앞뒷자락이 움직임. 그 움직임이 아름답다. 「襜如」는 의복이 올바르게 흔들리는 모습. 趨進(추진):「趨」는 윗사람의 앞을 지나갈 때에 위의를 갖춘 걸음걸이로 나아가는 것을 말하는 의례상의 전문어임. 「趨進翼如」는 다음 장에도 보인다. 翼如(익여):공자의 추진하는 모습이 단정하여 훌륭한 모양을 이루고 있음을 말함. 고주(古註)는 「단호(端好)」라고

푼다. 정주(鄭註)는「다리와 팔을 쭉 펴는 모습」이라고 하였다. 賓退(빈퇴):주객(主客)의 회견이 끝나고 빈객이 물러남. 復命(복명):빈(擯)인 공자께서 임금께 보고함. 賓不顧矣(빈불고의):빈객은 내방(來訪)한 목적을 마치고 돌아갈 때에는 돌아보지 않는다. ≪의례(儀禮)≫의 빙례(聘禮)나 공식대부례(公食大夫禮)에도 다 같이「賓不顧」라고 하였다. 여기서「賓不顧矣」라고 복명하는 것도 예의 규정이다. 정현(鄭玄)은 공식대부례(公食大夫禮)에 주를 달아「퇴례(退禮)는 약한다.」고 하였다. 유씨정의(劉氏正義)는「구태여 성대히 할 것이 없으며 또한 끝이 있음을 보이는 것이다.」라고 하였다.「구태여 성대히 할 것이 없다.」란 빈(擯)에게서 전송 받기에 합당하지 않음을 말한다. 겸양의 예이다.「賓不顧矣」의 복명을 받고 난 뒤에 임금은 내전으로 돌아간다.

4

入公門 鞠躬如也. 如不容. 立不中門 行不履閾. 過位 色勃
입공문 국궁여야 여불용 입불중문 행불이역 과위 색발
如也 足躩如也. 其言似不足者. 攝齊升堂 鞠躬如也. 屛氣
여야 족곽여야 기언사부족자 섭재승당 국궁여야 병기
似不息者. 出降一等 逞顔色 怡怡如也. 沒階 趨進翼如也.
사불식자 출강일등 영안색 이이여야 몰계 추진익여야
復其位 踧踖如也.
복기위 축적여야

대궐의 문을 들어가실 때에는 허리를 굽히시고 마치 안으로 들어가기가 어렵기라도 한 것 같았다.

문의 중앙에는 서지 않았고 지나가실 때에는 문지방을 밟지 않았다.

임금의 서는 자리를 지나실 때에는 얼굴 표정이 긴장하시고 걸음걸이는 종종걸음이 되었다.

말씀은 마치 삼가는 듯하셨다.

옷자락을 걷어들고 당에 오르실 때에는 허리를 굽히시고 마치 숨을 쉬지 않는 사람처럼 숨을 죽이셨다.

물러 나오셔서 당의 계단을 하나 내려오시면 얼굴빛을 푸시어 흘가분해 지셨다.

계단을 다 내려오시면 보조를 맞추어 걸으시는 모습이 훌륭하셨다.

앞서의 임금의 서는 자리까지 돌아오시면 공경스러우셨다.

【글자 뜻】 鞠:굽힐 국. 躬:몸 궁. 閾:문지방 역. 攝:잡을 섭.

【말의 뜻】 公門(공문):제후의 궁성 정문. 여기서는 노(魯)나라에 대해서 말함. 공자가 관직에 있을 때의 일임. 鞠躬如(국궁여):황공하여 허리를 깊이 굽히는 모양. 如不容(여불용):들어갈 곳이 아닌 듯한 모습. 立不中門(입불중문):문의 중앙에 자리하지 않음. 중앙은 임금이 지나가는 장소이므로 피한다. 行不履閾(행불이역):문을 지날 때 문턱을 밟지 않음. 過位(과위):「位」는 임금이 공식 행사 때 서는 문안의 일정한 위치. 여기서는 임금이 그곳에 없을 때 그 앞을 지나갈 경우를 말한다. 色勃如(색발여):긴장하여 황공해 함. 본편 2에 보인다. 足躩如(족곽여):종종걸음치는 모양. 본편 2에 보인다. 其言似不足者(기언사부족자):말을 삼가고 있는 모양. 문에 들어가서 임금의 일정한 위치를 지나 드디어 임금에게 다가가므로 삼가는 것이다. 攝齊(섭재):「攝」은 걷어듦(摳). 「齊」는 의복의 자락. 음은 「재」. 옷자락을 걷어드는 것은 계단을 오를 때에 옷자락을 밟지 않기 위해서이다. 升堂(승당):임금이 있는 당에 오름. 屛氣似不息者(병기사불식자):「屛」은 감춤(藏). 숨을 죽임. 出降一等(출강일등):「出」은 퇴출. 「等」은 계단. 逞顏色(영안색):「逞」은 해방. 얼굴의 긴장을 풂. 怡怡如(이이여):안락한 모양. 沒階(몰계):「沒」은 다함(盡). 계

단을 다 내려가 지면에 섬. 제후의 당(堂)의 계단은 일곱이었음. 趨進翼如也(추진익여야):보조를 맞추어 보기 좋게 걸어감. 본편 3에 보인다. 復其位(복기위):「位」는 앞의 「過位」의 「位」. 「復」은 그리로 돌아옴. 踧踖如(축적여):공경하는 모양. 본편 2에 「君在, 踧踖如也」라고 하였다. 여기서는 임금이 없더라도 역시 「踧踖如」하게 삼가는 것이다.

5

執圭 鞠躬如也 如不勝. 上如揖 下如授. 勃如戰色. 足蹜蹜如有循也. 享禮有容色. 私覿愉愉如也.
집규 국궁여야 여불승 상여읍 하여수 발여전색 족축축 여유순야 향례유용색 사적유유여야

규(圭)를 받아 드실 때에는 몸을 굽히시고, 드실 수 없기라도 한 듯이 신중하였다. 규를 드신 손을 올릴 때에는 읍을 하는 정도셨으며 내릴 때에도 무엇을 주실 때처럼 하셨다. 그리고 긴장하시어 부들부들 떨고 계셨다. 걸음걸이는 사뿐사뿐 땅을 스치며 나가셨다.

예물을 드리는 의식 때에는 부드러운 얼굴 표정이 되셨다.

개인 자격으로 배알하실 차례가 되자 즐거운 기색을 하셨다.

【글자 뜻】 勝:이길 승. 授:줄 수. 蹜:종종걸음칠 축. 循:돌 순. 覿:볼 적. 愉:즐거울 유.

【말의 뜻】 執圭(집규):「圭」는 상부가 뾰족하고 하부가 장방형인 서옥(瑞玉). 제후가 천자로부터 하사 받음. 임금의 사자가 되어 타국에 빙문(聘問)할 때에 이것을 가지고 가서 방문한 상대에게 보인다. 鞠躬如(국궁여):몸을 구부려 두려워하듯 삼감. 규옥(圭玉)을 떨어뜨리지 않도록 소

중히 하는 것이다. 如不勝(여불승):규옥은 가벼운 것이지만 소중히 다루는 모습이 아주 정중해서 무거워 간신히 드는 것 같음. 上如揖 下如授(상여읍 하여수):규옥은 가슴 높이로 받쳐 든다. 규옥을 든 손을 위로 올릴 때에는 읍하면서 공수(拱手)하듯 하고, 아래로 내릴 때에는 사람에게 하사하듯 한다. 올리거나 내릴 때에 다 같이 삼가는 것과 그 범위에 관계가 있음을 말하는 것이리라. ≪의소(義疏)≫는 「옥을 밑에서 집어 올려서 사람에게 건넬 때의 모습과 옥을 땅에 놓을 때의 모습」이라고 하였다. 勃如戰色(발여전색):「勃如」는 긴장하여 황공해 함. 「戰色」은 무서워서 떠는 모습. 足蹜蹜如有循(족축축여유순):걸음걸이가 짧고 살짝 땅에 스침. 「循」은 연(緣). 스치는 발이 땅에 닿아 있음을 말함. 享禮(향례):「享」은 드림(獻). 빙례(聘禮)가 끝나면 사자는 일단 물러났다가 다른 기회에 자기 왕으로부터의 선물인 옥벽(玉璧)·말·가죽·비단·명주 등을 상대의 국왕 및 부인에게 헌상함. 有容色(유용색):얼굴빛을 되찾음. 私覿(사적):「覿」은 봄(見). 향례가 끝나면 사자가 개인 자격으로 상대의 국왕과 회견함. 愉愉如(유유여):안색이 부드러워지고 기쁜 듯한 모습.

6

君子不以紺緅飾. 紅紫不以爲褻服. 當暑袗絺綌 必表而出.
군 자 불 이 감 추 식　홍 자 불 이 위 설 복　당 서 진 치 격　필 표 이 출

緇衣羔裘 素衣麑裘 黃衣狐裘. 褻裘長 短右袂. 必有寢衣
치 의 고 구　소 의 예 구　황 의 호 구　설 구 장　단 우 메　필 유 침 의

長一身有半. 狐貉之厚以居. 去喪無所不佩. 非帷裳必殺之.
장 일 신 유 반　호 학 지 후 이 거　거 상 무 소 불 패　비 유 상 필 쇄 지

羔裘玄冠不以弔. 吉月必朝服而朝.
고 구 현 관 불 이 조　길 월 필 조 복 이 조

군자께서는 감색(紺色)이나 보라색으로는 옷깃을 달지 않으셨다. 분홍과 자주색으로는 평상복을 만들지 않으셨다.

더울 때 갈포(葛布) 홑옷에는 반드시 겉옷을 걸치시고 외출하셨다.

검은 옷에는 새끼 염소의 검은 털가죽을, 흰 옷에는 새끼 사슴의 희끄무레한 털가죽을, 노란 옷에는 여우의 노란 털가죽을 걸쳐 입으셨다.

평상복의 가죽옷은 길게 하고 오른쪽 소매를 짧게 하였다.

반드시 이불이 있었는데 그 길이는 키의 한 배 반이었다.

여우나 담비의 두터운 털옷은 집에서 입으셨다.

상복을 입으실 때 말고는 어떤 경우에나 옥을 띠에 차셨다.

유상(帷裳) 외에는 반드시 마름질한 천을 주름잡아 꿰매어 입으셨다.

새끼 염소의 검은 가죽옷과 검은 명주관을 착용한 채 조문가시지 않았다.

매달 초하루에는 반드시 정식 예복을 입고 조정에 나가셨다.

【글자 뜻】 飾:꾸밀 식. 紫:자줏빛 자. 褻:평복 설. 緇:검을 치. 袂:소매 메. 寢:잠잘 침. 帷:휘장 유.

【말의 뜻】 不以紺緅飾(불이감추식):「紺」은 검정에 가까운 짙은 청색. 「緅」는 참새 대가리의 빛깔. 거무스름한 적색. 「飾」은 동정이나 소매의 테두리. 「紺」은 재계복 빛깔이며, 「緅」는 복상(服喪) 기간의 1단계에 상복 장식에 사용하는 빛깔이므로 장식에 쓰는 것을 피한다. 紅紫不以爲褻服(홍자불이위설복):「褻服」은 평상복. 「紅紫」는 간색(間色). 옷은 정색(正色)을 쓴다. 袗絺綌(진치격):「袗」은 홑옷. 「絺綌」은 칡 섬유로 짠 베. 갈포(葛布). 실이 가늘고 촘촘한 것이 「絺」, 실이 굵고 성긴 것이 「綌」. 모시나 마포와 비슷하다. 必表而出(필표이출):「袗絺」의 홑옷은 밑의 속옷이 비친다. 외출 때에는 그 위에 반드시 겉옷을 걸친다. 「出」은 출문, 외출. 「必表而出」은 황간본(皇侃本)에 따름. 다른 텍스트에는 「出」자 밑에 「之」자가 있다. 청조(淸朝)의 학자는 「之」자를 감(往)이라

해석하고, 또 어사(語辭)로 해석하여 구(句)의 뜻을 통하게 하려고 한다. 緇衣羔裘(치의고구):검은 베 겉옷을 입었을 때에는 검은 새끼 염소의 가죽옷을 입는다. 素衣麑裘(소의예구):흰 명주 겉옷에는 새끼 사슴의 희끄무레한 가죽옷을 입는다. 黃衣狐裘(황의호구):황색 겉옷에는 노란 여우의 가죽옷을 입는다. 이상 세 가지의 겉옷과 가죽옷은 색깔을 일치시키고 있다. 유보남(劉寶楠)은 고대인의 복장을 정리하여 말하고 있다. 고대인은 속옷 위에 춘추(春秋)에는 겹옷을, 여름에는 치격(絺綌)을, 겨울에는 가죽옷을 입었다. 외출 및 손님을 접할 때에는 그 위에 겉옷을 입었다. 여름에도 치격(絺 綌) 위에 입었다. 겨울에 가죽옷 위에 걸치는 것이 「緇衣」, 「素衣」, 「黃衣」 이다. 이러한 겉옷을 석의(裼衣)라고 한다. 곱게 꾸며서 경의를 나타내는 것이다. 예를 행할 때에는 다시 그 위에 예복을 걸친다. 褻裘長 短右袂(설구장 단우메):「褻裘」는 평상복의 가죽옷. 길이를 더하는 것은 따습게 하기 위해서다. 오른쪽 소매를 짧게 하는 것은 일하기에 간편하기 때문이다. 寢衣(침의):잠옷. 혹은 「衣」는 덮음(被), 이불. 長一身有半(장일신유반):이불의 길이가 신장의 한 배 반. 「有」는 또(又). 狐貉之厚以居(호학지후이거):「居」는 집안에 박혀 있음. 집에 있을 때의 의복은 따스한 것을 주로 하므로 호학(狐貉) 가죽옷의 털이 짙은 것을 사용한다. 염약거(閻若璩)는 「居」를 「앉아라, 내가 이야기해 주마.(居, 吾語女)」(第十七 陽貨篇 8)의 「居」, 즉 좌(坐)라 해석하고 호학 모피의 두터운 것을 깔개로 하고 앉는 것을 말한다고 하였다. 去喪無所不佩(거상무소불패):「去」는 제(除). 남자는 큰 띠에 구슬 외에 여러 가지를 차고 있었다. 친상을 입으면 구슬을 찼던 것을 벗었다. 상이 끝나면 다시 모든 패물을 찼다. ≪예기(禮記)≫ 옥조편(玉藻篇)에 「무릇 큰 띠에는 반드시 옥을 찬다. 다만 상중에는 그렇지 않다.」고 하였고, 정주(鄭註)는 「상(喪)은 슬퍼함을 위주로 한다. 장식을 제거한다.」고 하였다. 또 「군자는 사고가 없을 때에는 옥을 몸에서 떼지 않는다.

군자는 옥을 덕에 비한다.」고 하였고, 정주(鄭註)는 「사고란 상(喪)과 재앙을 말한다.」고 하였다. 여기서 말하는 「佩」는 옥(玉)을 의식하고 있다. 非帷裳必殺之(비유상필쇄지):「帷裳」은 조정과 제사 때의 예복. 짠 그대로의 천을 고의(袴衣) 길이로 자른 조각을 꿰매어 붙여서 유막(帷幕)처럼 만들고 허리께에 주름을 잡아서 착용한다. 그 이외의 고의는 반드시 뒷자락 폭의 절반 폭으로 허리 부분을 째서 마름질한 천을 꿰매어 만든다. 「殺」는 베어냄, 즉 마름질을 함. 羔裘玄冠不以弔(고구현관불이조):「羔裘」는 검은 새끼염소 가죽옷. 「玄冠」은 검정색 관. 상(喪)에는 백(白)을, 길한 일에는 검정(玄)을 그 색깔로 하였다. 길흉(吉凶)에 복장을 갈아입는 것을 말한다. 하물며 「羔裘」와 「玄冠」은 조정에 나아가는 정복이다. 조문에 합당치 못하다. 吉月必朝服而朝(길월필조복이조):「吉月」은 매달 삭일(朔日). 삭일에 제후는 태묘(太廟)에서 삭일 의식을 군신(群臣)과 함께 거행하였다. 그것을 태만히 하는 자도 있었지만 공자는 반드시 「朝服」을 입고 참가하였다. 「朝服」은 조정에 나갈 때의 예복.

【뜻 풀이】 제1장의 해설에서 말했듯이 이 향당편(鄕黨篇)은 처음에 공자의 이름을 보이고 이후로는 행위의 주체를 표시하지 않는다. 그러나 향당편(鄕黨篇)의 전편은 공자의 행위를 기록한 것 같다. 원래 「孔子」라는 호칭은 「子」라는 호칭보다는 상대에게 거리를 두고 있다. 향당편(鄕黨篇)의 기록은 비교적 후기의 제자들이 쓴 것이리라.

이 제6장에 이르러 갑자기 「君子」라고 하여 주격(主格)의 말을 보인다. 후기의 제자들에게 공자는 군자의 한 사람이다. 그들이 공자를 군자라 일컫는 일은 있음직한 일이다. 그러나 군자와 공자는 동의어가 아니다. 공자라고 하는 것보다 군자라고 하는 쪽이 더 거리감이 있다. 공자를 보다 객관시하고 있는 것이다.

제6장에 이르러 기록자가 「君子」라고 할 때 그는 공자를 의식하면서

동시에 공자 개인을 초월하여 유가(儒家)의 전형적인 인간상을 끌어내고 있는 것이다. 기술한 소행과 거동도 유가 본연의 자세를 표현하고 있는 것이다. 이제 일일이 주격(主格)을 표시하는 말은 필요 없다. 이렇게 향당편(鄕黨篇)의 표현 형식은 성립했다고 본다.

향당편(鄕黨篇)에 기록한 행위의 선택과 실천은 공자의 그것임과 동시에 유가의 행위 기준, 즉 예제(禮制)를 보이는 것이다. 이 두 가지는 어떻게 관계되어 있는 것인가? 이를테면 제6장을 보자. 평상복에 분홍과 자주색을 쓰지 않았다고 한다. 이미 예제로 되어 있었기 때문에 그에 따른 것일까? 아니면 여자인지 남자인지 알 수 없는 복장을 꺼려 공자께서는 분홍과 자주색을 피하였고 그 선택이 존중되어 예제로 된 것일까? 더운 여름에 살갗이 비치는 짧은 홑옷으로 외출하는 사람들의 모습이 보기 흉하다 하여 그 위에 겉옷을 걸친 것이 계승된 것일까?

「緇衣」와 「羔裘」, 「素衣」와 「麑裘」, 「黃衣」와 「狐裘」, 이것들은 겹쳐 입는 두 의상 색깔의 조화를 주장한다. 공자는 꽤나 멋쟁이였다. 평상복 가죽옷을 갖지 않은 자는 없다. 소매가 가지런하지 않은 가죽옷은 없다. 이불을 갖지 않은 자는 없다. 그 가죽옷을 길게 하고, 오른쪽 소매를 짧게 하고, 이불의 길이를 키의 한 배 반으로 한 것은 대담한 디자인이다. 일반적으로 그랬다기보다는 공자가 시작하였고 사람들이 그것을 평가한 것으로 생각된다.

이하 「狐貉」의 가죽옷(혹은 깔개), 상중의 패옥(佩玉), 「帷裳」, 「羔裘玄冠」, 「吉月의 朝服」 등 모두가 공자로부터 시작된 것일까? 그 이전에 이미 관행으로 되어 있었던 것일까? 공자는 자신을 일러 예제(禮制)라고 할 사람이 아니다. 「述而不作」(第七 述而篇 1) 하는 사람이다. 즉 고전을 계승하되 창작하지 않는 사람이다. 그러나 그 고전을 계승하는 가운데 선택과 실천이 있다.

그는 주어진 몇 가지 가능성 중에서 아름다운 것, 생활에 편리한 것,

인정에 합당한 것을 선택하고 그것을 행위로 옮겼던 것이다. 향당편(鄕黨篇)과 ≪의례(儀禮)≫, ≪예기(禮記)≫ 및 ≪춘추좌씨전(春秋左氏傳)≫을 함께 보고 있으면 유가(儒家) 예제의 여명기 모습을 엿볼 수 있어서 재미있다.

「必有寢衣 長一身有半」에서 「必有」라는 말에 저항을 느끼는 것은 부정할 수 없다. 다음 장의 「齊必有明衣 布」와 문장 형태가 비슷하므로 이 구를 그 뒤로 옮기려는 설도 있다. 그렇다면 재계 때에만 「一身有半」의 「寢衣」가 쓰이는 것이 된다. 틀림없이 그렇지는 않을 것이다.

이 장에서는 이 구 앞에 「必表而出」이라 하고 뒤에 「必朝服而朝」라고 하여 「必」자를 쓰고 있다. 공자의 행위가 두드러져 있음을 보여 주는 것 같다. 「寢衣」 문제도 동일하게 받아들여서 좋을 것이다.

7

齊必有明衣 布. 齊必變食 居必遷坐.
재 필 유 명 의 포 재 필 변 식 거 필 천 좌

결재(潔齋)하실 때에는 반드시 욕의(浴衣)를 갖추었다. 그것은 마포로 만들었다. 결재 때에는 반드시 평소와 다른 식사를 하셨으며 집안에서는 거처하는 곳을 옮기셨다.

【글자 뜻】 變:변할 변. 遷:옮길 천. 坐:앉을 좌.

【말의 뜻】 齊(재):「齊」는 재(齋), 재계. 제사 의식을 행하기 전에 열흘 동안 결재(潔齋)를 함. 明衣(명의):욕의(浴衣). 알몸에 직접 입음. 布(포):마포. 變食(변식):평소의 식사를 바꿈. 푸짐하게 차려 먹음. 居必遷坐(거필천좌):「居」는 집안에 있음. 평소에 있던 거실에서 객실로 옮겨 근신함.

【뜻 풀이】 결재를 하는 것은 신(神)과 교제하기 위함이다. 그 때문에 목욕재계하고 푸지게 차려 먹고 객실에 머문다.

유씨(劉氏) 정의본(正義本)은 「齊必有明衣布」의 한 구를 앞의 제6장 끝에 붙이고 「齊必變食 居必遷坐」 두 구를 다음 제8장 「食不厭精」 앞에 붙이고 「不多食」까지를 결재 때의 식사라고 한다. 후자는 따르기 어렵다.

8

食不厭精 膾不厭細. 食饐而餲 魚餒而肉敗不食 色惡不食
사불염정 회불염세 사의이애 어뇌이육패불식 색악불식

臭惡不食 失飪不食 不時不食 割不正不食 不得其醬不食.
취악불식 실임불식 불시불식 할부정불식 부득기장불식

肉雖多 不使勝食氣. 唯酒無量 不及亂. 沽酒市脯不食. 不
육수다 불사승식기 유주무량 불급란 고주시포불식 불

撤薑食. 不多食. 祭於公不宿肉. 祭肉不出三日 出三日不食
철강식 부다식 제어공불숙육 제육불출삼일 출삼일불식

之矣. 食不語寢不言. 雖疏食彩羹瓜 祭必齊如也.
지의 식불어침불언 수소사채갱과 제필재여야

밥은 흰 것일수록 좋아하셨고 회(膾)는 가늘게 저민 것일수록 좋아하셨다.

밥이 쉬어 냄새가 나고 생선과 고기가 오래되어 상하면 잡숫지 않고 빛깔이 나쁜 것, 냄새가 나쁜 것은 잡숫지 않았으며 알맞게 익지 않은 것은 잡숫지 않고 제시간을 벗어나면 잡숫지 않았으며 칼질이 바르게 되지 않은 것은 잡숫지 않고 간이 맞지 않으면 잡숫지 않았다.

고기는 많이 드시지만 밥맛이 가시지 않을 정도로 하셨다. 술은 제한하지 않으셨지만 어지러워질 때까지 드시지는 않았다.

가게에서 파는 술이나 포(脯)는 잡숫지 않았다.

생강은 물리지 않고 잡수셨다. 그러나 많이 드시지는 않았다.

임금의 제사를 도울 때 나누어 받은 고기는 밤을 넘기지 않았다. 제사에 쓴 고기는 사흘을 넘기지 않았으며 사흘이 넘으면 잡숫지 않았다.

식사 때에는 의론을 하지 않았고 주무실 때에는 말씀을 하지 않았다.

보리밥, 채소 국, 열매 요리 같은 것이라도 고수레 제사를 정성껏 하셨다.

【글자 뜻】 厭:싫을 염. 細:가늘 세. 餒:썩을 뇌. 臭 :냄새 취. 醬:젓갈 장. 羹:국 갱.

【말의 뜻】 食不厭精(사불염정):「食」는 음(音)이 「사」. 밥(飯). 「厭」은 포(飽). 「精」은 정백(精白). 밥은 아무리 정백하게 되더라도 이제 됐다고 하는 일이 없다. 膾不厭細(회불염세):「膾」는 짐승이나 생선의 회. 잘게 썬 것일수록 좋아함. 食饐而餲(사의이애):「饐」, 「餲」는 밥이 쉬어 냄새가 나고 상한 모양. 魚餒(어뇌):생선이 썩은 것. 肉敗(육패):고기가 썩은 것. 失飪(실임):「飪」은 익음(熟). 「失飪」은 덜 익은 것과 너무 익은 것. 不時(불시):「時」는 아침, 점심, 저녁의 정시. 「不時」는 그 정시를 벗어난 식사. 일설에 「不時」를 「제철이 아닌 것」이라고 해석함. 割不正(할부정):고기나 생선에 칼질을 잘못한 것. 이 장(章)에 대하여는 다음 제9장의 해설 참조. 不得其醬(부득기장):「醬」은 간장. 조미료. 요리에는 각각 알맞은 조미료가 있다. 「不得其醬」은 조미료의 배합을 잘못한 것. 食氣(사기):「氣」는 기미(氣味). 밥의 맛. 唯酒無量 不及亂(유주무량 불급란):「唯」는 「酒」를 강조하는 조사(助辭). 「無量」은 양의 제한이 없음. 「亂」은 의식이 몽롱하여 위의를 잃는 것. 沽酒(고주):「沽」는 「매(賣)」 또는 「매(買)」 어느 뜻으로든 다 쓴다. 市脯(시포):「市」도 역시 매매의 뜻. 「脯」는 고기를 짧게 썰어 햇볕에 말린 것. 널리 보급되고 있던 식품이다. 不撤薑食(불철강식):「撤」은 철거. 「薑」은 생강. 요리에 곁들여 있다. 식사가 끝나면 식기를 물리지만 생강은 물리지 않고 두고서 먹는다. 不多食

(부다식):술에 「不及亂」이라고 한 것과 같이 이것은 「薑」에 대하여 말한다. 이 석 자를 독립시켜 식사 전반에 대하여 너무 먹지 않는 것을 말한다고 보는 설이 일반적으로 유행되고 있으나 찬성할 수 없다. 祭於公不宿肉(제어공불숙육):임금이 지내는 제사에 참가한 신하는 제상에 올렸던 고기를 나누어 받는다. 그 고기는 그날 안으로 가족이 나누어 먹는다. 「宿」은 밤을 넘김. 祭肉不出三日 出三日不食之矣(제육불출삼일 출삼일불식지의):「祭於公不宿肉」의 설명이다. 食不語寢不言(식불어침불언):「語」는 의론함. 논란함. 「言」은 자기가 발언함. 이 두 구는 요리와는 관계가 없고 식사 때와 잠잘 때의 예법이다. 疏食(소사):보리밥 또는 채식(菜食). ≪경전석문(經典釋文)≫은 「食」에 「음은 사(飼), 또 자(字)와 같다.」고 하였다. 밥(飯)을 제1의로 한다. 제7 술이편(述而篇) 15의 「疏食」에 있어서는 「자(字)와 같다. 채식을 말한다. 1음 사(飼), 밥(飯)이다」라고 하였다. 채식함을 제1의로 한다. 「疏食」를 「소사」라 읽고 소반(疏飯)이라고 한다면 그것은 무엇인가? 거친 밥을 말하는 것이겠지만 아마도 공자는 개념적인 말을 써서 그것을 말하는 일은 없었을 것이다. ≪예기(禮記)≫ 옥조편(玉藻篇)에 「자묘(子卯)에는 직사채갱(稷食菜羹)」이라고 하였다. 제후는 쥐(子)와 토끼(卯) 날이 금기의 날이므로 식사를 간소하게 함을 말하는 문장이다. ≪경전석문(經典釋文)≫은 「食」에 사(飼) 음을 달고 있고 「소사(疏食)」가 「직사(稷食)」로 씌어 있다. 필시 「疏食」라고 할 때 공자를 비롯한 사람들은 직사를 의식하고 있었을 것이다. 단 「소식」이라 읽고 채식이라고 해석할 수도 있다. 「菜羹」과도 관계가 있다. 이와 관련하여 직(稷)이라는 이름의 곡식을 일본의 사사다 오사(篠田統) 박사의 ≪중국 식물사 연구≫의 「오곡의 기원」에서는 메기장이라고 하지만, 제사화(齊思和)의 ≪모시곡명고(毛詩穀名考)≫에서 조(粟)라고 한 것도 경청해야 할 논거가 있다. 단 이것을 고량(高粱:수수)이라고 하는 것은 잘못이다. 「고량의 중국 전래는 원대(元代)의 일일 것이다.」

라고 하였다. 菜羹(채갱):야채 국. 祭(제):식사하기 전에 각 식품을 처음으로 만들어 준 사람에게 감사하는 표시로 식품마다 조금씩 떼어서 식기의 언저리에 놓는 의식. 齊如(재여):황공하여 삼가는 모양.

【뜻 풀이】 입는 옷에 색채 감각을 보이고 대담한 디자인을 하는 공자는 먹는 것에도 세밀한 센스를 가졌다. 삼천 문인(門人)의 마음을 끈 매력 중의 하나가 먹는 것을 소중히 하는 인품에 있었을 것이다. 나 또한 공자에 대한 경의와 친애를 한층 더 느낀다.

「食不厭精」 — 「食」는 곡물 일반을 말하지만 「精」을 정백(精白)으로 해석하면 공자는 정백미(精白米)를 먹었던 것 같다. 만일 그렇다면 그 쌀은 어떤 계통의 것이었을까? 차진 것이었을까, 그렇지 않은 것이었을까? 솥에 익힌 것이었을까, 시루에 찐 것이었을까? 기원전 500년의 산동(山東) 노나라에서 쌀이 주식이었고 게다가 맛을 위해 정백(精白)이 행하여지고 있었다는 것은 이 밖에서도 방증을 얻을 수 있을 것인가?

「膾不厭細」 — 횟감을 가늘게 저미려면 요리인의 솜씨와 식칼이 좋아야만 한다. 「精」과 「細」는 다 같이 고급의 요리가 요구되고 있다. 쉰 밥, 상한 생선과 고기 뒤에 「色惡不食 臭惡不食」이라고 한 것은 신선도를 분별하는 것이 미식가의 기본적인 마음가짐임을 새삼 말하는 것이다. 특히 찬 음식이 많았던 당시에 이것은 중요한 마음가짐이다. 찬 음식을 말한 뒤에 미식담(美食談)은 화식(火食)으로 들어간다. 공자는 설익거나 눌은 것은 먹지 않았다.

「不時不食」 — 제철을 잃고 맛을 잃은 것이 시장에 범람할 뿐더러 제철의 것까지 본래의 맛을 잃고 있는 요즘 세상에서는 제철을 잃은 것을 물리치는 것이 맛을 아는 자의 행동이라고 하겠다. 그러나 공자의 시대에는 원래 계절을 무시한 재배나 양식(養殖)은 없었을 것이며 틀림없이 제철의 것이 그 나름의 진미(眞味)를 제공하고 있었을 것이다. 나는

「時」는 아침, 점심, 저녁의 식사 때를 말하는 것이라고 생각한다. 불규칙하게 식사를 하지 않고 적당히 배를 비운 다음 요리를 기다리는 것은 맛을 구하는 자의 마음가짐이며 요리인과 그 요리에 대한 예의다.

「割不正不食」 — 찐 생선이든 구운 생선이든 엉뚱한 곳에 칼질을 하여 모양을 망치게 되면 그 생선은 이미 그 생선이 아니다. 「不食」이란 그 추함에 공자의 젓가락이 움직이지 않는 것이다. 입맛이 싹 가시는 것이다. 쇠고기에 있어서도 갈비나 등심이나 두루뭉수리로 만들어 그 특유의 맛을 내지 못했다면 공자는 그 요리인을 파면할 수밖에 없었을 것이다.

「不得其醬不食」 — 좋은 말이다. 각각의 요리에는 그에 맞는 양념이 있다. 양념의 배합에 따라 요리의 맛은 살기도 하고 죽기도 한다. 장에 깊은 관심을 가지고 그것을 발달시키고 있는 것은 요리에 대한 관심과 그 발달 과정에 직결된다. ≪예기(禮記)≫ 내칙편(內則篇)에 요리와 그것에 맞는 양념을 열기(列記)하고 있다. 「생선회에는 겨자장」이라고 하였다. 중국 고대의 양념에는 장과 나란히 해(醢)가 있었다. 여러 가지 젓갈에서 걸러낸 젓국이다. 공자께서 「不得其醬」이라고 한 그 장에는 틀림없이 해(醢)도 끼어 있었을 것이다. 내칙편은 또 「포갱(脯羹)에는 토해(兎醢)」라고 하였다. 「膾」와 「脯」가 이 장에 언급되어 있으므로 덧붙여 적어 둔다.

「肉雖多 不使勝食氣」 — 「氣」를 「기미(氣味)」로 해석하는 것은 말의 생태전이(生態轉移)를 모르는 짓이라고 책망을 들을는지도 모른다. 그러나 「氣」를 「餼(희)」라고 하는 설에 동의할 수 없는 것이다. 궁색한 해석이다. 힌트는 유보남(劉寶楠)의 ≪정의(正義)≫에 나온 「기(氣)는 오히려 성(性)과 같다.」에 있다. 내게는 이 한 구가 식사 후의 뒷맛을 즐기는 말이라 생각된다. 고기는 훌륭한 요리이며 맛이 있다. 많이 먹는 것이 좋다. 그러나 식사가 끝났을 때 중요한 것은 뒷맛이 남지 않고 개운

한 맛이 남는 일이다. 고기의 기름기가 입 안에 남고 위장이 무거운 식사를 마치는 것은 먹는 것을 사랑하는 자의 서투른 짓이다.

「唯酒無量 不及亂」—「그렇다, 술이다, 이것을 잊을까보냐.」그와 같은 말투를「唯酒」에서 엿볼 수 있다. 키가 9척, 무력(武力)이 절륜한 공자가 술을 사랑하지 않았다면 그야말로 이상하다.「不及亂」— 완전히 어지러움에 이르지 않았다면 이 한 구를 삽입할 필요가 없다. 하긴 이 술은 필시 탁주였을 것이다. 하룻밤 사이에 빚는 감주(甘酒)라면 주정분은 3도쯤으로 약하다. 양에 제한이 없다고는 하지만 배에 차면 그 이상은 마실 도리가 없다. ≪시경(詩經)≫의 시인과 함께 '취하지 않으면 돌아가지 않았다.' 고 공자도 외치고 있었을 테지만 비틀거릴 만큼 취하지는 않았을 것이다.

「沽酒市脯不食」— 왜 시판(市販)하는 것을 입에 대지 않았을까? 불결함을 꺼렸다거나 재료의 불순함에 대한 불안 때문이라고 할 수도 있겠으나 반드시 그렇지만은 않으리라고 나는 생각한다. 이것은 공자께서 인스턴트식품을 거부하는 선언이다. 이야말로 맛을 아는 사람의 자세라고 하겠다.

「不撤薑食 不多食」— 공자는 생강을 좋아하였다. 이 남방계의 식물이 당시에는 진귀했던 것일까? 아니면 공자가 생강을 좋아하는 체질이나 기질이었던 것일까? 요리를 먹은 뒤에 생강만은 남겨 놓고 그것을 씹고 있는 공자. 서양 요리에서 파슬리를 씹는 사나이의 모습이 눈앞에 떠오른다. 그 사나이는 이 공자의 말을 안 뒤에는 보라는 듯이 소리를 내며 씹을 것이다. 생강을 씹기는 하지만,「不多食」— 많이는 먹지 않는다. 공자는 밉지 않게 멋쩍음을 표명하고 있다. 디저트는 어찌 되어 있었던 것일까?

본편 7에서 언급했듯이 고주본(古註本)은「齊必變食 居必遷坐」를 이 장의 머리에 붙이고, 이 장의 식사를 결재(潔齊) 때의 일이라고 한다. 그것에는 찬성할 수 없다. 이 장에서 말하는 것은 일상의 일이다. 그러나 고주본이 이에 계속되는 「祭於公」, 「食不語」, 「雖疏食彩羹瓜」를 각각 독립된 장으로 만들고 있는 것은 납득할 수 있다. 문세(文勢)가 다르기 때문이다. 그러나 장(章)을 세우는 법을 주무르기 시작하면 각인각색으로 복잡해지게 된다. 또 식사에 관계된 잡다한 기록을 이 장으로 뭉뚱그렸다는 것도 있을 수 있는 일이다.

「祭於公不宿肉. 祭肉不出三日 出三日不食之矣」 — 「祭於公」을 임금이 있는 데서 제사 지냄, 즉 임금의 제사를 도울 때의 일이라 보고, 「祭肉」 이하를 집안 제사 때의 일이라고 해석한다. 이것이 일반적인 해석이다. 그러나 「祭肉」이라는 말에 그것을 집안 제사로 한정하는 기능은 없다. 오히려 이 말은 위 구의 「祭於公不宿肉」의 「祭」, 「肉」에 관계가 미친다. 제후의 제사에는 당일 이른 아침에 희생물을 잡는다. 제사는 이튿날도 계속된다.

역제(繹祭) — 제사 다음날의 제사이다. 제사가 끝나고 고기가 분배되는 것은 희생물을 잡고부터 일러야 이틀째의 저녁때, 늦으면 사흘째가 된다. 고기의 맛은 변하기 시작한다. 고기를 나누어 받은 쪽은 그야말로 급하다. 이런 사정을 고려하면 「祭於公不宿肉」과 「祭肉不出三日 出三日不食之矣」는 같은 내용의 것을 말하고 있는 것이다. 게다가 양자의 문장투가 서로 다른 것으로 보아 동일인이 동시에 기록한 것이 아니다. 후자가 전자의 설명문이며 그것이 어느 땐가 본문에 섞여들었다고 보는 오규소라이(荻生徂徠)의 견해를 지지한다.

「雖疏食菜羹瓜 祭必齊如也」 — 식사 전에 음식을 약간 덜어서 제사를 지내는 것은 정해진 의식이다. 한국에서는 「고수레」라고 한다. 그러나 아주 변변치 않은 음식이나 흔한 음식은 그렇게 하지 않는 경우가 있다. ≪예기(禮記)≫ 옥조편(玉藻篇)에 「다만 물과 장(醬)은 제지내지 않는다.」라고 했다. 「醬」은 시큼한 술. 공자 때에는 조밥 · 채소 국 · 열매 요리 따위는 제지내지 않는 사람이 있었던 것이리라. 그러나 공자는 이것들도 소중히 여겨 반드시 제지냈던 것이다. 먹을 것을 소중히 하는 행위이다. 「瓜」는 호박, 오이 등의 열매채소.

≪예기(禮記)≫ 잡기(雜記) 하편(下篇)에 공자와 소시씨(少施氏) 사이에 있었던, 소식(疏食)과 제사에 관한 문답이 기록되어 있다. 「공자가 말하였다. 내가 소시씨(少施氏) 집에서는 배불리 먹었다. 소시씨는 나에게 음식을 예로써 대접하였다. 내가 제지내면 그는 일어나서 사양해 말하기를, '소식이어서 제지낼 것까지 없습니다.' 라고 하였다. 내가 남은 밥을 국에 말면 그는 일어나서 사양하여 말하기를, '소식입니다. 배탈이라도 나시면 안 됩니다.' 라고 말했다.」 이 「疏食」에 ≪경전석문(經典釋文)≫은 음을 달지 않았다. 그것은 글자 그대로 「소식」으로 읽고 있음을 보인다.

9

席不正 不坐.
석 부 정 불 좌

좌석이 단정하지 않으면 앉지 않으셨다.

【글자 뜻】 席:자리 석. 坐:앉을 좌.

【말의 뜻】 席不正(석부정):「席」은 앉을 때의 깔개.

【뜻 풀이】 본편 14에 「임금이 음식을 내리실 때에는 반드시 좌석을 단정히 하고는 먼저 감사히 맛을 보셨다.」라고 하였다. ≪예기(禮記)≫ 곡례(曲禮) 상편(上篇)에 「주인이 꿇어앉아서 자리를 바로잡으면 객이 꿇어앉

아 손으로 자리를 잡고 중지시키면서 사양한다.」라고 하였다. 일이 있을 때 좌석을 단정히 바로잡는 것은 마땅한 일이다.

이 5자 1구는 자구의 의미에는 아무런 문제가 없다. 그러나 그 출현은 대단히 당돌하다. 외따로 놓여 있는 점에 의문이 있다. ≪사기(史記)≫ 공자세가(孔子世家)에 「魚餒肉敗 割不正不食 席不正不坐」라고 하였다. ≪묵자(墨子)≫ 비유편(非儒篇)에 애공(哀公)이 공자를 맞이하였을 때의 몸가짐을 「席不端弗坐 割不正弗坐」라고 하였다.

≪한시외전(韓詩外傳)≫(권 9)에 맹자(孟子)의 어머니가 맹자를 회임(懷姙)하였을 때 태교(胎教)를 위하여 「席不正不坐 割不正不食」하였다고 말하고 있다. 또 ≪신서(新序)≫ 절사편(節士篇)에도 도둑의 은혜를 물리치고 굶어 죽은 원족목(袁族目)을 칭송하는데 「孔子席不正不坐 割不正不食」의 두 구를 인용하고 있다. 이렇게 보면 「席不正不坐」와 「割不正不食」은 대구(對句)를 이루는 것 같다. 본래는 두 구가 합하여 고어(古語)를 이루고 있었던 것이리라.

향당편(鄕黨篇)의 편자는 그 중 한 구를 인용하여 요리에 대한 공자의 태도를 말하고 나머지 한 구를 여기에 둔 것일까? 본편 8은 공자의 식사에 관한 기록을 이것저것 모은 것이다. 이 9장의 「席不正不坐」는 거기서 밖으로 비어져 나온 잔간(殘簡)의 하나일 것이다. 이에 대하여 「食不語 寢不言」은 정리되지 못하고 내부에 끼어 있던 것이리라. 장(章)의 단락이 혼란스러운 것도 부득이하다.

10

鄕人飮酒 杖者出 斯出矣. 鄕人儺 朝服而立於阼階.
향 인 음 주 장 자 출 사 출 의 향 인 나 조 복 이 립 어 조 계

공자께서는 마을 사람들과 술을 마실 때에는 지팡이를 짚은 노인들이 퇴출하고 나서야 퇴출하셨다. 마을 사람들이 나례(儺禮)를 지낼 때에는 예복을 입으시고 당(堂)의 동쪽 섬돌에 서 계셨다.

【글자 뜻】 鄕:시골 향. 儺:역귀 쫓을 나. 階:섬돌 계.

【말의 뜻】 鄕人(향인):지역 공동체의 사람들. 杖者(장자):지팡이를 짚은 사람. 노인을 말함. ≪예기(禮記)≫ 왕제편(王制篇)과 내칙편(內則篇)에 「오십 세가 되면 집안에서 지팡이를 짚고, 육십 세가 되면 고을에서 지팡이를 짚는다.」고 하였다. 斯出(사출):「斯」는 곧(卽). 儺(나):역귀(疫鬼)를 쫓아내는 행사. 朝服(조복):제사를 지낼 때의 예복. 阼階(조계):당의 남면에 두 계단이 있다. 동쪽의 것이 「阼階」이다. 주인이 오르내리는 계단이다. 여기서는 묘(廟)에 대하여 말함.

【뜻 풀이】 마을 사람들이 정기적으로 모여서 술을 마시는 의식이 있었다. ≪의례(儀禮)≫의 향음주례(鄕飮酒禮)는 그 기록의 하나다. 노인이 퇴출하면 공자가 퇴출한다. 이것은 그의 경로사상을 보여 준다.

「儺」는 1년 중 3월, 8월, 12월의 3회에 걸쳐 행한다. 여기서 말하는 「儺」는 대나(大儺)라고 이르는 12월의 것이리라. 공자께서 예복을 입고 가묘(家廟)의 주인용 계단에 서는 것은 잡귀 쫓는 소리나 행사에 조상신이 놀라는 것을 염려하여 조상신을 진정시키기 위해서다.

≪예기≫ 교특생편(郊特牲篇)에 「마을 사람들이 귀신 쫓는 푸닥거리를 할 때 공자는 조복을 입고 주인용 계단에 서 있었다. 그것은 가묘 안의 조상신이 놀랄까봐 진정시키기 위함이었다.(鄕人禓 孔子朝服立于阼存室神也)」라고 하였다. 「禓(상)」은 나(儺). 「室」은 가묘의 방. 「存」은 안존(安存). 진정시킴.

11

問人於他邦 再拜而送之.
문 인 어 타 방 재 배 이 송 지

사자를 보내시어 타국의 사람을 방문케 하실 때에는 그에게 재배하시고 보내셨다.

【글자 뜻】 他:다를 타. 邦:나라 방. 拜:절 배. 送:보낼 송.

【말의 뜻】 問(문):이쪽에서 찾아가 보고 싶은 일이 있어서 벗을 방문하는 경우에도, 저쪽에 일이 있음을 듣고 사람을 보내는 경우에도 사람을 방문할 때에는 반드시 물품을 가지고 가서 정의(情誼)를 표하였다. 再拜(재배):주인이 사자(使者)에게 두 번 절함. 타국에 있는 사람에게 예를 표하는 것. 대리로 가는 사자는 고개만 숙일 뿐이다. 일설에 공수(拱手)하고 있는 손까지 닿을 만큼 머리를 숙인다고 한다. 머리를 땅에 대는 계수(稽首)까지는 하지 않는다. 절을 받으면 답례하는 것이 원칙이지만 이 경우 사자는 답례하지 않는다. 주인의 절을 받는 것을 깊이 배려하는 것이다.

12

康子饋藥. 拜而受之. 日 丘未達 不敢嘗.
강 자 궤 약 배 이 수 지 왈 구 미 달 불 감 상

계강자(季康子)가 약을 보내왔다. 공자께서는 절을 하며 받으시고는 말씀하셨다.

"나는 약에 대한 것을 잘 알지 못하므로 맛보는 의례는 사양하겠습니다."

【글자 뜻】 饋:보낼 궤. 達:통달할 달. 敢:감히 감. 嘗:맛볼 상.

【말의 뜻】 康子(강자):계강자(季康子). 노(魯)의 유력자. 제2 위정편(爲政篇) 20「季康子問」을 참조. 饋藥(궤약):「饋」는 견(遣), 보냄. 拜而受之(배이수지):경의를 표하는 동작. 이「拜」도 머리를 숙일 뿐인 절. 그리고 한 번만 한다. 丘(구):공자의 이름. 자기를 일컫는 것이므로 이름을 말한다. 未達(미달):약의 성능에 대해 환히 깨달아 알지 못함. 嘗(상):일부를 먹어 봄, 맛봄. 보내 준 사람에 대하여 받아들임과 감사를 표시하는 의례임.

【뜻 풀이】 바로 다음다음 제14장에「임금이 먹을 것을 내리시면 반드시 좌석을 바로하시고 먼저 감사히 맛보시었다.」고 하였듯이, 먹을 것을 얻으면 우선 맛을 보는 것이 예의였다. 그러나 약의 경우 공자는 그 예에 따르기를 거부했다. 상대가 노(魯)나라의 권력자인 것도 안중에 없다. 더욱이 '약에 대한 것을 잘 알지 못함'이라는 것을 이유로. 그러나 이 '약에 대한 것을 잘 알지 못함'이란 직접 계강자가 보내 준 약을 가리켜 말하는 것은 아닐 것이다. 약에 대해서는 통효(通曉)해 있지 않다면서 약 전반에 대하여 얼버무리는 것이리라. 공자는 언제나 그런 유연성을 지니고 있었다.

공자가 편력 뒤에 노나라에 돌아온 것은 육십팔 세 때이다. 계강자의 사귐은 그 뒤의 일일 것이다. 늙고 병들었는데도 이런 말을 하였다. 냉철한 이성을 지닌 분이다.

13

廏焚 子退朝曰 傷人乎 不問馬.
구분 자퇴조왈 상인호 불문마

마구간이 탔다. 공자께서 조정에서 돌아오시자, "사람이 다치지는 않았느냐?"고 말씀하셨다. 말(馬)에 대하여는 물어 보시지 않으셨다.

【글자 뜻】 廏:마굿간 구. 焚:불사를 분. 傷:상처 상.
【말의 뜻】 廏(구):마구간.

【뜻 풀이】 「人」은 마구간의 불을 끄러 와 주었던 근처의 사람들. 공자께서 마구간의 화재를 알았을 때 무엇보다도 걱정되었던 것은 사람들의 안전이었다. 그러므로 집에 당도하자 사유물인 말보다도 먼저 그들의 안부를 물었던 것이다. 공자다운 행위다. "사람이 다치지는 않았느냐?"라고 공자의 말로 문장을 끝냈으면 좋았을 것을 기록자가 객쩍은 주석을 달았기 때문에 오히려 동물 애호 정신을 의심받게 되었다. 공자에게는 폐가 되는 것이다.

14

君賜食 必正席先嘗之. 君賜腥 必熟而薦之. 君賜生 必畜之.
군사식 필정석선상지 군사성 필숙이천지 군사생 필축지

임금이 먹을 것을 내리시면 반드시 좌석을 단정히 하고 먼저 감사히 맛을 보시었다.

임금이 날고기를 내리시면 반드시 익힌 다음 조상께 올리셨다.

임금이 산 짐승을 내리시면 반드시 사육하셨다.

【글자 뜻】 賜:줄 사. 席:자리 석. 腥:비릴 성. 薦:천거할 천. 畜:쌓을 축.

【말의 뜻】 賜食(사식):뒤에 「腥」, 「生」이라고 한 것으로 보아 이 「食」은 익힌 음식이다. 正席(정석):앉는 깔개를 바른 모양으로 고쳐 놓음. 본편 9 참조. 先嘗之(선상지):「嘗」은 보내 준 음식을 조금 입에 넣어 맛을 봄. 음식의 맛을 보는 것으로 독의 유무를 확인하는 것과는 다르다. 선물을 받고 보낸 사람에 대한 감사를 표시하는 의례임. 「先」이라고 한 것은 「嘗」 뒤에 행사가 있음을 암시한다. 「嘗」 뒤에 그 음식을 가족이 나누어 먹는다는 것을 의미한다. 賜腥(사성):「腥」은 날고기. 숙이천지(熟而薦之):「熟」은 불을 가하여 익힘. 조상신에게 익힌 고기를 올리는 것을 「薦」이라고 함. 임금이 내린 것을 영예롭게 하는 것임. 賜生(사생):「生」은 살아 있는 짐승. 畜之(축지):잡지 않고 사육함. 임금의 은혜를 생각하여 차마 죽이지 못하고 고이 기름.

15

侍食於君 君祭先飯.
시 식 어 군 군 제 선 반

임금을 모시고 식사를 하실 때에는 임금이 고수레 제사를 드리면 공자는 먼저 맛을 보시었다.

【글자 뜻】 侍:모실 시. 飯:밥 반.

【말의 뜻】 君祭(군제):임금이 식사하기 전에 고수레 제사를 드림. 先飯(선반):「飯」은 먹음. 고수레 제사를 드리지 않고 음식을 먼저 먹음.

【뜻 풀이】 식사 때에 먼저 그 음식을 처음 만들어 준 분에게 감사하는 제사 의식을 한다는 것은 앞에서 언급하였다. 단 임금을 모시고 식사할 때에는 임금은 제사하지만 신하는 제사하지 않는다. 대등한 입장이 되는 것을 삼가는 것이다. 그러나 임금이 신하를 손님으로 대우하여 제사할 것을 명하였을 때에는 신하도 제사한다. 여기서 공자가 「先飯」하는 것은 신하로서 행동하고 있는 것이다.

「先飯」은 ≪예기(禮記)≫에 있는 말이다. ≪의례(儀禮)≫ 사상견례편(士相見禮篇)에 「먼저 먹고 두루 찬을 맛본다.(先飯 偏嘗膳)」라고 하였고, ≪예기(禮記)≫ 옥조편(玉藻篇)에 「먼저 먹고 두루 찬을 맛본다(先飯 辯嘗羞)」라고 하였다. 「辯」은 두루(偏). 「膳」과 「羞」는 찬을 말한다. 전반에 걸쳐서 대충 맛보는 것은 임금을 위하여 요리가 잘 되었는지를 살피는 것이다.

16

疾 君視之 東首 加朝服 拖紳.
질 군시지 동수 가조복 타신

병환으로 계실 때 임금이 문병오시면 머리를 동쪽으로 두시고, 조복을 몸 위에 걸치시고, 큰 띠를 그 위에 펴 놓으셨다.

【글자 뜻】 拖:끌 타. 紳:큰 띠 신.

【말의 뜻】 東首(동수):≪예기(禮記)≫ 옥조편(玉藻篇)에 「군자가 잘 때에는 항상 동수(東首)한다.」라고 하였다. 잘 때에는 머리를 동쪽으로 두는 것이 관습으로 되어 있었다. 그 이유를 정주(鄭註)는 '생기(生氣)에 머리를 둔다.' 라고 하였다. 혹 그럴는지도 모른다. 朝服(조복):조정에 나갈 때 입는 복장. 즉 임금과 대면할 때의 정장이다. 拖紳(타신):「紳」은 조복 위에 띠는 큰 띠. 그 큰 띠를 가슴 밑에 드리우는 것을 「拖」라고 함. 여기서는 잠옷 위에 걸친 조복의 가슴 아래쯤에 큰 띠를 두른 모양으로 펴서 걸친 것을 말한다.

【뜻 풀이】 병상에서도 조복을 걸치고 큰 띠를 띤 모양을 갖추고 임금을 대한 공자의 모습이 눈앞에 떠오른다.

17

君命召 不俟駕行矣.
군 명 소 불 사 가 행 의

임금이 부르시면 수레에 말을 매는 것을 못 기다리고 먼저 떠나셨다.

【글자 뜻】 俟:기다릴 사. 駕:멍에 가.

【말의 뜻】 不俟駕行(불사가행):수레가 준비를 갖출 때까지 기다리지 않음.

【뜻 풀이】 임금의 명령을 황공히 여기는 것이다. 수레는 뒤에 좇아간다. ≪예기≫ 옥조편에 「무릇 임금이 부르시면 조정에 있을 때에는 신발을 기다리지 않으며, 밖에 있을 때에는 수레를 기다리지 않는다.」라고 하였다. 「조정」이란 집무 장소를 말한다. 「밖에 있을 때」란 집무 장소를

떠나 있을 때를 말한다.

또 ≪순자(荀子)≫ 대략편(大略篇)에 「제후가 그 신하를 부르면 신하는 가마를 기다리지 않으며, 옷을 거꾸로 입고 달려간다. 예이다. 시(詩)에 말하였다. 거꾸러지고 엎드러지고! 상감께서 부르신다.(顚之倒之 自公召之)」라고 하였다. ≪시(詩)≫는 제풍(齊風) 동방미명편(東方未明篇). 치면 울리는 것과 같이 행동을 일으킨다. 이것을 '예이다.'라고 함은 아름답다.

18

入大廟 每事問.
입 대 묘 매 사 문

대묘 안에서는 의례를 하나하나 물으셨다.

【글자 뜻】 廟:사당 묘. 每:매양 매.

【뜻 풀이】 제3 팔일편(八佾篇) 15에 「子入大廟 每事問」이라고 하였다. 이것은 공자의 행위이며, 그 행위에 대한 타인의 비판과 그에 대한 공자의 대답을 기록하고 있다. 여기서는 「子」라고 하지 않았다. 공자의 행위를 보편화하여 이렇게 하는 것이 예라고 인식되었던 것이리라.

19

朋友死無所歸. 曰 於我殯. 朋友之饋 雖車馬 非祭肉 不拜.
붕 우 사 무 소 귀　왈　어 아 빈　붕 우 지 궤　수 거 마　비 제 육　불 배

벗이 죽어 의지할 곳이 없었다. 공자께서는 '내 집에 빈소를 차려라.' 하고 말씀하셨다.

벗이 보내 주는 것은 제사지낸 고기가 아니면 수레나 말이라 할지라도 절하지 않고 받으셨다.

【글자 뜻】 歸:돌아갈 귀. 殯:염할 빈. 饋:보낼 궤.

【말의 뜻】 所歸(소귀):의지할 곳, 몸을 붙일 곳. 殯(빈):관(棺)을 매장하기 전에 일정한 기간 빈소에 안치함. 예에 규정이 있다. 여기서는 장례식 전반을 의미하고 있다. 祭肉(제육):제사지낸 뒤에 그 집에서 제상에 올렸던 고기를 나누어 주는 것.

【뜻 풀이】 ≪예기(禮記)≫ 단궁(檀弓) 상편(上篇)에 「빈객이 이르러 머물 곳이 없었다. 공자께서는 '산 자는 내게 와서 머물러라. 죽었을 때에는 내게 와서 빈소를 차려라.' 고 말씀하셨다.」는 기록이 있다. 이것은 중요한 문제였다. ≪공자가어(孔子家語)≫ 자공문편(子貢問篇)에도 언급되어 있다. 자하(子夏)가 "머물고 빈소를 차리게 하는 것은 예입니까? 아니면 인자의 마음입니까?" 하고 묻는다. 공자는 "인자(仁者)가 예를 정하는 것이니라."라고 대답하고 있다.

「車」와 「馬」는 귀중한 재산이었다. 수레나 말을 보내 주더라도 절을 하지 않는다는 것은 어떠한 재물을 보내 주더라도 절을 하지 않는다는 것이다. 절을 하지 않는 것은 그것들을 공용(共用)하는 것으로 보고 있

는 것이리라. 제5 공야장(公冶長) 26에 자로(子路)가 "수레 · 말 · 의복 · 털가죽 옷을 벗과 함께 한다."는 말이 있었다. 「祭肉」에 대해 절하는 것은 신을 존경하는 것이다.

20

寢不尸 居不容.
침 불 시 거 불 용

주무실 때에는 시체처럼 늘어지지 않았으며, 집에 계실 때에는 엄격한 태도를 하지 않으셨다.

【글자 뜻】 寢:잠잘 침.

【말의 뜻】 尸(시):사체(死體). 손발이 아무렇게나 쭉 늘어져 있는 모양. 居(거):집에 있음. 容(용):의용(儀容). 삼가는 모습.

【뜻 풀이】 「居不容」 — 「容」을 「客」으로 쓴 텍스트가 있다. ≪경전석문(經典釋文)≫은 이 텍스트를 바탕이 되는 책이라 하고, 「客」으로 된 책을 이본(異本)으로 다루고 있다. 「居不客」이라면, 집에서는 격식 차린 얼굴을 하지 않는다는 것이다. 容과 客은 글자 모양이 비슷하다. 「不容」이라면 칠칠치 못한 모습을 의미한다. 「不客」은 그렇게까지 흐트러진 모습은 아니다. 「不客」이 좋다고 하는 사람도 적지 않다.

21

見齊衰者 雖狎必變. 見冕者與瞽者 雖褻必以貌. 凶服者式
견 자 최 자 수 압 필 변 견 면 자 여 고 자 수 설 필 이 모 흉 복 자 식

之. 式負版者. 有盛饌必變色而作. 迅雷風烈必變.
지 식 부 판 자 유 성 찬 필 변 색 이 작 신 뢰 풍 렬 필 변

부모상의 상복을 입은 사람을 만나시면 아무리 친한 사이라도 반드시 자세를 고치셨다.

공복(公服)을 입은 사람이나 악사장을 만나시면 허물없는 사람이라도 반드시 표정으로 예를 표하셨다.

장의용품을 가지고 오는 사람에게는 수레 앞 가로장에 손을 짚으시고 절을 하셨다.

호적부(戶籍簿)를 짊어지고 있는 사람에게도 그와 같은 절을 하셨다.

훌륭한 음식을 대접받으면 반드시 안색을 고치고 일어나셨다.

천둥이 심하거나 바람이 몹시 불 때에는 반드시 의관을 정제하셨다.

【글자 뜻】 雖:비록 수. 狎:익숙할 압. 瞽:소경 고. 褻:더러울 설. 饌:반찬 찬. 迅:빠를 신.

【말의 뜻】 齊衰者(자최자):부모상을 입고 있는 자. 狎(압):평소에 지나치게 친하게 굴어 새로운 감동을 일으키지 않는 상태. 冕者(면자):공무용 예복을 입고 있는 자. 瞽者(고자):맹인. 악사장(樂師長)은 소경이었다. 褻(설):사적인 교제를 계속하여 평소와 같이 행동하는 상태. 以貌(이모):용모로써 예를 나타냄. 凶服(흉복):죽은 사람을 장사지내기 위하여 준비하는 의복 및 물건. 式(식):공자 시대의 수레는 서서 타는 구조였다. 그 수레의 몸체는 앞에 가로장을 걸쳐서 몸체의 양쪽을 연결한다.

수레 위에서 경의를 표해야 할 사람을 만났을 때에는 그 가로장에 손을 짚고 몸을 숙여 절을 한다. 그 가로장을 「式」이라 하므로, 이 수레 위에서의 예도 역시 「式」이라고 한다. 「식(軾)」이라고도 쓴다. 負版者(부판자):「版」은 호적(戸籍)을 쓴 판자. 「負」는 짊어짐. 盛饌(성찬):성대한 음식. 變色以作(변색이작):「變色」은 얼굴 표정을 고침. 「作」은 일어남. 迅雷風烈必變(신뢰풍렬필변):천둥이 심하게 울리고 바람이 맹렬히 불 때에는 반드시 의복을 바로 하고 갓을 쓴다.

【뜻 풀이】 여기서도 「齊衰者」와 「冕者」, 「瞽者」는 각각 「見」자를 더하여 두 가지를 구별하고 있다. 제9 자한편(子罕篇) 10 「見齊衰者」를 참조.

「凶服者式之 式負版者」— 다 같이 식(式)의 예를 하는데 왜 한쪽에는 「式之」라 하고 또 한쪽에는 「式」이라 하여 구별하는 것인가? 일설에 「式負版者」는 위 구를 설명한 문구가 섞여 들어간 것이라고 한다. 그때에는 「凶服者」가 곧 「負版者」라는 것이 된다. ≪의례(儀禮)≫ 상복기(喪服記)에 「負」라는 것이 있다. 상복의 등에 붙이는 네모꼴의 천이다. 역시 상복에는 「負」가 붙어 있지만 여기의 「凶服」과 「負版」을 곧 그곳의 「상복」과 「負」에 연결시키는 것은 어떠할까?

또 「凶服者式之 式負版者」의 구문은 제9 자한편(子罕篇) 10에 있어서의 「子見齊衰者 冕衣裳者與瞽者見之」의 구문을 연상시킨다. 「凶服者」와 「負版者」는 별도의 것이리라. 그러므로 지금은 오히려 「版」을 「호적」이라고 해석하는 설에 따른다.

「見」, 「見之」의 말과 그 취급법은 여기의 「式」, 「式之」의 경우와 다를 게 없다. 틀림없이 구별하여 사용한 것이리라. 자한편(子罕篇)에서 「見」은 공자께서 가서 만나는 것, 「見之」는 공자께서 방문을 받는 것으로 구별하였다. 「凶服者」에게 「式」하는 것은 장의용품을 가지고 와 준 자의 경우를 말하는 것일까?

「盛饌」이 나오면 공자는 안색을 고치고 일어났다. 요리를 반기는 것이다. 우리가 굉장한 요리를 위해 잔을 들어올릴 때 주인은 안중에 없다. 그것이 손님의 예이며 주인의 만족이다. 이 구절을 고주(古註)는 '주인이 손수 내다 주는 데 경의를 표한다.' 고 하였고, 신주(新註)에 이르러서는 일부러 '그 찬 때문이 아니다.' 라고 한다. 모두 주인을 참되게 공경하는 이유를 모르는 것이다.

「迅雷風烈必變」 — ≪예기(禮記)≫ 옥조편(玉藻篇)에 「만일 질풍, 신뢰(迅雷), 폭우(暴雨) 등이 있으면 반드시 그 얼굴빛을 바꾸어 하늘을 두려워한다. 밤중이라 할지라도 반드시 의관을 갖추고 앉는다.」라고 하였다. 「變」의 내용은 분명하다. 이렇게 바꾸는 것을 정현(鄭玄)은 '하늘의 노여움에 근신한다.' 고 설명하였다.

≪논어≫는 왜 「風烈」이라 하고 「烈風」이라고 하지 않는 것일까? 「迅雷風」 석 자를 연이어 읽어서 「빠른 뇌풍(雷風)이 맹렬해졌을 때」라고 해석하려는 시도도 있지만 당장은 찬동할 수 없다.

22

升車 必正入執綏. 車中不內顧 不疾言 不親指.
승거 필정립집수 거중불내고 부질언 불친지

수레에 오를 때에는 반드시 똑바로 서서 손잡이 끈을 잡으셨다. 수레 안에서 뒤를 돌아보지 않았으며, 큰 소리로 말씀하지 않았으며, 친히 손가락으로 가리키는 일을 하지 않았다.

【글자 뜻】 升:되 승. 車:수레 거. 顧:돌아볼 고. 指:손가락 지.

【말의 뜻】 執綏(집수):「綏」는 마차의 입구에 늘어뜨린 손잡이 끈. 그것을

붙잡고 탄다. 內顧(내고):뒤를 돌아봄. 疾言(질언):큰 소리로 심하게 말함. 親指(친지):직접 손가락으로 가리킴.

【뜻 풀이】 바른 위치에 서서 손잡이 끈을 잡는 것은 안전 때문이다. 갑자기 돌아보면 뒤에서 편안히 쉬고 있는 사람들을 놀라게 할 염려가 있다. 수레 위에서 이야기하면 큰 소리로 되기 쉽다. 이것은 볼썽사나운 짓이다. 수레 위의 주인이 친히 손가락으로 가리키면 그것을 본 사람들이 무슨 일인가 하고 떠든다. ≪예기≫ 곡례(曲禮) 상편(上篇)에 「수레 위에서는 함부로 손가락으로 가리키지 않는다.」고 하였고, 정현(鄭玄)이 '무리를 당혹시키기 때문이다.' 라고 설명하였다.

23

色斯擧矣 翔而後集. 曰 山梁雌雉 時哉時哉. 子路共之. 三嗅而作.
색사거의 상이후집 왈 산량자치 시재시재 자로공지 삼후이작

(꿩이) 사람의 기색을 살피고는 날아오르고 한 바퀴 날아다니다가는 나무에 내려앉는다.

공자께서 말씀하셨다.

"산의 기장을 먹는 까투리가 때를 만났구나, 때를!"

자로는 그 꿩을 진짓상에 올렸다. 공자께서는 세 번 냄새를 맡으시고는 자리에서 일어나셨다.

【글자 뜻】 擧:들 거. 翔:날 상. 嗅:맡을 후. 雌:암컷 자. 雉:꿩 치.

【말의 뜻】 色斯擧矣 翔而後集(색사거의 상이후집):세상에 알려지지 않은 시(詩)의 구절 아니면 고어(古語)일 것이다. 「色」은 안색(顔色). 「斯」는 조자(助字). 「擧」는 오름. 새가 사람의 안색을 보고 그것이 험악하면 날아오른다. 「翔」은 날아다님. 「集」은 새가 나무에 앉음. 새는 신중히 날아다니며 잘 살핀 다음에 나무에 내려앉는다. 山梁(산량):「梁」은 기장(粱). 일설에 다리(橋). 時哉時哉(시재시재):「時」는 시기. 共之(공지):「共」은 이바지(供), 공급함. 일설에 잡음(拱). 三嗅(삼후):「嗅」는 냄새를 맡음.

【뜻 풀이】 공자가 편력 중에 어느 산중에서 까투리를 보고는 자신의 처지와 비교하여 깊은 감개에 잠겼다. 이때 또 다시 자로가, 스승을 생각하는 열정으로 한 것이지만 지레짐작의 실수를 저지른다.

「色斯」를 한 단어로 보고, 놀라서 당황하는 모습을 말하는 「색연(色然)」과 같은 말로 해석하는 설이 있다. 그래도 통한다. 「색연(色然)」이라는 말은 ≪춘추공양전(春秋公羊傳)≫ 애공(哀公) 6년에 「여러 대부(大夫)가 이것을 보았다. 모두 색연(色然)히 놀랐다.」라 하였고, 한대(漢代)의 문장에도 쓰이고 있다.

「色斯擧矣 翔而後集」 — 새가 정황을 살피고 후드득 날아오른다. 날아오르는 것은 잽싸다. 그에 반하여 나무에 내려앉는 것은 신중하게 빙빙 둘러보고 나서 한다. 새를 군자에 비유하여 군자의 진퇴, 즉 물러나는 데 떳떳하고 나아가는 데 신중함을 말한다.

공자는 산속에서 기장을 쪼아 먹고 있는 한 마리의 까투리를 보았다. 그 광경을 보고 이 고어(古語)가 생각났다. 그것을 서두로 하여 심중을 털어놓았다. 「時哉時哉」 — 꿩이 기장을 얻게 된 것을 시기를 만났다고 말하며 그에 반해 자신은 시기를 얻지 못하고 있음을 탄식한 것이다.

단순한 자로(子路)는 아마도 배가 고팠던 것이리라. 공자의 "때를 만났구나, 때를!" 한 말을 '꿩고기가 맛있는 철, 지금이 제철이다!' 로 받아들였다. 이때 계절은 필시 겨울이었을 것이다. 자로는 당장 그 꿩을 잡아 요리하여 선생님 앞에 드렸다. 공자는 세 번 그 냄새를 맡기만 하고 일어났다. 공자는 처음부터 그 꿩을 먹을 생각은 없었다.

세 번 냄새를 맡은 것은 잘 먹었다는 마음을 나타낸다. 이것 또한 스승을 생각해 주는 제자에 대한 예이다. ≪순자(荀子)≫ 예론편(禮論篇)에 「세 번 냄새 맡고 먹지 않았다.」라고 하였고, 양경(楊倞)은 「냄새를 맡는다는 것은 그 기운을 받는 것을 말한다. 다 먹은 것을 말한다.」라고 주(註)하였다.

≪여씨춘추(呂氏春秋)≫ 심기편(審己篇)에 「자로가 꿩을 잡았다가 다시 놓아 주었다.」고 하였다. 이 까투리의 사건을 말하는 것이리라. 「三嗅而作」을 꿩의 행위라고 보는 해석도 있다.

이 한 장의 문장은 향당편(鄕黨篇)의 다른 문장과 색다른 데가 있다. 이것 역시 처진 문장이 편말에 섞여들어 있는 예의 하나다. 그리고 이 문장은 표현의 정확성이 없으며 어의(語義)의 결정적인 파악을 곤란케 하고 있다.

제11 선진편
(先進篇)

「先進」, 「後進」의 해석은 구구하다. 5제(五帝) 이전과 3왕(三王) 이후, 은(殷) 이전과 주(周) 이후, 주초(周初)와 춘추(春秋) 시대 등으로 구별하는 설, 또 국가에 등용되는 것의 선후를 말한다는 설 등이 있다. 그러나 ≪논어≫의 이 편은 공자와 그 제자의 사귐을 말한다. 그래서 나는 「先進」, 「後進」을 공자의 제자에 대해 말한 것이라고 보는 설에 찬성한다.

1

子曰 先進於禮樂 野人也. 後進於禮樂 君子也. 如用之 則
자 왈 선 진 어 예 악 야 인 야 후 진 어 예 악 군 자 야 여 용 지 즉
吾從先進.
오 종 선 진

공자께서 말씀하셨다.

"초기의 제자는 예악에 대하여는 야인이다. 후기의 문인은 그 방면에서는 군자이다. 그러나 만일 어느 쪽을 쓰겠냐고 하면 나는 초기의 제자 쪽이다."

【글자 뜻】 進:나아갈 진. 野:들 야.

【말의 뜻】 先進(선진):초기에 공자의 문하로 들어온 제자. 자로(子路), 민자건(閔子騫), 칠조개(漆雕開) 등. 野人(야인):문화적 교양을 갖추지 못한 사람들. 그러나 소박성과 정직성을 잃지 않는다. 後進(후진):선진에 반하여 늦게 공자의 제자가 된 사람. 자하(子夏), 자유(子游), 자화(子華), 자장(子張) 등. 君子(군자):「野人」의 반대 개념. 예악의 교양을 몸에 지니고 있는 사람들. 如用之(여용지):「如」는 만약(若). 만일 둘 중에서 하나를 골라 쓴다면.

【뜻 풀이】 「先進」, 「後進」의 해석은 구구하다. 5제(五帝) 이전과 3왕(三王) 이후, 은(殷) 이전과 주(周) 이후, 주초(周初)와 춘추(春秋) 시대 등으로 구별하는 설, 또 국가에 등용되는 것의 선후를 말한다는 설 등이 있다. 그러나 ≪논어≫의 이 편은 공자와 그 제자의 사귐을 말한다. 그래서 나는 「先進」, 「後進」을 공자의 제자에 대해 말한 것이라고 보는

설에 찬성한다.

자로의 야인스러움은 이미 여러 번 기록된 바 있다. 민자건은 계씨(季氏)가 비(費)의 읍재(邑宰)로 임명하려고 했을 때 굳이 사퇴하였다.(第六 雍也篇 9) 그리고 또 공자로부터 "효자로다, 민자건은. 그 부모나 형제를 욕먹게 하는 일이 없었다."(본편 5)라는 칭찬을 받았다. 칠조개는 공자가 모처럼 벼슬자리를 마련해 주었을 때 자신이 없다며 사퇴하였다. 「그러나 공자께서 기뻐했다.」고 제5 공야장편(公冶長篇) 6에 기록되어 있다.

초기의 제자로는 이 밖에 염백우(冉伯牛)가 있다. 민자건과 더불어 덕행으로 유명한 사람이다. 그가 병들자 공자는 "이럴 수가! 운명이라는 것이냐!"하고 탄식하였다.(第六 雍也篇 10) 역시 예악보다는 덕행이 나은 사람이었을 것이다.

「後進」의 자하, 자유는 문학으로 유명하다. 자하는 공자로부터 "소인적인 선비는 되지 말라"고 훈계 받았다.(第六 雍也篇 13) 그리고 그의 문하는 청소, 응대 등 사소한 일에 힘쓰고 있었다.(第十九 子張篇 12). 자유는 무성(武城)의 읍재(邑宰)가 되었을 때 예악을 성히 하여, 공자가 "닭을 잡는 데 어찌 소 잡는 큰 칼을 쓸 필요가 있겠느냐?"는 말을 들었다.(第十七 陽貨篇 4)

자화는 공자로부터 조정에서 빈객을 응대하는 능력을 인정받고(第五 公冶長篇 8), 그 자신도 종묘의 일이나 제후의 회합에 예복을 입고 의식을 맡아보는 것을 이상으로 삼았다.(第十一 先進篇 26) 자유는 무성의 읍재(邑宰)가 되고, 자하는 거보(莒父)의 읍재가 되었다.(第十三 子路篇 17) 그들의 교양은 경대부 사회에 통하는 것이 있었다. 이것은 민자건, 칠조개 등의 태도와는 다르다.

공자 만년의 제자인 자장도 역시 「後進」의 한 사람이다. 그는 공자에게 관직을 구하는 방법을 물었다.(第二 爲政篇 18) 세속적 유명인이 되는 것을 구하는 것이다.(第十二 顔淵篇 20) 공자가 이 제자를 「지나치다(過)」, 「체면을 꾸민다(辟)」고 평한 것이 본편 16, 18에 보인다. 공자의 학파도 이익 사회의 색채를 띠고 있다. 그 가운데 공자는 초기의 소박한 동지적 결합을 그리워하고 귀히 여긴 것이다.

2

子曰 從我於陳蔡者 皆不及門也.
자왈 종아어진채자 개불급문야

공자께서 말씀하셨다.

"나를 따라 진나라와 채나라에서 고생하던 사람은 모두 출세를 하지 못하였다."

【글자 뜻】 陳:나라 이름 진. 皆:다 개.

【말의 뜻】 陳蔡(진채):공자 시대에 지금의 하남성(河南省) 지역에 있었던 두 작은 제후국. 不及門(불급문):「門」은 벼슬의 문. 벼슬할 기회를 얻지 못했음을 말함.

【뜻 풀이】 제15 위령공편(衛靈公篇) 2에 「진나라에서 양식이 떨어졌다. 동행들은 매우 지쳐서 일어날 수가 없었다.」라고 하였다. 십사 년에 이르는 편력 끝에 만난 최대의 위기였다. 「從我於陳蔡者」란 편력의 혹독한 곤란을 이겨 내며 끝까지 따라와 준 제자들을 깊이 가슴에 새기며 부르는 것이다. 언제나 역경에서 헤어나지 못하는 스승이지만 자기 인생을 걸고 따라와 준 제자에 대한 고마움, 더욱이 그러한 제자들에게 출세의 좋은 기회를 안겨 주지 못한 스승의 괴로운 심정이 엿보인다.

이때 진채에까지 따르고 있던 제자로 ≪사기(史記)≫ 공자세가에는 안연(顔淵), 자공(子貢), 자로(子路)가, 중니제자열전(仲尼弟子列傳)에는 자장(子張)이 기록되었고 ≪여씨춘추(呂氏春秋)≫ 신인편(愼人篇)에는 재아(宰我)가 추가되어 있다.

3

德行 顔淵閔子騫冉伯牛仲弓. 言語 宰我子貢. 政事 冉有季路. 文學 子游子夏.
덕행 안연민자건염백우중궁 언어 재아자공 정사 염유 계로 문학 자유자하

"덕행에는 안연, 민자건, 염백우, 중궁이고, 언어에는 재아와 자공, 정사에는 염유와 계로, 문학에는 자유와 자하로다."

【글자 뜻】 騫:이지러질 건. 冉:나아갈 염. 游:헤엄칠 유.

【뜻 풀이】 덕행 · 언어 · 정사 · 문학은 공문의 4과(孔門四科)로, 아울러 뛰어난 열 명의 제자들은 공문십철(孔門十哲)이라 일컬어지고 있다.

안연(顔淵)은 이미 자주 등장하였다. 그는 공자로부터 "학문을 좋아하고, 노여움을 옮기지 않으며, 잘못을 되풀이하지 않는다."(第六 雍也篇 3)라는 말을 들었고 "그 마음이 3개월이나 인(仁)에서 떠나지 않는다."(第六 雍也篇 7)라는 말을 들었으며 "누추한 주거. ……그 자신의 즐거움을 고치려 들지 않는다. 훌륭하도다, 회는!"(第六 雍也篇 11)이라고 칭찬받았고, "지위를 얻으면 도를 행하고, 얻지 못한 때에는 간직해 둔다고들 하는데 그것을 할 수 있는 것은 오직 나와 너뿐이다."(第七 述而

篇 10)라는 말을 들을 만큼 신뢰를 받고 있었다.

민자건(閔子騫)이 계씨(季氏)의 비(費)의 읍재(邑宰)직을 사퇴했다(第六 雍也篇 9)는 것과 "효자로다, 민자건은!" 하고 공자의 칭찬을 들었다(본편 5)는 것은 본편 1의 해설에서 언급한 바와 같다.

염백우(冉伯牛)에 대하여는, 「그 악질(惡疾)은 이 사람에게 합당치 않다.」(第六 雍也篇 10)고 그의 비운을 공자께서 탄식했다는 것이 전해지고 있을 뿐이다. 그러나 공자의 이 비탄의 말 속에서 충분히 염백우의 사람됨에 대한 공자의 평가를 들을 수 있다.

안연, 민자건 그리고 염백우의 행적으로 보아 여기서 덕행이라고 하는 것은 백성을 편안케 하는 정치에 적극적으로 공헌하는 능력이 아니라 스스로 삼가며 몸을 더럽히지 않는 행동을 가리킨다. 이와 같은 덕의 해석법은 공문(孔門)에 있어서는 비교적 후기의 것이다. 따라서 이 장의 과목 설정과 분류가 이루어진 것도 후기에 속한다고 하겠다.

다만 중궁(仲弓), 즉 염옹(冉雍)에 대하여 공자는 "옹(雍)은 남면(南面)하게 하고 싶은 사나이다."라고 말하였다.(第六 雍也篇 1) 그리고 그 자신도 "본디 경건한 데다가 대범하게 행동하며, 백성에게 대처하는 것이 좋다 하였고, 공자로부터도 찬성을 얻고 있다."(第六 雍也篇 2). 정치에 종사하는 능력을 칭찬받고 있는 것이다. 이것이 덕의 본래의 모습이다.

그러나 ≪대대예기(大戴禮記)≫ 위장군(衛將軍) 문자편(文子篇)에 등재된 자공(子貢)의 중궁평(仲弓評)은 "가난에 처하여 손님 같고, 그 신하를 씀이 의지함 같고, 노여움을 옮기지 않고, 원망을 더듬지 않고, 묵은 죄를 사실하지 않으니 이것이 염옹(冉雍)의 행위이다."라고 말하고 있다. 확실히 안연의 덕행에 유형(類型)지어져 오고 있다.

재아(宰我)의 변설은 「3년상을 입는 것은 너무 길다. 1년으로 하는 것이 좋다.」며 그 합리성을 말하는 의론(第十七 陽貨篇 21)에 잘 나타나 있다. 우리가 들어도 꽤나 설득력이 있다. 그러나 공자의 사고방식이나 생활방식과는 차이가 있다. ≪사기(史記)≫ 중니제자열전은 「재여(宰予)의 자는 자아(子我), 이구변사(利口辯辭)」라고 평하였다.

≪한비자(韓非子)≫ 현학편(顯學篇)에 「재여의 말은 우아하고 아름답다. 중니(仲尼)가 이를 보고 취하였다. 그러나 함께 오래 있어 보니 지혜가 그 말에 미치지 못하였다. 그래서 말하기를 '말을 가지고 사람을 취하는 일은 재여에게서 그르쳤다.' 고 하였다.」라고 하였으며, 이 이야기가 널리 전해지고 있음은 이미 제5 공야장편(公冶長篇) 10 「宰予晝寢」의 해설에서 언급했다. 십철(十哲)의 한 사람으로서 재아를 말할 때 오직 그 변설을 말하고, 공자를 실망시킨 일에는 눈을 감아 주고 있다.

자공(子貢)의 변설은 백이 · 숙제의 고사로써(第七 述而篇 14), 혹은 아름다운 옥의 비유로써(第九 子罕篇 13) 공자의 의중을 떠본 예에 잘 나타나 있다. 또 ≪춘추좌씨전(春秋左氏傳)≫ 애공(哀公) 7년, 12년에는 오(吳)나라의 태재(太宰) 비(嚭)와의 교섭 상황이 기록되어 있는 것은 제9 자한편(子罕篇) 6 「太宰問子貢曰」의 항에서 언급한 바와 같다. 그러나 ≪사기(史記)≫ 중니제자열전은 "자공은 말에 능하고 교묘하였다. 공자는 항시 그의 변설을 물리쳤다."고 하였다. 자공의 경우, 그를 십철(十哲)로 손꼽는 사람들은 오직 그의 변설만을 취한다.

염유(冉有), 이름은 구(求). 이 사람은 공자로부터 "구(求)는 천 호의 읍이나 백 승(百乘)의 집을 관할하게 할 수 있다.(第五 公冶長篇 8) 구는 다재다능하다. 정치를 하는 것쯤은 아무것도 아니다."(第六 雍冶篇 8)라고 평가받은 것은 이미 언급한 바이다. 계로(季路), 즉 자로(子路)도 공자로부터 "유는 천 승의 나라에서 그 부역을 관리시킬 수 있다."(第五 公冶長篇 8), "유는 과단성이 있다. 정치를 하는 것쯤은 아무것도 아니다."(第六 雍也篇 8)라고 평가받고 있다.

그러나 실은 공야장편(公冶長篇)에서 자로와 염유에 대한 공자의 평가는 오직 그 행정 능력에 대해서만 말한 것이며 두 사람 다 「그 인(仁)은 모른다.」고 인(仁)의 입장에서 하는 평가는 피하고 있는 것이다. 「政事」라는 것은 정치를 그 행정기술 면에서 말하는 것 같다.

「文學」은 고전 또는 그 학문을 말한다. ≪논어≫에는 자유(子游)를 「文學」과 관계 지어 말하는 기록으로 명확한 것이 없다. 그러나 ≪예기(禮記)≫ 단궁(檀弓) 상편(上篇)에 생생한 기록이 있다. 거기서는 자유(子游)가 예의범절의 권위자다. 모든 문제가 그에 의해 결정되고 있다.

조문(吊問) 의복에 대하여 증자(曾子)와 자유의 의견이 갈렸을 때 증자는 자유를 가리켜 "저분은 예를 가르치는 사람이다."라고 하였다. 자유는 이미 예(禮)의 전문가로 세상에서 인정받고 있었던 것이다. 증자는 그럼에도 불구하고 조문에 이런 복장을 하다니 어떻게 된 일이냐고 놀란다. 그러나 결국 자유의 복장이 예에 어긋나지 않았다. 증자는 "내가 틀렸다, 내가 틀렸다. 그분이 옳았다."며 모자를 벗고 승복한다.

자유에게 「文學」은 예(禮)이다. 자하(子夏)도 역시 예에 밝다. ≪예기(禮記)≫에도 그 방면의 전문가로 등장하고 있다. 그러나 공자로부터 "군자적인 학자가 되라. 소인적인 선비가 되지 말라."(第六 雍也篇 13)는 훈계를 받고 있으며, 자유에게서까지 그 문인이 청소, 응대, 진퇴 등 하찮은 일에 힘쓰고 있음을 비방당하고 있다. 세밀한 예의범절의 전문가였거나 적어도 그런 경향이 있었음을 알 수 있다.

자하는 예의범절의 전문가 말고도 고전의 전승자, 해설자로서 큰 존재였다. "시서예악(詩書禮樂)의 확립은 공자로부터 시작되고, 장구(章句)를 발명하는 일은 자하로부터 비롯된다." 이것은 후한(後漢) 서방(徐防)의 「오경의위장구소(五經宜爲章句疏)」에 나오는 말이다. 이와 같은 전승이 당시에 있었으며 그것은 사실이었다.

자하에게 있어서 「文學」이라 할 경우 예(禮)가 의식에 떠오르는 것은 자연스럽고도 당연한 일이다. 그러나 자유와 나란히 「文學」이라 일컬을 때 자하 역시 전고(典故)에 밝은 것으로서 평가되고 있었던 것은 아닐까?

4과 십철(四科十哲), 이 선택에는 공자가 말하는 제일의적인 이념이 후퇴하고 처세의 공용(功用)에 대한 관심이 강하게 작용하고 있었던 듯싶다. 여기서 나는 전국시대의 냄새를 맡는다. 「子曰」이라고도 하지 않고, 또 4과에 열 명의 이름을 열거하기만 한 기술의 형식도 특이하다. ≪논어≫ 편집의 끝 단계에 섞여 들어간 것이리라.

이 장을 앞의 진채(陳蔡)의 장과 합하여 한 장으로 만드는 것은 타당하지 않다. 역사의 사실과도 모순된다. 이를테면 「政事」의 염유, 이 사람은 ≪춘추좌씨전≫에 따르면 애공(哀公) 3년에 계강자(季康子)에게 초빙되고, 11년에는 다시 계씨(季氏)를 위하여 일한다. 공자가 진채에서 포위당한 것은 애공 6년의 일이다.

≪논어≫에서 공자가 제자를 일컬을 때에는 이름을 부른다. 그런데도 이 장에서는 열 명 모두가 자(字)로써 불리고 있다. 이들 열 사람보다 뒤에 온 자가 기록한 것이리라.

증삼(曾參)과 유약(有若) — ≪논어≫에서 공자 말고 항시 자(子)라 일컬어지고 있던 오직 두 사람 증자(曾子)와 유자(有子)가 여기에 이름이 오르지 않은 것도 기이하다. 공자께서 친히, 또는 공자 생전과 가까운 시기에 4과 10철을 고른 것이라면 이와 같은 일은 없었을 것이다.

한(漢)의 서간(徐幹)은 ≪중론(中論)≫ 지행편(智行篇)에서 「사람의 행위로 최대 지고(至高)한 것은 효(孝)와 청(淸)인데 증자와 원헌(原憲)은 청(淸)에 있어서 제1인자이다.」라고 말하고 있다. 그리고 이 두 사람의 이름이 4과에 들어 있지 않음을 이상하게 여기고 「그 재주가 미치지 못하기 때문이다.」라고 스스로 해석하고 있다. 서간의 의문은 공자를 선택자로 볼 경우의 불합리함을 보일 따름이다. 그러나 '그 재주'의 우열로써 선택의 기준을 삼고 있는 것은 선택된 십철의 실질적 특징의 큰 부분을 옳게 말하고 있다. 그러나 재주로써 하는 것은 이미 제자백가(諸子百家) 시대의 일이다.

「德行」의 끝 자 「仲弓」의 弓은 「言語」의 끝 자 「子貢」의 貢과, 또 「政事」의 끝 자 「季路」의 路와 각각 압운(押韻)하고 있음을 일본의 요시카와 코지로(吉川幸次郎) 박사가 지적하고 있다. 입에 올리기 쉽도록 만들어져 있다.

4

子曰 回也 非助我者也. 於吾言 無所不說.
자왈 회야 비조아자야 어오언 무소불열

공자께서 말씀하셨다.

"회(回)는 내게 도움이 안 되는 사람이로다. 내가 무슨 말을 하건 그냥 좋다고만 할 뿐이니."

【글자 뜻】 助:도울 조. 說:기쁠 열.

【말의 뜻】 回(회):안회(顔回), 자는 자연(子淵). 助我者(조아자):「助」는 익(益). 無所不說(무소불열):「說」은 열(悅). ≪경전석문(經典釋文)≫의 음 「열」에 따름.

【뜻 풀이】 자기가 말한 것에 반응이 있으면 기쁘고 마이동풍(馬耳東風)이면 서운하다. 이 감정의 움직임은 공자도 다를 게 없다. 안회는 원래 말

수가 적은 사람이다. 게다가 공자가 말하는 바를 잘 이해하므로 새삼스럽게 질문할 필요가 없다. 말하는 바에 전적으로 찬성하므로 반론할 것도 없다. 재주를 자랑삼아 보일 생각 따위는 조금도 없으므로 말참견하는 일도 없다. 그것은 일견「바보 같다.」(第二 爲政篇 9).

이러한 안회를 공자는 좋은 이해자라고 생각함과 동시에 때로는 어딘지 안타까워한다. 어쩌다간 "뭐라고 말 좀 해보렴, 회여!" 하며 공자는 안자에게 고마워한다. 공자는 안자와 의론을 하여 자기가 생각하고 있는 바를 분명히 하고 답답한 가슴을 탁 털어놓아 버리고 싶은 심정을 가지고 있었다. 신뢰와 존경과 애정이 사제 두 사람을 감싸고 있었다. 그것을 나타내는 공자의 말은 언제나처럼 장난기가 있고 유머가 풍부하다.

5

子曰 孝哉 閔子騫. 人不間於其父母昆弟之言.
자 왈 효 재 민 자 건 인 불 간 어 기 부 모 곤 제 지 언

공자께서 말씀하셨다.

"효자로다, 민자건은! 사람들에게 그 부모나 형제를 욕먹게 하는 일이 없다."

【글자 뜻】 閔:성씨 민. 騫:이지러질 건. 昆:형 곤.

【말의 뜻】 不間(불간):「間」은 비방함. 욕함. 昆弟(곤제):형제

【뜻 풀이】 민자건, 이름은 손(損)이다. 여기서「閔子騫」이라고 한 것은 그 자(字)를 부르고 있는 것이다. 이것은 공자가 제자를 부르는 말투가 아니다.「孝哉 閔子騫」의 다섯 자는 당시 사람들이 민자건의 효를 기리고

있던 말이다. 공자는 이 세간 사람들의 귀에 익은 말을 서두로 하여 민자건의 효에 대한 자신의 감동을 서술한다.

민자건의 효행 이야기는 고대에 널리 알려지고 있어 유명하다.

민자건의 형제는 둘이었다. 어머니를 여의어 아버지는 계모를 맞이하였고 계모에게서 두 아들이 태어났다. 어느 추운 겨울 날 자건이 아버지를 모시고 마차를 몰다가 그만 추위에 손이 얼어 고삐를 떨어뜨렸다. 그의 의복은 낡은 모시풀이 엷게 두어져 있을 뿐이었다. 아버지가 집에 돌아와서 후처의 자식을 보니 그 의복은 풀솜(雪綿子)이 두텁게 두어져 있어 따습게 보였다. 그래서 후처에게,

"내가 너를 맞은 것은 내 자식들을 위해서였다. 그런데도 너는 나를 속였다. 나가거라, 썩 나가거라!"

하고 말하였다. 그때 자건은 아버지의 앞으로 나아가서,

"어머님이 계시면 한 아들만 홑옷을 입을 따름이오나 어머님이 나가시면 네 형제가 다 떨어야 합니다."

라고 말하였다. 아버지는 말이 없었다.

그래서 "효자로다, 민자건! 말 한마디로 그 어머니는 돌아오고 또 한마디로 세 아들이 따습도다."라고 세상에서 말한다. 알아채지 못하는 아버지, 전처의 맏아들을 학대하는 계모, 따습게 입고 있는 아우들, 하마터면 모두가 비난의 대상이 될 것을 민자건의 효성으로 인하여 모면한 것이다. 그것은 순(舜)이 훌륭히 피난하여 아버지나 아우에게 자식을 죽인 놈, 형을 죽인 놈이라는 오명을 얻지 않게 한 것과 비슷하다.

일설에 제2구를 「사람들은 그의 부모 형제의 말을 비방하지 않았다.」라고 해석한다. 부모 형제가 민자건을 효자라고 말하는 것을 세상 사람들이 비난하지 않는다. 즉 민자건의 효는 집안에서만의 칭찬이 아니라 사회적으로 공인되어 있다는 것을 공자가 칭찬하였다고 본다.

6

南容三復白圭. 孔子以其兄之子妻之.
남 용 삼 복 백 규　공 자 이 기 형 지 자 처 지

남용은 백규의 시를 몇 번이고 되풀이 외고 있었다. 공자께서는 형의 따님과 결혼시키셨다.

【글자 뜻】 容:얼굴 용. 圭:서옥 규. 妻:아내 처.

【말의 뜻】 南容(남용):남궁괄(南宮括). 자는 자용(子容). 제5 공야장편(公冶長篇) 2「子謂南容」 참조. 三復(삼복):몇 번이고 되풀이함. 白圭(백규):≪시경(詩經)≫ 대아(大雅)의 억편(抑篇)에 나오는 시구.

【뜻 풀이】 억편(抑篇)의 시는 12장으로 제5장 끝머리 네 구가 「白圭」를 노래하였다. 그 시구는 다음과 같다.

白圭之玷(백규지점)　　흰 구슬의 흠집은
尙可磨也(상가마야)　　갈아서 없앨 수 있지만,
斯言之玷(사언지점)　　말을 잘못한 허물은
不可爲也(불가위야)　　어떻게 할 도리가 없도다.

남용이 이 시구를 몇 번이고 되풀이해서 외는 것은 그가 말을 신중히 했음을 보여 준다. 공자는 이 점을 높이 사서 형의 딸과 결혼시켰다.

제5 공야장편(公冶長篇) 2에는 「공자께서 남용을 평하여 말씀하셨다. '국가에 도가 행하여질 때에는 쓰이고 도가 행하여지지 않을 때에는 형벌을 면할 것이다.' 공자께서는 형의 따님을 그와 결혼시키셨다.」라고 하였다. 거기서는 공자를 「子」라 하고 공자가 인물을 평한 말을 기록하였다. 이 선진편(先進篇)에서는 남용의 행위를 객관적으로 기록하고 「子」를 「孔子」라고 일컬었다. 두 편에서 기록자와 공자 사이의 원근(遠近) 차이를 엿볼 수 있다.

7

季康子問 弟子孰爲好學. 孔子對曰 有顏回者 好學 不幸短命死矣 今也則亡.
계강자문 제자숙위호학 공자대왈 유안회자 호학 불행단명사의 금야즉무

계강자가 물어 보았다.

"제자 중에서 누가 학문을 좋아합니까?"

공자께서 대답하셨다.

"안회라는 자가 있어 학문을 좋아했는데 불행히도 단명하여 죽고 지금은 없습니다."

【글자 뜻】 康:편안할 강. 孰:누구 숙. 顏:얼굴 안.

【말의 뜻】 季康子(계강자):노(魯)의 유력한 대부(大夫). 제6 옹야편(雍也篇) 8에 「季康子問」이라 하였고 제10 향당편(鄕黨篇) 12에 「康子饋藥」이라고 하였다. 今也則亡(금야즉무):「亡」는 없음(無). 음도 「무」.

【뜻 풀이】 같은 문답이 노의 애공(哀公)과도 이루어져서 제6 옹야편(雍也篇) 3에 기재되어 있다. 그러나 거기에는 「有顏回者 好學」 뒤에 「不遷怒 不貳過」의 두 구가 있으며 「今也則亡」 뒤에 「未聞好學者」의 한 구가 있다. 이 문장의 상략(詳略)에 대하여는 상대가 애공과 계강자로 성격, 신

분, 상황이 다르다는 것에서 원인을 찾으려는 시도도 있긴 하지만, 두 차례의 문답이 이루어진 것이 아니라 한 번의 문답이 전승되는 사이에 물어 본 사람이 바뀌면서 — 애공은 노의 주권자, 계강자는 노의 실권자 — 말에 증삭(增削)이 발생한 것이라고 생각된다. 아마도 애공의 질문이 원화(原話)일 것이다.

「不幸」 — 황간(皇侃)의 소(疏)는 「살아서는 안 되는데도 사는 것을 행(幸)이라 하고, 죽어서는 안 되는데도 죽는 것을 불행이라 한다.」는 손작(孫綽)의 설을 인용하고 있다.

8

顏淵死. 顏路請子之車以爲之椁. 子曰 才不才 亦各言其子
안연사　안로청자지거이위지곽　자왈　재부재　역각언기자

也. 鯉也死. 有棺而無椁. 吾不徒行以爲之椁. 以吾從大夫
야　이야사　유관이무곽　오부도행이위지곽　이오종대부

之後 不可徒行也.
지후　불가도행야

안연이 죽었다. 그의 아버지 안로(顏路)는 공자의 수레를 얻어서 덧널을 만들고 싶다고 청하였다. 공자께서 말씀하셨다.

"재능이 있든 없든 부모에게는 다 같은 자식이오. 내 아들 이(鯉)가 죽었을 때 관은 있었으나 덧널은 없었소. 하지만 내가 걸어다니면서까지 덧널을 만들지는 않았소. 나도 대부의 말석에 있는 이상 걸어서 다닐 수는 없는 일이오."

【글자 뜻】 椁:덧널 곽. 鯉:잉어 리. 棺:널 관.

【말의 뜻】 顏路(안로):안연의 아버지. 이름은 유(由), 혹은 무요(無繇). 자는

계로(季路). 椁(곽):시체를 관에 넣고 그 바깥에 또 곽(椁)을 만들어서 덮는다. 곽(槨). 외관(外棺). 덧널. 鯉(이):공이(孔鯉). 공자의 아들. 以吾從大夫之後(이오종대부지후):같은 말이 제14 헌문편(憲問篇) 22에도 보인다. 공자는 국로(國老)로서 치사(致仕)한 대부의 대우를 받고 있었다. 제13 자로편(子路篇) 14의 해설 참조. 徒行(도행):걸어서 길을 감. 사대부는 도행하지 않고 마차를 타는 것이 관례였다. ≪예기(禮記)≫ 왕제편(王制篇)에 「군자인 기로(耆老)는 걸어서 다니지 않는다.」라고 하였다.

【뜻 풀이】 이(鯉)도 안연도 공자보다 먼저 세상을 떴다. 이(鯉)의 향년은 오십 세이고 그때 공자는 육십구 세였다. 안연의 향년은 사십일 세이고 그때 공자는 칠십일 세였다고 한다. 안로는 공자보다 6세 연하이므로 그때 육십오 세였다. 두 아비는 모두 늙어서 자식을 여의었다. 안로가 공자에게 수레를 달라고 한 것은 집이 가난하여 자식의 덧널을 만들 수가 없었기 때문이다.

≪춘추공양전(春秋公羊傳)≫ 은공(隱公) 원년에 「상사(喪事)에는 부의(賻儀)가 있다. 부의는 대개 말[馬]로써 한다. 승마속백(乘馬束帛)으로써 한다.」고 하였다. 동서(同書) 은공 3년에 「상사에는 구함이 없다. 부의를 요구함은 예가 아니다.」라고 하였다. 부의(賻儀)는 죽은 이에게 주는 것을 말한다. 죽은 이를 위하여 재물을 주어 장례를 돕는 것은 살아 있는 사람의 예이다. 그러나 그것은 죽은 이 쪽에서 요구할 수 있는 것은 아니다.

지금 안로는 공자에게 수레를 요구하였다. 그것은 어려움을 무릅쓰고 하는 행위이다. 안로는 안연을 자랑으로 삼고 있었다. 공문 제1의 인물이며, 스승도 때로는 한 걸음을 양보한다. 그에 어울리는 훌륭한 장례식을 하고 싶고 또 그것이 마땅하나 집이 가난하여 장례를 준비할 수가 없다. 안로는 또 공자와 안연 사이의 정의가 각별히 두터움을 알고 있다.

공자는 안연을 사랑하였다. 이 제자의 장례를 위하여 공자가 반드시 재물을 줄 것이라고 안로는 믿었다. 공자는 위(衛)에 갔을 때 전에 재워 준 일이 있는 집주인의 상(喪)을 만나 통곡하고 곁말[驂馬]을 부의로 준 적이 있다. 그 호기로움에 자공(子貢)도 놀랐다. 이것은 ≪예기(禮記)≫ 단궁(檀弓) 상편(上篇)에 보이는 이야기이다. 안로는 틀림없이 이 이야기도 자공에게 들었을 것이다.

「請子之車以爲之椁」 — 수레를 팔아서 덧널을 사는 것인지 수레 그 자체를 덧널로 쓰는 것인지? 대담한 상상이 허용된다면, 내게는 후자 쪽이 안로의 의도에 가까운 것이 아닐까 생각된다. 「以爲之椁」이라는 문장의 직접적인 의미는 그러하다.

안로의 말에 공자는 대답한다. "잘났건 못났건 간에 부모에게 있어서 자식임에는 변함이 없다. 나는 내 죽은 자식을 위하여 수레를 덧널로 하는 짓을 하지 않았다. 대부의 말석을 차지하고 있다는 것으로 해서 참았던 것이다."

안로가 공자에게 부의를 요구하는 것은 예가 아니다. 그러나 공자는 그것을 비례(非禮)로서 꾸짖지 않는다. 그렇지만 안로가 비례를 저지르는 것을 돕는 짓도 물론 하지 않는다. 공자는 오로지, 자랑으로 여기고 있던 자식을 먼저 보내고 어찌할 바를 모르는 노인을 동정하고 위로한다. "예라는 것이 있소. 예를 지주로 하여 슬픔을 견딥시다."라고.

공자가 장자(長子)를 여읜 것은 불과 2년 전의 일이었다. 그때의 일을 안로는 잘 알고 있다. 게다가 공자는 안로보다 연상이다. 큰 슬픔을 참아 낸 사람이 여기에 있다. 안로는 정신을 되찾았을 것이다.

9

顔淵死. 子曰 噫 天喪予. 天喪予.
안 연 사 자 왈 희 천 상 여 천 상 여

안연이 죽었다. 공자께서 말씀하셨다.

"아아, 하늘이 나를 버리셨구나! 하늘이 나를 버리셨구나!"

【글자 뜻】 噫:탄식할 희. 喪:죽을 상.

【말의 뜻】 噫(희):통탄하는 소리. 이 말은 제13 자로편(子路篇) 20에 또 보인다. 喪(상):없어지게 함. 상실케 함.

【뜻 풀이】「天」이라는 말은 천하의 질서를 의미한다.「天喪予」라고 말할 때 공자는 자신의 존재가 천하의 질서 속에서 근거를 상실했음을 말하는 것이다. 사는 보람이 없고 존재할 이유가 없는 것이다. 다시없는 절망의 소리이다. 더욱이 그것을 두 번이나 되풀이하고 있다. 신음이 깊다.

10

顔淵死. 子哭之慟. 從者曰 子慟矣. 曰 有慟乎. 非夫人之爲
안 연 사 자 곡 지 통 종 자 왈 자 통 의 왈 유 통 호 비 부 인 지 위
慟 而誰爲.
통 이 수 위

안연이 죽자 공자께서 통곡하셨다. 수행자가 '선생님께서 통곡하셨습니다.' 하고 말씀드렸다.

공자께서 말씀하셨다.

"통곡했더냐? 이 사람을 위하여 통곡하지 않으면 누구를 위하여 통곡한단 말이냐?"

【글자 뜻】 慟:서럽게 울 통. 誰:누구 수.

【말의 뜻】 哭之慟(곡지통):통곡함. 誰爲(수위):수지위통(誰之爲慟)의 뜻.

【뜻 풀이】 죽은 이를 조상하여 곡읍(哭泣)하는 것은 인정이며, 예에서도 역시 이것을 정식으로 규정하고 있다. 예의 규정에 따라 공자는 안연의 영전에 곡하였다. 그러나 너무도 슬퍼서 그만 자신도 모르게 호읍(號泣)하여 자세를 흩트리고 말았다. 이것은 예를 넘고 있다. 수행자는 깜짝 놀랐다. 그리고 문답이 이루어졌다. 예의 규정을 넘고 있지만 이것이 인자(仁者)의 마음이다.

「從者」는 조문에 수행한 제자들. ≪논어≫에서는 이와 같은 경우에 그 이름을 말한다. 「從者」라는 말도 ≪논어≫에서는 여기에만 씌어 있을 뿐이다. 수행한 사람이 복수였던 것이리라. 여러 사람의 면전에서 공자는 통곡한 것이다.

11

顔淵死. 門人欲厚葬之. 子日 不可. 門人厚葬之. 子日 回也
안연사 문인욕후장지 자왈 불가 문인후장지 자왈 회야
視予猶父也. 予不得視猶子也. 非我也 夫二三子也.
시여유부야 여부득시유자야 비아야 부이삼자야

안연이 죽었다. 문인들은 성대히 장례를 치르고자 하였다. 공자께서는 안 된다고 하였으나 문인들은 성대히 장례식을 치렀다.

공자께서 말씀하셨다.

"회(回)는 나를 아비처럼 생각해 주었는데 나는 자식처럼 해 주지 못하였다. 내가 아니라 너희가 그렇게 한 것이다."

【글자 뜻】 厚:두터울 후. 葬:장사지낼 장.

【말의 뜻】 視予猶父(시여유부):나 보기를 아버지처럼 함. 非我(비아):내가 아님. 후장(厚葬)한 것은 내가 아님.

【뜻 풀이】 ≪사기(史記)≫ 중니제자열전(仲尼弟子列傳)에「공자가 말하였다. '내가 회(回)를 가지고부터 문인이 친밀함을 더하였다.'」고 하였다. 안연은 동문의 제자들에게도 경애 받고 있었다. 그들이 공자의 반대까지도 무릅쓰고 후장(厚葬)하고 있는 것이 그것을 잘 말해 주고 있다.

「子曰 不可」— 예는 합당함을 중히 여긴다. 가난하면 가난한 대로 장례를 치르면 된다. "예는 호화롭게 하기보다는 오히려 검소하게 하라. 장례는 빈틈없이 하기보다는 오히려 슬퍼하라."(第三 八佾篇 4) 예의 근본은 여기에 있다. 공자는 후한 장례를 배척한다.「回也視予猶父也」— 안연은 아비에게 하는 것같이 나를 섬겨 주었다. 그리고 나 또한 그를 자식같이 생각하고 있었다. 그런데「予不得視猶子也」— 지금 이 장례에 즈음하여는 내 자식으로서 처우할 수가 없다. 후장(厚葬)을 말리지 못했음을 말한다.

「非我也 夫二三子也」— "후장한 것은 내가 아니다. 너희들이다." 별로 입에 올리기 좋은 말은 아니다. 안연의 아버지 안로는 후장을 희망하고 있다. 안연의 형제나 제자들도 물론 후장을 희망하고 있다. 후장은 예로서는 적절하지 못한 것이다. 그러나 그들이 희망하는 것이다. 특히 친아버지가 있다. 공자가 그들에게 양보한 것이다. 금지를 강제하려고 했더라면 안 될 일도 아니었으나 그 짓을 하지 않았던 것이다. 따라서 입에 올리기에 좋은 말은 아니다. 그러나 공자의 예에는 언제나 따뜻한 마음이 통한다.

「二三子」— 공자가 이 말을 사용하는 것은 애정과 신뢰 어린 어조로 제자들을 부를 경우이다.

「二三子以我爲隱乎. ……吾無行而不與二三子者.」(第七 述而篇 23)

「且予與其死於臣之手也 無寧死於二三子之手乎.」(第九 子罕篇 12)

「二三子 偃之言是也. 前言戱之耳.」(第十七 陽貨篇 4)

이 장의 「夫二三子也」도 제자들을 비방하는 말은 아니다. 의(儀)의 봉인(封人)이 말하는 「二三子」에도 동지적 감정이 넘치고 있다. 후세에 있어서도 「二三子」라고 할 때, 그것은 항상 그와 같은 의미를 가지고 사용되고 있다. 「二三子」는 안연을 후장하려고 한 문인들이다. 그것은 물론 공자의 제자이지 안연의 제자가 아니다. 「二三子」를 들어 안로의 이름을 말하지 않은 것은 그의 아버지를 위로하는 것이다.

12

季路問事鬼神. 子曰 未能事人 焉能事鬼. 曰 敢問死. 曰 未知生 焉知死.
계로문사귀신 자왈 미능사인 언능사귀 왈 감문사 왈 미지생 언지사

자로가 죽은 이의 영(靈)을 섬기는 것을 여쭈어 보았다. 공자께서 말씀하셨다.

"살아 있는 사람도 능히 섬길 수 없는데 어찌 죽은 이의 영을 섬길 수 있겠느냐?"

"감히 여쭈오나 죽음이란 무엇입니까?"
"아직 삶도 모르는데 어찌 죽음을 알 수 있겠느냐?"

【글자 뜻】 路:길 로. 焉:어찌 언. 敢:감히 감.

【말의 뜻】 季路(계로):자로(子路). 중유(仲由). 鬼神(귀신):나누어서 말하면 「鬼」는 조상신, 「神」은 산천(山川)이나 그 밖의 모든 신. 여기서는 「鬼」에 중점이 있다.

【뜻 풀이】 공자는 공구(孔丘)라는 인간이 여기 살아 있다는 엄연한 사실에 입각하여 생각하고 행동한다. 신이나 죽음의 관점에서 인생을 보지 않는다. 이미 제6 옹야편(雍也篇) 22에서 공자는 "신(神)은 존경하면서도 가까이하지 않는다. 그것이 지혜라는 것이다."라고 말하고 있다. 귀신을 부정하는 것은 아니다. 존경한다. 그러나 귀신 문제에 얽매이는 것은 분별 있는 짓이라고는 할 수 없다.

공자는 목적을 가지고 있다. 그는 주공(周公)이 수립한 천하적 세계의 재건을 지향하고 더욱 깊이 진행한 뒤에는 사람이 사람을 사랑하는 인(仁)의 실천을 지향한다. 그의 사유(思惟)와 행동은 주공 등의 구체적인 기록을 읽고 전승을 듣는 일과 자기의 숙련된 말로 이야기한 뒤 그에 대한 제자들의 개별적인 반응을 기다리는 것으로 영위되고 있다. 문제는 모두가 형이하(形而下)의 차원에 있다. 더욱이 그 문제의 추구는 살아 있는 것으로써만 가능한 일이다. 바로 그 때문에 「단명」은 「불행」한 것이다. 사후에 대해 두려움이 있는 것은 아니다.

인간을 이 세상으로부터 단절하는 죽음과 사후에 대한 공포는 인간의 근본 문제이다. 그 누구도 이 문제를 피할 수는 없다. 다만 삶에서 죽음을 보느냐 죽음에서 삶을 보느냐에 따라 인생에 대한 자세가 바뀐다. 공자는 삶의 입장을 취하지만 죽음의 문제도 틀림없이 큰 관심사였을 것이다. 이 중대한 문제에 대하여 자로(子路)가 대표 질문자로 뽑힌 것은 무엇 때문일까? 자로는 원래 사물을 단순하게 생각하는 사람이다.

자로의 제1 질문은 「귀신을 섬기는」 일이다. 공자는 「돌아가시면 예에 따라 장사지내고 예에 따라 제사지낸다.」(第二 爲政篇 5)와 같은 대답을 이 경우에는 하지 않는다. 또 질문한 「鬼神」에 대해 「鬼」 한 자로 응답하고 있다. 공자는 자로의 질문이 「鬼」 — 사후의 인간 — 에 있음을 그 말투로 알아챈 것이다. 자로가 직접 「鬼」라 하지 않고 「鬼神」이라 하고 다시 「섬긴다」라는 말을 덧붙인 것은 질문을 간접적으로 구성하여 어세(語勢)를 누그러뜨린 것이다. 자로가 몹시 조심스럽게 가르침을 청한 것 같다.

자로는 제2 질문으로 "감히 죽음을 묻습니다."라고 하였다. 제1문에서 「鬼」를 말할 때 이 「死」 문제는 이미 준비되어 있었던 것이다. 그러나 "어찌 죽은 이의 영을 섬길 수 있겠느냐?"라고 제1문을 매정스럽게 받아넘기자 질문의 가치는 이미 사라졌다. 그런데도 자로는 우직스럽게 계속 질문을 한다.

「敢問」 — 「감히」라는 말을 더하는 것이 그로서는 최대의 수사(修辭)였다. 그러나 공자의 대답은 자로에게 가엾을 만큼 냉엄하다. 「未知生 焉知死」 — 이보다 더 간단하고 이보다 더 냉엄한 단언은 없을 것이다. 제1문의 답이 4자구로 구성되어 「事人」, 「事鬼」라고 가락을 완만히 하고 나서 갑자기 이 3자 2구에 접하면 이천오백 년이 지난 오늘날의 우리도 간이 서늘해지는 느낌이 든다. 자로는 필시 움찔했을 것이다.

"자로야, 너는 죽음 문제로 골치를 썩이지 말아라. 지금처럼 자연 그대로 살아 가거라." 공자는 이렇게 말한다. 그러나 사실 이것은 죽음 문제를 삶 속에 숨기고 있는 자신의 심적 갈등을 불식하려는 발언이기도 하다. 과격한 말을 듣고 있는 것은 비단 자로만이 아니다. 공자 자신도 다를 바 없다. 「未知生 焉知死」 — 이 말을 내뱉음과 동시에 공자는 머리를 저어 정신을 차리고 오로지 삶의 충족을 찾아 나아간다. 선왕의 도를 꿋꿋이 걸어간다.

13

閔子騫侍側 誾誾如也 子路行行如也 冉有子貢侃侃如也.
민 자 건 시 측 은 은 여 야 자 로 행 행 여 야 염 유 자 공 간 간 여 야
子樂. 曰 若由也 不得其死然.
자 락 왈 약 유 야 부 득 기 사 연

곁에서 모실 때 민자건은 중정했으며, 자로는 강직했으며, 염유와 자공은 유화(柔和)했다. — 이러한 문인들에 둘러싸인 — 공자는 즐거우셨다. 그러나 '유(由)와 같은 사람은 천수를 다할 수 없는 것이다.'라고 말씀하셨다.

【글자 뜻】 誾:온화할 은. 侃:화락할 간.

【말의 뜻】 誾誾如(은은여):중정(中正)한 모습. 아첨 같은 것을 하지 않음. 제10 향당편(鄕黨篇) 2에 「與上大夫言 誾誾如也」라고 하였음. 行行如(행행여):강직한 모습. 侃侃如(간간여):화락하고 있는 모습. 제10 향당편(鄕黨篇) 2에 「與下大夫言 侃侃如也」라고 하였음. 子樂(자락):각자가 그 본성을 다하고 있음을 공자가 즐거워함. 若由也 不得其死然(약유야 부득기사연):「不得其死」는 천수를 온전히 할 수가 없는 것. 「然」은 언(焉). 구말(句末)의 조사(助辭). 제14 헌문편(憲問篇) 6에도 「羿善財 奡盪舟. 但不得其死然」이라고 하였음. 제8 태백편(泰伯篇) 21의 「禹吾無間然矣」 참조.

【뜻 풀이】 중정(中正)을 지키는 덕행자, 강직으로 일관하는 용자(勇者), 부

드럽고 온화한 자, 공자를 둘러싼 제자는 가지각색이며 그런 사람들이 자유자재하게 자신의 본령을 발휘하고 있었다. 공자는 그것을 기뻐한다. 그러나 그 때문에 또 걱정이 있다. 자로이다. 그는 강직하다. 지나치게 의용(義勇)으로 치우친다. 죽음의 위험이 따른다. 공자는 그것을 염려하여 말한다. "신중히 처신하라, 유(由)여!"

「由」라고 이름을 쓴 것은 공자의 입에서 나온 말을 옮기고 있는 것이다. 「閔子騫」, 「子路」, 「冉有」, 「子貢」은 자(字)로 불렀다. 기록자의 글이다.

「冉有」를 「冉子」로 쓴 텍스트가 있다. 염자는 염구(冉求)에 대한 존칭이다. 그 텍스트에 따르면 이 한 장은 염구의 제자들의 손으로 이루어진 것이라고 할 수 있다.

후에 자로는 위(衛)의 대부가 된다. 위나라에 전란이 일어났다는 정보를 듣자 공자는 "아아, 유(由)가 죽겠구나!" 하고 탄식하였다. 역시 자로는 이미 전사하였다. 칼에 맞아 잘린 관의 끈을 고쳐 매어 관을 바로잡는다는 군자의 면목을 유지하면서……. 향년 육십사 세였다.

14

魯人爲長府. 閔子騫曰 仍舊貫如之何 何必改作. 子曰 夫人
노 인 위 장 부 민 자 건 왈 잉 구 관 여 지 하 하 필 개 작 자 왈 부 인
不言 言必有中.
불 언 언 필 유 중

노나라 당국자가 장부(長府)를 다시 짓자, 민자건이 말했다.

"예전대로 두면 어떤가? 구태여 고쳐 지을 필요는 없잖은가?"

공자께서 그 말을 들으시고 말씀하셨다.

"그 사람은 말이 없지만 말을 하면 반드시 핵심을 찌른다."

【글자 뜻】 魯:노나라 노. 府:곳집 부. 仍:인할 잉. 舊:예 구.

【말의 뜻】 魯人(노인):노나라의 당국자들. 長府(장부):창고 이름. 仍舊貫(잉구관):「仍」은 따름(因). 「舊貫」은 옛일(舊事), 이제까지의 관습. 夫人(부인):「夫」는 이(此). 「이 사람」은 민자건을 가리킴. 겸손한 말씨이다.

【뜻 풀이】 민자건은 신중한 사람이다. 계씨(季氏)가 비(費)의 지방장관으로 임명하려고 할 때에도 굳이 사양하였다.(第六 雍也篇 9) 여기서 말하는 창고를 지은 「魯人」도 필시 계씨일 것이다. 민자건은 공자와 마찬가지로 계씨의 횡포를 비판하고 있었다.

창고를 짓는 것이 왜 안 되는 것일까? 이 시대의 경제 사정이나 창고의 효용을 모르고서는 판단할 도리가 없다. 그 때문에 「長府」를 노나라 왕의 별관(別舘)이라고 보는 설도 있어 한 장의 의미가 확정되지 않는다. 따라서 공자의 민자건 평도 그 근거가 확실치 않다. 그러나 간단히 말하면 창고를 짓는 것은 뭔가를 새로 넣기 위해서이며, 그 뭔가는 백성으로부터 징수하는 것이다. 공자의 평언(評言)은 우리에게 민자건의 인간상을 그리게 하는 데 도움이 된다.

15

子曰 由之瑟 奚爲於丘之門. 門人不敬子路. 子曰 由也升堂
자왈 유지슬 해위어구지문 문인불경자로 자왈 유야승당
矣 未入於室也.
의 미입어실야

공자께서 말씀하셨다.

"유(由)의 비파는, 내 집에서는 타지 말아라."

(이후로) 문인들이 자로를 존경하지 않게 되었다. 공자께서 말씀하셨다.
"유는 대청에는 올라와 있는 것이다. 안에 들어와 있지 않을 뿐이다."

【글자 뜻】 瑟:큰 거문고 슬. 奚:어찌 해.

【말의 뜻】 由之瑟(유지슬):「由」는 자로(子路). 「瑟」은 비파. 이십오 줄의 거문고. 奚爲(해위):하위(何爲). 升堂矣 未入於室也(승당의 미입어실야): 본채의 전반(前半)이 「堂」, 대청이다. 후반이 「室」, 안방이다. 「升堂」은 일단 세상에 널리 알려지는 데까지 도달하고 있음을 비유하고, 「未入於室」은 깊은 경지에 이르지 못함을 비유한다. 고어일 것이다.

【뜻 풀이】 자로는 자기가 비파를 배우고 있다는 것을 스승에게 보이고 싶었다. 그러나 그는 음악적 재능을 타고나지 못했다. 공자는 진절머리가 나서 "왜 우리 집에서 타느냐!"고 말했다. 듣기가 싫다는 것이다. 그 말에 자로에 대한 문인들의 태도가 싹 변했다. 공자는 곧 자로를 위하여 한 마디 한다. "아직 명인에 이르지 못했다고 말했을 뿐이다."라고. 자로에 대한 공자의 깊은 애정을 엿볼 수 있다.

16

子貢問 師與商也孰賢. 子曰 師也過 商也不及. 曰 然則師愈與. 子曰 過猶不及.
자공문 사여상야숙현 자왈 사야과 상야불급 왈 연즉사 유여 자왈 과유불급

자공이 여쭈었다.
"사(師)와 상(商)은 누가 더 훌륭합니까?"

공자께서 말씀하셨다.

"사는 지나치고, 상은 미치지 못한다."

"그러면 사가 더 우수한 것입니까?"

"지나침은 미치지 못하는 것과 같은 것이다."

【글자 뜻】 師:스승 사. 商:헤아릴 상. 愈:나을 유.

【말의 뜻】 師(사):성은 전손(顓孫), 「師」는 이름. 자는 자장(子張). 제2 위정편(爲政篇) 18 「子張學干祿」 참조. 商(상):성은 복(卜), 「商」은 이름. 자는 자하(子夏). 제1 학이편(學而篇) 7 「子貢曰」 참조. 孰賢(숙현):「孰」은 수(誰), 누구. 「賢」은 외경(畏敬)할 만한 것을 말함.

【뜻 풀이】 인간이 모이는 곳에서는 으레 장단을 비교하는 일이 일어난다. 특히 춘추시대는 질서가 문란했던 시대였고 개인의 인품과 능력이 엄하게 평가되었다. 그리고 학력사회가 아니었으므로 평가의 근거는 보는 자의 안목이었다. 인물론이 왕성하게 행해졌다. ≪논어≫는 실상 공자의 사람을 보는 안목이 높음을 기록한 책이라는 일면을 가진다. 계씨(季氏) 등 노나라의 당국자도 공자에게 물었고 공문의 제자들도 스승에게 물었다.

여기서는 자공이 공자에게 묻고 있다. 제5 공야장편(公冶長篇) 9에서는 「공자께서 자공에게 말씀하셨다. '너와 회(回)는 누가 더 나으냐?'」라고 하였다.

제14 헌문편(憲問篇) 31에 「자공이 사람의 장단(長短)을 평하였다.」라고 하였다. 자공은 인물을 비판하는 것을 좋아하였다.

자장(子張)은 공자보다 사십팔 세 연하, 자하(子夏)는 사십사 세 연하, 두 사람의 나이는 비슷하다. 여러 모로 두 사람은 비교되었을 것이다. 자공은 자하보다 십삼 세나 연상이다. 동문의 선배로서 두 사람에게 관심을 가진 게 틀림없다.

본편 18에 「師也辟」이라 하였다. 자장의 「過」를 말하는 것과 관련이 있을 것이다.

「過猶不及」— 이것도 고어일까? 앞 장의 「升堂矣 未入於室也」와 마찬가지로 사람들이 다 아는 속담으로 자기의 주장을 매듭짓는 것은 설득력을 가진다.

17

季氏富於周公. 而求也爲之聚斂而附益之. 子曰 非吾徒也.
계 씨 부 어 주 공 이 구 야 위 지 취 렴 이 부 익 지 자 왈 비 오 도 야
小子鳴鼓而攻之可也.
소 자 명 고 이 공 지 가 야

계씨는 주공보다 부유했다. 그런데도 구(求)는 계씨를 위해 세를 징수하여 그것을 더욱 불렸다. 공자께서 말씀하셨다.

"내 제자가 아니다. 너희는 큰북을 울리고 성토(聲討)해도 좋다."

【글자 뜻】 斂:거둘 렴. 附:붙을 부. 鳴:울 명. 鼓:북 고.

【말의 뜻】 季氏(계씨):계강자(季康子). 노나라의 실권을 장악함. 周公(주공):주공단(周公旦)이라고 보는 설과 주공단의 후예로 춘추시대에 주 왕조(周王朝)를 섬기고 있던 공경(公卿)이라고 보는 설이 있다. 전자에 따른다. 求(구):염구(冉求). 자는 자유(子有). 聚斂(취렴):세금을 심하게 거둠. 「聚」는 모음(集). 「斂」은 거둠(收). 小子(소자):너희. 제자들을 가리켜 말함. 鳴鼓而功之(명고이공지):정벌 나가는 군대는 종과 큰북을 가지고 간다. 「북을 울리고 이를 공격함」은 상대의 잘못을 선언하고 공

식적으로 징벌함을 말한다. 고어이다.

【뜻 풀이】 공자 당시 노나라의 경제와 군사는 삼환(三桓)의 손에 쥐어져 있었다. 그 중에서도 계씨(季氏)가 가장 강력하였다. 그의 경제력은 노공(魯公)을 능가하고 있었다. 그런데도 애공(哀公) 11년에 새로이 전부(田賦)를 제정하여 조세의 증수(增收)를 도모하였다. 염구(冉求)는 이 계씨를 섬겨 새 조세를 거두는 일을 하였다.

고대의 문헌은 주공(周公)의 공훈은 말하지만 그의 축재(畜財)는 말하지 않는다. 우리가 지닌 주공의 이미지는 그를 부(富)의 차원에서 계씨와 비교하는 것에 저항을 느낀다. 여기에서 「季氏富於周公」의 해석에 혼란이 일어난다.

고주(古註)는 「周公」을 주공단 이외의 후손들 중에서 구하여 천자의 중신(重臣)인 경사(卿士)라고 본다. 역시 ≪춘추좌씨전(春秋左氏傳)≫에는 몇 사람인가의 「周公旦」이라고 칭하는 천자의 중신들이 등장한다. 그러나 계씨가 이런 사람들보다 부유하다는 것이 사실이라 하더라도 왜 죄가 되는 것인가? 계씨가 참람하다고 비난받는 것은 노나라의 왕에 대해서이다. 또 ≪논어≫에 네 번 나오는 「周公」을 여기서 춘추시대 사람이라고 보는 것에도 의문이 있다. 고주(古註)의 설에는 찬동하기 어렵다.

≪춘추좌씨전(春秋左氏傳)≫의 애공(哀公) 11년에 이런 기사가 있다. 계씨가 새로운 부세(賦稅)를 과할 때 염구를 시켜 공자의 의견을 듣게 하였다. 공자는 엄하게 반발하며, 지키고 행하여야 할 것에 「주공의 전(典)」이 존재하고 있다고 하였다. 이 기사는 ≪논어≫의 「季氏富於周公」이라는 말의 해석에 도움되는 바가 없다.

≪논어≫의 「季氏富於周公」은 ≪논어≫의 문장으로 읽어야만 한다. 「周公」은 노공(魯公)을 상징하여 말하는 것은 아닐까? 주공단은 노나라

왕의 근본적 존재이다. 「富於周公」이라고 한 것은 역대의 노공(魯公) 전부를 능가하는 계씨의 참람을 절대화하여 표현한 것은 아닐까? 문책해야 할 것은 이 현재의 참람이다.

문장의 구성으로 보아 「季氏富於周公. 而求也爲之聚斂而附益之」 — 이 십칠 자는 기록자의 글이다. 「子曰 非吾徒也」 이하가 공자의 말을 옮긴 글이다. 그런데 그 기록자의 글이 염구를 「求」라고 하였다. 이것은 공자가 이 제자를 부를 때의 말이지 제3자가 사용하는 호칭이 아니다. 기록자는 염유(冉有)·자유(子有) 등으로 쓰는 것이 보통이다. ≪논어≫ 전체를 통하여 그러하다. 「周公」과 「求」, 이 말의 사용법에는 고려해야 할 것이 있는 듯싶다.

18

柴也愚 參也魯 師也辟 由也喭.
시 야 우 삼 야 노 사 야 벽 유 야 언

"시(柴)는 우직하고, 삼(參)은 노둔하고, 사(師)는 외관을 꾸미며, 유(由)는 거칠고 사납다."

【글자 뜻】 柴:섶 시. 參:석 삼. 喭:상말 언.

【말의 뜻】 柴(시):성은 고(高), 「柴」는 이름. 자는 자고(子羔). 공자보다 30세 연하. 본편 25 「子路使子羔爲費宰」 참조. 愚(우):우직. 參(삼):증삼(曾參). 공자보다 46세 연하. 제1 학이편(學而篇) 4 「曾子曰」 참조. 魯(노):노둔(魯鈍). 師(사):전손사(顓孫師). 자는 자장(子張). 공자보다 48세 연하. 辟(벽):체면을 차림. 외관을 꾸밈. 由(유):중유(仲由). 자는 자로(子路). 공자보다 9세 연하. 喭(언):강맹(剛猛).

【뜻 풀이】 이것도 인물평론의 한 토막. 그것도 아주 혹독한 비평의 한 토막이다. 표현이나 내용이 다 그렇다.

네 사람을 부르는데 각각 이름을 사용하고 있다. 제자에 대한 스승의 태도이다. 「子曰」의 두 자가 맨 앞에 있어야 할 것이다. 그것이 없으므로 읽는 사람에게 여러 가지 억측을 자아내게 한다. 다음 장과 합치려는 시도도 이루어지고 있다.

자고(子羔)의 인품에 대하여는 ≪대대예기(大戴禮記)≫ 위장군(衛將軍) 문자편(文子篇)에 「왕래를 하면서 사람을 지나칠 때 그림자를 밟지 않고, 경칩(驚蟄)에 (벌레를) 죽이지 않으며, (가지가) 자랄 때에는 꺾지 않고, 친상(親喪)에 있어서는 일찍이 이[齒]를 드러내지 않았다.」고 하였다.

자장(子張)의 「辟」은 꾸밈에 치우치는 것으로 해석하였다. ≪대대예기≫ 오제덕편(五帝德篇)에 「공자가 말하였다. '나는 용모로써 사람을 취하려고 한다. 사(師)에 있어서는 이것을 고친다.'」라고 하였다. 또 ≪순자(荀子)≫ 비십이자편(非十二子篇)에 「우(禹)처럼 걷고 순(舜)처럼 달림은 자장씨(子張氏)의 천유(賤儒)이다.」라고 하였다. 외관에 치우치고 있었음을 알 수 있다.

한 마디로 인물을 평하는 것은 제6 옹야편(雍也篇) 8에서도 볼 수 있다.

19

子曰 回也其庶乎. 屢空. 賜不受命而貨殖焉. 億則屢中.
자 왈 회 야 기 서 호 누 공 사 불 수 명 이 화 식 언 억 즉 누 중

공자께서 말씀하셨다.

"회(回)는 이상(理想)에 가까우나 항상 가난하다. 사(賜)는 관명을 받지 않는 데서 사재(私財)를 불리고 있는데 예측이 잘 들어맞는다."

【글자 뜻】 屢:여러 누. 殖:번성할 식. 億:억 억.

【말의 뜻】 回也其庶乎(회야기서호):「回」는 안회(顔回). 「庶」는 가까움(近). 올바름에 가까움을 말함. 屢空(누공):「屢」는 매(每). 번번이. 「空」은 쌀그릇이 빔. 賜不受命(사불수명):「賜」는 자공(子貢). 「命」은 관명(官命). 貨殖(화식):재화를 불림. 億則屢中(억즉누중):「億」은 억(臆), 예측. 「中」은 적중.

【뜻 풀이】 공문의 제자 중에서 가장 가난한 것이 안회이며 가장 유복한 것이 자공이다. 공자는 그 두 사람을 비교한다.

안회에게는 「도시락의 밥, 표주박의 물, 그리고 누추한 주거」(第六 雍也篇 11) 운운하고, 「지게미와 쌀겨로조차 배를 채울 수가 없었다.(糟糠不厭) ≪사기(史記)≫ 백이전(伯夷傳)」 이에 반하여 자공은 「많은 마차와 말을 이끌고 속백(束帛)의 패물을 제후에게 드렸다. 도처에서 국왕이 뜰에 나와 대등한 예로 대하지 않음이 없었다. ≪사기≫ 화식전(貨殖傳) 및 ≪한서(漢書)≫ 화식전(貨殖傳)」 그 부(富)로써 제후들과 대등한 교제를 하고 있었던 것이다.

「其庶乎」 — 「近是(옳음에 가까움)」라고 할 것을 「近」 한 자로 표현하는 일이 있다. 한 자로 하느냐 두 자로 하느냐는 문장의 형태에 따른다. 여기서 「庶」라고 한 것도 안회의 행위가 이상에 가까움을 말한다.

「賜不受命而貨殖焉」 — 유월(兪樾)에 따르면 당시의 상업은 관(官)의 관리를 받고 있었다. 자공은 그 통제 밖에서도 장사를 하여 재산을 불렸던 것이다.

「億則屢中」 — 상품의 가격이나 매매 시기에 대하여 예측을 하면 그것이 언제나 적중하여 이익을 올린 것을 말한다. 자공을 평가하는 말이다.

이 장에서 공자가 자공을 비방하고 있다고 보는 설이 있는데, 과연 그러할까? 안회와 자공 두 사람의 경제생활은 양극단이지만 그렇다고 공자가 자공을 비방하고 있다고는 생각되지 않는다.

자공이 재력으로써 제후들과 대등하게 교제하는 호세를 말한 뒤에 사마천(司馬遷)의 화식전(貨殖傳)은 「대저 공자의 이름을 천하에 선양시킨 것은 자공이 이를 선후(先後)시켰다.」라고 하였다. 이에 반하여 반고(班固)의 화식전은 같은 문구로 그의 호세를 말한 뒤에 사마천과는 관점을 바꾸어 「그러나 공자는 안연을 어질다 하고 자공을 비방하여 말하였다.」라고 말하고 나서 이 장의 전문을 인용하고 있다.

전한(前漢)과 후한(後漢) 사이 공자를 보는 안목에 변화가 있다. 게다가 이 변화는 시간과 더불어 증폭해 간다. 원래 공자는 가난을 배척하지 않음과 동시에 부를 죄악시하는 일도 없었다. 제5 공야장편(公冶長篇) 9에서 공자는 자공에게 안회와의 우열을 물어 보았다. 그 문답은 빈부에 대하여는 전혀 관계하고 있지 않다. 사마천이 말했듯이 공자는 자공의 경제적인 공헌을 충분히 평가하고 있었던 것이다. 그리고 두 애제자의 극단적인 대비를 감개 깊게 말했던 것이다.

「回也其庶乎屢空」 — 7자를 한 구로 만들어 「안회는 항상 가난함에 가까웠다.」라고 해석할 수도 있다. 객관적 묘사로 가치 판단을 내포하지 않는다. 그러나 역시 「其庶乎」로 구를 만드는 것이 옳을 것이다. 공자는 의식적으로 양극단의 두 사람을 대비하고 있다고 생각하겠지만 가난한 안회에게 자신도 모르게 점수를 주고 있는 것이다. 그러나 그것이 자공에 대한 비난을 반영하는 것은 아니다.

20

子張問善人之道. 子曰 不踐迹 亦不入於室.
자 장 문 선 인 지 도 자 왈 불 천 적 역 불 입 어 실

자장이 선인의 자세에 대하여 여쭈어 보았다. 공자께서 말씀하셨다. "자취를 밟고 가지 않고서는 또한 안방에 들어갈 수 없다."

【글자 뜻】 張:베풀 장. 迹:자취 적.

【말의 뜻】 善人之道(선인지도):「善人」은 나라의 기강을 지탱하는 사람. 제7 술이편(述而篇) 25「善人吾不得而見之矣」 참조.「善人之道」는 선인의 생활 방식. 不入於室(불입어실):본편 15「升堂矣, 未入於室也」 참조.

【뜻 풀이】 제7 술이편(述而篇) 25에서는「善人」은「聖人」에 대비하여 말하고 있다.「聖人」에 준하는 자는 군자이며「善人」에 준하는 자는 언행이 한결같은 자이다. 즉「善人」은 국가의 한결같은 기강을 지탱하는 자이다. 이와 같은 선인은 어떻게 살아가는가?

「不踐迹」— 선인의 자취를 밟고 가지 않는다는 것은 스스로 창작하는 바도 약간은 있음을 말한다. 그러나「善人」은「聖人」이 아니므로「聖人」의 영역에 도달할 수는 없다. 성인에 비하여 하는 일에 한계가 있다.

21

子曰 論篤是與. 君子者乎 色莊者乎.
자 왈 논 독 시 여 군 자 자 호 색 장 자 호

공자께서 말씀하셨다.

"변론의 독실함을 두둔한다. 그러나 군자 된 사람도 있고 외양뿐인 사람도 있다."

【글자 뜻】 篤:도타울 독. 與:줄 여. 莊:풀 성할 장.

【말의 뜻】 論篤是與(논독시여):「論篤」은 의론이 독실한 것. 「與」는 편듦. 이 한 구는 「與論篤」에 조자(助字)인 「是」를 더하여 4자구로 만들고, 또 도치(倒置)하였다. 君子者(군자자):이 말은 제5 공야장편(公冶長篇) 3 및 제7 술이편(述而篇) 25에도 보인다. 여기서는 「色莊者」에 대응하는 말이다. 色莊者(색장자):겉으로만(말로만) 장중하고 속에 진실이 없는 자.

【뜻 풀이】 「論篤是與」는 아마도 고어일 것이다. 공자는 이 고어를 긍정하고 그에 따라 실천도 한다. 그러나 그 논자가 진실한 군자인가 외양뿐인 거짓 군자인가가 문제가 된다. 공자의 절실한 체험에 의한 고백일 것이다.

고주(古註)는 「변론의 독실함이란 이런 것이냐? 군자 된 사람이냐 외양뿐인 사람이냐?」라고 해석하고, 앞 장에 이어 「善人」의 세 가지 유형을 말하는 것이라고 보는데 따르기 어렵다.

22

子路問 聞斯行諸. 子曰 有父兄在 如之何其聞斯行之. 冉有
자로문 문사행저 자왈 유부형재 여지하기문사행지 염유
問 聞斯行諸. 子曰 聞斯行之. 公西華曰 由也問 聞斯行諸
문 문사행저 자왈 문사행지 공서화왈 유야문 문사행저
子曰 有父兄在 求也問 聞斯行諸 子曰 聞斯行之 赤也惑.
자왈 유부형재 구야문 문사행저 자왈 문사행지 적야혹
敢問. 子曰 求也退 故進之 由也兼人 故退之.
감문 자왈 구야퇴 고진지 유야겸인 고퇴지

자로가 여쭈어 보았다.

"들으면 곧 행해야 합니까?"

공자께서 말씀하셨다.

"부형이 살아 계시는데 어떻게 듣는 대로 곧 행하겠느냐?"

염유가 여쭈어 보았다.

"들으면 곧 행해야 합니까?"

공자께서 말씀하셨다.

"듣거든 즉시 행하라."

공서화가 여쭈어 보았다.

"유가 '들으면 곧 행해야 합니까?' 하고 여쭈어 보았을 때에는 '부형이 살아 계신다.' 고 하셨습니다. 그런데 구가 '들으면 곧 행해야 합니까?' 하고 여쭈어 보았을 때에는 '듣거든 즉시 행하라.' 고 하셨습니다. 저는 어리둥절합니다. 죄송하오나 가르쳐 주십시오."

공자께서 말씀하셨다.

"구는 소극적이기에 추진시킨 것이고, 유는 너무 억척스럽기에 억제한 것이다."

【글자 뜻】 華:빛날 화. 惑:미혹할 혹. 退:물러날 퇴. 兼:겸할 겸.

【말의 뜻】 聞斯行諸(문사행저):「斯」는 곧(卽). 「諸」는 지호(之乎)가 준 것. 赤(적):공서화(公西華)의 이름. 제5 공야장편(公冶長篇) 8「赤也 束帶立於朝」 참조. 제자는 스승 앞에서는 이름을 댄다. 敢問(감문):묻지 않고는 못 배기는 마음을 보임. 求也退(구야퇴):「求」는 염유(冉有)의 이름. 스승은 제자를 부를 때 이름으로 한다. 「退」는 준순퇴축(逡巡退縮), 적극성이 없음. 由也兼人(유야겸인):「由」는 자로(子路)의 이름. 「兼人」은 남의 갑절의 일을 함. 혹은 사람 위에서 덮쳐누름.

【뜻 풀이】 본편 3의 4과 10철(四科十哲)의 구절에서 「政事에는 冉有 · 季路」라고 하였다. 그 행정 능력에서 다 같이 공문의 대표로 지목되고 있는 두 사람이지만 성격은 정반대이다. 여기서도 양극단에 서 있는 두 사람이 대비되고 있다.

「聞斯行諸」 — 「聞」의 목적어는 「行諸」에 내포되어 있다. 의(義)와 정(情)으로 실천해야만 하는 행위이다. 들으면 즉시 행동으로 옮기는 것을 의미하고 있다.

「有父兄在」 — 부형이 생존해 계시면 자식과 아우로서 해야만 할 일이 있다. 그 때문에 경거망동을 하면 안 된다. 본래는 효제(孝悌)의 도를 다하라고 하는 말일 것이다. 그러나 해서는 안 되는 이유가 구체적인 조항으로 다음과 같이 제시되고 있다.

부모가 생존해 계시면 벗을 위해 죽음을 허락하지 않고, 사사로운 재물을 갖지 않는다.[≪예기(禮記)≫ 곡례(曲禮) 상편(上篇)]

부모가 생존해 계시면 그 몸을 마음대로 하지 못하고 그 재산을 사사로이 하지 못한다. 백성에게 상하가 있음을 보여 주는 것이다.[≪예기≫ 방기편(坊記篇)]

부모가 생존해 계시면 궤헌(饋獻)이 거마(車馬)에 미치지 못한다. 백

성에게 오로지하지 못함을 보여 주는 것이다.[≪예기≫ 방기편]

부모가 생존해 계시면 할 수 없는 붕우(朋友)의 도가 둘 있다. 벗을 위해 죽음을 허락할 수 없고, 재물의 융통을 오로지할 수 없다.

벗이 굶주리면 이를 부형에게 아뢴다. 부형이 허락하면 부형의 이름으로 이것을 준다. 허락하지 않으시면 그만둔다. 그러므로 "벗이 굶주리면 그를 위해 밥을 덜 먹고, 벗이 떨면 그를 위해 이불을 둘씩 덮지 않는다."고 하였다. 그래서 ≪논어≫에 말하기를 「부형이 살아 계시는데 어떻게 듣는 대로 곧 행동하겠느냐?」라고 하였다.[≪백호통(白虎通)≫ 삼강육기편(三綱六紀篇)]

자로는 행동가이고 염유는 생각하는 사람이었다. 두 사람의 인품을 소개한 ≪논어≫의 문장을 이미 읽은 데에서 하나씩 상기해 본다.

「자로는 공자의 가르침을 듣고 그것을 실천하기 전에는 다른 가르침을 듣는 것을 진심으로 두려워하였다.」(第五 公冶長篇 14)

「염구가 여쭈었다. '선생님의 도가 기껍지 않은 것은 아니오나 힘이 닿지 않습니다.' 공자께서 말씀하셨다. '힘이 모자라는 자는 중도에서 그만둔다. 지금 너는 스스로 한계선을 긋고 있는 것이다.'」(第六 雍也篇 12)

23

子畏於匡. 顔淵後. 子曰 吾以女爲死矣. 曰 子在 回何敢
자외어광 안연후 자왈 오이여위사의 왈 자재 회하감
死.
사

공자께서 광(匡)에서 위난을 당하셨을 때 안연이 일행과 떨어져서 뒤늦게 왔다.

공자께서 말씀하셨다.

"나는 네가 죽은 줄로 알았다."

안연이 여쭈었다.

"선생님이 계신데 제가 어찌 감히 죽을 수 있겠습니까?"

【글자 뜻】 畏:두려워할 외. 後:뒤 후. 敢:감히 감.

【말의 뜻】 子畏於匡(자외어광):제9 자한편(子罕篇) 5「子畏於匡」 참조. 後(후):뒤늦게 옴. 女(여):너(汝).

【뜻 풀이】 공자와 안회의 사제 간 애정이 넘치는 장면이다. 사랑하는 사람의 신상을 염려할 때 불안은 극단으로 치닫는다. 이 두 사람은 서로 닮은 것으로써 사랑하였고, 공자와 자로는 상반하기 때문에 서로 사랑하였다.

24

季子然問 仲由冉求 可謂大臣與. 子日 吾以子爲異之問 曾
계자연문 중유염구 가위대신여 자왈 오이자위이지문 증
由與求之問. 所謂大臣者 以道事君 不可則止. 今由與求也
유여구지문 소위대신자 이도사군 불가즉지 금유여구야
可謂具臣矣. 日 然則從之者與. 子日 弑父與君 亦不從也.
가위구신의 왈 연즉종지자여 자왈 시부여군 역불종야

계자연이 여쭈어 보았다.

"중유와 염구는 큰 신하라고 말해도 되겠습니까?"

공자께서 말씀하셨다.

"당신은 좀 별다른 것을 물으실 줄 알았는데, 바로 유와 구에 대한 질문이

구려. 큰 신하라는 것은 도로써 임금을 섬기고, 들어 주지 않을 때에는 물러납니다. 지금의 유와 구는 자리나 채우는 신하라 할 수 있을 것입니다."

계자연이 여쭈어 보았다.

"그러면 하라는 대로만 한다는 말씀입니까?"

공자께서 말씀하셨다.

"아비와 임금을 죽이는 일이라면 그들이라 할지라도 따르지 않습니다."

【글자 뜻】 季:끝 계. 所:바 소. 具:갖출 구. 弑:죽일 시.

【말의 뜻】 季子然(계자연):노의 실력자 계씨의 일족. ≪사기(史記)≫ 중니제자열전(仲尼弟子列傳)에는 「자로가 계씨의 재상이 되었다. 계손(季孫)이 '자로는 대신이라고 할 만합니까?' 하고 물으니 공자가 말하였다. '자리나 채우는 신하라 할 만하오.'」라고 씌어 있다. 일설에 계환자(季桓子)의 아우라고 한다. 그렇다면 계강자(季康子)의 숙부이다. 大臣(대신):정치에 큰 책임을 진 신하. 吾以子爲異之問(오이자위이지문):「異」는 별다른 일. 曾由與求之問(증유여구지문):「曾」은 「이에(乃)」. 바로. 不可則止(불가즉지):간하는 말을 듣지 않으면 지위를 떠남. 具臣(구신):「具」는 갖춤(備). 자리를 갖추어 수만 채우고 있을 뿐인 신하.

【뜻 풀이】 자로와 염유는 공문(孔門)에서 「政事」의 능력을 대표하는 두 사람이었다. 계자연은 이 두 사람을 가신(家臣)으로 삼았다. 당연히 큰 자랑거리이다. 국제적으로도 떠들썩했을 것이다. 공자는 이 두 사람의 스승이다. 반드시 제자를 극구 칭찬할 것이 틀림없다. 그러면 계자연의 우쭐함을 더욱 부채질할 것이었다. 「仲由」, 「冉有」 — 가신(家臣)이기 때문에 계자연은 이름으로써 두 사람을 부른다. 그런데 공자의 대답은 계자연의 기대에서 크게 벗어났다.

공자에게는 왕족이 그런 질문을 한 것은 전혀 뜻밖이었다. 그 의외성에 「曾」자를 넣어, 바로 그 두 사람 말이냐며 그들을 안중에 두지 않고 문제도 안 된다는 듯한 말투이다.

계자연이 묻는 「大臣」이라는 것은 「도로써 임금을 섬기고, 들어주지 않으면 즉시 물러나는」 신하를 말한다. 「以道事君 不可則止」 — 이것도 당시의 고어일 것이다. 말로 전해지는 동안 감정의 변화도 느낄 수 있다.

≪예기(禮記)≫ 내칙편(內則篇)에 「임금이 들어줄 때에는 그 일에 복종하고 들어 주지 않을 때에는 벼슬을 내놓고 조정을 떠난다.」고 했고 ≪예기≫ 곡례(曲禮) 하편(下篇)에 「남의 신하된 도리로서 임금의 잘못을 드러내어 간하지 않는다. 세 번 간해도 듣지 않을 때에는 그 지위를 물러난다.」고 하였다. 또 ≪춘추공양전(春秋公羊傳)≫ 장공(莊公) 24년에 조백(曹伯)을 세 번 간해도 듣지 않아서 마침내 나라를 떠난 조기(曹羈)를 일러 「군신의 의를 얻은 것」이라고 세상의 군자가 평가한 것을 기록하고 있다.

≪논어≫에서도 「주임(周任)의 말에 '힘을 다하여 직무를 보고, 할 수 없을 때에는 그만둔다.」(第十六 季氏篇 1)라고 하였다. 자리를 떠나는 것은 자기 자신을 욕되게 하지 않기 위해서이다.(第十二 顏淵篇 23).

「大臣」이란 이러한 것을 말한다. 자로나 염유는 다 같이 적격이 아니다. 두 사람은 자리를 채우고 있을 뿐인 가신(家臣)에 불과하다. ≪한서(漢書)≫ 적방진전(翟方進傳)에 실은 이심(李尋)의 상주(上奏)에 "구신(具臣)이 되어 몸을 온전히 한다."라고 하였다. 「具臣」은 내 몸을 소중히 하는 자이다. 안사고(顏師古)의 주(註)는 「지위에 있는 신하, 공덕이 없다.」라고 하였다.

자로와 염유가 이같이 혹평 받은 데에는 이유가 있다. 계씨(季氏)는 팔일(八佾)을 추고 옹(雍)의 노래를 부르며 제물을 물리어 천자에게 참람히 굴었다.(第三 八佾篇 1, 2). 태산에 제를 지내어 노후(魯侯)에게 참람하게 굴었다.(第三 八佾篇 6) 새로이 전부(田賦)를 과하여 주공을 능가하였다.(第十一 先進篇 17) 전유(顓臾)를 쳐서 자치국을 멸하려고 하였다.(第十六 季氏篇 1)

모두 공자가 몹시 화를 낸 일들이다. 그런데도 염유는 태산에 제지내는 것을 막지 못한 것으로 버림받았고, 전부(田賦)를 돕다가 파문당하였다. 전유(顓臾)의 사건에서는 염유와 자로가 다 같이 책망을 듣고 있다. 이런 사건과 계자연의 이 질문은 시간의 전후를 정할 수 없지만, 공자는 계씨의 참람한 행위에 대해 노하는 것에 비례해서 그 가신(家臣)인 두 사람을 칠칠치 못하다고 서운해 했던 것이다.

그렇지만 두 사람이 아주 무능했던 것은 아니다. ≪한시외전(韓詩外傳)≫ (권10)에는 「계씨가 무도한 짓을 하였다. 그런데도 망하지 않은 것은 염유 · 계로가 재신(宰臣)으로 있었기 때문이다. 그래서 말하였다. '바른 말로 간하는 신하를 가진 자는 그 나라가 번창한다.'」라고 기록되어 있다. 두 사람은 그들 나름으로 애쓰고 있었지만 공자의 뜻을 만족시키기에는 이르지 못했던 것이다.

자랑스러운 자기의 가신을 책임감도 없고 간하지도 않는 「具臣」이라고 하니 계자연은 화가 나서 반격하여 말한다. "두 사람은 내가 하라는 대로만 하는 자란 말입니까?" ≪한시외전≫의 글에 따르면 계씨도 간언(諫言)을 듣고 있었다. 계씨에게는 역시 거북한 존재였음에 틀림없다. 두 사람이 「具臣」이라는 말을 듣는 것은 두 사람의 불명예일 뿐만 아니라 주인도 역시 가신에게 맹종을 강요하고 있는 자로서 비방을 받는다. 이것은 계자연이 바라는 바가 아니다.

공자는 계자연의 물음에 부정하지 않는다. 즉 두 사람이 계씨가 하라는 대로 하고 있다는 생각을 바꾸지 않는다. 그러나 '만일 당신이 아버지와 임금을 죽이려 드는 일이 있다면 그 두 사람이라 할지라도 따르지는 않을 것이오.' 라는 한마디로, 해서는 안 되는 일과 할 수 없는 일을 상대의 가슴에 새겨 넣는다. 매운 풍자이다. 계씨에게 패하여 소공(昭公)은 제(齊)로 망명하였다.(서설 참조)

25

子路使子羔爲費宰. 子曰 賊夫人之子. 子路曰 有民人焉 有
자 로 사 자 고 위 비 재 자 왈 적 부 인 지 자 자 로 왈 유 민 인 언 유
社稷焉 何必讀書 然後爲學. 子曰 是故惡夫佞者.
사 직 언 하 필 독 서 연 후 위 학 자 왈 시 고 오 부 영 자

자로가 자고를 비(費)의 읍재(邑宰)가 되게 하였다.

공자께서 말씀하셨다.

"남의 자식을 망쳐 버리는구나."

자로가 여쭈었다.

"백성도 있고 사직도 있으니 서책을 읽는 것만이 학문은 아닐 것입니다."

공자께서 말씀하셨다.

"저래서 말을 잘 둘러대는 녀석은 싫단 말이야."

【글자 뜻】 羔:새끼 양 고. 費:쓸 비. 稷:기장 직. 讀:읽을 독.

【말의 뜻】 費(비):계손씨(季孫氏)의 시조가 환공(桓公)에게서 분봉(分封) 받을 때 주어진 도읍. 계손씨의 존립 지반을 이룬다. 제6 옹야편(雍也篇) 9의 「季氏使閔子騫爲費宰」 참조. 子羔(자고):고시(高柴). 자고는 그의 자. ≪사기≫에서는 공자보다 삼십 세 연하라 하였고, ≪공자가어≫에서는 사십 세 연하라고 하였다. 賊夫人之子(적부인지자):「賊」은 해(害), 손상함. 社稷(사직):토지 및 곡물 생산의 신. 국가. 佞者(영자):강변으

로써 자기의 잘못을 은폐하는 자, 변설에 능한 자.

【뜻 풀이】「費」는 계손씨가 가문을 세운 때부터 그 지반이 되어 있는 영토로서 성곽을 쌓고 거점으로 삼고 있었다. 그 성곽을 허무는 것이 공자의 염원이었다. 민자건(閔子騫)이 계손씨로부터 비(費)의 읍재(邑宰)가 되어 달라고 청해 왔을 때에도 냉엄하게 거절하고 있다. (第六 雍也篇 9). 취임해서는 안 되는 자리였던 것이리라.

지금 자로가 자고를 비(費)의 읍재가 되게 하였다. 자고는 "시(柴)는 우직하다."(본편 18)고 일러지고 있는 바로 그 인물이다. 자로는 공자보다 9세 연하이다. 자고는 부모 또래 나이인 대선배의, 게다가 아주 강인한 사람에게 강요당한 것이리라.

공자는 이 젊은이가 때 묻는 것을 우려하였다. 「夫人之子」 — 공자가 볼 때 자고는 자식의 세대에 속한다. 자로는 대꾸한다. 백성과 사직, 정치의 기본을 이루는 것으로 이 두 가지가 있다. 이것은 바로 산 학문을 할 수 있는 현장이다. 성왕의 정치를 탁상에서 배우고 있는 것만이 과연 학문일까?

공자는 서재 안의 사람은 아니다. 실제로 좋은 정치를 할 기회를 찾고 있다. 자로는 공자의 아픈 곳을 건드렸다. 공자는 자로 그에게 화살을 돌리지 않고 「佞者」라는 것으로 표적을 옮긴다. 공자가 억지를 쓴 것이다. 그의 얼굴은 웃음을 띠었을 것이다.

26

子路曾晳冉有公西華侍坐. 子曰 以吾一日長乎爾 毋吾以也.
자로증석염유공서화시좌 자왈 이오일일장호이 무오이야
居則曰 不吾知也. 如或知爾 則何以哉. 子路率爾而對曰 千
거즉왈 불오지야 여혹지이 즉하이재 자로솔이이대왈 천
乘之國 攝乎大國之間 加之以師旅 因之以饑饉 由也爲之 比
승지국 섭호대국지간 가지이사려 인지이기근 유야위지 비
及三年 可使有勇且知方也 夫子哂之. 求爾何如. 對曰 方六
급삼년 가사유용차지방야 부자신지 구이하여 대왈 방육
七十 如五六十 求也爲之 比及三年 可使足民. 如其禮樂 以
칠십 여오륙십 구야위지 비급삼년 가사족민 여기예악 이
俟君子. 赤爾何如. 對曰 非曰能之. 願學焉. 宗廟之事 如會
사군자 적이하여 대왈 비왈능지 원학언 종묘지사 여회
同 端章甫 願爲小相焉. 點爾何如. 鼓瑟希. 鏗爾舍瑟而作.
동 단장보 원위소상언 점이하여 고슬희 갱이사슬이작
對曰 異乎三子者之撰. 子曰 何傷乎. 亦各言其志也. 曰 莫
대왈 이호삼자자지선 자왈 하상호 역각언기지야 왈 모
春者春服既成 冠者五六人 童子六七人 浴乎沂 風乎舞雩 詠
춘자춘복기성 관자오륙인 동자육칠인 욕호기 풍호무우 영
而歸. 夫子喟然歎曰 吾與點也. 三子者出. 曾晳後. 曾晳曰
이귀 부자위연탄왈 오여점야 삼자자출 증석후 증석왈
夫三子者之言何如. 子曰 亦各言其志也已矣. 曰 夫子何哂
부삼자자지언하여 자왈 역각언기지야이의 왈 부자하신
由也. 曰 爲國以禮. 其言不讓. 是故哂之. 唯求則非邦也與.
유야 왈 위국이례 기언불양 시고신지 유구즉비방야여
安見方六七十 如五六十 而非邦也者. 唯赤則非邦也與. 宗
안견방육칠십 여오륙십 이비방야자 유적즉비방야여 종
廟會同 非諸侯而何. 赤也爲之小 孰能爲之大.
묘회동 비제후이하 적야위지소 숙능위지대

자로와 증석, 염유, 공서화가 곁에 모시고 있는데 공자께서 말씀하셨다. “내가 너희보다 좀 연상이라고 해서 사양할 것은 없다. 평소에는 항상 사람이 알아주지 않는다고 말하고 있는데, 만일 누가 너희를 인정하고 등용해 준다면 어떻게 하겠느냐?"

자로가 불쑥 나서며 대답하였다.

"천 승을 가진 나라가 큰 나라 사이에 끼여 군대의 침략을 받고 그로 인해 기근이 겹치는 경우 제가 그것을 다스리면 3년가량이면 그 국민이 용기를 가지고, 사는 도리를 깨치게 하겠습니다."

공자께서 쓴 미소를 지으셨다.

"구야, 너는 어떠하냐?"

염구가 대답하였다.

"사방 육, 칠십 리나 오, 륙십 리 되는 지방을 제가 다스리면 3년가량이면 백성의 의식(衣食)을 충족시킬 수가 있겠으나 예악에 대하여는 군자에게 부탁하겠습니다."

"적아, 너는 어떠하냐?"

공서화가 대답하였다.

"할 수 있다는 것은 아닙니다만 해보고 싶기는 합니다. 종묘의 행사나 제후의 회합 때 예복과 예관을 착용하고 말단의 보좌역이 되고 싶을 뿐입니다."

"점아, 너는 어떠하냐?"

비파를 뜯던 증석의 손이 멈추었다. 뎅그렁 하고 비파를 놓고 일어나서 대답하였다.

"세 사람의 훌륭한 말과는 다릅니다만."

공자께서 말씀하셨다.

"걱정할 것 없다. 각기 포부를 말할 뿐이니라."

증석이 말하였다.

"늦은 봄에 기우제 옷을 맵시 있게 입고 나서 5,6명의 청년과 6,7명의 소년을 데리고 기수(沂水)에서 목욕재계하고 기우제의 단에서 노래를 부르고 나서 흥얼거리며 돌아오겠습니다."

공자께서는 깊이 감탄하며 말씀하셨다.

"나는 점을 따르리라."

세 사람이 물러나고 증석이 뒤에 남았다. 증석이 여쭈어 보았다.

"저 세 사람의 말은 어떠합니까?"

공자께서 말씀하셨다.

"각기 포부를 말했을 뿐이다."

"선생님은 왜 유(由)에게 웃으신 겁니까?"

공자께서 말씀하셨다.

"나라를 다스리는 데는 예로써 해야 하거늘 유의 말에는 겸양이 없기에 웃었던 것이다. 구(求)도 역시 나랏일이 아니었더냐? 사방으로 육, 칠십 리나 오, 륙십 리라 하여 나라가 아니겠느냐? 적(赤)도 역시 나랏일이 아니었더냐? 종묘나 회합은 제후의 일에 불과하다. 적(赤)에게 말석(末席)을 시킨다면 누가 능히 대상(大相)이 되랴."

【글자 뜻】 晳:밝을 석. 爾:너 이. 毋:말 무. 或:혹 혹. 率:거느릴 솔. 攝:당길 섭. 饑:주릴 기. 饉:흉년 들 근. 哂:비웃을 신. 端:바를 단. 鏗:금옥 소리 갱. 傷:상처 상. 雩:기우제 우. 讓:사양할 양.

【말의 뜻】 子路(자로):성은 중(仲), 이름은 유(由). 공자보다 9세 연하. 노나라 사람. 曾晳(증석):이름은 점(點). 연령을 말한 기록은 없으나 그의 아들 증삼(曾參)이 공자보다 사십육 세 연하이고, 여기서 염유 앞에 기록하고 있으므로 염유보다 좀 연상일 것이다. 노나라 사람. 冉有(염유):이름은 구(求). 공자보다 이십구 세 연하. 노나라 사람. 公西華(공서화):이름은 적(赤). 공자보다 사십이 세 연하. 노나라 사람. 毋吾以也(무오이야):「以」는 용(用). 내게 구애받음. 居則曰(거즉왈):「居」는 항상 있음. 평일 한거(平日閑居). 不吾知也(불오지야):「知」는 그 능력을 인정하고 등용함. 알아 줌. 則何以哉(즉하이재):어떤 일을 하겠느냐? 率爾

而對(솔이이대):「率爾」는 갑작스레. 생각이 정리되는 것을 기다리지 않고, 동석한 사람들도 배려하지 않고 불쑥 튀어나와 대답함. ≪예기(禮記)≫ 곡례(曲禮) 하편(下篇)에 「군자를 모시고 있을 때에 주위를 둘러보지 않고 대답하는 것은 예가 아니다.」라고 하였다. 千乘之國(천승지국):전차 천 승을 가진 제후국. 제1 학이편(學而篇) 5, 제5 공야장편(公冶長篇) 5 참조. 攝乎大國之間(섭호대국지간):「攝」은 鑷(섭), 끼임. 加之以師旅(가지이사려):「加」는 침략. 「師旅」는 군대. 「師」는 2천5백 명, 「旅」는 5백 명. 因之以饑饉(인지이기근):전쟁이 원인이 되어 기근이 겹침. ≪노자(老子)≫ 제30장에 「군대가 주둔하는 곳은 가시덤불이 나도록 황폐한다. 큰 전쟁 뒤에는 반드시 흉년이 든다.」(師之所處 荊棘生焉. 大軍之後 必有凶年)라고 하였다. 由也爲之(유야위지):「爲」는 다스림(治), 나라의 정치를 함. 比及三年(비급삼년):「比」는 근(近). 「三年」은 정치의 성적을 평가하는 단위 기간. 제13 자로편(子路篇) 10에 「공자께서 말씀하셨다. '만일 나를 써 주는 사람이 있으면 1년만으로도 좋다. 3년이면 완성해 보이겠다.'」라고 하였다. 知方(지방):「方」은 의방(義方). ≪춘추좌씨전(春秋左氏傳)≫ 은공(隱公) 3년에 「석작(石碏)이 말하였다. '신(臣)이 듣건대 자식을 사랑하면 이를 가르침에 의방(義方)으로써 한다.'」라고 하였다. 의방(義方)은 의(義)가 있는 곳. 올바른 생활 방식. 夫子哂之(부자신지):「哂」은 웃음(笑). 공자는, 뒤에 스스로 설명하고 있듯이, 자로의 무례함을 웃은 것이므로 이 「哂」은 쓴 미소일 것이다. 方六七十 如五六十(방육칠십 여오륙십):육, 칠십 리 또는 오, 륙십 리 사방. 작은 국가를 말한다. 오십 리 이하는 천자에 직속되지 않고 부용(附庸)으로 된다. 1리는 3.9273Km. 足民(족민):백성의 의식(衣食)을 충족함. 宗廟之事(종묘지사):종묘에서 행하여지는 조상의 제사 및 국가의 모든 행사. 會同(회동):제후가 모이는 국제적인 회합. 端章甫(단장보):「端」은 검은 천으로 만든 예복. 현단의(玄端衣). 「章甫」는 관(冠)의 일

종. 둘 다 무거운 예장(禮裝). 小相(소상):「相」은 행사의 의식 절차를 보좌하는 자. 사회자. 「小」는 그 하급을 말함. 鼓瑟希(고슬희):「鼓瑟」은 비파를 탐. 「希」는 드묾(稀). 비파 타는 손놀림. 공자가 질문하면 어떻게 대답할까 하고 생각 중인 것이다. 鏗爾舍瑟而作(갱이사슬이작):「鏗爾」는 비파를 바닥에 내려놓을 때의 소리. 비파를 내려놓는 동작이 두드러졌음을 느끼게 한다. 「舍」는 놓음(置). 「作」은 일어남. 제자가 스승에게 대답할 때에는 일어나서 말한다. 자로, 염유, 공서화도 각각 일어나서 대답했음을 여기서 보여 주고 있다. 異乎三子之撰(이호삼자지선):「撰」을 정주(鄭註)는 「전(詮)」이라고 하였다. 선(善)이다. 증점(曾點)에 의하면 자기의 의견은 자로 등 세 사람의 선언(善言)과 다르다고 한다. 세 사람의 선언은 나라의 정치에 대한 그들의 포부를 말하고 있다. 그것은 공자가 한 질문의 주지(主旨)에 답하는 것이었다. 그러나 증점은 거기에서 벗어난 것을 말하려고 한다. 莫春(모춘):「莫」는 「모(暮)」와 같다. 모춘(暮春), 늦은 봄. 저물어 가는 봄. 春服既成(춘복기성):「春服」은 우제(雩祭, 기우제)의 옷. 「成」은 다 입음, 맵시있게 입음. 冠子五六人 童子六七人(관자오륙인 동자육칠인):「冠者」는 성인. 「童子」는 미성년자. 둘 다 기우제의 악인(樂人) 및 무용수일 것이다. 浴乎沂(욕호기):「浴」은 목욕재계함. 「沂」는 곡부(曲阜)의 남쪽 근처에 있는 내. 「浴」을 미역감는 것이라고 보는 것은 계절에 맞지 않는다. 風乎舞雩(풍호무우):「雩」는 원래 기우제. 「舞雩」는 기우제를 지낼 때 무당이 춤추는 단. ≪수경주(水經註)≫는 노현(魯縣)의 옛 성 남쪽에 강[沂水]을 건너 「우단(雩壇)이 있다. 단 높이 세 길, 즉 증점(曾點)이 노래하고자 한 곳이다.」라고 하였다. 왕필(王弼)은 「기수(沂水)는 공자의 집에서 가깝다. 그 위에 무우단(舞雩壇)이 있다. 단에 수목이 있어 놀이꾼이 모여든다.」라고 하였다. 공자는 번지(樊遲)와 여기서 놀고 있다.(第十二 顏淵篇 21). 「浴」을 미역감는 것이라고 보는 논자는 「風」을 시원한 바람을 쐬는 것이라고 해석한다. 그러나 모두가 계절과 맞지 않는다.「風」은 ≪논형(論衡)≫ 명우편(明雩篇)에 이 대목을 인용하여「풍(風)은 노래이다.」라고 한 것을 취택한다. 무우(舞雩)의 노래를 부른다. 당연히 춤도 춘다. 詠而歸(영이귀):기우제의 여흥으로 흥얼거리며 돌아온다. 喟然歎曰(위연탄왈):「喟然」은 깊이 탄식하는 모양. 증점(曾點)의 의견이 자기 뜻과 같은 이상 활짝 웃어야 마땅하다. 제9 자한편(子罕篇) 11에「顏淵喟然歎曰」이라고 하였다. 안연이 공자의 위대함에 경복(敬服)함과 동시에 자기는 도저히 미칠 수 없음을 탄식하는 것이다. 여기서도 정치를 초월하여 스스로 즐기는 증점의 태도에 찬성은 했지만, 그것은 자기가 도저히 몰입할 수 없는 것이어서 감정이 움직이고 있는 것이다. 吾與點也(오여점야):「與」는 편듦. 찬성함. 爲國以禮(위국이례):고어이다.「爲」는 다스림(治).「禮」는 겸양을 귀히 여김. 其言不讓(기언불양):자로의 말이 자부심이 지나치고 겸허함이 전혀 없음.「率爾而對」한 태도도 물론 책망받아 마땅하다. 唯求則非邦也與(유구즉비방야여):「邦」은「나라를 다스림에는 예로써 하는」 제후의 나라.「與」는 여(歟). 의문사(疑問詞). 구(求)가 말하는 바도 역시 (자로가 말하는) 국가에 대한 것이 아닌가? 국가에 대한 것 이외의 아무것도 아니다. 이 이하는 염유도, 공서화도, 자로도 한결같이 국가의 정치를 대상으로 하고 있기 때문에 이 두 사람에게는 웃지 않았다는 것을 공자가 자문자답하는 말이다. 安見方六七十如五六十 而非邦也者(안견방육칠십 여오륙십 이비방야자):이것도 반어(反語) 표현이다. 사방이 육, 칠십 리 또는 오, 륙십 리 되는 것으로 국가가 아닌 것은 없다. 그것들은 작지만 모두 국가이다. 국가의 정치를 지망하는 자로 등 세 사람과 속세를 벗어나서 스스로 즐기겠다는 증점, 이 두 의견이 대립하고 있다. 공자는 자로의 발언에 대해 웃었다. 그리고 증점에게 찬성하였다. 증점의 물음에 대한 대답으로 자로에게 웃은 이유는 설명이 되었다. 그러면 나머지 두 사람, 염유와 공서화에게 웃지 않은 것은 왜일까? 그들도 역시 자로와 마찬가지로 국가의 정치를 의도하고 있는 것이 아닌가? 이 물음에 공자는 답하고 있다. 그러나 실상 공자로서는 이것만으로도 자기 자신을 설득할 수 있었던 것이나, 우리가 공자의 마음 속을 볼 수 있는 것은 아니므로 밖으로부터 추찰할 수밖에 없다. 공자가 스스로를 납득시킨 열쇠는 「方六七十 如五六十」과 「邦」, 이 두 개념과 관계가 있다고 해야만 한다. 여기서 공자의 말은 그 밖의 뜻은 지니고 있지 않다. 「邦」, 즉 국가의 정치를 말하는 자가 「方六七十」의 작은 나라를 대상으로 하고, 다시 줄여서 「如五六十」이라고 하여 큰 것을 말하지 않고 작은 것을 말하는 데서 공자는 염유가 가진 겸양의 미덕을 보았던 것이다. 국가의 정치는 원래 공자가 의도하는 바였다. 그가 자로에게 웃은 것은 그 소망에 웃은 것이 아니라 말과 태도의 방자함에 웃었던 것이다. 염유에게 웃어야 할 일은 없다. 唯赤則非邦也與(유적즉비방야여):염유에 대해서와 같은 자문(自問)을 공서화에 대하여도 한다. 宗廟會同 非諸侯而何 赤也爲之小 孰能爲之大(종묘회동 비제후이하 적야위지소 숙능위지대):공자의 자답(自答)이다. 공서화가 말하는 것도 제후의 국가 행사이다. 그의 소망 역시 국가에 있음을 긍정한다. 게다가 그는 가장 뛰어난 사회자이다. 그런데도 「小相」이 되겠다고 한다. 이것 역시 지극한 겸양이다. 웃지 않은 것도 당연하다. 이렇게 공자는 자신에게 타이른다. 「宗廟」, 「會同」, 「諸侯」, 「小(相)」, 「大(相)」 — 염유의 경우보다 말이 자상하며, 게다가 한층 더 알기 쉬운 표현으로 되어 있다.

【뜻 풀이】 공자, 자로와 증점, 염유와 공서화는 각각 한 세대를 이룬다. 그리고 모두 노나라 사람이다. 3세대에 걸친 사람들이 공자를 중심으로 모여 각자 자기의 뜻을 말하는 것은 근사한 일이다. 제5 공야장편(公冶長篇) 26에 「안연과 계로가 곁에서 모시고 있었다. 공자께서 말씀하셨

다. '각기 너희의 뜻을 말해 주지 않겠느냐?'」로 시작되는 한 장이 있다. 이 때에도 자로가 처음에 발언하고, 안연이 그에 뒤따르고, 공자가 매듭을 짓는다. 이와 같은 회합과 대화가 공문(孔門)에서는 항상 이루어지고 있었던 것이리라. ≪논어≫에 실린 단편적인 말들도 대부분은 이러한 회합과 대화 속에서 빚어진 것이리라.

공자가 이 회합에서 제기한 문제, 즉 "만일 누가 너희를 인정하고 등용해 준다면 어떻게 하겠느냐?"는 정치에 대하여 물어 본 것이다. 자로, 염유, 공서화 등 세 사람의 답은 스승이 한 질문의 주지(主旨)에 부합하여 이루어졌다.

오직 증점만이 제멋대로의 낙(樂)을 말한다. "세 사람의 훌륭한 말과는 다릅니다만" 하고 미리 양해를 구한 데다가 "걱정할 것 없다. 각기 포부를 말할 뿐이다."라고 허락까지 받은 뒤이긴 하지만. 증점은 미치광이라고 일러졌다.[≪맹자(孟子)≫ 진심(盡心) 하편(下篇)] 그 증점이 여기서는 좋은 점수를 얻고 있다.

자로는 「병거(兵車) 천 승을 가진 제후국」을 위급에서 구제할 수 있다고 뽐낸다. 이 자기 평가가 전혀 근거 없는 것은 아니다. 공자도 "유(由)는 천 승의 나라에서 그 부역을 관리시킬 수 있다."(第五 公冶長篇 8)고 말하였다.

그와 같은 때에 공자는 염유에 대하여 "구(求)는 천 호의 읍이나 백 승의 집을 관리시킬 수는 있다."고 하고, 공서화에 대하여 "적(赤)은 예복을 입고 조정에 서서 빈객을 응대시킬 수는 있다."라고 하였다. 모두 이 장에서 세 사람이 스스로 말한 것과 부합한다. 이 장에 나오는 이야기의 출처를 보여 주는 것 같다. '예복을 입고 조정에 서서 빈객을 응대하는' 것은 대상(大相)의 임무다.

세 사람은 물러나가고 공자의 동의를 얻은 증점이 남는다.

남아 있는 증점은 "저 세 사람의 말은 어떠합니까?" "선생님은 왜 유

(由)에게 웃으신 겁니까?" 하고 숨 쉴 새도 없이 거듭 물었다. 공자의 동의를 얻은 여세를 몰아서 세 사람의 정치 논자에 대한 치명적인 비판을 공자에게 시키려 든다. 광기는 점점 그 도를 더한다.

그러나 공자는 "각기 포부를 말했을 뿐이다."라고 말하며 세 사람을 비평하는 것을 피한다. 그러면 왜 유(由)의 경우에 웃은 것인가? 증점은 추궁의 고삐를 늦추지 않는다. "그의 말은 무례하였다. 그래서 웃었던 것이다. 무례함, 방자함을 웃었을 뿐이다."라고 공자는 말한다. 정치에 대한 자로의 지향을 부정하지는 않는다. 증점의 의견에 끌리긴 했지만 다른 세 제자가 정론(正論)을 펴고 있음을 공자는 무시할 수 없다.

자리를 떠난 세 사람은 어떤 기분이었을까? 그들이 물러가는 뒷모습을 바라보는 공자의 심중은 착잡하였다.

"구(求)도 역시 나라 일이 아니었더냐?" 이하의 길고도 말주변이 시원스럽지 못한 자문자답은 정론(正論)과 미치광이의 말 사이를 왔다 갔다 하여 석연치 않은 공자의 심중을 나타내는 괴로운 독백처럼 생각된다.

이 장은 ≪논어≫ 전체 중에서 가장 긴 문장이다. 텍스트에 따라서 글자 수는 일치하지 않으나 사백 자에 이르는 이 장문(長文)은 ≪논어≫에 있어서 특수한 예이다. 그리고 우리는 이 특수한 문장이 놓인 곳이 이 편의 끄트머리인 데 주의한다. 이것 역시 어느 사이에 덧붙여진 것이리라. 내용도 ≪논어≫의 주조(主調)에서 벗어나 있다.

제12
안연편
(顔淵篇)

제자가 공자에게 인(仁)을 묻는 사례로 중궁(仲弓)과 사마우(司馬牛)가 이 뒤에 잇따르고 그 밖에 자공(子貢 第十五 衛靈公篇 10), 자장(子張 第十七 陽貨篇 6), 그리고 번지(樊遲 第六 雍也篇 22, 第十二 顔淵篇 22, 第十三 子路篇 19)가 있다. 공자는 상대의 기량에 따라 인(仁)을 여러 면에서 설명하고 있다. 그중 안연과 자장에게 인을 천하 규모로 설명한 것은, 오규소라이가 말했듯이 이 두 사람을 높이 평가하고 있기 때문이리라.

1

顔淵問仁. 子曰 克己復禮爲仁. 一日克己復禮 天下歸仁焉.
안 연 문 인 　자 왈 　극 기 복 례 위 인 　일 일 극 기 복 례 　천 하 귀 인 언

爲仁由己 而由人乎哉. 顔淵曰 請問其目. 子曰 非禮勿視 非
위 인 유 기 　이 유 인 호 재 　안 연 왈 　청 문 기 목 　자 왈 　비 례 물 시 　비

禮勿聽 非禮勿言 非禮勿動. 顔淵曰 回雖不敏 請事斯語矣.
례 물 청 　비 례 물 언 　비 례 물 동 　안 연 왈 　회 수 불 민 　청 사 사 어 의

안연이 인(仁)에 대하여 여쭈어 보았다. 공자께서 말씀하셨다.

"내 몸을 삼가서 예로 돌아가는 것, 그것이 인의 실천이다. 하루 내 몸을 삼가서 예로 돌아가면 천하가 인으로 되돌아간다. 인을 이룸은 자기 자신으로 말미암은 것이지 어찌 남으로 말미암은 것이겠느냐."

안연이 말씀드렸다.

"청컨대 그 항목을 말씀해 주십시오."

공자께서 말씀하셨다.

"예에서 벗어난 것은 보지 않으며, 예에서 벗어난 것은 듣지 않으며, 예에서 벗어난 것은 말하지 않으며, 예에서 벗어난 짓은 하지 않는다."

안연이 말씀드렸다.

"회(回)가 우둔하기는 합니다만 그 말씀을 실행토록 해 보겠습니다."

【글자 뜻】 聽:들을 청. 敏:재빠를 민.

【말의 뜻】 克己復禮(극기복례):「克己」는 자신의 사심(私心)을 물리침. 여기서는 예(禮)를 지향하여 자신을 다잡음. 「復」은 돌아감. 이 한 구는 고어(古語)이다. 「己」와 「禮」가 압운(押韻)한다. 天下歸仁(천하귀인):「歸」는 본래 낙착해야 할 곳에 낙착함. 請問其目(청문기목):「目」은 조목, 구체적인 항목. 回雖不敏 請事斯語矣(회수불민 청사사어의):「不敏」은 지둔

(遲鈍). 「事」는 일, 실천함. 다음 장에도 「雍雖不敏 請事斯語矣」라고 하였다. 틀에 박힌 말일 것이다. 「斯語」는 어느 경우에도 고어를 말한다. 여기서는 「克己復禮」를 말한다.

【뜻 풀이】 「克己復禮爲仁」 — ≪춘추좌씨전(春秋左氏傳)≫ 소공(昭公) 12년에 「중니(仲尼)가 말했다. '옛날의 책에 「극기복례(克己復禮)는 인(仁)이다.」라는 기록이 있다. 참으로 좋은 말이다.' 」라고 하였다. 여기서도 고어를 인용하여 이야기를 전개해 나간 예이다.

고주(古註)는 「克己」를 「약신(約身)」이라고 해석하고 있다. 약신은 수신(修身)이다. 나는 第九 子罕篇 11에 있는 안회의 말 「고전으로 내 학식을 넓히시고, 예로써 내 행위를 단속해 주신다.(博我以文 約我以禮)」를 연상한다.

「克己復禮」에서 「克己」와 「復禮」는 양립하는 것이 아니고 전자에서 후자로 경유하는 것이다. 인(仁)을 예의 실천이라고 하는 것은 보고 듣고 말하고 행동할 때 예에 벗어난 짓을 하지 말라고 훈계한 것이 분명하다.(「爲仁」에 대해서는 第一 學而篇 2 「其爲仁之本與」 참조)

「一日克己復禮 天下歸仁焉」 — 「一日」은 인(仁)에 힘쓰는 시간을 가장 짧은 것으로써 말하고, 「天下」는 그 효과를 가장 너른 범위에서 말한 것이다. 문학적 수사(修辭)다.

제자가 공자에게 인(仁)을 묻는 사례로 중궁(仲弓)과 사마우(司馬牛)가 이 뒤에 잇따르고 그 밖에 자공(子貢, 第十五 衛靈公篇 10), 자장(子張, 第十七 陽貨篇 6), 그리고 번지(樊遲, 第六 雍也篇 22, 第十二 顔淵篇 22, 第十三 子路篇 19)가 있다. 공자는 상대의 기량에 따라 인(仁)을 여러 면에서 설명하고 있다. 그중 안연과 자장에게 인을 천하 규모로 설명한 것은, 오규소라이(荻生徂徠)가 말했듯이 이 두 사람을 높이 평가하고 있기 때문이리라.

「爲仁由己 而由人乎哉」— 第七 述而篇 29에 「인(仁)은 먼 저쪽의 것일까? 내가 인을 구하기만 하면 인은 바로 곁으로 온다.」라고 하였다. 인(仁)은 인간의 품성이다.

2

仲弓問仁. 子曰 出門如見大賓 使民如承大祭. 己所不欲 勿施於人. 在邦無怨 在家無怨. 仲弓曰 雍雖不敏 請事斯語矣.
중궁문인 자왈 출문여견대빈 사민여승대제 기소불욕 물시어인 재방무원 재가무원 중궁왈 옹수불민 청사사어의

중궁이 인(仁)에 대하여 여쭈어 보았다. 공자께서 말씀하셨다.

"문 밖에 나가면 누구에게나 국빈을 뵙는 것처럼 하고, 백성을 부릴 때에는 국가의 제사에 봉사하는 것처럼 하며, 자기가 원하지 않는 것은 남에게 베풀지 않는 것이다. (그리하면) 제후국에 있어도 원망 받는 일이 없고, 경대부의 집에 있어도 원망 받는 일이 없다."

중궁이 말씀드렸다.

"옹이 우둔하기는 합니다만, 그 말씀을 실행토록 해 보겠습니다."

【글자 뜻】 賓:손 빈. 施:베풀 시. 邦:나라 방. 雍:누그러질 옹.

【말의 뜻】 仲弓(중궁):염옹(冉雍). 공자께서 "옹(雍)은 남면(南面)하게 하고 싶은 사나이다."라고 하였다.(第六 雍也篇 1). 앞 장의 안연(顔淵), 다음 장의 사마우(司馬牛)와 함께 4과의 「德行」에 들어 있다. 出門如見大賓(출문여견대빈):「見」은 뵈옴. 「大賓」은 국빈(國賓). 使民如承大祭(사민여승대제):「承」은 봉사. 「大祭」는 국가의 제사. 在邦無怨(재방무원):「在

邦」은 제후국을 섬기는 경우. 경대부(卿大夫)를 말함. 「無怨」은, 남에게서 원망 받는 일이 없음. 在家無怨(재가무원):「在家」는 경대부의 집에서 일하는 경우. 선비를 말한다. 오규소라이(荻生徂徠)는 향인(鄉人)이라고 한다.

【뜻 풀이】≪춘추좌씨전(春秋左氏傳)≫ 희공(僖公) 33년(기원전 627년)에 진(晋)나라 구계(臼季)가 "신이 듣건대 「문 밖에 나가서는 손님을 대하는 것처럼, 일을 할 때에는 제사지내는 것처럼 한다.」고 하였습니다. 인(仁)의 법칙입니다."라고 말하고 있다. 구계(臼季) 때에 이미 전승되고 있던 고어이다. 인(仁)은 행위에 있어 충분한 존경과 주도한 배려를 요구한다.

≪관자(管子)≫ 소문편(小問篇)에 관중(管仲)이 말하였다. "고어(古語)에 「내가 원하는 바가 아닌 것을 남하게 행하지 않음이 인(仁)이다.」라고 하였다." ≪논어≫에서는 자공(子貢)이 평생의 훈계를 청했을 때 공자가 "그것은 용서일 것이다. 내가 원치 않는 것을 남에게 행하지 말라."(第十五 衛靈公篇 24)라고 가르치고 있다. 고어를 인용하여 말에 제동을 걸고 있음이 문장의 기세로 보아 분명하다.

「在邦無怨 在家無怨」— 이것도 고어일 것이다. 앞의 두 경우처럼 정확한 예증을 구할 수는 없지만 적어도 귀에 익고 입에 오르던 말임에 틀림없다. 본편 20에 「在邦必聞 在家必聞」, 「在邦必達 在家必達」이라고 하였다. 살아 있는 고어는 경우에 따라 변형된다.

이와 같이 고어를 인용하는 것은, 서설에서 이미 언급했듯이, 공통의 말로써 생각을 서로 진행시키고 설득시키는 것이다. 효과가 크다. 어쨌든 이 1, 2장에서 고어의 비중은 크다. 공자는 자기가 파악한 인(仁)을 제자들에게 심어 주기 위하여 이미 상호간 귀에 익은 고어를 인용하여 유도한다. 구체적으로 지향하는 바는 「경(敬)」과 「서(恕)」와 「무원(無

怨)」이다.

「雍雖不敏 請事斯語」— 같은 말이 1장에도 있다는 것은 이미 본 바이다. 그리고 이 두 장 외에는 이 표현이 사용되고 있지 않다. 이 두 장은 서로 연관하여 ≪논어≫ 속에서 동류를 이루는 것이리라.

3

司馬午問仁. 子曰 仁者其言也訒. 曰 其言也訒 斯謂之仁已乎. 子曰 爲之難 言之得無訒乎.
사마우문인 자왈 인자기언야인 왈 기언야인 사위지인이호 자왈 위지난 언지득무인호

사마우가 인에 대하여 여쭈어 보았다. 공자께서 말씀하셨다.

"인자는 말하기를 적게 한다."

사마우가 말씀드렸다.

"말하기를 적게 하는 것만으로 인이라 할 수 있는 것입니까?"

공자께서 말씀하셨다.

"실천하기가 어렵거늘 말하는 것을 적게 하지 않을 수 있겠느냐!"

【글자 뜻】 司:맡을 사. 訒:말더듬을 인. 難:어려울 난.

【말의 뜻】 司馬牛(사마우):≪사기(史記)≫ 중니제자열전에 「사마경(司馬耕), 자는 자우(子牛), 우(牛)는 말이 많고 참을성이 없었다.」라고 하였다. 이름은 이(犁)라고도 한다. 송(宋)의 환퇴(桓魋)의 아우. 其言也訒(기언야인):「仁」을 같은 음의 「訒」으로 바꾸어 말함. 「訒」은 어려움(難), 말하기가 어려움. 경솔하게 말하지 않음. 爲之難(위지난):말한 것을 반드시 실천하는 것은 어렵다.

【뜻 풀이】 안연과 중궁에게는 너른 입장에서 인(仁)을 설명하고 있는데, 이 사마우에게는 말이 많고 떠드는 버릇과 관련해서만 인을 설명하고 있다. 입을 무겁게 하는 것이 인이라는 말을 듣는다면 사마우가 아니더라도 당황할 것이다.

「爲之難 言之得無訒乎」 — 고주(古註)는 「之」를 인(仁)이라고 해석한다. 「인을 행하기가 어려우므로 인(仁)을 말하는 것도 더듬거리지 않을 수 없다.」라고 해석한다. 그러나 「爲之」를 인(仁)까지 높일 것도 없이, 「무슨 일이든 실행하기는 어려운 것이므로 경솔하게 말해서는 안 된다.」고 하여 말이 많고 참을성이 없는 사마우의 단점을 훈계하는 것으로 생각된다. 第十四 憲問篇 21에 「其言之不怍 則爲之也難」이라고 하였다. 「爲之難」의 말이 보인다.

4

司馬牛問君子. 子曰 君子不憂不懼. 曰 不憂不懼 斯謂之君子已乎. 子曰 內省不疚 夫何憂何懼.
사마우문군자 자왈 군자불우불구 왈 불우불구 사위지군자이호 자왈 내성불구 부하우하구

사마우가 군자에 대하여 여쭈어 보았다. 공자께서 말씀하셨다.

"군자는 걱정도 하지 않고 두려워하지도 않는다."

사마우가 말씀드렸다.

"걱정도 하지 않고 두려워하지도 않는다면 군자라고 할 수 있습니까?"

공자께서 말씀하셨다.

"깊이 자기를 돌이켜 보아 켕기지 않으면 무엇을 걱정하고 무엇을 두려워하겠느냐."

【글자 뜻】 馬:말 마. 懼:두려워할 구. 省:살필 성.

【말의 뜻】 內省(내성):깊이 자기를 돌이켜 봄. 반성. 不疚(불구):켕기지 않음. 가책을 느낄 것이 없음.

【뜻 풀이】 사마우는 공자를 죽이려고 한 환퇴(桓魋, 第七 述而篇 22)의 아우다. 환퇴는 송(宋)나라의 사마(司馬, 국방장관)다. 경공(景公)의 총애를 받고 있었는데, 이윽고 그 거만해지는 것을 경공이 싫어하여 그를 제거코자 기회를 노리게 되었다. 그것을 알아챈 환퇴 쪽에서 계략을 썼다. 그러나 그것이 실패하고, 환퇴는 도리어 경공의 명령을 받은 형 상소(向巢)에게 공격당하여 조(曹)나라에서 항거했으나 버티지 못하고 위(衛)로 달아났다가 다시 제(齊)로 달아났다. 형 상소도 결국 노(魯)로 달아났다.

사마우도 영읍(領邑)을 임금께 반환하고 제(齊)로 달아났고, 다시 오(吳)로 달아났다가 최후에 노의 곽문(郭門) 밖에서 객사하였다. 노(魯)나라 사람 갱씨(阬氏)가 그를 가엾이 여겨 구여(丘輿)의 땅에 장사지냈다. 이 사실은 ≪춘추좌씨전(春秋左氏傳)≫ 애공(哀公) 14년(기원전 481년)에 보인다.

사마우는 비극적인 사람이었다. 환퇴(桓魋)가 폭주하고, 형제가 상잔하며, 일족이 사산(四散)하여 그의 마음은 전전긍긍하지 않은 때가 없었다. 공자는 그의 심중을 살피고 위로한다. 걱정하지 말라, 두려워하지 말라고. 그러나 걱정하지 않는 것은 인자(仁者)에게나 가능한 일이며, 두려워하지 않는 것은 용자(勇者)에게나 가능한 일이다.(第九 子罕篇 30) 그것은 매우 어려운 일이다. 공자는 덧붙여 말한다. 「스스로 돌이켜 보아 켕기지 않으면 그것으로 좋은 것이다.」라고.

사마우가 환퇴의 난에 가담한 것은 아니지만 그 영읍(領邑)과 영주의 신분을 증명하는 규(珪)를 임금에게 반환하고 나라를 빠져나와 제(齊)로 갔다. 환퇴가 제나라로 도망해 오자 사마우는 그를 피하여 오(吳)로 갔으나 오나라 사람들이 나쁜 감정을 품은 것을 알자 되돌아갔다. 진(晋)의 조간자(趙簡子)와 제(齊)의 진성자(陳成子)가 구원의 손길을 뻗쳤으나 어느 쪽에도 가지 않고 노의 곽문(郭門)에서 죽은 것이다.

「스스로 돌이켜 보아 켕기지 않으면」이라는 말은 이 사람에게, 이 경우에 해 줄 수 있는 가장 따뜻한 말일 것이다. 사마우의 죽음은 바로 군자의 죽음이었다. 그러하기에 ≪춘추좌씨전≫은 이 한 개인을 위하여 그 죽음과 갱씨(阬氏)에 의한 장례를 특별히 기록한 것이다.

5

司馬牛憂曰 人皆有兄弟 我獨亡. 子夏曰 商聞之矣 死生有
사 마 우 우 왈 인 개 유 형 제 아 독 망 자 하 왈 상 문 지 의 사 생 유
命 富貴在天. 君子敬而無失 與人恭而有禮 四海之內 皆兄
명 부 귀 재 천 군 자 경 이 무 실 여 인 공 이 유 례 사 해 지 내 개 형
弟也. 君子何患乎無兄弟也.
제 야 군 자 하 환 호 무 형 제 야

사마우는 걱정하여 말하였다.

"남들에게는 모두 형제가 있는데 내게만 없구나."

자하가 말하였다.

"나는 이렇게 들었네. 「죽음도 삶도 천명이며, 부귀도 천명이다. 군자는 공경하고 삼가며, 사람과 사귐에 공손하고 예를 지키니 온 세상 사람이 모두 형제다.」라고. 군자가 형제 없음을 어찌 근심하겠는가."

【글자 뜻】 憂:근심할 우. 夏:여름 하. 患:근심 환.

【말의 뜻】 我獨亡(아독무):「亡」는 없음(無). 음은 「무」. 商聞之(상문지):「商」은 자하의 이름. 자칭에는 이름을 쓴다. 「聞之」는 일찍부터 듣고 있

음. 들은 바가 있음. 진리를 내포한 말을 제기한다. 敬而無失(경이무실):「失」은 과실. 유월(俞樾)의 ≪군경평의(群經平義)≫에서는 「敬而無失」이 다음의 「恭而有禮」와 대구를 이루므로 「失」은 「禮」에 대비된다 하였으며 일(佚)·방일(放佚)·일락(佚樂)을 말함. 四海之內(사해지내): 생각할 수 있는 최대한의 넓은 지역.

【뜻 풀이】 앞 장에서 말한 ≪춘추좌씨전≫ 애공(哀公) 14년의 환퇴(桓魋)에 관한 기사에는 사마우의 형인 상소(向巢), 아우인 자기(子頎)와 자거(子車)가 등장한다. 사마우는 적어도 오형제 중의 한 사람이다. 그런데 각각 타국으로 망명하는 형편에 있었다. 환퇴가 제(齊)로 망명했을 때 사마우가 그를 피해 오(吳)로 달아난 것은 그때의 형제 관계가 비극적이었음을 여실히 보여 주고 있다 사마우가 형제가 없다고 말하는 이유다.

자하(子夏)의 말 중 「聞之矣」의 내용을 「死生有命 富貴在天」의 두 구로 한정하는 것이 통설이지만 이 두 구만으로는 형제 없음을 근심하는 것과 별로 관계가 없다. 「四海之內 皆兄弟也」까지가 자하가 들은 말이며, 필시 공자가 한 말일 것이다. 그것을 제기한 뒤에 「君子何患乎無兄弟也」라고 결론을 보충한 것이다. 전대흔(錢大欣)의 설이다.

「有命」, 「在天」은 같은 것을 둘로 나누어 말하는 문학적 수사(修辭)다. 천하에는 하나의 질서 또는 조화가 있다. 그 원리를 「天」이라는 말로 인식하고, 그 움직임을 「命」이라는 말로 인식한다. 사·생·부·귀, 모두가 천명(天命) 가운데 있다. 사람들은 모두 사·생·부·귀의 주인공으로서 천명 아래, 즉 천하적 세계에서 저마다의 인생을 사는 것이다. 「敬而無失」, 「恭而有禮」는 천하적 세계에서의 생활 방식을 말한다. 이러한 생활 방식을 취한다면 천하적 세계의 모든 사람이 서로 결합한다. 자하의 논리는 이와 같이 전개되고 있다.

「四海」는 천하와 다르다. 천하는 사람들이 그 이념을 공유(共有)하고,

천하적 세계관에 사는 지역이다. 「四海」는 그와 같은 이념과는 관계가 없고, 사람이 의식할 수 있는 극한으로 펼쳐지는 물리적인 지표(地表)의 끝이다. 「海」는 회(晦), 의식이 똑똑히는 못 미치는 곳, 황회절원(荒晦絕遠)의 땅이다. 여기서 자하가 「天下」라 하지 않고 「四海」라 한 것은 일을 과장하여 강조하기 위한 문학적 수사다.

「何患乎無兄弟」 — 「患」은 「司馬牛憂曰」의 「憂」와 「우환(憂患)」이라는 말을 구별해 말한다.

6

子張問明. 子曰 浸潤之譖 膚受之愬 不行焉 可謂明也已矣.
자 장 문 명　자 왈 침 윤 지 참　부 수 지 소　불 행 언　가 위 명 야 이 의
浸潤之譖 膚受之愬 不行焉 可謂遠也已矣.
침 윤 지 참　부 수 지 소　불 행 언　가 위 원 야 이 의

자장이 총명함에 대하여 여쭈어 보았다.

공자께서 말씀하셨다.

"서서히 스며드는 참언, 피상적인 고자질, 이런 것을 받아들이지 않는다면 총명하다고 해도 좋으리라. 서서히 스며드는 참언, 피상적인 고자질, 이런 것을 받아들이지 않는다면 멀리 내다본다고 해도 좋을 것이다."

【글자 뜻】 浸:담글 침. 潤:젖을 윤. 譖:참소할 참. 膚:살갗 부. 愬:하소연할 소.

【말의 뜻】 問明(문명):「明」은 사람을 분별하는 눈이 높은 것. 浸潤之譖(침윤지참):물이 서서히 스며들어 차츰 젖어드는 듯한 참언. 膚受之愬(부수지소):천박한 참언. 「愬」도 참(譖). ≪설문(說文)≫에 「참(譖)은 소

(愬)이다.」라고 하였다. 여기서는 참소(譖愬)라는 말을 두 구로 나누어서 사용함. 也已矣(야이의):第二 爲政篇 16「斯害也已矣」 참조.

【뜻 풀이】 공자 시대에 매우 중요한 문제의 하나는 사람의 현우(賢愚)를 분별하는 일이어서 인물론이 왕성하였고, ≪논어≫ 역시 다분히 그러한 요소를 지녔다는 것은 이미 第十一 先進篇 6에서 언급하였다.

자장이 묻는「明」이란 그 현우를 분별하는 능력을 말한다. ≪순자(荀子)≫ 해폐편(解蔽篇)의「전(傳)에 말하기를 '현(賢)을 아는 것을 명(明)이라 한다.' 고 하였다.」라든가 ≪춘추번로(春秋繁路)≫ 오행오사편(五行五事篇)의「명(明)이란 현(賢)·불초(不肖)를 알고 흑백을 분간함이다.」 등은 이 말의 설명이다. ≪일주서(逸周書)≫ 시법해(諡法解)는「참소를 받아들이지 않은」 사람에게「明」을 증시(贈諡)한다고 하였다.

「膚受」의 해석은 일정치 않다. 마융(馬融)은「부수(膚受)의 소(愬)는 피부 밖의 말로서 그 내실(內實)이 아니다.」라고 하였다. 이해하기 어려운 주(註)이지만, 피부 표면에서 받아들여질 뿐 진심으로 곧이듣지 않는 소(愬)를 말하는 것 같다.「膚受」는「浸潤之譖」과 함께 대수롭지 않은 듯하면서 사실은 이윽고 큰일에 이르는 성질의 참소를 말한다.

황간(皇侃)은「피부가 먼지와 때를 받으면 당장은 깨닫지 못하고, 오래 있다가 비로소 더러움을 본다. 그래서 능히 사람을 참소하여 해치는 자를 일컬어 부수지소(膚受之愬)라고 한다.」라고 하였다. 안사고(顔師古)는 ≪한서(漢書)≫ 오행지(五行志) 상편(上篇)이 인용한 이 장의 글에 주를 하여「부수(膚受)는 처음 피부로 들어가서 골수에 이름을 말한다.」라고 하였다. 이 두 사람은「膚受」를「浸潤」과 같은 쪽으로 받아들이고 있다.

「可謂遠也已矣」—「明」을 질문 받고서는 참소를 받아들이지 않는 것으로 답했지만, 그것은「明」, 즉 당연한 인물 식별에 그치지 않고 한 걸음 더 나아가 「遠」, 즉 멀리 내다보는 것으로서 그 가치가 큼을 기린다. ≪상서(尙書)≫ 태갑(太甲) 중편(中篇)에 「멀리 보는 것, 이것을 명(明)이라고 한다.(視遠惟明)」라고 하였다. 이와 같은 말이 공자 당시에 있었기에 그것이 「明」에서 「遠」으로 공자의 사색을 전개하는 매개가 된 것이리라.

7

子貢問政. 子曰 足食足兵 民信之矣. 子貢曰 必不得已而去
자 공 문 정 　자 왈 　족 식 족 병 　민 신 지 의 　자 공 왈 　필 부 득 이 이 거
於斯三者何先. 曰 去兵. 子貢曰 必不得已而去 於斯二者何
어 사 삼 자 하 선 　왈 　거 병 　자 공 왈 　필 부 득 이 이 거 　어 사 이 자 하
先. 曰 去食. 自古皆有死. 民無信不立.
선 　왈 　거 식 　자 고 개 유 사 　민 무 신 불 립

자공이 정치에 대하여 여쭈어 보았다. 공자께서 말씀하셨다.

"식량을 충족시키고 군비를 충족시키며, 백성의 신용을 얻는 것이다."

자공이 또 여쭈어 보았다.

"부득이 버려야 한다면 이 셋 중에서 무엇을 먼저 버려야 합니까?"

"군비를 버려야 한다."

"부득이 버려야 한다면 나머지 둘 중에서 무엇을 먼저 버려야 합니까?"

"식량을 버려야 한다. 예로부터 사람에게는 죽음이 있게 마련이나 백성의 신용을 잃으면 국가의 정치는 성립되지 않는다."

【글자 뜻】 政:정사 정. 足:발 족. 食:밥 식. 皆:다 개.

【말의 뜻】 足食(족식):「足」은 충족. 「食」은 식량. 足兵(족병):「兵」은 군비.
民無信不立(민무신불립):「不立」은 나라의 정치가 서지 못함.

【뜻 풀이】 정치가 믿음을 잃고 핵무기가 패권을 지탱하고 있는 오늘날, 이 공자의 말은 읽는 사람을 섬뜩하게 한다.

어려운 어휘는 없다. 다만 끝머리의 두 구가 읽는 사람에 따라 이해를 달리할 것이다. 「예로부터 다 죽음이 있다.」는 각 개인에 대해 말하며, 「백성의 신용을 잃으면 국가의 정치는 성립되지 않는다.」는 국가의 정치에 대해 말한다. 백성의 믿음을 잃으면 국가의 정치는 성립하지 않는다. 개인의 생애에는 한계가 있지만 민족이 사는 국가는 그 한계를 넘어 계속된다. 그것을 계속시키는 것이 정치다. 그 정치를 가능케 하는 기반은 절대적으로 백성의 믿음인 것이다.

「自古皆有死」는 「去食」의 귀결로서 아사(餓死)를 말하고 있는 게 아니다. 백성의 신용을 얻음으로써 존립하는 국가의 영속을 개인의 육체적 죽음과 대비하여 강조하려고 쓰인 말이다.

여기서 「足食」, 즉 식량을 충족시킨다는 것에 대해 옛날 사람이 가졌던 생각의 일단을 보자. 다음은 ≪예기(禮記)≫ 왕제편(王制篇)의 말이다.

國無九年之蓄曰不足. 無六年之蓄曰急 無三年之蓄曰國非其國也.(나라에 9년의 비축이 없으면 부족하다고 한다. 6년의 비축이 없으면 위급하다고 하며, 3년의 비축이 없으면 그 나라는 나라가 아니라고 한다.)

8

棘子成曰 君子質而已矣 何以文爲. 子貢曰 惜乎 夫子之說
극자성왈 군자질이이의 하이문위 자공왈 석호 부자지설

君子也. 駟不及舌. 文猶質也 質猶文也 虎豹之鞹 猶犬羊
군자야 사불급설 문유질야 질유문야 호표지곽 유견양

之鞹.
지곽

극자성이 '군자는 질(質)만 있으면 된다. 문(文)은 소용없다.' 고 말하였다.

자공이 말하였다.

"애석하도다, 이 분의 군자론은. 네 필의 말이 끄는 쾌속 마차도 말[言]에는 미치지 못한다고 했다. 문(文)이 질(質)과 같고, 질이 문과 같은 것이라면 범과 표범의 무두질한 가죽이 개와 양의 무두질한 가죽과 같다는 말인가?"

【글자 뜻】 棘:가시 극. 質:바탕 질. 駟:사마 사. 豹:표범 표.

【말의 뜻】 棘子成(극자성):위(衛)나라의 대부(大夫)라는 것밖에 아무것도 밝혀져 있지 않다. 何以文爲(하이문위):황간(皇侃)은 「어찌 반드시 문화(文華)를 사용하랴.」라고 해석한다. 「以」는 용(用). 「爲」는 조자(助字). 「왜 문(文)을 사용하는 것인가.」, 「문(文)은 소용없다.」라고 한다. 第十六 季氏篇 1에 「何以伐爲」의 예가 있다. 夫子(부자):극자성을 가리킴. 「夫」는 차(此). 「子」는 존칭. 駟不及舌(사불급설):「駟」는 말 네 필이 끄는 쾌속 마차. 「舌」은 내뱉어진 말. 입에서 나온 말은 곧 퍼져서, 수정하려 해도 손이 미치지 못하여 후회가 막급이다. 실언을 후회할 때 쓰이는 고어. 文猶質也(문유질야):「文」과 「質」의 구별을 인정하지 않음. 鞹(곽):털을 제거한 뒤의 가죽. 무두질한 가죽.

【뜻 풀이】 공자는 「문(文)과 질(質)이 잘 갖추어져야만 비로소 군자다.」(第六 雍也篇 18)라고 했다. 문과 질이 겸비됨으로써 군자라고 한다. 그런데 극자성은 질만 가지고 군자라 하여 문을 무시한다. 문을 지나치게 강조하며 편중하는 사람이 있어서 그에 반발한 것인지도 모른다.

「駟不及舌」은 고어다. ≪등석자(鄧析子)≫ 전사편(轉辭篇)에도 「한 마디의 실언(失言)은 사마(駟馬)도 따르기 어렵다. 말 한 마디의 빠름은 사마도 미치지 못한다.」라고 하였다. 등석(鄧析)은 자공보다 앞선 시대의 사람이다. 정씨(程氏) ≪집석(集釋)≫의 말이다. 여기서는 극자성의 경솔한 발언을 경계하고 있다.

「文猶質也 質猶文也」 — 문과 질의 다름을 인정하지 않음. 양자가 같은 것이라고 한다. 극자성이 질만으로 족하다고 결론을 내릴 때 필시 이 말을 전제로 했을 것이다. 자공은 그것을 역이용하여, 그것을 전제로 말한다면 범과 표범의 가죽도 개와 양의 가죽과 구별이 없어진다고 반박한다.

범과 표범의 가죽이 귀중한 것은 털이 문(文)을 이루기 때문이다. 털의 무늬를 제거하고 가죽의 질(質)뿐인 것은 범과 표범을 범과 표범이 아니게 한다. 그리고 무늬[文]는 바탕[質]에서 우러나는 법이다. 범과 표범이 군자를 비유함은 말할 나위도 없다.

정현(鄭玄)은 극자성(棘子成)을 위(衛)나라 사람이라고 하였다. 자공도 위나라 사람이다. 같은 나라 사람의 대화다.

9

哀公問於有若曰 年饑用不足 如之何. 有若對曰 盍徹乎. 曰
애공문어유약왈 연기용부족 여지하 유약대왈 합철호 왈
二吾猶不足 如之何其徹也. 對曰 百姓足 君孰與不足. 百姓
이오유부족 여지하기철야 대왈 백성족 군숙여부족 백성
不足 君孰與足.
부족 군숙여족

애공이 유약에게 물었다.

"흉년이 들어 국비가 모자라는데 어떻게 하면 좋겠소?"

유약이 대답하였다.

"어찌하여 십 분의 1세를 실시하지 않으십니까?"

"십 분의 2세도 내게는 모자라는데 십 분의 1세로 어찌 하라는 것이오?"

"백성이 충족하면 누가 임금을 모자란 대로 그냥 두겠습니까? 백성이 충족치 못하면 누가 임금을 충족하게 두겠습니까?"

【글자 뜻】 饑:주릴 기. 盍:덮을 합. 徹:통할 철.

【말의 뜻】 哀公(애공):노(魯)의 애공. 기원전 494년에 즉위. 그 16년에 공자가 서거함. 有若(유약):第一 學而篇 2「有子曰」참조. 여기서 有若이라고 한 것은 애공을 임금으로 하여 이름을 말한 것이다. 年饑(연기):「年」은 연곡(年穀), 금년의 곡물 수확. 用不足(용부족):나라의 경비가 모자람. 盍徹乎(합철호):「盍」은 어찌 아니(何不).「徹」은 10분의 1세. 과세의 원칙으로 되어 있었다.「徹」은 통(通).「천하의 통법(通法)이므로 철(徹)이라고 한다.」고 고주(古註)는 말한다. 二吾猶不足(이오유부족):「二」는 10분의 2. 노(魯)나라에서는 선공(宣公) 15년(기원전 594년)부터 과세가 무거워졌다. 두예(杜預)의 주(註)는 그것이 10분의 2라고 하였다. 君孰與不足(군숙여부족):「孰」은 누구(誰).

【뜻 풀이】 ≪춘추(春秋)≫에는 애공(哀公) 12년 정월에「전부(田賦)를 사용함」, 12월에「메뚜기의 해(害)가 있음」, 13년 9월과 12월에「메뚜기의 해가 있음」이라 기록되어 있다. 이와 같은 상황에서 애공이 질문한 것이다.

유약은「백성의 충족이 임금의 충족이다, 정치의 목적은 백성의 행복에 있다.」고 주장한다. 천하적 세계관에 근거한 것이다.

10

子張問崇德辨惑. 子曰 主忠信徙義 崇德也. 愛之欲其生 惡之欲其死 旣欲其生 又欲其死 是惑也. 誠不以富 亦祗以異.
자장문숭덕변혹 자왈 주충신사의 숭덕야 애지욕기생 오지욕기사 기욕기생 우욕기사 시혹야 성불이부 역지이이

자장이 덕을 높이고 미혹을 분별하는 것에 대해 여쭈어 보았다. 공자께서 말씀하셨다.

"충과 선을 가까이하고 의로 옮겨가는 것이 덕을 높이는 것이다. 사랑할 때에는 살아 있어 주었으면 하고, 미워지면 죽는 게 낫다고 생각하는 것이 인정인데 살아 있어 주었으면 하고 생각했던 것을 또 죽었으면 좋겠다고 생각하는 것, 이것이 미혹이니라."

【글자 뜻】 崇:높을 숭. 辨:분별할 변. 徙:옮길 사.

【말의 뜻】 崇德辨惑(숭덕변혹):「崇」은 높음(高). 「辨」은 변별(辨別). 이 한 구는 고어(古語). 「德」과 「惑」이 압운(押韻)한다. 主忠信(주충신):「主」는 친(親). 가까이하여 친하게 지냄.

【뜻 풀이】「崇德辨惑」의 둘째 자와 넷째 자가 압운(押韻)하는 것은 본편 1의 「克己復禮」의 경우와 같다. 고어는 이와 같이 운을 밟아서 입에 올리기 좋게 하는 예가 많다.

「主忠信」—「子曰 主忠信 無友不如己者. 過則勿憚改」가 第一 學而篇 8과 第九 子罕篇 25에 보인다. 이 장에 입각하여 말하면 ≪주역(周易)≫ 건괘(乾卦) 문언전(文言傳)의 「충신(忠信)은 덕으로 나아가는 근거이다.」가 연상될 것이다.

「徙義」— 위에 기록한 「無友不如己者. 過則勿憚改」가 곧 「의로 옮겨 가는」 일이다. 공자는 또 「옳은 것을 듣고도 그쪽으로 가지 못하는 것」을 「나의 근심거리」라 하고 있다.(第七 述而篇 3) 그리고 ≪주역(周易)≫ 익괘(益卦) 상전(象傳)에 「군자는 선을 보면 곧 그리로 옮기고, 과실이 있으면 곧 고친다.」라고 하였다.

「惑」을 설명하면서 인간 애정의 덧없음을 말하는 공자로부터 인간적인 친근감과 존경을 새롭게 느끼게 된다. 사랑할 때에는 그 사람이 언제까지고 살아 있기를 원한다. 그런데 그 사랑이 미움으로 변하면 죽어 주기를 원한다. 한 사람에 대해 자기의 정(情)대로 평가를 바꾸는, 일정한 주견이 없는 것이 「惑」이다. 자기 감정의 움직임과 그에 따르는 판단의 흔들림을 확인하여 그르치지 않는 것이 「辨惑」이다.

「誠不以富 亦祇以異」— ≪시경(詩經)≫ 소아(小雅)의 아행기야편(我行其野篇)의 시구다. 「참으로 부유해서가 아니요, 역시 사람이 다르기 때문이다.」라는 뜻이다. 고주(古註)는 자구(字句)가 주어진 대로 해석하려 하는데, 그것은 억지이며 해석이 안 된다. 이 두 구는 섞여든 것이라고 볼 수밖에 없다. 해석문에서는 생략하였다.

11

齊景公問政於孔子. 孔子對曰 君君 臣臣 父父 子子. 公曰 善哉. 信如君不君 臣不臣 父不父 子不子 雖有粟 吾得而食諸.

(제경공문정어공자 공자대왈 군군 신신 부부 자자 공왈 선재 신여군불군 신불신 부불부 자불자 수유속 오득이식저)

제나라 경공이 공자에게 정치에 대해 물어 보았다.

공자께서 대답하셨다.

“임금은 임금, 신하는 신하, 아비는 아비, 자식은 자식 노릇을 하는 것입니다.”

경공이 말하였다.

“좋은 말씀이오. 참으로 만일 임금이 임금 아니고, 신하가 신하 아니며, 아비가 아비 아니고, 자식이 자식 아니라면 곡물이 있다 한들 나는 그것을 먹을 수가 없을 것이오.”

【글자 뜻】 景:볕 경. 君:임금 군. 臣:신하 신. 粟:조 속.

【말의 뜻】 齊景公(제경공):기원전 547년에서 490년까지 제(齊)나라의 왕위에 있었다. 노(魯)나라 양공(襄公) 26년에서 애공(哀公) 5년, 공자 5세에서 육십이 세에 해당하는 시기다. ≪논어≫에서는 第十六 季氏篇 12와 第十八 微子篇 3에 등장한다. 雖有粟 吾得而食諸(수유속 오득이식저):「粟」은 곡물.「諸」는 지호(之乎). 이 한 구는 나라가 망하여 왕위를 잃음을 말한다.

【뜻 풀이】「임금이 임금 아니고, 신하가 신하 아님」은 나라가 어지러운 것이며,「아비가 아비 아니고, 자식이 자식 아님」은 가정이 어지러운 것이다. 경공은 그 전 임금 장공(莊公)의 배다른 아우다. 대부(大夫) 최서(崔杼)가 자기 처와 통정한 장공을 죽이고 대신 세운 임금이다. 第五 公冶長篇 19에「崔子弑齊君」이라 하였다.

이 경공은 세금을 심히 거두어 창고를 채우고 있었는데 이에 반해 대부 전걸(田乞)은 후하게 베풀어 민심을 사고 있었다. 제나라가 전씨(田氏)의 것으로 될 조짐이 일찍부터 싹트고 있었다. ≪춘추좌씨전≫ 소공(昭公) 3년과 26년에 자세히 보인다. 이와 같은 정세에서 경공의 질문과 공자의 대답이 이루어진 것이다.

「君君 臣臣 父父 子子」 — 고어이다. ≪국어(國語)≫ 진어(晋語) 4에 내시(寺人) 발제(勃鞮)가 문공(文公)에게 답하여 「임금은 임금답게 신하는 신하답게, 이것을 명훈(明訓)이라고 한다.」라 하였다. 노나라로 말하면 희공(僖公) 시대에 해당한다. 그때 이미 「명훈(明訓)」이라 일러지고 있었다.

≪춘추좌씨전≫ 소공 26년에 제(齊)의 경공에 대한 안자(晏子)의 대답이 기재되어 있다. 여기서 「임금은 명령하고 신하는 임금의 명령을 받들며, 아비는 자애하고 자식은 효하며, 형은 사랑하고 아우는 공경하며, 남편은 화합하고 아내는 따르며, 시어미는 자애하고 며느리는 복종한다.」라고 하였다. 이것을 예(禮)로 하고 이 예에 따라 정치를 하도록 지도하고 있는 것이다. 공자의 말과 주지(主旨)가 같으며 서술이 자세하다. 그리고 「公曰, 善哉」라고 한 말도 보인다.

「雖有粟」 — ≪춘추좌씨전≫ 소공 3년에 경공이 백성이 생산하는 식량의 3분의 2를 거두었고, 공취후두(公聚朽蠹)」(공실 창고에 모은 곡물이 썩고 벌레가 나 있었다.)라고 하였다.

경공은 공자 또는 안자의 간언을 실행할 수가 없었다. 그가 죽은 뒤 10년에 제나라는 전씨(田氏)의 나라로 바뀐다.

12

子曰 片言可以折獄者 其由也與. 子路無宿諾.
자 왈 편 언 가 이 절 옥 자 기 유 야 여 자 로 무 숙 낙

공자께서 말씀하셨다.

"한쪽 말만을 듣고도 소송을 판결할 수 있는 것은, 글쎄, 유(由)일까?"

자로는 먼 장래의 일을 미리 승낙하는 일이 없었다.

【글자 뜻】 片:조각 편. 折:꺾을 절. 獄:옥 옥. 諾:승낙할 낙.

【말의 뜻】 片言(편언):「片」은 반(半). 반언(半言)은 단사(單辭), 즉 소송 때의 한 쪽만의 진술. 折獄(절옥):「折」은 단(斷). 「獄」은 소송. 其由也與(기유야여):「由」는 중유(仲由), 자로(子路). 「與」는 의문의 조자(助字).

【뜻 풀이】 「片言可以折獄」을 오규소라이(荻生徂徠)는 고어일 것이라고 한다. 아마도 그럴 것이다. 그러나 그는 「片言」을 호소하는 자의 말이라고 본다. 원고 · 피고 중 어느 한쪽이라고는 보지 않는다. 또 황간(皇侃)의 소(疏)는 「片言」을 자로 측의 말이라 보고, 「그는 거짓말을 하지 않으므로 그의 말만 듣고도 재판할 수가 있다.」라는 설을 싣고 있다.

「子路無宿諾」 — 앞의 「由」라고 한 것은 공자가 제자를 그 이름으로 부르고 있는 것이다. 여기서 자(字)인 「子路」를 쓴 것은 이 한 구가 공자의 말이 아님을 분명히 보여 주고 있다. ≪논어≫의 기록자가 덧붙여 쓴 것이다.

고주(古註)는 「자로는 독신(篤信)하여, 때에 임하여 변고가 많음을 두려워한다. 그래서 미리 승낙하지 않는다.」고 하였다. 신중하고 책임감이 강함을 말하는 것 같다. 그것은 「片言折獄」과 전혀 관계가 없다고는 할 수 없지만, 공자의 말을 충분히 뒷받침하는 것도 아니다. ≪경전석문(經典釋文)≫에서 이 다섯 자를 별도의 한 장으로 다루고 있는 것도 특별히 주의할 만하다.

13

子曰 聽訟吾猶人也 必也使無訟乎.
자 왈 청 송 오 유 인 야 필 야 사 무 송 호

공자께서 말씀하셨다.

"소송을 처결하는 일에는 나도 남과 같지만, 구태여 말하자면 소송 그 자체를 없애야 한다고나 할까?"

【글자 뜻】 聽:들을 청. 猶:오히려 유. 乎:어조사 호.

【말의 뜻】 聽訟(청송):송사를 듣고 판결함.

【뜻 풀이】 제기되어 오는 소송을 처결하는 것으로 그치느냐, 소송 그 자체가 일어나지 않는 사회를 만드는 일에 책임 의식을 갖느냐, 여기에 인물을 분별하는 중요한 열쇠가 있다.

「정치로 이끌고 형벌로 단속한다면 백성은 걸리지 않으려고만 하며 잘못을 수치로 여기지 않는다. 덕으로 이끌고 예로써 단속한다면 잘못을 수치로 여기며 복종해 온다.」(第二 爲政篇 3) 하고, 계강자(季康子)에게 「무도한 자를 죽이고 선량한 자를 기르는」 정치를 질문 받았을 때 「당신이 정치를 하는데 사람을 죽일 필요가 어디 있겠습니까? 당신이 선을 지향하신다면 백성은 선해집니다. 군자의 덕은 바람이요, 소인의 덕은 풀입니다. 바람을 받으면 풀은 반드시 쏠립니다.」(본편 19) 하며, 「선인이 나라 다스리기를 백 년이나 계속한다면 흉포를 이기고 사형을 없앨 수 있다.」(第十三 子路篇 11)라는 고어에 공명할 때 공자는 언제나 이 책임 의식을 불러일으키고 있는 것이다.

14

子張問政. 子曰 居之無倦 行之以忠.
자 장 문 정 자 왈 거 지 무 권 행 지 이 충

자장이 정치에 대해 여쭈어 보았다. 공자께서 말씀하셨다.

"관직에 있을 때는 끝까지 태만히 하지 말고 정무를 행할 때는 백성에게 충실해야 하느니라."

【글자 뜻】 倦:게으를 권. 忠:충성 충.

【말의 뜻】 居之無倦(거지무권):「之」는 밑의 「行之以忠」의 「之」와 함께 구조(句調)를 고르기 위한 조자(助字)다. 第十三 子路篇 1에 「子路問政. 子曰 先之勞之. 請益. 曰 無倦」이라 하였다. 「無倦」은 끝까지 태만히 하지 않음.

15

子曰 博學於文 約之以禮 亦可以弗畔矣夫.
자 왈 박 학 어 문 약 지 이 례 역 가 이 불 반 의 부

공자께서 말씀하셨다.

"널리 고전을 배우고 예로써 단속한다면 도에서 벗어나는 일은 없을 것이다."

【글자 뜻】 博:넓을 박. 約:묶을 약. 畔:어그러질 반.

【뜻 풀이】 第六 雍也篇 27에도 같은 말이 보인다. 단, 앞에 「君子」라는 두 자가 더 붙어 있다. 또 第九 子罕篇 11에서는 「博我以文 約我以禮」라고 하였다.

16

子曰 君子成人之美 不成人之惡. 小人反是.
자 왈 군 자 성 인 지 미 불 성 인 지 악 소 인 반 시

공자께서 말씀하셨다.

"군자는 남의 좋은 점을 도와 이루게 하고, 나쁜 점은 막아 이루지 못하게 한다. 소인은 그 반대다."

【글자 뜻】 成:이룰 성. 美:아름다울 미. 惡:악할 악.

【말의 뜻】 成人之美(성인지미):「成」은 도와서 이루게 함. 「美」는 훌륭한 점. 反是(반시):이와 반대임.

【뜻 풀이】 「君子成人之美 不成人之惡」은 고어일 것이다. 군자는 남의 선미(善美)를 좋아한다. 소인은 자기가 그것을 갖추지 못함을 시기한다.

17

季康子問政於孔子. 孔子對曰 政者正也. 子帥以正 孰敢不正.
계 강 자 문 정 어 공 자 공 자 대 왈 정 자 정 야 자 수 이 정 숙 감 부 정

계강자가 정치에 대해 공자께 물어 보았다. 공자께서 대답하셨다.

"정치[政]란 바름[正]입니다. 당신이 솔선해서 바르게 하시면 누가 감히 부정을 하겠습니까?"

【글자 뜻】 康:편안할 강. 對:대답할 대. 孰:누구 숙.

【말의 뜻】 政者正也(정자정야):「正」은 바름. 子帥以正(자솔이정):「子」는 존칭. 당신.「帥」은 음이「솔」. 솔선수범함.

【뜻 풀이】 노(魯)의 상경(上卿) 계강자는 第二 爲政篇 20에 처음 보이고, 第六 雍也篇 8, 第十 鄕黨篇에도 나온다.

「政者正也」는 ≪대대예기(大戴禮記)≫ 애공문어공자편(哀公問於孔子篇) 및 ≪예기(禮記)≫ 애공문편(哀公問篇)에서 애공에 대한 대답으로도 나온다. 전승되어 내려오는 사이에 달라진 것이다.

「政」을「正」으로 받아 설명하는 것은 음이 같기 때문이다. 한자(漢字) 세계의 상도(常道)이다.

「正」은 공자가 중시하는 것으로「내 몸이 바르면 명령하지 않아도 정치는 이루어지지만, 내 몸이 바르지 못하면 명령해도 백성은 따르지 않는다.」(第十三 子路篇 6),「내 몸을 바르게 하기만 하면 정치를 하는 것은 아무것도 아니다. 내 몸을 바르게 할 수 없다면 어떻게 남들을 바르게 하겠는가.」(第十三 子路篇 13) 등의 말이 있다. ≪상서(尙書)≫ 군아편(君牙篇)에「爾身克正 罔敢弗正(네 몸이 바르면, 결코 바르지 않음이 없다).」라고 하였다.

18

季康子患盜 問於孔子. 孔子對日 苟子之不欲 雖賞之不竊.
계 강 자 환 도 문 어 공 자 공 자 대 왈 구 자 지 불 욕 수 상 지 불 절

계강자가 도둑이 날뛰을 걱정하여 공자께 대책을 물었다. 공자께서 말씀하셨다.

"만일 당신 자신이 탐하지 않으면, 설혹 상을 준다 하여도 도둑질은 하지 않을 것입니다."

【글자 뜻】 盜:훔칠 도. 苟:진실로 구. 賞:상줄 상. 竊:훔칠 절.

【말의 뜻】 患盜(환도):「患」은 근심(憂). 子之不欲(자지불욕):「欲」은 욕심, 탐욕.

【뜻 풀이】 「苟子之不欲」은 계강자가 상경(上卿)인 데서 이런 말이 나왔다. 앞 장의 「子帥以正」도 같은 상황이다. 그러나 노나라에서 가장 큰 도둑은 다름 아닌 계씨(季氏)인 것이다. 공자는 상경에게 준엄하다.

≪설원(說苑)≫ 귀덕편(貴德篇)에 「주(周)의 천자가 가부(家父) 모백(毛伯)으로 하여금 제후에게 돈을 요구하게 하였다. ≪춘추(春秋)≫가 이를 비난하였다. 그러므로 천자가 이(利)를 좋아하면 제후가 탐하며, 제후가 탐하면 대부(大夫)가 비루해지며, 대부가 비루해지면 서민이 도둑질한다. 위가 아래를 변하게 함이 바람이 풀을 쓸리게 함과 같다.」라고 하였다.

19

季康子問政於孔子曰 如殺無道以就有道 何如. 孔子對曰 子
계 강 자 문 정 어 공 자 왈 여 살 무 도 이 취 유 도 하 여 공 자 대 왈 자
爲政 焉用殺. 子欲善而民善矣. 君子之德風 小人之德草.
위 정 언 용 살 자 욕 선 이 민 선 의 군 자 지 덕 풍 소 인 지 덕 초
草上之風必偃.
초 상 지 풍 필 언

계강자가 정치에 대해 공자께 물었다.

"만일 무도한 자를 죽이고 선량한 자를 육성하면 어떻겠습니까?"

공자께서 대답하셨다.

"당신이 정치를 하는데 사람을 죽일 필요가 어찌 있겠습니까? 당신이 선을 지향하시면 백성은 선해집니다. 군자의 덕은 바람이요, 소인의 덕은 풀입니다. 풀은 바람을 받으면 반드시 쏠립니다."

【글자 뜻】 殺:죽일 살. 就:이룰 취. 偃:쓰러질 언.

【말의 뜻】 以就有道(이취유도):「就」는 성(成), 육성(育成), 조성(助成). 小人之德(소인지덕):「小人」은 백성. 第一 學而篇 9에 「民德歸厚矣」라고 하였다. 草上之風(초상지풍):「上」은 더함(尙). 가함(加).

【뜻 풀이】 ≪한시외전(韓詩外傳)≫ 권3에 「계손씨(季孫氏)가 노(魯)를 다스림에 많은 사람을 죽여 반드시 그 죗값을 받게 하였다. 많은 사람을 벌하여 반드시 그 허물 값을 받게 하였다.」라고 하였다. 그리고 자공(子貢)에게 「폭(暴)」이라 비난당하고 있다. 계강자는 계손씨의 한 사람이다. 혹시 계강자가 그 사람일까? 아무튼 계강자는 혹독한 형벌주의자였던 듯싶다.

「군자의 덕은 바람, 소인의 덕은 풀」 — 훌륭한 비유다. 공자 이전부터 있던 말인지 공자로부터 비롯된 말인지 알 수 없지만 공자 이후에는 흔히 쓰이고 있다. ≪상서(尙書)≫ 군진편(君陳篇)에서는 「爾惟風 下民惟草.(너는 바람이요 아랫 백성은 풀이니라.)」라고 하였다.

20

子張問 士何如斯可謂之達矣. 子曰 何哉 爾所謂達者. 子張
자 장 문 사 하 여 사 가 위 지 달 의 자 왈 하 재 이 소 위 달 자 자 장
對曰 在邦必聞 在家必聞. 子曰 是聞也 非達也. 夫達者 質
대 왈 재 방 필 문 재 가 필 문 자 왈 시 문 야 비 달 야 부 달 자 질
直而好義 察言而觀色 慮以下人. 在邦必達 在家必達. 夫聞
직 이 호 의 찰 언 이 관 색 여 이 하 인 재 방 필 달 재 가 필 달 부 문
者 色取仁而行違 居之不疑. 在邦必聞 在家必聞.
자 색 취 인 이 행 위 거 지 불 의 재 방 필 문 재 가 필 문

자장이 여쭈어 보았다.

“선비는 어떠해야만 세상에 통한다고 할 수 있겠습니까?”

공자께서 말씀하셨다.

“무슨 뜻이냐, 네가 세상에 통한다고 하는 말은?”

자장이 대답하였다.

“제후를 섬겨도 반드시 이름이 나고, 경대부를 섬겨도 반드시 이름이 나는 것입니다.”

공자께서 말씀하셨다.

“그것은 이름이 나는 것이지 세상에 통하는 것이 아니다. 세상에 통한다는 것은 질박하고 정의를 사랑하며, 남의 말을 잘 살피고 안색을 간파하며, 마음을 써서 남에게 자기를 낮추는 것이다. 그러면 제후를 섬겨도 반드시 통하고, 경대부를 섬겨도 반드시 통한다. 그런데 이름이 난다는 것은 겉으

로는 인자처럼 보이지만 행동은 어긋나며, 게다가 태평스레 앉아서 스스로 의심할 줄을 모른다. 이러한 자는 제후를 섬겨도 반드시 이름이 나고, 경대부를 섬겨도 반드시 이름이 난다."

【글자 뜻】 謂:이를 위. 質:바탕 질. 察:살필 찰. 疑:의심할 의.

【말의 뜻】 在邦必聞 在家必聞(재방필문 재가필문):「邦」은 제후의 나라. 「家」는 경대부(卿大夫)의 집. 第十二 顔淵篇 2「在邦無怨 在家無怨」 참조. 質直而好義(질직이호의):질박 정직(質樸正直)하고, 옳은 것을 사랑함. 자신의 마음가짐을 조절함을 말함. 察言而觀色(찰언이관색):상대의 말을 잘 살피고 안색을 잘 보아 무엇을 요구하고 있는가를 앎. 상대의 의향과 감정을 존중함. 慮以下人(여이하인):마음을 잘 써서 남들에게 자기를 낮춤. 色取仁而行違(색취인이행위):얼굴은 인자(仁者)처럼 보이고 있지만 행위는 그와 다름. 居之不疑(거지불의):태평하게 앉아서 스스로 의심해 보는 일도 없음.

【뜻 풀이】 「達」과 「聞」의 의미는 공자가 설명하고 있지만 이 한 자로 된 말을 우리말로 번역해 내는 것은 쉽지가 않다. 일단 「達」을 「세상에 통함」, 「聞」을 「이름이 남」이라고 하였다.

「達」은 사회생활에 있어서 자기에게나 남에게 지장을 초래하지 않는 생활 방식을 말한다. 천하에 통하는 대도(大道)이다. 이름이 나고 얼굴이 팔리는 것도 사회생활에 있어서 앞길을 트는 수가 있다. 그러나 그것은 속임수와 후안무치(厚顔無恥)의 차원이다. 「達」의 생활 방식이 사람에 대한 동정과 겸손의 차원에 있는 것과 크게 다르다.

「色取仁而行違 居之不疑」라고 공자가 호되게 꾸짖은 뒤 다시 자장에게 「在邦必聞 在家必聞」을 거듭해서 말한 것은 상대의 창으로 상대를 찌르는 것이다. 자장은 별안간 벼슬을 얻는 방법을 공자에게 묻고는 공자로부터 「말을 삼가고 행동을 삼가며, 말에 허물이 적고 행동에 뉘우침이 적게 하라.」고 훈계 받고 있다.(第二 爲政篇 18). 자장은 언행에 화사한 데가 있었던 것이다.

그러나 「聞」을 「達」로 알았던 잘못을 깨닫고 식은땀을 뻘뻘 흘리는 것이 비단 자장 한 사람만은 아닐 것이다.

21

樊遲從遊於舞雩之下 日 敢問崇德脩慝辨惑. 子日 善哉問.
번지종유어무우지하 왈 감문숭덕수특변혹 자왈 선재문
先事後得 非崇德與. 攻其惡無攻人之惡 非脩慝與. 一朝之
선사후득 비숭덕여 공기악무공인지악 비수특여 일조지
忿 忘其身以及其親 非惑與.
분 망기신이급기친 비혹여

번지가 공자를 따라 기우제 단 근처에서 노닐었다. 번지가 여쭈어 보았다.

"황공합니다만, 덕을 높이고 간악을 바로잡으며 미혹을 푸는 것에 대해 가르쳐 주십시오."

공자께서 말씀하셨다.

"장하다, 그 질문은! 일을 먼저 하고 이득은 뒤로 미루는 것이 덕을 높이는 길이 아니겠느냐. 자신의 나쁜 점을 꾸짖고 남의 나쁜 점을 꾸짖지 않는 것이 사악을 바로잡는 길이 아니겠느냐. 한때의 분함으로 내 몸을 잊고 부모까지 연루시키는 것이 미혹이 아니겠느냐."

【글자 뜻】 樊:울타리 번. 遲:늦을지. 雩:기우제 우. 慝:사특할 특.

【말의 뜻】 樊遲(번지):第二 爲政篇 5 「樊遲日 何謂也」, 第六 雍也篇 22 「樊遲問知」 참조. 舞雩(무우):기우제 단이 있는 곳. 第十一 先進篇 26 「風

乎舞雩」 참조. 崇德脩慝辨惑(숭덕수특변혹):「崇德」과 「辨惑」은 본편10 「子張問」을 참조. 「脩慝」의 「脩」는 다스림(治). 「慝」은 간악함(惡). 先事後得(선사후득):먼저 일을 하고 이득은 뒤로 함. 이득에서 일을 생각하면 가치 판단을 그르침. 攻其惡無攻人之惡(공기악무공인지악):「攻」은 꾸짖음(責). 「其」는 자기 자신. 一朝之忿 忘其身(일조지분 망기신):「一朝」는 한 번. 「忿」은 노(怒). 이 두 구는 남들과 싸움을 말함. 以及其親(이급기친):「及」은 미침. 연루(連累)함.

【뜻 풀이】 유보남(劉寶楠)의 해설은 이때 노(魯)나라에서 기우제를 지내고 있었던 것이며 그곳에 공자와 제자들이 참석한 것이라고 한다. 「崇德」, 「脩慝」, 「辨惑」에 대해서는 자장이 이미 묻고 공자가 대답하였다.(본편10) 그러나 그때 자장에게 한 공자의 대답과 여기서 번지에게 한 대답은 같은 내용이 아니다. 두 대답을 비교하는 것은 자장과 번지라는 인간도 함께 비교하는 것이 된다. 번지에게 한 대답은 구체적이고 비근하다.

「崇德 · 脩慝 · 辨惑」을 질문 받고 앞의 두 가지에는 「非崇德與」, 「非脩慝與」라 하여 질문한 말을 그대로 되풀이하고 있는데, 「辨惑」에는 「非惑與」라 하여 설명의 형태를 바꾸고 있다. 이것은 자장에게 한 대답에서 「崇德」에는 「崇德也」라고 하면서 「辨惑」에는 「是惑也」라고 한 것과 같다. 주의해야 할 수사(修辭)이다.

「先事後得」 — 第六 雍也篇 22에서 번지가 인(仁)을 질문한 데 대해 「인자(仁者)는 어려운 일을 먼저 하고 이득을 얻는 일은 뒤로 미룬다. 그것이 인이라는 것이다.」라고 말하고 있다.

22

樊遲問仁. 子曰 愛人. 問知. 子曰 知人. 樊遲未達. 子曰 擧
번지문인 자왈 애인 문지 자왈 지인 번지미달 자왈 거
直錯諸枉 能使枉者直. 樊遲退 見子夏曰 鄕也吾見於夫子而
직조저왕 능사왕자직 번지퇴 견자하왈 향야오현어부자이
問知. 子曰 擧直錯諸枉 能使枉者直 何謂也. 子夏曰 富哉
문지 자왈 거직조저왕 능사왕자직 하위야 자하왈 부재
言乎. 舜有天下 選於衆擧皐陶 不仁者遠矣. 湯有天下 選於
언호 순유천하 선어중거고요 불인자원의 탕유천하 선어
衆擧伊尹 不仁者遠矣.
중거이윤 불인자원의

번지가 인(仁)에 대하여 여쭈었다. 공자께서 말씀하셨다.

"사람을 사랑하는 것이다."

지(知)에 대하여 여쭈었다. 공자께서 말씀하셨다.

"사람을 알아보는 것이다."

번지가 머리를 갸웃거렸다. 공자께서 말씀하셨다.

"곧은 재목을 굽은 재목 위에 놓으면 굽은 것을 곧게 할 수 있다."

번지가 물러나와 자하에게 물었다.

"좀 전에 내가 선생님을 뵙고 지(知)에 대해 여쭈어 보았는데 선생님은 '곧은 재목을 굽은 재목 위에 놓으면 굽은 것을 곧게 할 수 있다' 고 하셨다. 무슨 뜻일까?"

자하가 말하였다.

"의미심장한 말씀이오. 순이 천하를 가졌을 때 많은 사람 가운데서 고요(皐陶)를 골라 등용했기에 불인(不仁)한 자가 멀리 사라졌소. 탕이 천하를 가졌을 때도 많은 사람 가운데서 이윤(伊尹)을 골라 등용했기에 불인한 자가 멀리 사라졌던 것이오."

【글자 뜻】 擧:들 거. 錯:둘 조. 選:가릴 선. 皐:언덕 고.

【말의 뜻】 未達(미달):납득이 안 감, 이해하지 못함. 擧直錯諸枉 能使枉者直(거직조저왕 능사왕자직):곧은 재목을 굽은 재목 위에 놓으면 그 굽은 것이 곧아짐. 인간을 재목에 비유함. 第二 爲政篇 19에서는 애공(哀公)에게 대답하는 말 중에 이 비유를 이용하고 있다. 고어이다. 鄕也(향야):「鄕」은 曏(향)의 가차(假借). 아까, 앞서. 富哉(부재):「富」는 성(盛), 또는 비(備). 내용이 풍부함. 의미심장함. 舜有天下(순유천하):「舜」은 유가(儒家)가 이상으로 하는 천자. 요(堯)의 선양(禪讓)을 받아 천자가 됨. 皐陶(고요):순(舜)에게 등용되어 사법장관이 됨. 不仁者遠(불인자원):「遠」은 거(去). 멀어져서 사라짐. 湯有天下(탕유천하):「湯」은 하 왕조(夏王朝)가 천명을 잃었기 때문에 그를 대신하여 은 왕조(殷王朝)를 창건한 천자. 伊尹(이윤):탕(湯)과 그 아들 태갑(太甲)을 보좌하여 은 왕조를 이룩케 한 명신.

【뜻 풀이】 번지(樊遲)는 第六 雍也篇 22에서도 인(仁)과 지(知)를 묻는다. 「신을 존경하되 이를 멀리하라.」가 이때 대답한 말이다. 또 第十三 子路篇 19에서도 인(仁)을 묻고 있다. 인(仁)과 지(知)는 공문(孔門)에서 가장 중요한 문제이며, 어느 제자라도 공자에게 되풀이해서 물었을 것임에 틀림없다.

두 번에 걸친 번지의 물음에 대한 공자의 대답은 「사람을 사랑하는 것」, 「사람을 알아보는 것」에 이어 좀더 구체적으로 된다. 원래 번지는 공자가 효를 '어기지 않는 것' 이라고 했을 때도 "무슨 뜻입니까?" 하고 반문한 사람이다.(第二 爲政篇 5). 관념적 · 추상적인 말은 적성에 맞지 않았던 모양이다. 그렇지만 모르는 것을 묻는 것이 부끄럽지 않았던 사람이다.

「愛人」은 사람을 사랑하는 것이며, 그 '사람' 이란 주로 백성을 의식하고 있다. 「知人」의 「人」은 공자의 비유와 자하의 설명으로 볼 때 현인을 의식하고 있다. 더욱이 그 현인은 임금을 도와 인(仁)의 정치를 하는 사람이다. 「愛人」의 「人」과는 개념이 다르다. 여기서 번지는 어리둥절하였고, 그것을 간파한 공자와 자하의 지도가 펼쳐진다.

≪상서(尙書)≫ 고요모편(皐陶謨篇)에 「都 在知人 在安民.(아아, 사람을 앎에 있고 백성을 편히 함에 있다.)」라 하였고, 또 「知人則哲 能官人.(사람을 알아보면 밝으니, 능히 사람을 벼슬시킨다.)」라고 한 것은 여기의 「知人」이라는 말과 상통한다.

≪춘추좌씨전(春秋左氏傳)≫ 선공(宣公) 16년에 「양설직(羊舌職)이 말하기를 '내가 듣건대 우(禹)는 선인(善人)을 등용하고 불선인(不善人)을 멀리하였다.' 라고 하였다.」의 고어는 여기의 「不仁者遠矣」라는 말과 통한다.

23

子貢問友. 子曰 忠告而善道之. 不可則止. 無自辱焉.
자공문우 자왈 충곡이선도지 불가즉지 무자욕언

자공이 벗에 대해 여쭈어 보았다. 공자께서 말씀하셨다.
"성심껏 충고하여 선으로 인도하라. 듣지 않으면 그만두라. 자신을 욕되게 해서는 안 된다."

【글자 뜻】 止:그칠 지. 辱:욕될 욕.

【말의 뜻】 忠告而善道之(충곡이선도지):「忠告」은 성실하게 일러 줌. 충고함. 「告」은 음이 「곡」. 「道」는 이끎(導).

【뜻 풀이】 벗이 그릇된 짓을 하고 있을 때 이쪽이 취해야 할 태도를 말한다. 「듣지 않으면 그만두라. 자신을 욕되게 하면 안 된다.」는 그렇게 하는 것이 도리어 그 벗에게 반성을 촉구하여 두 사람의 교제를 계속 온전히 하는 방법임을 가르친다. 강요하면 상대는 반발한다. 자신을 욕되게 하면 이쪽이 화가 난다. 그것이 가져오는 것은 절교이다.

「자유(子游)가 말하였다. '임금을 섬김에 끈덕지게 하면 도리어 벌을 받는다. 벗에게 끈덕지게 하면 도리어 사이가 멀어진다.'」(第四 里仁篇 26)도 주지(主旨)는 같다.

24

曾子曰 君子以文會友 以友輔仁.
증 자 왈 군 자 이 문 회 우 이 우 보 인

증자가 말하였다.

"군자는 문(文)으로써 벗을 모으고 벗으로써 사람에 대한 사랑을 신장(伸張)시킨다."

【글자 뜻】 曾:일찍 증. 輔:도울 보.

【말의 뜻】 以文會友(이문회우):「文」은 시서예악(詩書禮樂)을 말함. 정통적인 문화. 輔仁(보인):「輔」는 도움(助).

【뜻 풀이】 第七 述而篇 6에 「도에 뜻을 두고, 덕에 바탕을 두며, 인에서 떠나지 않고, 예(藝)를 즐긴다.」고 하였다. 이것도 벗을 모으는 근거이며 벗과 회합함으로써 이루어지는 일이다. 고루과문(孤陋寡聞)은 인(仁)으로부터 멀다. 「현사양우(賢師良友)가 곁에 있고, 시서예악(詩書禮樂)이

앞에 늘어섰다.」[≪설원(說苑)≫ 설총편(說叢篇)] 이것이야말로 인(仁)으로 가는 길을 터 준다.

제13
자로편
(子路篇)

자로가 정치하는 도를 물었다. 공자가 답하여 말하였다. '정치를 하는 데는 먼저 은혜를 베풀고, 연후에 백성으로 하여금 노역을 하게 해야 한다.' 자로가 고개를 갸웃하였다. 공자에게 좀더 설명해 주기를 청하였다. 공자가 답하여 말했다. '일심으로 은혜 베푸는 일을 힘써 태만히 하지 않으면 곧 스스로 정치를 할 만하다.'

1

子路問政. 子曰 先之勞之. 請益. 曰 無倦.
자 로 문 정　자 왈 선 지 노 지　청 익　왈 무 권

자로가 정치에 대해 여쭈어 보았다. 공자께서 말씀하셨다.

"자신이 앞장서서 백성으로 하여금 근로케 하는 것이다."

자로가,

"좀더 자세히 가르쳐 주십시오."

하고 청하였다. 공자께서 말씀하셨다.

"끝까지 태만히 하지 말아라."

【글자 뜻】 路:길 로. 請:청할 청. 倦게으를 권.

【말의 뜻】 先之勞之(선지노지):「先」은 선도(先導), 「勞」는 근로. 請益(청익):좀 더 자세히 가르쳐 줄 것을 청함. 無倦(무권):끝까지 태만히 하지 않음.

【뜻 풀이】 「先之勞之」 — 공주(孔註)는 「이를 선도함에 덕으로써 하고, 백성으로 하여 이를 믿게 하며, 연후에 이를 근로케 함」이라 하였다. 「백성을 이끎에 덕으로써 함」은 第二 爲政篇 3의 말이다. 정주(鄭註)는 「勞」를 거성(去聲)으로 읽고 「위로한다」라고 해석한다.

그러나 「君子信而後勞其民.(군자는 신뢰를 받고 나서 비로소 백성을 부린다.)」(第十九 子張篇 10) 또는 자장이 정치를 물은 데 대하여 「擇可勞而勞之. 又誰怨.(노동에 적합한 자를 택하여 일을 시킨다. 아무도 원망하지 않는다.)」(第二十 堯曰篇 2)이라고 한 말로 보아 공주(孔註)에 따른다.

「請益」— ≪예기(禮記)≫ 곡례(曲禮) 상편(上篇)에 「請益則起(더욱 설명해 주기를 청할 때에는 일어서서 말한다.)」라고 하였다. 일어서서 스승에게 가르침을 청하는 것이다. 정현(鄭玄)의 ≪예기(禮記)≫ 주(註)는 이 子路篇 1장을 인용하여 곡례의 글을 설명하고 있다. 그리고 당(唐)의 ≪예기정의(禮記正義)≫는 다음과 같이 강석(講釋)하고 있다.

자로가 정치하는 도를 물었다. 공자가 답하여 말하였다. '정치를 하는 데는 먼저 은혜를 베풀고, 연후에 백성으로 하여금 노역을 하게 해야 한다.' 자로가 고개를 갸웃하였다. 공자에게 좀더 설명해 주기를 청하였다. 공자가 답하여 말했다. '일심으로 은혜 베푸는 일을 힘써 태만히 하지 않으면 곧 스스로 정치를 할 만하다.'

「無倦」— 第十二 顔淵篇 14에 「자장(子張)이 정치에 대해 여쭈어 보았다. 공자께서 말씀하셨다. '관직에 있을 때에는 스스로 태만히 함이 없고, 정무를 볼 때에는 백성에게 충실하라.'」고 하였다. 第七 述而篇 2에 「사람을 가르침에 태만히 하지 않는다.」라고 하였다. 「倦」은 중도에 싫증을 일으켜 태만히 하는 것.

2

仲弓爲季氏宰 問政. 子曰 先有司 赦小過 擧賢才. 曰 焉知
중 궁 위 계 씨 재 　문 정 　자 왈 　선 유 사 　사 소 과 　거 현 재 　왈 　언 지
賢才而擧之. 曰 擧爾所知. 爾所不知 人其舍諸.
현 재 이 거 지 　왈 　거 이 소 지 　이 소 부 지 　인 기 사 저

중궁이 계씨의 읍재가 되어 정치에 대해 여쭈어 보았다. 공자께서 말씀하셨다.

"먼저 관원의 분담을 확실히 하되 하찮은 과실은 용서하고, 어질고 재능

있는 자를 등용해야 한다.”

중궁이 여쭈어 보았다.

“어질고 재능 있는 인재를 어떻게 알아보고 등용합니까?”

공자께서 말씀하셨다.

“네가 그렇다고 아는 자를 등용하는 것이다. 네가 모르는 자를 사람들이 버려두겠느냐?”

【글자 뜻】 赦:용서할 사. 賢:어질 현. 舍:집 사.

【말의 뜻】 仲弓(중궁):성은 염(冉), 이름은 옹(雍). 중궁은 자(字). 第六 雍也篇 1에 「雍也可使南面」이라고 하였다. 季氏宰(계씨재):계씨는 이미 누차 등장하고 있다. 노(魯)나라 삼환(三桓)의 하나. 실권을 장악하고 있었다. 공자는 중궁을 계강자에게 추천하였다.(第六 雍也篇 8) 「宰」는 대부(大夫)의 가신(家臣)과 읍장을 말한다. 여기서는 인사권을 가진 것이므로 후자일 것이다. 先有司(선유사):「有司」는 직무를 분장하는 관리. 먼저 관리의 분담을 명백히 함. 책임을 분명히 하는 것이다. 第八 泰伯篇 4에 「籩豆之事 則有司存(제기 등의 일은 담당 관원이 있습니다.)」라고 하였다. 人其舍諸(인기사저):「舍」는 버림(捨). 「諸」는 지호(之乎). 第六 雍也篇 6에 「雖欲勿用 山川其舍諸」라고 하였다.

3

子路曰 衛君待子而爲政 子將奚先. 子曰 必也正名乎. 子路
자 로 왈 위 군 대 자 이 위 정 자 장 해 선 자 왈 필 야 정 명 호 자 로

曰 有是哉 子之迂也 奚其正. 子曰 野哉 由也. 君子於其所
왈 유 시 재 자 지 우 야 해 기 정 자 왈 야 재 유 야 군 자 어 기 소

不知 蓋闕如也. 名不正 則言不順. 言不順 則事不成. 事不
부 지 개 궐 여 야 명 부 정 즉 언 불 순 언 불 순 즉 사 불 성 사 불

成 則禮樂不興. 禮樂不興 則刑罰不中. 刑罰不中 則民無所
성 즉 예 악 불 흥 예 악 불 흥 즉 형 벌 부 중 형 벌 부 중 즉 민 무 소

措手足. 故君子名之必可言也. 言之必可行也. 君子於其言
조 수 족 고 군 자 명 지 필 가 언 야 언 지 필 가 행 야 군 자 어 기 언

無所苟而已矣.
무 소 구 이 이 의

자로가 여쭈어 보았다.

"위나라 임금이 선생님을 붙들어 정치를 하게 되면 선생님께서는 먼저 무엇부터 하시겠습니까?"

공자께서 말씀하셨다.

"반드시 이름을 바로 세우고 싶다."

자로가 말씀드렸다.

"또 이러시군요, 선생님의 우원하심은! 어찌 이름을 바로 세우신다는 것입니까?"

공자께서 말씀하셨다.

"말이 안 통하는구나, 유는! 군자는 자기가 모르는 일에는 잠자코 있는 법이다. 이름이 바로 서지 못하면 말이 받아들여지지 않으며, 말이 받아들여지지 않으면 정사가 이루어지지 않으며, 정사가 이루어지지 않으면 예악이 흥하지 않으며, 예악이 흥하지 않으면 형벌이 적절해지지 않으며, 형벌이 적절해지지 않으면 백성은 손발을 둘 곳이 없어진다.

그러므로 군자가 명분을 세우면 반드시 말로 할 수 있는 것이며, 말로 하였을 때에는 반드시 실행할 수 있는 것이어서 군자는 자신의 말을 허투로 할 수 없는 것이다."

【글자 뜻】 衛:지킬 위. 奚:어찌 해. 蓋:덮을 개. 闕:대궐 궐.

【말의 뜻】 衛君(위군):위(衛)나라의 출공(出公) 첩(輒). 재위는 기원전 492년에서 481년까지. 노(魯)나라로 말하면 애공(哀公) 3년에서 18년까지에 해당함. 待子(대자):「待」는 붙듦(止). 第十八 微子篇 3「齊景公待孔子」의「待」. ≪사기(史記)≫ 공자세가(孔子世家)는「지(止)」라고 썼다. ≪이아(爾雅)≫에「지(止)는 대(待)이다.」라고 하였다. 奚先(해선):「奚」는 어찌(何). 아래의「奚其正」도 같음. 正名(정명):명(名)과 실(實)을 일치시킴. 말을 공전(空轉)시키지 않음. 子之迂也(자지우야):「迂」는 우원(迂遠). 급무(急務)의 반대. 野哉(야재):「野」는 교양이 없고 말이 안 통함. 蓋闕如(개궐여):모르는 일은 잠자코 있는 모양. 은옥재(殷玉裁)의 설.「蓋」의 중국 음은 할(割)과 같음. 第十 鄕黨篇 4에 보이는「국궁여(鞠躬如)」,「축적여(踧踖如)」와 말의 구조가 비슷하다. 쌍성첩운(雙聲疊韻)이다. ≪한서(漢書)≫ 유림전(儒林傳)에, 왕식(王式)이 제자의 태도를 칭찬하여「의심스러운 것은 구개불언(丘蓋不言)하였다.」라고 하였다. 소림(蘇林)의 주(註)에「구개불언(丘蓋不言)은 부지(不知)의 뜻이다.」라고 하였으며 여순(如淳)의 주에「제(齊)의 속담에, 모름을 가지고 구(丘)라 한다.」라고 하였다.「蓋闕」은「丘蓋」와 관계가 있는 말일 것이다. 왕식(王式)은 제(齊)나라 사람이다. 〈논어〉에는 때로 제의 방언이 사용되고 있다. 名不正(명부정):이름에 실체가 따르지 않음. 言不順(언불순):말에 무리가 있어 조리가 닿지 않음. 남에게 받아들여지지 않음. 事不成(사불성):정치의 경우에 실효를 거둘 수가 없음. 民無所措手足(민무소조수족):「措」는 둠(置). 불안하여 손발을 움츠러뜨리고 있음을 말함.

無所苟而已矣(무소구이이의):허투로 해서는 안 됨.

【뜻 풀이】 출공(出公) 때에 위(衛)나라가 문란해져 있었다. 기원전 493년에 영공(靈公)이 죽고 태자 괴외(蒯聵)는 외국에 망명해 있었다. 영공의 부인 남씨(南氏)는 태자를 영입하지 않고 도리어 배척하고는 괴외의 아들 첩(輒)을 즉위시켰다. 영공은 혈통으로는 조부이고, 왕통으로는 선대(先代)이다. 괴외 또한 태자로서 상속권을 주장하여 큰 나라 진(晋)의 도움을 빌어 돌아온다. 이 혼란한 상황은 第七 述而篇 14에서도 언급하였다. 거기서도 공자는 염유(冉有)와 자공으로부터 위(衛)를 섬길 의향이 있느냐는 질문을 받고 거절하였다.

이 子路篇 제3장을 위나라의 혼란과 관련지어 본다면 공자가 말한 「正言」은 위나라의 상속 문제를 대상으로 하고 있는 것이 된다. 원래는 필시 그러했을 것이다. 그러나 ≪논어≫의 편자(編者)는 이것을 정명론(正名論)이라 평가하고 여기에 덧붙여 쓴 것이리라. 그리고 후일의 독자는 위나라의 내분과 관계 없이 여기서 공자의 정명론을 볼 수 있다.

「名」은 사물의 이름 개념이다. 그러나 공자는 가족과 정치에 있어서의 이름을 주로 의식하고 있다. 「正名」은 이름과, 그 이름이 보여 주는 실체를 합치시키는 것이다. 임금이라는 이름에는 임금의 실체가 있고, 신하라는 이름에는 신하의 실체가 있다. 아비는 아비의, 자식은 자식의 이름에 상당하는 실체가 있다. 경(卿) · 대부(大夫) · 사(士)의 신분에 있어서도, 태재(太宰) · 사마(司馬)의 직능에 있어서도 마찬가지다. 인(仁) · 문(文) · 충(忠) · 신(信)의 덕목에 있어서도 사정은 다를 바 없다.

그의 「名不正」으로 시작되는 논법을 쉽게 이해하기 위해 「名」의 자리에 民主라는 개념을 놓아 보자. 「民主不正」 — 민주라는 이름을 들고 나오면서 그에게 민주의 실체가 없다면 그 언설(言說)은 통하지 않는다. 하는 말에 무리가 있고 조리가 닿지 않으며, 듣는 자의 마음에 들어가기 어렵다. 언설(言說)이 통하지 않으면 민주의 실효를 거둘 턱이 없다. 민주의 실효를 거두지 못하면 질서의 예의, 조화의 음악도 흥성하지 않는다. 질서와 조화가 흥성하지 않는 곳에서는 형벌이 엉터리로 된다. 백성은 손발을 둘 곳이 없다. 정치는 여기서 파멸하고, 그 세계는 끝장이다. 따라서 이 논법도 여기서 끝난다. 다시 말하면 백성이 안심하고 손발을 뻗고 생활하는 정치는 「名正」을 바탕으로 하고 또 거기서 비롯됨을 부정구(否定句)를 거듭함으로써 강하게 호소하는 것이다.

정현(鄭玄)의 해석은 「名」을 자(字)라고 한다. 고전에는 백자(百字)를 「百名」이라 쓰는 예도 있어서, 「名」을 자(字)로 해석하는 것에 위화감은 들지 않는다. 이 해석에 따르면 공자의 논법은 다음과 같이 된다. 문자가 바르지 못하면 공포하는 정령(政令)의 말을 알기 어렵다. 정령의 말을 모르면 정치는 성립되지 않는다. 정치가 성립되지 않으면 예악은 흥하지 못한다. 그리고 그 뒤는 앞에서 말한 것과 같은 결론으로 진행된다.

공자 당시에 한자(漢字)의 자체(字體)에 대한 반성이 국내·국제 정치의 입장에서 이루어졌으리라는 것은 생각할 수 있다. 그러나 한자에 의한 정령의 전달을 목적으로 한 예서 제정(隸書制定)의 전야까지는 아직 까마득하다.

4

樊遲請學稼. 子曰 吾不如老農. 請學爲圃. 曰 吾不如老圃.
번 지 청 학 가 자 왈 오 불 여 로 농 청 학 위 포 왈 오 불 여 로 포
樊遲出. 子曰 小人哉 樊須也. 上好禮 則民莫敢不敬. 上好
번 지 출 자 왈 소 인 재 번 수 야 상 호 례 즉 민 막 감 불 경 상 호
義 則民莫敢不服. 上好信 則民莫敢不用情. 夫如是 則四方
의 즉 민 막 감 불 복 상 호 신 즉 민 막 감 불 용 정 부 여 시 즉 사 방
之民 襁負其子而至矣 焉用稼.
지 민 강 부 기 자 이 지 의 언 용 가

번지가 곡물 작법의 지도를 청하였다. 공자께서 말씀하셨다.

"나는 늙은 농부만 못하다."

과채(果彩) 재배법의 지도를 청하였다. 공자께서 말씀하셨다.

"나는 늙은 과채 재배인만 못하다."

번지가 퇴출하였다. 공자께서 말씀하셨다.

"소인이로다, 번수는! 윗사람이 예를 좋아하면 백성은 모두 존경한다. 윗사람이 정의를 좋아하면 백성은 모두 복종한다. 윗사람이 신의를 좋아하면 백성은 모두 진정을 다한다. 이렇게 되면 사방의 백성들은 어린아이들을 등에 업고 모여 온다. 어찌 곡물 작법을 배울 필요가 있겠는가?"

【글자 뜻】 稼:심을 가. 圃:밭 포. 莫:없을 막. 襁:포대기 강.

【말의 뜻】 學稼(학가):「學」은 교(敎). 「稼」는 5곡을 재배함. 圃(포):소채나 과수를 재배함. 樊須(번수):「須」는 번지의 이름. 자(字)가 자지(子遲). 第二 爲政篇 5 「樊遲御」 참조. 用情(용정):진정을 다함. 「用」은 다함(盡). 襁負(강부):아이를 포대기로 싸서 업음.

【뜻 풀이】 공자는 스스로 「나는 어릴 적에 빈천했었다. 그래서 속된 일에

다능한 것이다.」라고 말하고 있다.(第九 子罕篇 6) 농작에 대하여도 경험이 있었던 것이리라. 그렇기에 번지가 가르침을 청한 것이다. 그러나 이때 공자는 천하를 안정시키려면 도덕과 정치를 바르게 하는 것이야말로 긴요하다고 생각하고 있었다. 그것을 생각지 않는 생산은 소인의 행위임을 그는 번지에게 가르치려고 한다.

공자는 「윗사람이 좋아하면」 하고 세 번 되풀이하고 있다. 「禮」·「義」·「信」은 그의 정치의 기본이었다. 예·의·신 세 가지에 대하여는 본편 30의 해설에 인용한 ≪춘추좌씨전≫ 희공(僖公) 27년의 자범(子犯)의 말을 참조.

「襁負其子而至矣」— 사방의 백성이 전적으로 안심하고 내맡기고 있음을 표현한다.

번지가 물러간 뒤의 공자의 말은 간접적으로 전해질 것을 기대한 것이리라.

5

子曰 誦詩三百 授之以政 不達 使於四方 不能專對. 雖多亦奚以爲.
자왈 송시삼백 수지이정 부달 사어사방 불능전대 수다 역해이위

공자께서 말씀하셨다.

"≪시≫ 삼백 편을 암송하고 있더라도 정치를 위임 받아 처리를 못하고, 사방의 나라에 사자로 가서 자주적으로 응대하지 못한다면 아무리 많이 암송한들 무슨 소용이 있겠는가!"

【글자 뜻】 誦:욀 송. 雖:비록 수.

【말의 뜻】 詩三百(시삼백):지금의 ≪시경(詩經)≫은 삼백오 편. 대략의 숫자로 말하면 공자 때의 ≪시(詩)≫도 거의 같다. 專對(전대):외국에 사자로 간 자는 자신의 교양과 판단에 의하여 상대를 임기응변으로 응대한다. 응대할 수 없을 때에는 군명(君命)을 욕되게 한 것이 된다. ≪춘추좌씨전(春秋左氏傳)≫은 그 성공 여부를 중요한 기록 대상의 하나로 삼고 있다. 奚以爲(해이위):「奚」는 어찌(何). 「以」는 용(用). 「何以文爲(문은 쓸모가 없다.)」(第十二 顔淵篇 8), 「何以伐爲(칠 필요가 없다.」(第十六 季氏篇 1)의 예에 준하여 말하면 「何~爲」, 「奚~爲」가 의문의 어조(語調)를 이루고 있다. 「爲」는 조사(助辭)이다.

6

> 子曰 其身正 不令而行. 其身不正 雖令不從.
> 자 왈 기 신 정 불 령 이 행 기 신 부 정 수 령 부 종

공자께서 말씀하셨다.

"내 몸이 바르면 명령을 하지 않아도 정치는 이루어지지만, 내 몸이 바르지 못하면 명령을 할지라도 백성은 따르지 않는다."

【글자 뜻】 其:그 기. 令:영 령. 從:좇을 종.

【말의 뜻】 其身(기신):내 몸. 자기 자신.

【뜻 풀이】 위정자가 자기 몸을 바로잡아야 한다는 것은 공자가 강조하는 바이다. 이것에 관하여는 이미 계강자(季康子)가 정치에 대해 물어 보았을 때 공자가 대답한 바 있다.

"정치란 정(正)입니다. 당신이 솔선하여 올바로 하신다면 부정을 할 자가 있겠습니까?"(第十二 顔淵篇 17)

7

子曰 魯衛之政兄弟也.
자 왈 노 위 지 정 형 제 야

공자께서 말씀하셨다.
"노나라와 위나라의 정치는 형제와 같다."

【글자 뜻】 魯:노나라 노. 衛:지킬 위.

【뜻 풀이】 노나라의 시조 주공단(周公旦)과 위나라의 시조 강숙봉(康叔封)은 다 같이 문왕(文王)과 태사(太姒)를 부모로 한 형제이다. 또 ≪춘추좌씨전≫ 정공(定公) 6년에는 위(衛)의 공숙문자(公叔文子)가, "태사(太姒)의 아들 주공(周公)과 강숙(康叔)을 화목케 한다."라고 하였다. 두 나라는 혈연적으로 친밀하였다. 영토의 침략을 목적으로 한 전쟁을 한 일도 서로가 없었다. 편력 중에 공자는 다섯 번이나 위나라에 갔으며 체류 기간도 길었다. 문인(門人) 중에 위나라 사람도 많았다. 그는 위나라에 친근감을 가지고 있었다.

그런데 그가 말한 「政」은 무엇을 가리키는 것인가?

이때 노나라에서는 삼환(三桓)이 참상하여 임금은 임금답지 못하고 신하는 신하답지 못한 상태였다. 위나라에서는 영공(靈公)·괴외(蒯聵)·첩(輒)의 3대 사이에 아비는 아비답지 못하고 자식은 자식답지 못한 상태였다.

그러나 노나라에는 진(晋)의 한선자(韓宣子)가 「주례(周禮)가 모조리 노(魯)에 있다.」[≪춘추좌씨전≫ 소공(昭公) 2년(기원전 540년)]고 감탄한 문화의 전통이 있었고, 오(吳)의 계찰(季札)로 하여 '위에는 군자가 많다. 아직 걱정이 없다' 고 말하게 한 명신 여섯 명의 이름이 ≪춘추좌씨전≫에 올라 있다.[양공(襄公) 29년(기원전 544년)]

공자는 자천(子賤)을 비평했을 때 '참으로 군자로다, 이 인물은. 그렇지만 노나라에 군자 된 자가 없었다면 이 사람이 이것을 어찌 몸에 익혔겠는가?' 라며 말하고 있다.(第五 公冶長篇 3).

공자께서 「魯衛之政兄弟也」라고 한 것은 두 나라의 문란한 상태가 같음을 한탄하는 것일까, 아니면 노 · 위가 다 같이 주 왕조(周王朝)의 영광을 이어받은 나라이며 아직도 군자가 많은 나라임을 자랑으로 여겨 한 말일까? 신주(新註)는 쇠란(衰亂)을 한탄한다고 하였다. 고주(古註)는 주공과 강숙으로 거슬러 올라가서 설명한다. 그 어느 쪽인가를 확실히 말할 수는 없다. 그러나 나는 「魯衛」라 하고 「兄弟」라고 한 그 어휘 선택에 심중의 따뜻함을 느낀다. 신주는 그것을 이해하고 있지 않다.

덧붙여 말해 두겠다. 계찰(季札)이 위나라를 지탱하는 군자라 하여 높이 평가한 6명 중 5명이 ≪논어≫에 등장하고 있다. 거백옥(蘧伯玉:第十四 憲問篇 26, 第十五 衛靈公篇 7), 사어(史魚:第十五 衛靈公篇 7), 공자 형(公子荊:第十三 子路篇 8), 공숙문자(公叔文子:第十四 憲問篇 14, 19), 공손 조(公孫朝:第十九 子張篇 22)이다. 그리고 거백옥은 「군자로다.」, 사어는 「똑 곧도다.」, 공자 형은 「살림을 잘 한다.」, 공숙문자는 「문(文)이란 시호도 가하다.」라고 칭찬하고 있다. 위나라의 정치를 지탱하던 군자들은 공자와 친근했었다.

8

子謂衛公子荊. 善居室. 始有曰 苟合矣. 少有曰 苟完矣. 富有曰 苟美矣.
자위위공자형 선거실 시유왈 구합의 소유왈 구완의 부유왈 구미의

공자께서 위나라 공자(公子) 형(荊)을 평하여 말씀하셨다.

"그는 살림살이를 잘하였다. 처음으로 가옥, 가재를 갖자 '그런 대로 족하다' 고 말했다. 그것이 좀 더 늘어나자 '대강 갖추어졌다' 고 말했다. 넉넉해지게 되자 '그런대로 아름답다' 고 말했다."

【글자 뜻】 荊:가시나무 형. 始:처음 시. 完:완전할 완.

【말의 뜻】 子謂衛公子荊(자위위공자형):「謂」는 인물을 평론함. 公子 荊은 계찰(季札)이 믿음직스럽다고 한 위나라 군자의 한 사람. 앞 장의 해설 참조. 居室(거실):「居」는 거주. 「室」은 주거. 가옥 · 재산을 아울러 말함. 苟合(구합):「苟」는 그런대로, 가까스로. 「合」은 모임(聚). 「족하다」로도 해석할 수 있다.

【뜻 풀이】 공자 형(荊)이 족함을 아는 사람이었음을 칭찬한 것이다. 위나라의 군자 중 ≪논어≫에 등장하는 사람들 가운데 거백옥 · 사어 · 공숙문자에게는 나라를 말하지 않는데, 공자 형(荊)과 공손 조(朝)에게는 위(衛)라고 하였다. 이 두 사람과 이름이 같은 사람이 노나라에도 있었기 때문이다. ≪논어≫의 문장에는 이러한 자세한 규칙이 있다. 노나라의 공자 형과 공손 조는 ≪춘추좌씨전≫의 애공(哀公) 24년과 소공(昭公) 26년에 각각 등장하고 있다.

9

子適衛. 冉有僕. 子曰 庶矣哉. 冉有曰 旣庶矣 又何加焉.
자적위 염유복 자왈 서의재 염유왈 기서의 우하가언

曰 富之. 曰 旣富矣 又何加焉. 曰 敎之.
왈 부지 왈 기부의 우하가언 왈 교지

공자께서 위나라에 가셨다. 염유가 마차를 몰고 있었다. 공자께서 말씀하셨다.

"사람들이 많이 있구나."

염유가 말씀드렸다.

"사람들이 이렇게 많으면, 다음에는 무엇을 해야 합니까?"

공자께서 말씀하셨다.

"풍족케 해야 한다."

염유가 말씀드렸다.

"풍족해진 다음에는 무엇을 해야 합니까?"

공자께서 말씀하셨다.

"가르쳐야 한다."

【글자 뜻】 適:갈 적. 僕:종 복. 庶:여러 서. 旣:이미 기.

【말의 뜻】 子適衛(자적위):「適」은 감(之). 「위(衛)에 갔다」는 위나라의 도성으로 들어가는 것을 말하는 것이리라. 冉有僕(염유복):「僕」은 마차를 부림. 庶矣哉(서의재):「庶」는 무리(衆). 인구가 많은 것은 국가 성립의 기반이었다. 富之(부지):백성을 부유케 함. 생업을 안정시킴과 동시에 조세 부담을 가볍게 하는 것을 의미함.

10

子曰 苟有用我者 期月而已可也. 三年有成.
자 왈 구 유 용 아 자 기 월 이 이 가 야 삼 년 유 성

공자께서 말씀하셨다.

"만일 나를 써 주는 사람이 있다면 1년만으로 좋다. 3년이면 이룩해 보이겠다."

【글자 뜻】 苟:진실로 구. 我:나 아. 已:이미 이.

【말의 뜻】 苟(구):만일(若). 期月(기월):만 1년. 三年(삼년):정치의 성과를 묻는 하나의 구획 기간.

【뜻 풀이】 ≪사기(史記)≫의 「공자세가」는 위(衛)의 영공(靈公)이 공자를 등용할 수가 없었을 때에 공자가 이 말을 했다고 한다. 공자의 눈에는 위나라가 3년 뒤에는 훌륭한 국가가 될 수 있는 상태로 보였던 것이리라.

11

子曰 善人爲邦百年 亦可以勝殘去殺矣. 誠哉是言也.
자 왈 선 인 위 방 백 년 역 가 이 승 잔 거 살 의 성 재 시 언 야

공자께서 말씀하셨다.

"선인이 내리 백 년 동안 나라를 다스린다면 흉포(凶暴)를 누르고 사형을 없앨 수가 있다고 했다. 정말이로다, 이 말은!"

【글자 뜻】 善:착할 선. 邦:나라 방. 勝:이길 승. 殘:해칠 잔.

【말의 뜻】 善人(선인):국가의 기강을 지탱하는 사람. 第七 述而篇 25「善人吾不得而見之矣」 참조. 爲邦(위방):「爲」는 다스림(治). 「邦」은 제후의 나라. 勝殘(승잔):「殘」은 적(賊), 정의를 해치는 것. 「勝殘」은 난폭한 행위를 없게 함. 去殺(거살):사형을 폐지함.

【뜻 풀이】「善人爲邦百年 亦可以勝殘去殺矣」— 이것은 고어이다. 이 말은 공자에게 먼 장래에 대해 일루의 희망을 걸게 한 것 같다. 그러나 「百年」이라는 것은 거의 실현 불가능함을 나타내는 말이다. 그 절망을 초월하고 저쪽을 바라보는 중국인의 시정(視程)은 크다. 다음 장의 해설에 인용한 ≪한서(漢書)≫ 형법지(刑法志)의 글도 참조.

12

子曰 如有王者 必世而後仁.
자 왈 여 유 왕 자 필 세 이 후 인

공자께서 말씀하셨다.

"만일 왕자가 나타난다면 삼십 년 뒤에는 반드시 사람이 서로 사랑하는 인(仁)의 세계가 될 것이다."

【글자 뜻】 如:같을 여. 必:반드시 필. 後:뒤 후.

【말의 뜻】 王者(왕자):하늘의 이념을 파악하고 그에 의거하여 행동할 수 있는 사람. 천자(天子)라고 할 경우에는 정치적인 의미를 가지며, 왕자라고 할 경우에는 유덕자의 관념이 짙어짐. 世(세):1세대, 삼십 년.

【뜻 풀이】 ≪한서(漢書)≫ 형법지(刑法志)는 이 장과 앞의 장을 아울러 말하고 있다.

공자께서 말씀하셨다. "만일 왕자가 나타난다면 삼십 년 뒤에 반드시 인(仁)의 세계가 될 것이요, 선인이 내리 백 년간 나라를 다스린다면 흉포를 누르고 사형을 없앨 수 있을 것이다."라고.

성자(聖者)가 쇠함을 이어받아 어지러움을 다스리고 일어나 백성에게 덕교(德敎)로써 베풀고 이를 변화시키면 삼십 년 뒤에는 반드시 인(仁)의 세계가 된다. 선인은 성인의 경지에는 이르지 못한다. 그러나 역시 백 년간 다스리면 흉포를 누르고 사형을 없앨 수 있음을 말한다. 이것이 나라를 다스리는 자의 정식(程式)이다.

「성인의 경지에는 이르지 못한다.」 — 원문은 「未入於室」. 第十一 先進篇 15 「升堂矣 未入於室也」 참조.

13

子曰 苟正其身矣 於從政乎何有. 不能正其身 如正人何.
자 왈 구 정 기 신 의 어 종 정 호 하 유 불 능 정 기 신 여 정 인 하

공자께서 말씀하셨다.

"내 몸을 바르게 하기만 하면 정치를 하는 것은 아무것도 아니다. 내 몸을 바르게 할 수 없다면 어떻게 사람을 바르게 할 수 있겠는가?"

【글자 뜻】 身:몸 신. 能:능할 능.

【말의 뜻】 何有(하유):어찌 어려움이 있으랴. 아무것도 아니다. 如正人何(여정인하):如何正人. 어떻게 사람을 바로잡을 수 있겠는가?

【뜻 풀이】 본편 6에 「내 몸이 바르면 명령을 하지 않아도 정치는 이루어지지만, 내 몸이 바르지 못하면 명령을 할지라도 백성은 따르지 않는다.」고 하였다.

「正」과 「政」의 같은 음이 논리를 매개(媒介)하고 있다.

14

冉子退朝. 子曰 何晏也. 對曰 有政. 子曰 其事也. 如有政
염자퇴조 자왈 하안야 대왈 유정 자왈 기사야 여유정
雖不吾以 吾其與聞之.
수불오이 오기여문지

염자가 조정에서 퇴출하여 돌아왔다. 공자께서 말씀하셨다.

"왜 이리 늦었느냐?"

"정무(政務)가 있었습니다."

염자가 대답하자 공자께서 말씀하셨다.

"사무(私務)일 것이다. 만일 정무가 있었다면 내 비록 등용되지는 않았을지라도 나도 그것을 들었을 것인즉."

【글자 뜻】 退:물러날 퇴. 晏:늦을 안. 對:대답할 대.

【말의 뜻】 冉子(염자):공자의 제자 염구(冉求). 第六 雍也篇 4 「冉子爲其母請粟」 참조. 기사야(其事也):「事」는 사사로운 일. 개인의 일. 雖不吾以(수불오이):「以」는 용(用). 與聞之(여문지):「與」는 함께.

【뜻 풀이】 염유(冉有)를 「冉子」라고 높여 부른 것은 그의 제자의 입장에서 기술하고 있는 것이다.

「朝」는 이른 아침에 행하여지는 회의. 이 「朝」가 노나라의 조정, 즉 공조(公朝)라는 설과 계씨 집안의 조정, 즉 사조(私朝)라고 하는 두 설이 있다. 공자의 입장에서 말하면 공조인 듯싶지만, 염유가 계씨의 가신(家臣)임을 미루어 보면 계씨의 사조인 듯하다. 더욱이 이때 노나라의 정치는 계씨의 수중에 있었으므로 계씨의 사조에서 「政」에 관한 것이 문제되고 있었던 것이리라.

「政」은 나라의 정치, 본래는 임금이 관장하는 것이다. 「事」는 행정에 수반하는 사무 따위, 신하가 집행한다.

≪춘추좌씨전(春秋左氏傳)≫ 애공(哀公) 11년에 따르면, 계씨가 전조(田租)를 부과하려고 했을 때 염유를 시켜 공자의 의향을 묻고 있다. 공자가 상대를 해 주지 않자 염유가,

"선생님은 국가의 원로이십니다. 선생님의 승낙이 있어야 행해집니다. 선생님께서 말씀을 하지 않으시니 이를 어찌해야 합니까?"

하고 따지고 있다. 「국로(國老)」는 경대부(卿大夫)의 치사(致仕)한 자를 말한다. 공자는 관직에 나가 있지는 않았으나 대부로서 대우받았고, 중요한 문제에는 자문을 요청받고 있었다. 그는 또 '吾從大夫之後(나는 대부의 꽁무니에 따른다.)'(第十一 先進篇 8, 第十四 憲問篇 22) 하고 되풀이 말하고 있다.

「如有政 雖不吾以 吾其與聞之」는 불우한 공자가 지금 또 소외당한 것에 대하여 내뱉는 푸념이 아닐까? 「不在其位 不諸其政(그 지위에 있지 않으면 그 정책을 논의하지 않음)」(第十四 憲問篇 27)이라는 조심성도 잊어버린 것 같다. 애환(哀歡)하는 사람이어야만 훌륭한 스승이다.

염유가 「政」이라고 한 말꼬리를 잡히고, 「천하에 도가 있으면 정치는 대부에게 달려 있지 않다.(天下有道 則政不在大夫)」(第十六 季氏篇 2)고 하여 명분을 말한 것으로 해석함은 도리어 공자를 작게 만든다.

15

定公問 一言而可以興邦 有諸. 孔子對曰 言不可以若是 其
정공문 일언이가이흥방 유저 공자대왈 언불가이약시 기
幾也. 人之言曰 爲君難 爲臣不易. 如知爲君之難也 不幾乎
기야 인지언왈 위군난 위신불이 여지위군지난야 불기호
一言而興邦乎. 曰 一言而喪邦 有諸. 孔子對曰 言不可以若
일언이흥방호 왈 일언이상방 유저 공자대왈 언불가이약
是 其幾也. 人之言曰 予無樂乎爲君. 唯其言而莫予違也.
시 기기야 인지언왈 여무락호위군 유기언이막여위야
如其善而莫之違也 不亦善乎. 如不善而莫之違也 不幾乎一
여기선이막지위야 불역선호 여불선이막지위야 불기호일
言而喪邦乎.
언이상방호

정공이 공자께 여쭈어 보았다.

"한마디로 나라를 융성하게 할 수 있는 그런 말이 있을까요?"

공자께서 대답하셨다.

"말이란 그렇게 편리한 것은 아니지만 그에 가까운 것은 있습니다. 옛사람의 말에 '임금 노릇은 어렵고 신하 노릇도 쉽지 않다.' 고 했습니다. 만일 이 말로 임금 노릇의 어려움을 안다면, 한마디로 나라를 융성케 하는 말에 가깝지 않겠습니까?"

정공이 말하였다.

"한마디로 나라를 잃는 그런 말이 있을까요?"

공자께서 대답하셨다.

"말이란 그렇게 편리한 것은 아니지만 그에 가까운 것은 있습니다. 옛사람의 말에 '나는 임금 노릇에 아무런 즐거움도 없다. 오직 내가 한 말에 거스르는 자가 없을 뿐이다.' 라고 했습니다. 좋은 말을 하여 그에 거스르는 자가 없다면 그런대로 좋습니다만 좋지 못한 말에 거스르는 자가 없다면 한마디로 나라를 잃는 말에 가깝지 않겠습니까?"

【글자 뜻】 若:같을 약. 幾:기미 기. 違:어길 위.

【말의 뜻】 定公(정공):노(魯)의 정공(定公). 재위는 기원전 509년부터 495년까지. 有諸(유저):「諸」는 지호(之乎). 其幾也(기기야):「幾」는 가까움(近). 아래의 「不幾乎」도 같음.

【뜻 풀이】 「言不可以若是」의 여섯 자를 한 구로서 독립시키기에는 다소의 위화감이 있으므로 「其幾也」의 석 자를 이어 아홉 자 한 구로 읽는 법도 있다. 그러나 반드시 읽기 쉬워지는 것은 아니며 여기의 「幾」를 「기약함(期)」이라 해석하고, 「不幾乎」의 「幾」를 「가까움(近)」으로 해석하는 데 이르러서는 따르기 어렵다. ≪시경(詩經)≫ 대아(大雅)의 첨앙편(瞻仰篇)에 「維其幾矣(차츰 다가옴)」라고 하였고, 정주(鄭註)는 「幾」를 「가까움(近)」이라 해석하고 있다.

「爲君難 爲臣不易」 — ≪상서(尙書)≫ 대우모편(大禹謨篇)에 「后克艱厥后 臣克艱厥臣 政乃乂 黎民敏德(임금이 능히 그 임금을 어렵게 여기고, 신하가 능히 그 신하를 어렵게 여겨야만 정사가 이에 다스려져서 머리 검은 백성이 덕에 따르리라.)」이라고 하였다.

「予無樂乎爲君 唯其言而莫予違也」 — 진(晋)의 평공(平公, 재위 기원전 557~532년)이 군신(群臣)과 마시어 주흥이 무르익어갈 때 "백성의 임금 노릇을 즐기는 일은 없다. 오직 내가 한 말에 거스름이 없을 뿐이다."라고 말한 것, 그리고 사광(師曠)이 그것을 심하게 간했다는 이야기가 ≪한비자(韓非子)≫ 난일편(難一篇)에 보인다. 사광의 이 간언은 ≪회남자(淮南子)≫ 제속편(齊俗篇)에도 보인다. 유명한 이야기다.

16

葉公問政. 子曰 近者說 遠者來.
섭 공 문 정　자 왈　근 자 열　원 자 래

섭공이 정치에 대해 여쭈어 보았다. 공자께서 말씀하셨다.

"가까운 사람들이 즐거워하고, 먼 곳 사람들이 옮겨오게 하는 것이오."

【글자 뜻】 葉:성 섭. 近:가까울 근.

【말의 뜻】 葉公(섭공):초(楚)의 저명한 대부, 심제량(沈諸梁). 第七 述而篇 18「葉公問孔子於子路」를 참조. 본편 18에도 나온다. 近者說(근자열):「說」은 기쁨(悅). 第一 學而篇 1「不亦說乎」 참조.

17

子夏爲莒父宰 問政. 子曰 毋欲速. 毋見小利. 欲速則不達 見小利則大事不成.
자 하 위 거 보 재　문 정　자 왈　무 욕 속　무 견 소 리　욕 속 즉 부 달　견 소 리 즉 대 사 불 성

자하가 거보의 지방장관이 되어 정치에 대해 여쭈어 보았다. 공자께서 말씀하셨다.

"조급히 굴지 말고, 작은 이익에 눈을 돌리지 말라. 서둘면 중도에 쓰러지고, 작은 이익에 눈을 돌리면 큰일을 이룩하지 못한다."

【글자 뜻】 莒:감자 거. 速:빠를 속.

【말의 뜻】 莒父(거보):노나라 동남부에 있던 읍. 지금의 산동성(山東省) 거현(莒縣).

【뜻 풀이】 본편 11「善人爲邦百年 亦可以勝殘去殺矣. 誠哉是言也」, 본편 12「如有王者 必世而後仁」 등 공자는 백 년, 삼십 년 뒤의 정치 효과를 기대하고 있다.

18

葉公語孔子曰 吾黨有直躬者. 其父攘羊 而子證之. 孔子曰
섭공어공자왈 오당유직궁자 기부양양 이자증지 공자왈
吾黨之直者 異於是. 父爲子隱 子爲父隱. 直在其中矣.
오당지직자 이어시 부위자은 자위부은 직재기중의

섭공이 공자께 말하였다.

"우리 고을에 고지식이라는 사람이 있소. 부친이 길을 잃고 찾아든 양을 후무리자 그것을 고발하였소."

공자께서 말씀하셨다.

"우리 고을에서 말하는 고지식이란 그것과는 다릅니다. 아비는 자식을 위해 숨기고 자식은 아비를 위해 숨깁니다. 그러는 가운데 고지식이라는 것이 저절로 갖추어집니다."

【글자 뜻】 黨:무리 당. 攘:가로챌 양. 證:증거 증. 隱:숨길 은.

【말의 뜻】 吾黨(오당):「黨」은 거주 지역의 공동 사회. 향당(鄕黨). 直躬(직궁):「躬」은 몸(身). 자신의 몸을 똑바로 하고 있는 자. 혹은 「躬」은 이 사나이의 이름. 궁(弓)으로도 쓴다. 아무튼 「直躬」은 애칭일 것이다. 攘羊

(양양):「攘」은 가축이 이쪽으로 온 것을 후무림. 습득한 것을 슬쩍하고 모른 체함. 도둑이 계획적, 적극적으로 훔치는 것과는 구별됨. 子證之(자증지):「證」은 고발. ≪설문(說文)≫에 「증(證)은 고(告)이다.」라고 하였다. 直在其中矣(직재기중의):작위(作爲)함이 없이 저절로 「直」이 거기에 있음. 「~在其中」은 성어. 第二 爲政篇 18「祿在其中矣」 참조.

【뜻 풀이】 공자에게 있어서 부모 자식의 정과 윤리는 국가의 법을 초월한다. 사실 국가의 법은 부모 자식의 정과 윤리를 기초로 하여 존재하고 유지되는 것이다. ≪예기(禮記)≫ 단궁(檀弓) 상편(上篇)에 「事親 有隱而無犯.(부모를 섬김에 부모의 허물을 덮어 숨기는 일은 있으나 범안(犯顔)하여 극간(極諫)하는 일은 없어야 한다.)」라고 하였고, 정현(鄭玄)은 「은(隱)이란 그 허물을 드러내지 않음을 말한다.」고 주(註)하였다.

19

樊遲問仁. 子曰 居處恭 執事敬 與人忠. 雖之夷狄 不可棄也.
번지문인 자왈 거처공 집사경 여인충 수지이적 불가기 야

번지가 인에 대해 여쭈어 보았다. 공자께서 말씀하셨다.

"집에 있을 때에는 예절 바르게 하고, 일을 할 때에는 신중히 하며, 사람과의 사귐에는 성실히 하는 것이다. 이것들은 이적의 땅에 갔을 경우라도 버릴 수 없느니라."

【글자 뜻】 處:살 처. 恭:공손할 공. 狄:오랑캐 적. 棄:버릴 기.

【말의 뜻】 雖之夷狄(수지이적):「之」는 감(行 · 適). 「夷狄」은 천하적 세계 밖에 있어 하늘의 이념을 공유하지 않은 미개 민족.

【뜻 풀이】 第十五 衛靈公篇 6에 「言忠信 行篤敬 雖蠻貊之邦行矣」라고 하였다. 여기서의 「行」은 자기의 주장, 혹은 정령(政令)이 세상에서 받아들여 행하여짐을 말한다.

20

子貢問曰 何如斯可謂之士矣. 子曰 行己有恥 使於四方不辱
자공문왈 하여사가위지사의 자왈 행기유치 사어사방불욕
君命 可謂士矣. 曰 敢問其次. 曰 宗族稱孝焉 鄕黨稱弟焉.
군명 가위사의 왈 감문기차 왈 종족칭효언 향당칭제언
曰 敢問其次. 曰 言必信 行必果 硜硜然小人哉 抑亦可以爲
왈 감문기차 왈 언필신 행필과 갱갱연소인재 억역가이위
次矣. 曰 今之從政者何如. 子曰 噫 斗筲之人 何足算也.
차의 왈 금지종정자하여 자왈 희 두소지인 하족산야

자공이 여쭈어 보았다.

"어떠한 인물을 선비라고 합니까?"

공자께서 말씀하셨다.

"자기의 행동에 부끄러워할 줄 알며, 사방에 사신으로 나가 임금의 명령을 욕되게 하지 않는 자를 가히 선비라 할 수 있을 것이다."

"여쭙기 황송하오나 그 아래는요?"

"일족에게는 효자라 칭찬받고 향당에서는 우애롭다는 칭찬을 듣는 자이다."

"감히 또 여쭈어 봅니다만 그 아래는요?"

"자기가 한 말에 어김이 없으며 하는 일은 꼭 성취한다. 이것은 주변머리

없는 소인이지만 그래도 그 아래라고 할 수 있으리라."

"요즈음 정치를 하고 있는 자들은 어떻습니까?"

하고 자공이 여쭈어 보자 공자께서 말씀하셨다.

"아아, 모두 그릇이 작은 자들이다. 거론할 것도 없다."

【글자 뜻】 辱:욕될 욕. 稱:일컬을 칭. 硜:돌 소리 갱. 抑:누를 억. 噫:탄식할 희. 筲:대그릇 소. 算:셀 산.

【말의 뜻】 士(사):관직에 나아가 있는 자. 行己(행기):자기 자신의 행동. 有恥(유치):미치지 못함을 부끄러워함. 책임을 자각함. 第四 里仁篇 22에서 「言之不出 恥躬之不逮也(말수가 적은 것은 실천이 못 따름을 부끄러워하기 때문이다.)」라고 하였다. 使於四方(사어사방):여러 나라에 외교 사절로 파견됨. 不辱君命(불욕군명):「君命」은 사자가 임금으로부터 받은 명령. 사자가 파견된 역할을 훌륭히 해냄. 宗族(종족):혈연 사회. 조상의 제사와 상제(喪制)의 공동체. 鄕黨(향당):지연 사회(地緣社會). 주거 지역의 공동체. 稱弟(칭제):「弟」는 제(悌). 硜硜然(갱갱연):경쇠(磬) 소리의 세기를 형용하는 말. 주변머리 없는 소인(小人)을 말함. 噫(희):통탄의 소리. 第十一 先進篇 9에서 안연(顔淵)의 죽음에 즈음하여 공자는 「噫 天喪予 天喪予」라 하였다. 斗筲之人(두소지인):「斗」는 열 되, 「筲」는 한 말 두 되 들이 곡물 그릇. 중국 고대의 용량은 오늘날 우리 나라의 십 분의 1 정도에 해당하므로 이들 용기는 작은 것이다. 「筲」는 5승이라고 하는 설도 있다. 「斗筲之人」은 기량이 작은 것을 비유하여 말함.

【뜻 풀이】 「何如斯可謂之士矣」 같은 문제가 본편 28에 자로(子路)에 의해 제기되고 있다. 공자의 대답은 역시 상대에 따라 말을 고른다.

「斗筲之人」 — 오규소라이(荻生徂徠)는 다른 해석을 한다. 「지금 정치에 종사하는 자 따위는 곧 소인이다. 소인으로서 재주 있음은 더없이 천하다. 그러므로 '두소(斗筲)의 사람'이라고 한다. 자신의 이(利)로써 다가감을 말한다.」 이록(利錄)을 도모하는 것은 소인이다. 그러므로 이 해석도 통한다. 유보남(劉寶楠)은 「지금 정치에 종사하는 자는 그저 취렴(聚斂)을 일삼을 따름임을 말한다.」라고 설명하였다.

여기서 다시 「子曰」이라고 하였다. 공자의 어조나 자세가 달라진 것일까?

처음에는 차원이 높은 과제를 제기하고 「그 아래는, 그 아래는?」 하고 차츰 내려가서 극한에 이르는 논법은 ≪논어≫의 다른 편에서도 볼 수 있다. 이를테면 第十四 憲問篇 39 「賢者辟世」의 장, 第十六 季氏篇 9 「生而知之者 上也」의 장 등이 그것이다.

21

子曰 不得中行而與之 必也狂狷乎. 狂者進取 狷者有所不爲也.
자왈 부득중행이여지 필야광견호 광자진취 견자유소불위야

공자께서 말씀하셨다.

"중도(中道)를 걷는 사람을 찾아내어 가르칠 수 없을 때에는 과격한 사람이나 편벽한 사람을 가르치리라. 과격한 사람은 진취적으로 행동하고, 편벽한 자는 못된 짓을 하지 않는다."

【글자 뜻】 狂:미칠 광. 狷:성급할 견. 取:취할 취.

【말의 뜻】 中行(중행):중용(中庸)에 의거하여 행동하는 사람. 「中行」이라는

말은 ≪주역(周易)≫의 복괘(復卦) 63과 익괘(益卦) 63, 64의 효사(爻辭)에 보인다. 狂狷(광견):「狂」은 상식에서 벗어나서 적극적으로 행동하는 자. 정열가.「狷」은 고집 세게 자신의 껍질을 지키는 자. 편벽한 자. 有所不爲(유소불위):상식적으로는 행동해야 할 것을 행동하지 않는 경우가 있음. 못된 짓은 하지 않음.

【뜻 풀이】「狂」도「狷」도 보통 사람보다 괴짜이다. 중용과는 거리가 멀다. 공자가 중용의 아류(亞流)를 구하지 않고 도리어「狂狷」을 구한 것은 그들이 개성을 지니고 주체적으로 취사(取捨)하기 때문이다. 한쪽은 취하는 법에, 다른 한쪽은 버리는 법에 버릇되어 있지만 주체성 있는 가치판단과 그 판단을 실천하는 정열과 행동력이 있다. 이것이 바로 자기 자신에게 둔화시켜야만 할 점이다.

벗과 항상 절차탁마(切磋琢磨)하는 것이 긴요하다. 잘하는 일도 없지만 해(害)도 안 끼치는 어중간한 사람을 공자는 거들떠보지도 않는다.

22

子曰 南人有言曰 人而無恒 不可以作巫醫. 善夫. 不恒其德
자 왈 남인유언왈 인이무항 불가이작무의 선부 불항기덕
或承之羞. 子曰 不占而已矣.
혹승지수 자왈 부점이이의

공자께서 말씀하셨다.

"남방 사람들의 속담에 '꾸준함이 없는 사람은 무당으로도 의원으로도 고칠 수가 없다.' 고 한다. 좋은 말이다."

≪주역≫에 '그 덕이 꾸준하지 못한 자는 치욕을 받는 수가 있다' 고 했

거니와, 공자께서 그런 사람을 일러 말씀하셨다.

"점칠 것도 없는 것이다."

【글자 뜻】 恒:항상 항. 巫:무당 무. 醫:의원 의. 羞:부끄러울 수.

【말의 뜻】 南人有言(남인유언):남쪽 사람들의 속담. 無恒(무항):「恒」은 인생관 혹은 생활 태도에 일관성이 있어 안정돼 있는 것. 따라서 「無恒」은 신념도 절조도 없는 것. 巫醫(무의):「巫」는 무당. 신 내림을 하여 점치는 자. 「醫」는 병을 고치는 자. 「巫」도 병을 쫓고 복을 비는 자로, 「巫醫」는 별개의 두 가지를 말하는 것이 아니다. 여기서는 주로 「巫」를 의식하고 있다. 善夫(선부):어떤 텍스트는 「夫」를 「哉」로 하였다. 不恒其德 或承之羞(불항기덕 혹승지수):고어(古語). 지금은 ≪주역(周易)≫ 항괘(恒卦) 93의 효사(爻辭)에도 보인다. 「承」은 수(受). 「羞」는 욕(辱).

【뜻 풀이】 「南人」 — 우연히 이 말을 한 자가 남방 사람이었던 것이 아니라, 점복(占卜)과 관계가 있는 사람임이 분명하다. ≪예기(禮記)≫ 치의편(緇衣篇)에 여기와 거의 같은 문장이 기록되어 있는데 ≪예기정의(禮記正義)≫는 「남인은 은(殷)나라의 복서(卜筮)를 맡은 사람」이라고 해석하고 있다.

「不可以作巫醫」 — 「無恒」한 사람에게 「巫醫」도 소용이 없다. 점도 예측할 수가 없는 것이다. 따라서 실패를 하고 치욕을 받는 일이 많게 된다.

「不恒其德 或承之羞」 — 이 두 구가 있다고 해서 공자가 현재의 ≪주역≫을 읽고 있었다고 단정할 수는 없다. 이러한 좋은 말이 단편적으로 전해지고 있었고, 그것이 공자에게 취택되어 ≪주역≫에 수록된 것이리라.

「子曰 不占而已矣」 — 점복(占卜)의 대상이 되지 않음을 말함. 다시

「子曰」이라고 한 것은 「不恒其德 或承之羞」의 두 구에 대하여 공자가 친히 주석을 한 것인지, 아니면 오규소라이(荻生徂徠)가 말하듯이 「不恒其德」 이하가 원래 독립된 한 장(章)이었음을 보이는 것인지, 아무튼 얼마간의 위화감을 느끼게 한다. 일단 두 가지로 나누어 해석하였다. 후자는 전자를 보충 설명하고 있는 것으로 생각된다.

23

子曰 君子和而不同 小人同而不和.
자 왈 군 자 화 이 부 동 소 인 동 이 불 화

공자께서 말씀하셨다.

"군자는 조화를 이루되 뇌동(雷同)은 하지 않으며, 소인은 뇌동을 하되 조화는 이루지 않는다."

【글자 뜻】 和:화할 화. 同:한가지 동.

【뜻 풀이】 「和」는 저마다 특이한 개성을 살리면서 그것들이 조화를 이루어 하나의 크고 높은 차원의 것에 도달함을 말함. 산(酸)·함(鹹)·감(甘)·신(辛)과 가효(佳肴)의 관계 및 궁(宮)·상(商)·각(角)·치(徵)·우(羽)와 음악의 관계 같은 것이 그것이다. 조화가 숨쉰다.

「同」은 개성이 없는 자가 그 때문에 무슨 일에든 찬부(贊否)를 함께함을 말한다. 물에 물 탄 듯한 것으로 새로운 맛은 생기지 않는다. 게다가 인간이 한 패가 되느냐 아니냐는 이해관계로 인함이 많으므로 당파·당략의 폐단으로 발전한다.

≪춘추좌씨전(春秋左氏傳)≫ 소공(昭公) 20년에 안자(晏子)는 제(齊)

의 제후에게 아주 자상하게 「和」와 「同」의 차이를 설명하고 있다.

第二 爲政篇 14에는 「君子周而不比 小人比而不周」라고 하였다.

24

子貢問曰 鄕人皆好之何如. 子曰 未可也. 鄕人皆惡之何如.
자공문왈 향인개호지하여 자왈 미가야 향인개오지하여
子曰 未可也. 不如鄕人之善者好之 其不善者惡之也.
자왈 미가야 불여향인지선자호지 기불선자오지야

자공이 여쭈어 보았다.

"한 고을 사람이 모두 좋아하는 사람은 어떠합니까?"

공자께서 말씀하셨다.

"좋지 못하다."

"한 고을 사람이 모두 미워하는 인물은 어떠합니까?"

공자께서 말씀하셨다.

"좋지 못하다. 고을 사람 중 선인이 좋아하고 악인이 미워하는 것만 못하다."

【글자 뜻】 皆:다 개. 好:좋을 호. 惡:미워할 오.

【말의 뜻】 鄕人皆惡之(향인개오지):「惡」의 음은 「오」. 미워함(憎).

【뜻 풀이】 ≪논어≫에는 「인자(仁者)여야만 사람을 사랑할 수도 있고 사람을 미워할 수도 있다.」(第四 里仁篇 3), 「많은 사람이 미워할 때에도 반드시 잘 살피고, 많은 사람이 좋아할 때에도 반드시 잘 살펴야 한다.」(第十五 衛靈公篇 28) 등의 말이 보인다.

25

子曰 君子易事而難說也. 說之不以道 不說也. 及其使人也
자 왈 군 자 이 사 이 난 열 야 열 지 불 이 도 불 열 야 급 기 사 인 야
器之. 小人難事而易說也. 說之雖不以道 說也. 及其使人也
기 지 소 인 난 사 이 이 열 야 열 지 수 불 이 도 열 야 급 기 사 인 야
求備焉.
구 비 언

공자께서 말씀하셨다.

"군자는 섬기기는 쉬워도 기쁘게 해 주기는 어렵다. 도(道)로써 기쁘게 해 주는 것이 아니면 기뻐하지 않는다. 사람을 부릴 때에는 능력에 따라 마땅하게 쓴다. 소인은 섬기기는 어려워도 기쁘게 해 주기는 쉽다. 기쁘게 하는 데 도로써 하지 않아도 기뻐한다. 사람을 부릴 때에는 전능하기를 요구한다."

【글자 뜻】 難:어려울 난. 器:그릇 기. 備:갖출 비.

【말의 뜻】 易事(이사):섬기기 쉬움. 難說(난열):기쁘게 해 주기 어려움. 器之(기지):그릇에 따라 함. 능력에 따라 부림. 求備(구비):다 갖추기를 요구함. 전능하기를 요구함.

【뜻 풀이】 「君子」와 「小人」을 주인으로 하여 섬길 경우에 대하여 비교하고 있다.

「君子」는 사람에게 완전하기를 요구하지 않고 각기 본령으로 하는 바를 끌어내어 부리므로 「섬기기 쉬운」 것이다. 소인의 경우는 이와 반대이다.

「器之」 — 第二 爲政篇 12에 「군자는 그릇이 아니다.」라고 하였다. 하

나의 그릇은 하나의 용도 또는 기능을 지니고 있다. 그것을 활용하는 것이 「器之」이며, 그것에 한정되지 않는 것이 「不器(그릇이 아니다)」이다.

「求備」 — 第十八 微子篇 10에 「無求備於一人(한 사람에게 완전을 구하면 안 됨)」이라고 하였다.

본편 15에 「爲君難 爲臣不易」라고 고어를 인용하였다. 여기도 역시 그에 해당한다.

26

子曰 君子泰而不驕 小人驕而不泰.
자 왈 군 자 태 이 불 교 소 인 교 이 불 태

공자께서 말씀하셨다.

"군자는 태연하되 교만하지 않으며, 소인은 교만하되 태연하지 못하다."

【글자 뜻】 泰:클 태. 驕:교만할 교.

【말의 뜻】 泰而不驕(태이불교):「泰」는 편안함(安). 「驕」는 교만함.

【뜻 풀이】 발이 땅에 닿아 있는 사람과 발돋움을 하며 안간힘을 쓰는 사람의 차이다.

第二十 堯曰篇 2에 「군자는 부(富)의 다과(多寡)나 권력의 대소를 문제로 삼지 않으며 사람을 깔보지 않는다. 이것이 곧 태연하되 교만하지 않음일 것이다.」라고 하였다.

27

子曰 剛毅木訥 近仁.
자 왈 강의목눌 근 인

공자께서 말씀하셨다.

"강직하고 과감하며 질박하고 눌변인 사람이 인에 가까이 있다."

【글자 뜻】 剛:굳셀 강. 毅:굳셀 의. 訥:말 더듬을 눌.

【말의 뜻】 剛毅木訥(강의목눌):「剛」은 사욕이 없고 뜻이 강함. 강직함. 「毅」는 뜻이 굳세어 굽히지 않음. 과감함. 「木」은 질박함. 「訥」은 말이 적음.

【뜻 풀이】 강직한 자는 욕심이 없어서 과감하고, 과감한 자는 질박하며, 질박한 자는 말이 지둔하다. 그 반대의 관계도 역시 진실이다. 이 넉 자는 한 구로서 하나의 의미를 빚어낸다. 그 의미를 공자는 「近仁」이라고 하였다.

第一 學而篇 3과 第十七 陽貨篇 17에 거듭 보이는 「巧言令色 鮮矣仁」을 다른 면에서 말한 것이다. 「巧言令色」이 고어였듯이 「剛毅木訥」도 고어일 것이다.

「近仁」 — 다음 한 단계 위의 것은 무엇인가? 공자라면 「文之以禮樂」(第十四 憲問篇 13)이라는 말을 되풀이할 것이다.

28

子路問曰 何如斯可謂之士矣. 子曰 切切偲偲怡怡如也 可謂士矣. 朋友切切偲偲 兄弟怡怡.
자로문왈 하여사가위지사의 자왈 절절시시이이여야 가위사의 붕우절절시시 형제이이

자로가 여쭈어 보았다.

"어떠한 인물을 선비라고 할 수 있습니까?"

공자께서 말씀하셨다.

"서로 격려하고 화친하는 사람을 선비라고 하는 것이다. 친구들과는 서로 격려하고 형제들과는 서로 화친하는 것이다."

【글자 뜻】 切:끊을 절. 偲:굳셀 시. 怡:기쁠 이.

【말의 뜻】 切切偲偲(절절시시):서로 격려하는 모양. 怡怡(이이):서로 화락한 모양.

【뜻 풀이】 본편 20에 자공(子貢)이 같은 문제를 제기하고 있다는 것은 이미 언급하였다.

「切切偲偲怡怡如」는 공자 당시에 귀에 익었던 말. 따라서 자로에게도 친숙한 말일 것이다. 그로써 「士」를 설명한 것이다. 유보남(劉寶楠)은 여기까지가 공자의 말이며 「朋友切切偲偲 兄弟怡怡」는 공자의 말을 기록한 사람이 보충한 것이라고 한다. 이 子路篇 22에서는 고어 뒤에 또 「子曰」이라 하고 「不占而已矣」라는 말을 덧붙였으며, 21에서는 「必也狂狷乎」 뒤에 「狂者進取 狷者有所不爲也」라고 설명하는 말을 잇달고 있다. 눈에 띄는 현상이다.

29

子曰 善人教民七年 亦可以卽戎矣.
자 왈 선 인 교 민 칠 년 역 가 이 즉 융 의

공자께서 말씀하셨다.

"국가의 기강을 지탱하는 사람이 백성을 7년 교육시키면 전쟁에도 또한 종사시킬 수 있다."

【글자 뜻】 教:가르칠 교. 戎:병장기 융.

【말의 뜻】 善人(선인):나라의 기강을 지탱하는 사람. 본편 11「善人爲邦百年」을 참조. 七年(칠년):장기간에 걸침을 나타냄. 卽戎(즉융):「卽」은 나아감(就). 「戎」은 병장기. 「卽戎」은 전쟁에 종사하는 일.

【뜻 풀이】 전쟁은 궂은일이다. 백성은 본질적으로 전쟁을 싫어하고 전쟁을 멀리하는 존재이다. 그렇지만 기강을 지탱하는 사람이 장기간에 걸쳐 교육시키면 백성은 나라를 떠받치는 의식을 각성하고 싸울 수 있게 된다. 싸우는 이유를 자각하고 있는 군대는 강하다. 교육 내용은 전투 기술이 아니다. 「卽戎」이란 외국의 침략에 대항하여 자국(自國)을 방위하기 위하여 응수하고 나서는 전쟁을 말한다.

30

子曰 以不敎民戰 是謂棄之.
자 왈 이 불 교 민 전 시 위 기 지

공자께서 말씀하셨다.

"가르치지 않은 백성을 부려 전쟁함은 그들을 버리는 것이다."

【글자 뜻】 戰:싸울 전. 棄:버릴 기.

【말의 뜻】 不敎民(불교민):가르치지 않은 백성. 棄之(기지):백성을 버림.

【뜻 풀이】 앞 장의 말을 다른 면에서 다시 말한 것이다. 이 장을 여기에 배열한 편자는 이것을 앞 장의 보충 설명으로 삼고 있는 것이리라. 본편 21, 28에 그와 같은 문장 구성이 있음을 이미 언급하였다. 자로편(子路篇)의 그 특징이 여기에 또 나타나 있다.

앞 장과의 관계에서 가르치는 것은 국가를 지탱하는 의식이다. 좀 더 자세히 말하면 자기 자신과 나라의 존재를 천하적 세계 질서 가운데 자각하는 것이다. 그것이 목표이다. 천하적 세계 질서는 문(文)이라는 말로 인식된다. 구체적인 생활에서는 예(禮) · 의(義) · 신(信) 등에서 체험된다. 따라서 교육 방법은 그것들을 백성에게 체험시키는 것이다.

≪춘추좌씨전(春秋左氏傳)≫ 희공(僖公) 27년의 기사가 아울러 생각난다.

진후[晋侯:문공(文公)]가 처음으로 (나라에) 들어와서 백성을 2년간 가르치고 이를 전쟁에 쓰려고 하였다. 자범(子犯)이,

"백성이 아직 의(義)를 모르며 그 삶이 안정되지 않았습니다."

하고 말하였다. 이에 나가서 양왕(襄王)을 [주(周)에] 정하고 들어와서

백성을 이롭게 하기에 힘썼다. 백성의 생활이 편안해졌다. 바야흐로 백성을 쓰려고 하였다. 자범(子犯)이 말하기를,

"백성이 아직 신(信)을 모르니 쓰기에 미흡합니다."

고 하였다. 이에 원(原)나라를 쳐서 그것으로써 신(信)을 보였다. 무역하는 백성이 이익을 탐하지 않고 말을 애매하게 하지 않게 되었다. 문공(文公)이,

"이제 됐느냐?"

하고 묻자 자범이 말하기를,

"백성이 아직 예를 모르며, 아직 그 공경심이 우러나지 않습니다."

고 하였다. 이에 대수(大蒐:사냥)를 하여 이로써 예를 보이고, 집질(執秩:인사 담당관)을 세워 그 관직을 바로잡았다. 백성이 명령을 듣고 당황하지 않았다. 그리하여 백성을 양성한 수비대를 출동시켜 송(宋)의 포위망을 풀었다. 한 번 싸워 이겼는데 이것은 문(文)의 가르침의 힘에 의한 것이다.

예 · 의 · 신의 세 가지는 본편 4에 보인다. 「윗사람이 예를 좋아하면 백성은 모두 존경한다. 윗사람이 의를 좋아하면 백성은 모두 복종한다. 윗사람이 신(信)을 좋아하면 백성은 모두 진정을 다한다.」

제14
헌문편
(憲問篇)

원헌은 수치를 묻고 공자는 그것에 답한다. 그러나 공자의 첫마디 「나라에 도가 행해지고 있으면 봉록을 받는다.」는 떳떳한 일이지 수치와는 조금도 관계가 없다. 따라서 질문에 대한 대답이 안 된다.

어떤 하나의 주제에 접근하면서 군자와 소인, 혹은 유도(有道)와 무도(無道) 등 상반되는 두 가지 면에서 접근해 가는 것은 第五 公冶長篇 21의 해설에서도 언급했듯이 ≪논어≫에 자주 나오는 논법이다.

역시 「恥」를 주제로 한 예를 들어 보면, 第八 泰伯篇 13의 「邦有道 貧且賤焉 恥也. 邦無道 富且貴焉 恥也」가 있다. 이 논법에 따른다면 여기의 「邦有道穀」의 구는 「邦有道不穀(恥也)」이어야만 비로소 논리가 통한다. 그래서 「不」자가 본문에 빠져 있다고 주장하는 사람도 있다. 그러나 사실 그것은 올바른 설이 아닐 것이다. 왜냐하면 공자가 말하는 상대가 다름 아닌 원헌(原憲)이기 때문이다.

1

憲問恥. 子曰 邦有道穀. 邦無道穀 恥也.
헌 문 치　자 왈 방 유 도 곡　방 무 도 곡　치 야

헌(憲)이 수치(羞恥)에 대해 여쭈어 보았다. 공자께서 말씀하셨다.

"나라에 도가 행해지고 있으면 봉록을 받는다. 나라에 도가 행해지고 있지 않은데 봉록을 받는 것은 수치다."

【글자 뜻】 憲:법 헌. 恥:부끄러워할 치. 穀곡식 곡.

【말의 뜻】 憲(헌):원헌(原憲). 자는 자사(子思). 第六 雍也篇 5「原思爲宰」 참조. 여기서 성이나 자를 부르지 않고 이름을 부르고 있는 것은 다른 사람이 부르는 것이 아니다. 또 공자가 제자의 자기를 부르는 것도 아니다. 그렇다면 이「憲」은 원헌 자신이 자기를 일컫고 있는 것이다. 따라서 이 憲問篇 제1장은 그 자신이 하는 말일 것이다. 第九 子罕篇 7「牢曰」 참조. 邦有道穀(방유도곡):「邦」은 제후의 나라.「穀」은 녹을 받음.

【뜻 풀이】 형식상으로 말하면 이 문답에는 이상한 점이 있다. 원헌은 수치를 묻고 공자는 그것에 답한다. 그러나 공자의 첫마디「나라에 도가 행해지고 있으면 봉록을 받는다.」는 떳떳한 일이지 수치와는 조금도 관계가 없다. 따라서 질문에 대한 대답이 안 된다.

어떤 하나의 주제에 접근하면서 군자와 소인, 혹은 유도(有道)와 무도(無道) 등 상반되는 두 가지 면에서 접근해 가는 것은 第五 公冶長篇 21의 해설에서도 언급했듯이 ≪논어≫에 자주 나오는 논법이다.

역시「恥」를 주제로 한 예를 들어 보면, 第八 泰伯篇 13의「邦有道 貧

且賤焉 恥也. 邦無道 富且貴焉 恥也」가 있다. 이 논법에 따른다면 여기의 「邦有道穀」의 구는 「邦有道不穀(恥也)」이어야만 비로소 논리가 통한다. 그래서 「不」자가 본문에 빠져 있다고 주장하는 사람도 있다. 그러나 사실 그것은 올바른 설이 아닐 것이다. 왜냐하면 공자가 말하는 상대가 다름 아닌 원헌(原憲)이기 때문이다.

≪사기(史記)≫ 중니제자열전은 「공자가 죽자 원헌은 드디어 도망하여 초택(草澤) 속에서 살았다.」라고 하였다. 「초택 속」은 봉록이 없는 장소이다. 마찬가지로 ≪사기≫ 유협열전(游俠列傳)은 원헌에 대하여 「종신토록 공실봉호(空室蓬戶)했으며 갈포(葛布) 옷을 입고 소식(疎食)도 싫어하지 않았다. 죽은 지 이미 4백여 년이 되었건만 제자들이 이것을 지향해 마지 않는다.」라고 하였다. 「공실봉호, 갈포 옷에 소식」은 지극히 빈한한 생활을 나타낸다. 「죽은 지 이미 4백여 년」은 사마천(司馬遷) 자신의 시대이다. 유풍(遺風)은 그때까지도 계속되고 있다.

그뿐만이 아니다. 천 년 후 당대(唐代)의 시인들도 청빈한 사람을 기릴 경우 원헌에 비유했다. 공자는 제자가 봉록 받는 지위를 얻는 것 또는 현재 차지하고 있는 지위를 소중히 할 것을 원했다. 이 점에서 항상 걱정되는 제자가 원헌이었다.

원헌이 수치에 대해 질문했을 때, 공자의 이성은 일단 평소의 논법에 따라 「邦有道」, 「邦無道」의 양면 형식으로써 답을 구성하였을 것이다. 그러나 이 사나이의 안전에서 입 밖에 나온 말은 일반론이 아니었다. 대답은 빗나갔다. 「恥」에 대답하기에 앞서 이 사나이에게 「穀」 시키는 일이 의식에 떠오른 것이다.

원헌(原憲)은 第六 雍也篇 5에 또 한 번 등장한다. 거기서는 공자의 읍재(邑宰)가 되어 있다. 그리고 「粟九百」을 주는 것을 사양하자, 공자로부터 받아두라는 말을 듣고 있다. ≪사기≫가 「공자가 죽자 원헌은 드디어 도망하여 초택 속에서 살았다.」고 한 것은, 바꿔 말하면 이 사나이가 공자 생존 중에는 초택 속으로 달아나지 않고 어쨌든 스승의 노파심을 저버리지 않으려 애쓰고 있었음을 말해 주는 것이다. 필시 이 「恥」의 문답에서도 원헌의 가슴에 새겨진 것은 스승이 말하는 「穀」을 얻는다는 말이었을 것이다.

2

克伐怨欲不行焉 可以爲仁矣. 子曰 可以爲難矣. 仁則吾不知也.
극벌원욕불행언 가이위인의 자왈 가이위난의 인즉오부지야

원헌이 여쭈어 보았다.

"남을 능가하고 스스로 뽐내며 남을 원망하고 욕심 부리는 짓을 하지 않는 것이 인(仁)의 실천일까요?"

공자께서 말씀하셨다.

"어려운 일이기는 하겠지만 인이라고는 말할 수 없다."

【글자 뜻】 伐:칠 벌. 欲:하고자 할 욕.

【말의 뜻】 克(극):남을 능가함. 伐(벌):자기를 자랑함. 第五 公冶長篇 26에 안연(顔淵)이 「無伐善(선을 자랑함이 없음)」을 원하고 있다. 怨(원):남을 원망함. 第五 公冶長篇 23에 「백이 · 숙제는 지나간 궂은일을 마음에 두지 않았다. 그러므로 남을 원망하는 일도 좀처럼 없었다.」라고 하였다. 欲(욕):탐욕.

【뜻 풀이】「克伐怨欲不行焉」은 누군가에 대하여 일러지고 있던 말이다. 이

말을 꺼내어 그 사람을 인자(仁者)라고 평가하는 것에 동의를 구한다. 다만 이 질문을 한 사람의 이름이 기록되어 있지 않다. ≪사기(史記)≫ 중니제자열전(仲尼弟子列傳)은 원헌(原憲)의 말이라고 하고 있다. 아마도 사마천(司馬遷) 당시에 그러한 설이 나돌고 있었던 것이리라. 이것은 앞 장에 「憲問」이라고 그 이름을 지칭한 말에 이어진다. ≪사기≫가 기록한 바에 따라서 모순되는 점은 없다. 일단 그에 따른다.

「可以爲仁矣」 — ≪논어≫에서는 인(仁)이 자주 문제로 되고 있다. 그 때는 「仁乎」(第五 公冶長篇 8), 「仁矣乎」(第五 公冶長篇 19), 「可謂仁乎」(第六 雍也篇 30), 「斯謂之仁已乎」(第十二 顔淵篇 3)의 예가 보여 주듯이 의문의 조사(助辭) 「乎」를 구말(句末)에 붙이고 있다. 이것을 ≪사기≫는 「可以爲仁乎」라고 기록하고 있다. 그러나 그것이 바른 해석일까?

「可以爲難矣」 — 묻는 사람은 「可以爲仁矣」라고 하였다. 공자는 그것을 받아서 「仁」자를 「難」으로 바꾸어서 대답한다. 어조(語調)를 맞추고 있다. 공자의 기지이다. 이 구로 생각하면, 「可以爲仁矣」는 인이냐고 물은 것이 아니라 내심으로 인이라고 단정하고 있는 것이며, 그것을 공자가 「可以爲難矣」의 구로써 반성을 촉구했다고 해석할 수가 있다. 사마천이 「矣」를 「乎」로 쓴 것은 문답을 유형화(類型化)하다가 도리어 이 장을 기록한 사람의 본래 뜻에서 벗어났을 가능성이 있다.

「仁則吾不知也」 — 위에 든 第五 公冶長篇 8, 19의 물음에 공자는 「不知也」, 「未知 焉得仁」이라고 대답하고 있다. 「焉得仁」(어찌 인일 수 있으랴)의 어기(語氣)는 여기의 「仁則吾不知也」에서도 느낄 수 있다.

「爲仁」의 해석은 용례에 따랐다. 第二 學而篇 2 「其爲仁之本與」 참조. 단, 여기서는 다소 얽매이고 있는 흠이 없지 않다.

3

子曰 士而懷居 不足以爲士矣.
자왈 사이회거 부족이위사의

공자께서 말씀하셨다.

"선비로서 안온한 생활에 연연하는 자는 선비라고 할 수 없다."

【글자 뜻】 懷:품을 회. 居:있을 거.

【말의 뜻】 懷居(회거):「居」는 가정 안의 일상생활.「懷」는 그것을 생각함. 연착(戀着)함.

【뜻 풀이】 ≪춘추좌씨전(春秋左氏傳)≫ 희공(僖公) 23년에, 방랑하고 있던 진(晋)의 공자(公子) 중이(重耳)가 제(齊)나라에서 후대 받고 안거(安居)하며 사방의 뜻을 잃어가고 있을 때 그의 아내 강씨(姜氏)가 "회(懷)와 안(安)은 실로 이름을 망칩니다."하고 충고한다.

4

子曰 邦有道 危言危行. 邦無道 危行言孫.
자왈 방유도 위언위행 방무도 위행언손

공자께서 말씀하셨다.

"나라에 도가 있다면 말이나 행동을 모두 엄하게 하고, 나라에 도가 없다면 행동은 엄하되 말은 순하게 하라."

【글자 뜻】 危:위태할 위. 孫:공손할 손.

【말의 뜻】 危言危行(위언위행):「危」는 엄함(厲). 세속을 좇아 아첨하는 짓을 하지 않음. 자신의 정당한 바를 언행으로 나타냄. 言孫(언손):「孫」은 손(遜). 순(順)이다. 말을 순하게 하는 것은 해를 피하기 위해서임.

【뜻 풀이】 공자는 「주(周)를 물리치고 노(魯)를 왕으로 하는」 ≪춘추(春秋)≫를 편집할 때 「危行言孫으로써 당시의 해를 피하였다.」 그래서 「글을 은미하게 하여 그 의(義)를 드러내지 않았다.」고 공양가(公羊家)가 말하였다.[두예(杜預)의 ≪춘추좌씨전(春秋左氏傳)≫서(序)에 인용] 이것은 공자가 신념을 굽히지 않고 행위를 일관하지만 말은 순하게 하는 「危行言孫」의 사람이었음을 말한다.

5

子曰 有德者必有言. 有言者不必有德. 仁者必有勇. 勇者不必有仁.
자 왈 유 덕 자 필 유 언 유 언 자 불 필 유 덕 인 자 필 유 용 용 자 불 필 유 인

공자께서 말씀하셨다.

"덕이 있는 사람은 반드시 말에 나타나지만, 말 잘하는 사람에게 반드시 덕이 있는 것은 아니다. 어진 사람은 반드시 용감하지만, 용감한 사람에게 반드시 인(仁)이 있는 것은 아니다."

【글자 뜻】 德:덕 덕. 勇:날쌜 용.

6

南宮适問於孔子曰 羿善射 奡盪舟. 俱不得其死然. 禹稷躬
남 궁 괄 문 어 공 자 왈 예 선 사 오 탕 주 구 부 득 기 사 연 우 직 궁

稼而有天下. 夫子不答. 南宮适出. 子曰 君子哉若人 尚德
가 이 유 천 하 부 자 부 답 남 궁 괄 출 자 왈 군 자 재 약 인 상 덕

哉若人.
재 약 인

남궁괄이 공자께 여쭈어 보았다.

"예(羿)는 활을 잘 쏘고, 오(奡)는 배를 움직이는 힘을 가지고 있었습니다. 그러나 모두 제 명에 못 죽었습니다. 우(禹)와 직(稷)은 몸소 농사를 지었으나 천하의 주인이 되지 않았습니까?"

공자께서 대답이 없으셨다. 남궁괄이 나가자 공자께서 말씀하셨다.

"군자로다, 저 사람은! 덕을 숭상하는구나, 저 사람은!"

【글자 뜻】 适:빠를 괄. 羿:사람 이름 예. 奡:오만할 오. 盪:씻을 탕. 稼:심을 가.

【말의 뜻】 南宮适(남궁괄):남궁이 성, 괄이 이름. ≪사기(史記)≫ 중니제자열전에 「남궁괄, 자는 자용(子容)」이라고 하였다. 第五 公冶長篇 2 및 第十一 先進篇 6에 보이는 남용(南容)이다. 고주(古註)는 맹희자(孟僖子)의 아들 중손열(仲孫閱), 즉 남궁경숙(南宮敬叔)이라고 하지만, 그것은 다른 사람임을 청조(淸朝)의 학자가 해명하였다. 羿善射(예선사):≪춘추좌씨전≫ 양공(襄公) 4년에 위강(魏絳)이 진후(晋侯)에게 말하는 이야기 중에 「羿」에 대한 것이 있다. 「羿」는 하 왕조(夏王朝)가 쇠하였을 때 그 백성을 뺏어 스스로 정치를 하였다. 그러나 「자신의 활솜씨를 믿었다. 백성의 일을 다스리지 않고 들녘에서 사냥에 빠진」 사나이였

다. 결국은 사냥에서 돌아오다가 부하들에게 피살당한다. 부하들은 그의 살을 예의 아들에게 먹이려고 한다. 예의 아들은 차마 먹지 못하고 자살한다. 奡盪舟(오탕주):위의 위강(魏絳)의 이야기 중에, 예(羿)의 영신(佞臣) 한착(寒浞)이 예가 죽은 뒤 예의 비첩(妃妾)을 자기 것으로 하여 두 아들을 낳게 했다는 것. 그 한 사람이 요(僥)이며, 뒤에 하 왕조에 있는 자의 반격으로 인하여 한착이 멸망하자 이어 요도 멸망하였음을 말하고 있다. 이 요가 오(奡)이다. 음이 비슷하다. 비극적인 운명은 이로써 알 수 있지만, 「奡舟」에 대하여는 여기에 나오지 않는다. 공안국(孔安國)의 주(註)는 「오(奡)는 힘이 세어 능히 육지로 배를 끈다.」라고 하였다. 「盪」을 「밀침(推)」으로 해석하여 ≪상서(尙書)≫ 익직편(益稷篇)의 「罔水行舟(물 없는데 배를 가게 함)」의 고사 또는 고어를 빌리고 있는 것이다. 고염무(顧炎武)는 「盪舟」를 배를 뒤흔들어 엎는 수상전(水上戰)이라고 해석한다. 「奡盪舟」의 설화를 우리는 알 도리가 없으므로 어느 것이 옳다고 판정할 수가 없다. 俱不得其死然(구부득기사연):「俱」는 다(皆). 「不得其死」는, 제 명에 못 죽음. 「然」은 언(焉). 第八 泰伯篇 21 「禹吾無間然」을 참조. 禹(우):하 왕조의 시조. ≪상서(尙書)≫ 익직편(益稷篇)에 「우(禹)가 말하였다. ……내가 아홉 내(九川)를 터 사방의 바다(四海)에 이르게 하고, 도랑과 고랑을 깊게 하여 내에 이르게 하며, 직(稷)과 함께 씨 뿌려 여럿이 먹기 어려움에 조금 먹기를 권하고, 힘써 유무(有無)를 상통케 하였다.」고 하였다. 稷(직):우(禹)와 더불어 백성의 식량을 확보한 사실이 위의 익직편(益稷篇)의 문장에 보인다. 이 직의 자손이 문왕(文王), 무왕(武王)이며 이들이 주 왕조(周王朝)를 창건한다. 君子哉若人(군자재약인):「若」은 차(此) 또는 여차(如此). 이 다섯 자 한 구가 第五 公冶長篇 3에도 나온다. 익어 있던 말이다.

【뜻 풀이】 남궁괄이 말을 걸어왔는데 공자가 그 면전에서 대답하지 않은

것은 무엇 때문인가? 힘의 정치를 배척하고, 인생을 도모하는 덕을 존중함에 있어서 공자는 남궁괄의 말에 완전히 동의한다. 새삼스럽게 덧붙일 말이 없었다.

「君子哉若人」, 「尙德哉若人」 — 두 구를 거듭함은 찬탄의 깊이를 나타낸다. 이런 종류의 찬사를 공자는 장본인의 면전에서는 말하지 않는다.

백성을 편안케 하는 재능이 덕이며, 그 덕을 지닌 자가 군자이다. 남궁괄의 발언은 군자이자 덕을 존중하는 사람이라 하기에 충분하다. 그러나 굳이 찬탄을 되풀이한 공자의 마음을 추측한다면, 남궁괄이 힘의 정치를 하는 제후를 비난하면서 고사(故事)를 인용하여 풍간(諷諫)하는 것을 높이 평가하고 있는 것이리라.

7

子曰 君子而不仁者有矣夫. 未有小人而仁者也.
자왈 군자이불인자유의부 미유소인이인자야

공자께서 말씀하셨다.

"군자이면서도 어질지 않은 사람은 있을 것이다. 그러나 소인으로서 어진 사람은 아직까지 없었다."

【글자 뜻】 有:있을 유. 未:아닐 미.

8

子曰 愛之能勿勞乎. 忠焉能勿誨乎.
자 왈 애 지 능 물 로 호 충 언 능 물 회 호

공자께서 말씀하셨다.

"사랑하기에 위로하지 않고는 못 배기는 것이다. 성실코자 하기에 깨우쳐 주지 않고는 못 배기는 것이다."

【글자 뜻】 愛:사랑 애. 勞:위로할 로. 誨:가르칠 회.

【말의 뜻】 能勿勞(능물로):「勞」는 위로(慰勞). 能勿誨(능물회):「誨」는 가르침.

【뜻 풀이】 한편에서 「愛之」라 하고 또 한편에서 「忠焉」이라고 하였다. 타동사와 자동사의 구실을 구별하는 것이다.

9

子曰 爲命 卑諶草創之 世叔討論之 行人子羽修飾之 東里子産潤色之.
자 왈 위 명 비 심 초 창 지 세 숙 토 론 지 행 인 자 우 수 식 지 동 리 자 산 윤 색 지

공자께서 말씀하셨다.

"외교 문서를 작성하면서 비심(卑諶)이 초고를 만들고, 세숙(世叔)이 검토하고, 외교관인 자우(子羽)가 첨삭(添削)하고, 동리의 자산(子産)이 아름

답게 다듬었다."

【글자 뜻】 諶:참 심. 修:닦을 수. 飾:꾸밀 식. 潤:젖을 윤.

【말의 뜻】 爲命(위명):「命」은 사명(辭命). 외교상의 말 및 문서. 卑諶(비심):정(鄭)나라의 대부(大夫). 草創(초창):초고(草稿)를 작성함. 世叔(세숙):정나라의 대부 유길(游吉). ≪춘추좌씨전(春秋左氏專)≫ 양공(襄公) 31년에는 자대숙(子大叔)이라고 기록되어 있다. 討論(토론):결점을 의논하여 그것을 고침. 行人(행인):관직명. 사자로서 외국에 가거나 외국의 사신을 접대함. 子羽(자우):정나라의 공손휘(公孫揮)의 자(字). 修飾(수식):글자를 깎아 내거나 더하여 문장을 다듬음. 東里(동리):자산(子産)이 살던 마을 이름. 子産(자산):공손교(公孫僑). 정나라의 유명한 재상. 潤色(윤색):「潤」은 꾸밈(飾). 문장을 닦아 문채를 냄.

【뜻 풀이】 정(鄭)은 큰 나라 사이에 끼여 있는 작은 나라였다. 그 명예와 존재를 자산(子産)이 유지하고 있었다. 외국에 문서를 훌륭하게 내는 것이 자산의 중요한 역할 중 하나였다. 세 사람이 그것을 도왔다.

문장이 뛰어나다는 이유로 그 사람을 존경하고 그 의향을 받아들일 만큼 당시에는 정신의 숭고함이 있었던 것이다. 그것은 소국인 노(魯)가 서주(西周) 이래의 전통 문화를 보유하고 유지하고 있던 것과 같은 것이다.

「草創」, 「討論」, 「修飾」, 「潤色」 — 문장의 아름다움이 인식되고 그것을 만들어 내는 과정이 객관적으로 분석되고 있다. 한자로 문장을 짓는 일이 마침내 여기까지 이르고 있다. 문학의 자각이다.

공자는 「爲命」이라 말하면서 정나라를 언급하지 않는다. 네 사람의 작자에 대해서도 정나라 사람임을 말하지 않는다. 공자가 말하고자 하는 것은 「命」과 「草創」·「討論」·「修飾」·「潤色」이다. 「命」 일반에 대하여 파악하고 있다. 정나라의 그것에 한정하지 않는다. 「草創」에서 「潤色」에 이르는 말이 공자의 입에서 나왔을 때 「命」은 문학적 창작의 대상으로서 선언된 것이다.

10

或問子産. 子曰 惠人也. 問子西. 曰 彼哉彼哉. 問管仲. 曰
혹 문 자 산 자 왈 혜 인 야 문 자 서 왈 피 재 피 재 문 관 중 왈
人也. 奪伯氏騈邑三百 飯疏食 沒齒無怨言.
인 야 탈 백 씨 병 읍 삼 백 반 소 사 몰 치 무 원 언

어떤 사람이 자산(子産)에 대해 여쭈어 보았다. 공자께서 말씀하셨다.
"자애로운 사람이다."
자서(子西)에 대해 여쭈어 보았다. 공자께서 말씀하셨다.
"그저 그렇다."
관중(管仲)에 대해 여쭈어 보았다. 공자께서 말씀하셨다.
"어진 사람이다. 백씨의 병읍 삼백 호를 몰수했지만 백씨는 영락(零落)한 생활을 하면서도 죽을 때까지 그를 원망하지 않았다."

【글자 뜻】 或:혹 혹. 彼:저 피. 奪:빼앗을 탈. 騈:나란히할 병.

【말의 뜻】 子産(자산):정(鄭)의 명재상. 第五 公冶長篇 16「子謂子産」 참조. 惠人(혜인):자애로운 사람. 子西(자서):초(楚)의 공자(公子) 신(申). 소왕(昭王)의 아우로 영윤(令尹), 즉 재상이었다. 彼哉彼哉(피재피재):그렇고 그런 인물임을 나타내는 말. 성어(成語)일 것이다. 管仲(관중):제(齊)의 명재상. 第三 八佾篇 22「管仲之器小哉」 참조. 人也(인야):「人」은 「仁」. 奪伯氏騈邑三百(탈백씨병읍삼백):「奪」은 몰수. 「伯氏」는 제

(齊)나라의 대부. 「伯氏」는 성씨가 아니라 제후의 대부를 그 신하가 존칭하는 칭호이다.[가이즈카 시게키(貝塚茂樹) 박사의 설] 황간(皇侃)은 이름을 언(偃)이라고 하였다. 「騈邑」은 지명. 산동성(山東省) 임구현(臨朐縣)의 병성(邴城)이 그 고성이라고 한다. 「三百」은 삼백 호. 제(齊)의 하대부(下大夫) 소유 영지이다. 飯疏食(반소사):「飯」은 밥을 먹음. 「疏食」는 채식(菜食) 또는 거친 밥. 第七 述而篇 15「飯疏食」 및 第十 鄕黨篇 8「疏食菜羹」 참조. 沒齒(몰치):「齒」는 나이.

【뜻 풀이】 「子産」은 자애로운 사람이었다. ≪예기(禮記)≫ 중니연거편(仲尼燕居篇)에 「공자께서 말씀하셨다. '자산은 마치 사람들의 어머니 같았다. 그들을 먹이기는 했지만 가르치지는 못하였다.'」고 하였다.

≪설원(說苑)≫ 귀덕편(貴德篇)에 「계강자(季康子)가 자유(子游)에게 말하였다. '인자(仁者)는 사람들을 사랑하는가?' 자유가 말하였다. '그렇습니다.' '사람들도 역시 그를 사랑하는가?' 자유가 말하였다. '그렇습니다.' 계강자가 말하였다. '정(鄭)의 자산(子産)이 죽었다. 정나라 사람 중 장부(丈夫)는 결패(玦珮, 허리춤에 차는 구슬)를 버리고, 부인은 주이(珠珥, 진주 귀고리)를 버리고, 부부가 거리에서 곡하고, 석 달 동안 우슬(竽瑟, 음악) 소리를 들을 수 없었다.'」고 하였다. 자산의 죽음에 공자가 눈물을 흘리고, '옛 유애(遺愛)이다.' 라고 말했다는 것은 이미 언급하였다.

「子西」 — 정(鄭)나라 자산(子産)의 조카인 공손하(公孫夏)라고 하는 설도 있다. 그러나 여기서는 자산과 관중(管仲)이 병칭(並稱)되고 있다. 두 사람 다 재상이며 자산은 춘추시대 후기의, 관중은 전기의 거물이다. 정(鄭)나라의 자서(子西)는 업적이 없으며, 이 두 사람에 비하면 하찮다.

여기서 논평의 대상은 초(楚)나라의 자서(子西)일 것이다. 초나라 평왕(平王)이 죽었을 때 영윤(令尹, 재상) 자상(子常)이 자서로 하여금 뒤를 잇게 하려 했다. 자서는 준엄하게 반론하여 적자(適子)를 세웠다. 그가 바로 소왕(昭王)이다. ≪춘추좌씨전≫ 소공(昭公) 26년에 보인다.

초나라는 오(吳)나라 군대에 국도(國都)를 점령당한 일도 있었지만, 자서는 초나라를 재건하였다. 결국 망명 중이던 태자 건(建)의 아들 승(勝)을 불러들여 백공(白公)으로 세웠지만 도리어 그 때문에 죽임을 당하였다. 애공(哀公) 16년에 「자서(子西)는 소맷자락으로 얼굴을 가리고 죽었음」이라고 기록되어 있다. 공자가 「彼哉彼哉」라고 하였을 때, 자서의 운명을 예측하고 있었던 것일까? 자서는 소왕(昭王)이 공자를 초빙하여 쓰려고 하자 이를 저지한 사람이다.

「人也」 — ≪시경(詩經)≫ 진풍(秦風)의 겸가편(蒹葭篇) 및 소아(小雅)의 백구편(白駒篇)에 보이는 「所謂伊人」의 「이인(伊人)」으로 이 「人」을 풀이하는 것이 고주(古註)의 설이다. 「伊人」은 이 사람, 현인(賢人)을 가리켜 말한다. 그러나 위의 「惠人也」, 「彼哉彼哉」의 문장으로 보아 이 「人也」도 단정을 내리고 있는 말인 듯싶다. ≪예기≫ 표기편(表記篇)에 「인(仁)은 사람이다.」라고 하였고, 정주(鄭註)에 「'사람' 이란 베푸는 데 인은(人恩)으로써 함을 말한다.」라고 하였다. 「人也」라는 말에는 인인(仁人)의 여운이 있었던 것이리라.

≪공자가어≫ 관사편(觀思篇)에 「자로(子路)가 관중(管仲)의 사람됨이 어떠하냐고 물었다. 공자는 '인자(仁者)이다.' 라고 말하였다」고 하였다. 이 憲問篇 17과 18에 자로와 자공(子貢)이 조심스럽게 관중이 인자인지 물어 본 것에 대해 공자는 모두 긍정적인 대답을 하고 있다. 憲問篇에 있어서의 관중 평가는 第三 八佾篇 22에서와 다르다.

11

子曰 貧而無怨難 富而無驕易.
자 왈 빈 이 무 원 난 부 이 무 교 이

공자께서 말씀하셨다.

"가난하면서 세상을 원망하지 않기는 어렵지만, 부유하면서 남에게 오만하게 굴지 않기는 쉽다."

【글자 뜻】 貧:가난할 빈. 怨:원망할 원. 富:부유할 부.

【뜻 풀이】 第一 學而篇 15에도 「가난하면서 아첨하지 않고, 부유하면서 교만하지 않은 것은 어떻습니까?」 하고 자공이 문제를 제기하고 있다.

12

子曰 孟公綽爲趙魏老則優. 不可以爲滕薛大夫也.
자 왈 맹 공 작 위 조 위 로 즉 우 불 가 이 위 등 설 대 부 야

공자께서 말씀하셨다.

"맹공작은 조나라나 위나라 경대부(卿大夫)의 가로(家老)가 되고도 남음이 있지만, 등(滕)이나 설(薛) 같은 소국의 대부는 될 수 없다."

【글자 뜻】 綽:너그러울 작. 魏:나라 이름 위. 優:넉넉할 우. 薛:나라 이름 설.

【말의 뜻】 孟公綽(맹공작):노(魯)의 대부. 다음 장에 「公綽之不欲」이라고

하였다. 욕심이 없고 덕이 있는 사람이다. ≪사기(史記)≫ 중니제자열전에는 공자가 존경하는 인물 가운데 한 사람으로 들고 있다. 趙魏(조위): 둘 다 진(晋)나라의 경(卿)의 봉지(封地). 조와 위는 후에 대국인 진(晋)을 분할하여 각각 나라를 이룩한 유력한 가문이다. 老(노):존귀한 가신(家臣). 가로(家老). 優(우):여유 있는 모양. 滕薛(등설):둘 다 작은 나라였으며 산동성 등현(滕縣)에 고지(故地)가 있다.

【뜻 풀이】 고주(古註)는 「조(趙)와 위(魏)는 현자를 탐하여 가로(家老)가 할 일이 없었다. 그러므로 여유가 있었다. 등(滕)과 설(薛)은 소국으로, 대부가 할 일이 많았다. 그러므로 될 수 없다.」고 하였다. 현자를 탐하면 현자가 모이게 마련이다. 따라서 맹공작은 아무것도 하지 않아도 된다. 소국의 대부는 모든 정사를 이것저것 집행해야만 했다. 맹공작에게는 부당한 지위이다. 맹공작은 찬찬하고 욕심은 없었으나 그릇이 크지 못하였다.

13

子路問成人. 子日 若臧武仲之知 公綽之不欲. 卞莊子之勇 冉求之藝 文之以禮樂 亦可以爲成人矣. 日 今之成人者 何必然. 見利思義 見危授命 久要不忘平生之言 亦可以爲成人矣.
자로문성인 자왈 약장무중지지 공작지불욕 변장자지용 염구지예 문지이예악 역가이위성인의 왈 금지성인자 하필연 견리사의 견위수명 구요불망평생지언 역가이위성인의

자로가 성인에 대해 여쭈어 보았다. 공자께서 말씀하셨다.

"장무중의 지혜, 공작의 불욕, 변장자의 용기, 염구의 재주, 여기에 예악을 더하여 문(文)의 경지에 이른다면 성인이라 할 수 있을 것이다."

이어 말씀하셨다.

"그러나 오늘날에 성인이라고 할 경우, 반드시 그렇지만은 않다. 이익을 앞에 두고 그 정당성을 생각한다거나, 위험을 앞에 두고 목숨을 바친다거나, 오랜 약속에 대하여 그날의 언약을 잊지 않는다거나 하는 것도 성인이라고 할 수 있을 것이다."

【글자 뜻】 臧:착할 장. 冉:나아갈 염. 藝:재주 예. 要:언약할 요.

【말의 뜻】 成人(성인):완성된 인간. 제구실을 하는 사나이. 인간을 평가할 때 사용하던 말. 臧武仲之知(장무중지지):장무중(臧武仲)은 노(魯)의 대부 장손흘(臧孫紇). ≪춘추좌씨전≫ 양공(襄公) 23년에 제(齊)의 장공(莊公)이 전읍(田邑)을 주려고 하자 후환(後患)을 염려한 장손흘이 장공을 쥐에 비유함으로써 노여움을 촉발하여 계획이 중지되어 버렸다. 그 때 공자는 「臧武仲之知」라는 말로써 감개를 술회하였다. 또 양공 22년에는 세상 사람들로부터 성(聖)이라 일컬어지던 그가 진(晋)으로 가는 여행 도중 비를 맞아 그 '성(聖)'을 어숙(御叔)이 의심했다는 이야기가 기록되어 있다. 이 성(聖)은 비를 예측하는 지혜를 말하고 있다. 公綽之不欲(공작지불욕):공작(公綽)은 노(魯)의 대부 맹공작. 그의 과욕(寡慾)은 앞 장에서도 언급하였다. 卞莊子之勇(변장자지용):「卞」은 노나라의 읍 이름. 「莊子」는 그 대부. ≪순자(筍子)≫ 대략편(大略篇)에 「제(齊)나라 사람이 노(魯)를 치려고 하였다. 그러나 변(卞)의 장자(莊子)를 꺼려 감히 변을 지나갈 수 없었다.」라고 하였다. 또 ≪한시외전(韓詩外傳)≫에는 변장자가 모친 생존 중에는 전쟁터에서 세 번 도망쳤지만 모친이 죽고 3년이 지나자 적장의 목을 세 번 베어 세 번의 도주를 보상하고 다시 돌격하여 적 칠십 명을 죽이고 전사한 이야기를 기록하고 있다. 冉

求之藝(염구지예):第六 雍也篇 8에 「求也藝 於從政乎何有」라고 하였다. 文之以禮樂(문지이예악):위의 「知」, 「不欲」, 「勇」, 「藝」 가운데 어느 하나를 갖추고 있고 거기에 예악을 더하여 「文」의 경지에 이름. 今之成人者(금지성인자):오늘날에 성인으로 통용되는 사람. 가치가 한 단계 낮은 자를 일컬음. 何必然(하필연):「然」은 「文之以禮樂」을 받는다. 見利思義 見危授命(견리사의 견위수명):이득을 앞에 놓고는 정당한 것인가 아닌가를 생각하고, 위험에 임하면 목숨을 바침. 第十七 子張篇 1에 「士見危致命 見得思義」라고 하였다. 久要(구요):오랜 약속. 「要」는 언약(言約). 平生(평생):젊었을 때. 그 옛날.

【뜻 풀이】「成人」은 연령상으로는 스무 살이 되어 관례(冠禮)를 지낸 자를 말한다. 여기서 말하는 「成人」은 인물의 덕에 대하여 말한다. ≪예기(禮記)≫ 예기편(禮器篇)에 「예라는 것은 사람의 몸과 같은 것이다. 몸이 불구이면 군자는 이를 완전하지 못하다고 한다.」고 하였으며, ≪춘추좌씨전(春秋左氏傳)≫ 소공(昭公) 25년에 유길(游吉)이 「스스로 바로잡으면서 예로 다가가는 자를 성인(成人)이라고 한다.」고 하였다. 이는 모두 성인, 그리고 성인과 예의 관계를 말하는 것이며 이 예는 물론 예악을 겸하고 있다. '스스로 바로잡으면서 예로 다가간다'는 것은 곧 '예악을 더하여 문(文)의 경지에 이르는' 것이다.

이것은 자로(子路)와의 문답이다. 공자의 대답은 인물을 떠나 허공을 맴도는 일이 없다. 거론하는 네 사람은 모두 가까운 노(魯)나라 사람이다. 특히 자로는 변(卞) 사람이며 대단히 용감하다. 공자가 변장자(卞莊子)의 용기를 들고 있는 것은 친절한 마음에서다. 이로써 성인이 될 수 있음을 자로에게 가르치고 있지만 네 가지 덕을 모두 자로에게 요구하고 있는 것은 아니다.

≪설원(說苑)≫ 변물편에서 안회(顔回)가 "성인의 행동은 어떠해야 합

니까?"라고 질문한다. 공자의 대답은 이렇다. "성인의 행동은 정성(情性)의 도리에 이르고, 물류(物類)의 변화에 통하며, 유명(幽明)의 일을 알고, 유기(遊氣)의 근원을 본다. 이와 같아야 성인이라고 할 만하다. 이미 천도(天道)를 알아 행동함에 인의(仁義)로써 하고, 몸을 꾸밈에 예악으로써 한다. 인 · 의 · 예 · 악(仁 · 義 · 禮 · 樂)은 성인이 행하여야 할 일이다. 신(神)을 궁구하고 변화를 앎은 덕이 높은 것이다."

≪논어≫에서 자로와의 문답은 이와 같이 펼쳐져 간다. 그에 따라 감동이 점차로 약해진다.

「日 今之成人者」 — 이 이하가 공자의 말인지 자로의 말인지는 예부터 단정하지 못하고 있다. 당시의 이른바 성인이라는 자는 예악을 빼고서도 성인으로 통하고 있음을 공자가 말한 것이라고 나는 해석한다.

「見危授命」 — ≪논어≫에서 명(命)을 「목숨」의 의미로 사용하고 있는 예는 여기 밖에 없다. 그런데 여기의 「命」도 「목숨」으로 해석할 수는 없다고 하여 「授命」을 「임금의 명령을 다른 나라에 전한다.」라고 해석하는 일본의 오규소라이(荻生徂徠)의 설은 지나친 듯싶다.

≪예기≫ 곡례(曲禮) 상편(上篇)에 「재물에 임하여는 구차히 얻으려 하지 말며, 어려움에 임하여는 구차히 모면하려 들지 말라.」라고 하였다. 「난(難)에 죽음」은 ≪춘추좌씨전≫에도 기재되어 있다. ≪논어≫에서도 관중(管仲)이 공자(公子) 규(糾)의 난에 죽지 않은 것을 자공(子貢)이 문제 삼고 있다.(본편 17, 18).

14

子問公叔文子於公明賈曰 信乎 夫子不言不笑不取乎. 公明
자 문 공 숙 문 자 어 공 명 가 왈 신 호 부 자 불 언 불 소 불 취 호 공 명
賈對曰 以告者過也. 夫子時然後言 人不厭其言. 樂然後笑
가 대 왈 이 고 자 과 야 부 자 시 연 후 언 인 불 염 기 언 낙 연 후 소
人不厭其笑. 義然後取 人不厭其取. 子曰 其然 豈其然乎.
인 불 염 기 소 의 연 후 취 인 불 염 기 취 자 왈 기 연 기 기 연 호

공자께서 공명가에게 공숙문자에 대해 물어보셨다.

"정말인가, 그분은 말이 없고 웃지 않으며 뇌물을 안 받는다는 말이?"

공명가가 대답하였다.

"그렇게 말한 자의 잘못입니다. 그 어른은 마땅한 때에 말을 하여 그 말이 사람의 귀에 거슬리지 않는 것입니다. 즐거운 상황에 이르러 웃기에 그 웃음이 사람의 마음에 거슬리지 않는 것입니다. 정당한 것만을 받으므로 그것이 사람의 비위를 거스르지 않는 것입니다."

공자께서 말씀하셨다.

"그런가? 설마 그렇게까지야!"

【글자 뜻】 賈:값 가. 笑:웃을 소. 厭:싫을 염. 豈:어찌 기.

【말의 뜻】 公叔文子(공숙문자):위(衛)의 대부 공숙발(公叔發). 헌공(獻公)의 손자이다. 노(魯)나라에 친밀감을 가졌던 사람이다. 第十三 子路篇 7 「魯衛之政兄弟也」의 해설 참조. 公明賈(공명가):어떤 사람인지 자세히는 알 수 없다. 다만 이 문답을 통해 그가 위(衛)나라 사람이며 공숙문자가 잘 아는 사람이었음은 알 수 있다. 夫子(부자):남자의 존칭. 여기서는 공숙문자를 가리킴. 其然 豈其然乎(기연 기기연호):상대가 말하는 것을 일단은 긍정함과 동시에 또 완전히 믿지 못하는 기분을 나타낸다.

15

子曰 臧武仲以防求爲後於魯. 雖曰不要君 吾不信也.
자 왈 장 무 중 이 방 구 위 후 어 노 수 왈 불 요 군 오 불 신 야

공자께서 말씀하셨다.

"장무중은 방읍(防邑)을 구실 삼아 장씨의 후계자를 세우고 싶다고 노(魯)나라에 요구하였다. 임금께 강요한 것은 아니라는 말이 있지만, 나는 믿지 않는다."

【글자 뜻】 武:굳셀 무. 防:둑 방. 雖:비록 수.

【말의 뜻】 臧武仲(장무중):본편 13의 「臧武仲之知」 참조. 防(방):장씨(臧氏) 대대로 이어받은 영지(領地). 산동성 비현(費縣) 동북의 화성(華城)이 그 고지(故地)라고 한다. 제(齊)의 국경에 가깝다. 제나라로 망명하는 데 편리한 지점이다. 爲後(위후):후계자를 세워서 집안의 제사를 이어나감. 要君(요군):임금에게 강요함. ≪효경(孝經)≫ 오형장(五刑章)에 「임금에게 강요하는 자는 임금을 업신여기는 것이다. 이는 대란(大亂)의 길이다.」라고 하였다.

【뜻 풀이】 장무중(臧武仲)은 맹손씨(孟孫氏)의 참소를 받고 주(邾)로 망명하였다. 노(魯)나라에서의 집안 제사를 지키기 위해 방읍(防邑)으로 가서 요구서를 냈다. 조상의 제사와 부조(父祖)의 훈공(勳功)을 지킬 수 있다면 방읍을 내겠다고 했다. 요구가 받아들여져 배다른 형 장위(臧爲)가 후계자로 되었다. 장무중은 방읍을 노나라에 내주고 자신은 제(齊)나라로 망명하였다.

제후(齊侯)와의 교섭에서 공자로 하여금 「장무중이 지혜가 있으면서

노나라에 용납되지 않음은 애초에 이유가 있다. 하는 일이 순하지 않고, 베푸는 일이 너그럽지 못하기 때문이다.」라고 한탄케 한 것은 이때의 일이다. 사실은 ≪춘추좌씨전≫ 양공(襄公) 23년에 보인다.

「要君」— 임금에게 강요하는 일은 공자 당시 여러 나라에서 행해지고 있었다. 그런 만큼 식자(識者)의 관심도 깊다. 큰 난리가 여기에서 비롯되기 때문이다. ≪예기(禮記)≫ 표기편(表記篇)에 「공자께서 말씀하셨다. '임금을 섬김에 있어 세 번 벼슬을 내놓고서 국경을 나가지 않음은 녹을 탐하는 것이다. 비록 강요함은 아니라 할지라도 나는 믿지 않으리라.'」고 하였다. 「雖曰不要君 吾不信也」는 신하의 강요를 제3자의 입장에서 비난할 때 쓰던 틀에 박힌 말이었으리라.

16

子曰 晉文公譎而不正. 齊桓公正而不譎.
자 왈 진 문 공 휼 이 부 정 제 환 공 정 이 불 휼

공자께서 말씀하셨다.

"진의 문공은 권모술수를 쓰고 정도(正道)를 걷지 않았다. 제(齊)의 환공은 정도를 걷고 권모술수를 쓰지 않았다."

【글자 뜻】 晋:진나라 진. 譎:속일 휼. 桓:굳셀 환.

【말의 뜻】 晋文公(진문공):이름은 중이(重耳). 기원전 636년에 즉위하고, 기원전 628년에 사망. 패자(覇者)의 한 사람이다. 譎而不正(휼이부정):「譎」은 권모술수를 말함. 「正」은 정정당당함. 齊桓公(제환공):이름은 소백(小白). 기원전 685년에서 643년까지 재위. 관중(管仲)의 도움을 받아 중국에서 최초의 패자(覇者)가 됨.

【뜻 풀이】 주 왕조(周王朝)의 권위가 떨어진 춘추시대에 제후의 맹주가 되어 중하(中夏=中華)를 존중하고 이적(夷狄)을 배척하는 사업에 성과를 올린 자, 그것이 곧 패자이다. 제의 환공이 그 처음이며, 진의 문공은 그 뒤이다. 시대의 선후와는 반대로 제의 환공을 뒤에 쓴 것은 그를 존중하기 때문이다. 하나의 서법(書法)이다.

17

子路曰 桓公殺公子糾. 召忽死之 管仲不死. 曰 未仁乎. 子
자로왈 환공살공자규 소홀사지 관중불사 왈 미인호 자
曰 桓公九合諸侯 不以兵車 管仲之力也. 如其仁. 如其仁.
왈 환공구합제후 불이병거 관중지력야 여기인 여기인

자로가 여쭈어 보았다.

"환공이 공자(公子) 규(糾)를 죽였을 때 소홀(召忽)은 순사했습니다만 관중은 죽지 않았습니다. 인이라고 할 수는 없겠지요?"

공자께서 말씀하셨다.

"환공은 아홉 번 제후를 회합하고 게다가 병거를 쓰지 않았다. 이것은 관중의 공이다. 누가 그의 인에 미치랴! 누가 그의 인에 미치랴!"

【글자 뜻】 糾:얽힐 규. 忽:갑자기 홀.

【말의 뜻】 桓公(환공):제(齊)의 환공. 앞 장 참조. 公子糾(공자규):환공(桓公)의 배다른 형. 제나라에서는 양공(襄公)이 죽임을 당한 뒤에 환공, 즉 소백(小白)과 규(糾)가 상속을 다투어 소백이 규를 죽이고 지위를 유지하였다. 召忽死之(소홀사지):「召忽」은 공자 규의 죽음에 스스로 목을 베어 순사함. 管仲不死(관중불사):관중도 공자 규의 경호원이었으나 순

사하지 않았다. 도리어 환공 — 관중은 전에 그를 화살로 쏜 적이 있다. — 을 섬겨 그 패업을 도왔다. 九合諸侯(구합제후):아홉 번 제후를 회합함. 제후를 회합하는 것은 패자(覇者)의 행위이다. ≪관자(管子)≫, ≪여씨춘추(呂氏春秋≫, 기타의 고서는 「九合諸侯」에 다음 장의 「一匡天下」의 구를 합하여 대구(對句)로 표현을 정밀하게 하고 있다. 不以兵車(불이병거):「以」는 용(用). 「병거를 쓰지 않음」이란 아홉 번의 회합이 군사문제 때문이 아님을 말한다. 종래의 설은 「환공이 인의(仁義)로써 제후를 모으고, 병거로써 동원시킨 것은 아니다.」라고 하였다. 如其仁(여기인):고주(古註)는 「누가 관중의 인(仁)을 따르랴.」라고 해석한다. 거듭 말한 것은 감개가 깊은 것이다.

【뜻 풀이】 소홀(召忽)이 주인을 따라 죽은 것은 그 나름으로 경호원의 윤리이다. 그러나 그것은 주종(主從) 관계라는 상대적인 입장에서의 본인의 정서적인 행위일 따름이다. 관중이 제(齊)의 패업을 이룩하기 위해 삶을 택한 것은 천하에 목적을 둔 주지주의적(主知主義的)인 행위이다.

공자(孔子)는 관중의 목적 선택과 그것을 실행한 성과를 높이 평가한다. 도가 행해지지 않을 때, 말이 받아들여지지 않을 때 공자는 임금 곁을 떠나라고 하였다. 관중의 경우는 그의 말이 환공에게 받아들여졌고 그의 도를 실천할 수가 있었던 것이다. 천하를 안정시키는 것이야말로 지상의 가치이다. 공자는 관중을 인(仁)이라고 하였다.

「曰未仁乎」 — 자로의 말에 또 「曰」이라고 하였다. 군더더기라 하여 연자(衍字)로 보는 설도 있다. 그러나 자로가 말하는 그 말투를 옮기는 데 「曰」자가 필요했다고 보아야 할 것이다. 「桓公……」에서 「管仲不死」까지는 역사상의 사실을 말한다. 「曰未仁乎」에 이르러 자로의 의견이 표명된다. 그것은 아마도 당시 사회의 상식적인 의견이기도 했을 것이다.

第十七 陽貨篇 1에서 양화(陽貨)가 공자에게 「來. 予與爾言. 曰 懷其

寶而迷其邦 可謂仁乎」라고 하였다. 여기서도 이야기 도중에 「曰」자가 들어 있다. 양화의 본론이 여기서부터 시작된다. 그리고 고어가 인용되고 있다.

18

子貢曰 管仲非仁者與. 桓公殺公子糾. 不能死. 又相之. 子曰 管仲相桓公霸諸侯 一匡天下. 民到于今受其賜. 微管仲吾其被髮左衽矣. 豈若匹夫匹婦之爲諒也 自經於溝瀆而莫之知也.
자공왈 관중비인자여 환공살공자규 불능사 우상지 자왈 관중상환공패제후 일광천하 민도우금수기사 미관중오기피발좌임의 기약필부필부지위량야 자경어구독이막지지야

자공이 여쭈어 보았다.

"관중이 인자는 아니지요? 환공이 공자 규를 죽였을 때 순사(殉死)하지 않았을 뿐더러 환공의 재상까지 되었으니까요."

공자께서 말씀하셨다.

"관중은 환공을 보좌하여 제후의 패자가 되게 하였고 천하를 바로 잡았다. 백성은 오늘날까지도 그 덕을 보고 있다. 관중이 없었더라면 우리는 머리를 땋지 않고 옷을 외로 입고 있을 것이다. 이름 없는 남녀가 의리를 지켜 도랑 속에서 목매어 죽었으나 아무도 모른 채 끝나고 마는 것과는 이야기가 다르다."

【글자 뜻】管:피리 관. 覇:으뜸 패. 微:작을 미. 髮:터럭 발. 諒:믿을 량. 溝:봇도랑 구. 瀆:도랑 독.

【말의 뜻】 又相之(우상지):「又」는 그 위에 또. 「相」은 재상이 되어 보좌함. 霸諸侯(패제후):「패」는 파(把). 왕자의 정교(政敎)를 파지(把持)하고 제후에게 호령함. 또 일설에 「霸」는 백(伯). 제후의 으뜸. 一匡(일광):한 번 바로잡음. 「匡」은 정(正). 「九合」에 대하여 「一匡」도 역시 계수(係數)를 말한다. 정현(鄭玄)은 양곡(陽穀)의 모임을 든다. 일설에 「一」은 전체(皆). 천하를 완전히 바로잡음을 말함. 微管仲(미관중):「微」는 없음(無). 被髮(피발):머리털을 땋아 올리지 않고 뒤로 늘어뜨리고 있음. 이적(夷狄)의 습속. 左衽(좌임):「衽」은 옷깃(襟). 「左衽」은 외로 입음. 즉, 왼 섶을 안으로 들어가게 입음. 이것도 이적의 습속. 匹夫匹婦(필부필부):「匹」은 배필, 배우자. 일부일부(一夫一婦)가 살고 있는 것은 서민의 모습이다. 爲諒(위량):의리를 지킴. 「諒」은 믿음(信). 第十五 衛靈公篇 37에 「君子貞而不諒(군자는 정(正)을 지키지만 의리를 지키지 않음)」이라고 하였다. 自經(자경):스스로 목매어 죽음. 「經」은 목맴(縊). 溝瀆(구독):밭 사이의 도랑. 莫之知也(막지지야):사람들에게 알려짐이 없이 마침.

【뜻 풀이】 앞의 장에서는 「九合諸侯」라고 하였으며 이 장에서는 「一匡天下」라고 하였다. 공자의 목적은 여기에 있으며 인물 평가는 이 기준으로 이루어지고 있다.

소홀(召忽)의 죽음에 대하여는 말이 없다. 「匹夫匹婦」의 자경(自經)을 말하는 것은 소홀을 피하고 있는 것이다. 그러나 사실 이 바꿈질(置換)은 공자의 가치 판단의 과격함을 표현하는 데 문학적인 효과를 올리고 있다.

19

公叔文子之臣大夫僎 與文子同升諸公. 子聞之曰 可以爲文矣.
공숙문자지신대부선 여문자동승저공 자문지왈 가이위문의

공숙문자의 가신(家臣)이던 대부 선(僎)은 문자(文子)와 나란히 조신(朝臣)으로 승진하였다. 공자께서는 이 말을 들으시더니 말씀하셨다.

"시호를 문(文)이라 해도 좋다."

【글자 뜻】 僎:갖출 선. 升:되 승.

【말의 뜻】 公叔文子(공숙문자):위(衛)의 대부 공숙발(公叔發). 본편 14「子問公叔文子於公明賈」참조.「文」은 시호(諡號). 升諸公(승저공):「諸」는 지어(之於)의 준 것.「公」은 공조(公朝). 제후의 조정. ≪춘추좌씨전(春秋左氏傳)≫ 애공(哀公) 16년에「자백 계씨(子伯季氏), 처음에 공씨(孔氏)의 신하였다. 새로이 공(公)에 올랐다.」고 하였으며, 두예(杜預)는「올라서 대부(大夫)가 됨」이라고 주(註)하였다. 可以爲文矣(가이위문의):「文」이라는 시호를 받기에 합당함을 긍정한다.「文」은 시호 중 최고의 것이다.

【뜻 풀이】 ≪예기(禮記)≫ 단궁(檀弓) 하편(下篇)에「공숙문자가 죽었다. 그 아들 수(戍)가 시호를 내려 줄 것을 임금께 청하였다. ……임금[靈公]이 말하였다. '옛날 우리 위(衛)나라에 흉년이 들어 백성이 굶주릴 때 그 어른이 죽을 쑤어 국내의 굶주린 자들에게 주었다. 이는 혜(惠)가 아니겠느냐? 옛날 위나라에 난이 있었을 때 그 어른이 죽기로써 과인을 호

위 하였다. 또한 정(貞)이 아니겠느냐? 그 어른이 위나라의 정치를 맡아 볼 때 백성에게 질서를 지키게 하고 국내를 화평케 하며 사방의 이웃 나라와 사귀어 위나라의 사직을 욕되게 하지 않았다. 이 또한 문(文)이 아니겠느냐? 그러므로 그 어른을 정혜문자(貞惠文子)라고 하리라.'」고 하였다. 정현(鄭玄)은 「뒤에 정혜(貞惠)를 말하지 않음은 문(文)으로써 이를 겸하기에 족하기 때문이다.」라고 주(註)하였다.

공자는 또 다른 관점에서 공숙문자의 시호를 타당하다고 한다. 선(僎)의 인물됨을 알고 자신을 희생하여 그를 추천하며, 국가의 이익을 도모하여 힘쓰는 것을 평가하고 있다. 공자는 위(衛)의 대부 공어(孔圉)에게도 「총명한 데다가 학문을 좋아하고, 아랫사람에게 물어 보는 것을 수치로 여기지 않았다.」는 것으로써 문(文)의 시호를 긍정하고 있다.(第五 公冶長篇 15) 그리고 현인에게 지위를 주지 않았던 장문중(臧文仲)을 냉혹하게 비난하고 있다.(第十五 衛靈公篇 14).

「公叔文子之臣大夫僎」 — 이 「大夫」는 선(僎)이 위(衛)나라의 대부로 승진한 뒤의 신분을 말한 것이라고 보는 설과, 「臣大夫」라고 석 자를 이어서 가대부(家大夫)·읍대부(邑大夫)의 예와 같이 공숙문자의 가신(家臣)을 말한 것이라고 보는 두 가지 설이 있다. 지금은 앞의 설을 취택한다.

20

子言衛靈公之無道也. 康子曰 夫如是 奚而不喪. 孔子曰 仲叔圉治賓客 祝鮀治宗廟 王孫賈治軍旅. 夫如是 奚其喪.
자언위령공지무도야 강자왈 부여시 해이불상 공자왈 중숙어치빈객 축타치종묘 왕손가치군려 부여시 해기상 공자의 말씀이 위의 영공의 무도함에 이르렀다. 계강자가 말하였다.

"사정이 그러한데도 어떻게 나라를 잃지 않는 것입니까?"

공자께서 말씀하셨다.

"중숙어가 외교를 다스리고, 축타가 종묘의 제사를 다스리며, 왕손가가 군사를 다스리고 있습니다. 형편이 이러하니 어찌 나라를 잃겠습니까?"

【글자 뜻】 衛:지킬 위. 靈:신령 령. 康:편안할 강. 圉:마부 어. 鮀:모래무지 타. 旅:군사 려.

【말의 뜻】 衛靈公(위령공):위(衛)나라 임금, 기원전 534년부터 493년까지 재위. 그 부인은 문제가 많은 남자(南子)이다. 康子(강자):계강자(季康子). 第二 爲政篇 20「季康子問」 참조. 奚而不喪(해이불상):「奚而」는 하위(何爲). 「喪」은 망국(亡國). 仲叔圉(중숙어):공문자(孔文子). 第五 公冶長篇 15에서 공자로부터 문(文)의 시호를 긍정 받고 있는 인물이다. 治賓客(치빈객):외국의 사자에게 잘 대처함. 국제 관계를 우호적으로 함. 祝鮀(축타):第六 雍也篇 16「祝圉之佞」 참조. 治宗廟(치종묘):종묘의 제사를 잘 지냄. 그로 인하여 조상신의 보호가 있음. 王孫賈(왕손가):第三 八佾篇 13「王孫賈問曰」 참조. 治軍旅(치군려):국가의 방위가 가능함.

【뜻 풀이】 위(衛)의 영공은「그의 규문(閨門) 안에 고자매(姑姉妹)가 따로 없었다.」[≪설원(說苑)≫ 존현편(尊賢篇)]느니, 「술을 마시고 음악에 빠져 국가의 정치를 하지 않았다. 금수(禽獸) 사냥을 하고 제후의 회맹(會盟)에 응하지 않았다.」[≪장자(莊子)≫ 즉양편(則陽篇)]느니 하는 말을 듣고 있다. 그러는 한편 현인은 대단히 존중하였다. 그래서 위나라를 유지한 것이다. 위의 ≪설원≫은 노(魯)의 애공(哀公)이 "현재 군자 중에서 누가 훌륭하냐?"고 질문하자 공자가 "위의 영공."이라고 대답한 것

과 그 이유를 기재하고 있다.

현인을 알아보고 그를 등용하는 것이 정치의 요체(要諦)이다. 위(衛)에 현신(賢臣)이 있음을 오(吳)의 계찰(季札)도 역시 칭찬하고 있다. 第十三 子路篇 7의 해설 참조.

처음의 「子言」을 「子曰」로 쓴 텍스트가 ≪경전석문(經典釋文)≫에 이미 기록되어 있지만 그것은 옳지 않다. 여기서 「子曰」이라고 하면 아래의 「孔子曰」이 전혀 기능을 발휘할 수가 없게 된다. 문답은 「康子曰」부터 시작된다.

「孔子曰」 — 「子曰」이라 하지 않고 특별히 「孔子曰」이라고 성을 붙인 것은 공자가 애공(哀公)과 계강자에게 답할 때에 볼 수 있는, 격식을 차린 기술 형식이다.

21

子曰 其言之不怍 則爲之也難.
자 왈 기 언 지 부 작 즉 위 지 야 난

공자께서 말씀하셨다.
"그 말에 부끄러움을 모르면 실천하기가 어렵다."

【글자 뜻】 怍:부끄러워할 작. 難:어려울 난.
【말의 뜻】 怍(작):부끄러워함(慙).

【뜻 풀이】 고주(古註)는 「안에 실(實)이 있으면 그것을 말해도 부끄럽지 않다. 그 실(實)을 쌓음이 실천하기 어려운 것이다.」라고 하였다. 그 고주에 따른다.

「爲之難」이란 말은 第十二 顔淵篇 3에도 보인다. 결국 여기서도 언행의 일치를 설명하는 것이지만 第二 爲政篇 13, 第四 里仁篇 22, 24 및 본편의 29와는 다른 표현법을 쓰고 있다. 본편 29의 해설 참조.

22

陳成子弑簡公. 孔子沐浴而朝 告於哀公曰 陳恒弑其君 請討
진성자시간공 공자목욕이조 고어애공왈 진항시기군 청토
之. 公曰 告夫三子. 孔子曰 以吾從大夫之後 不敢不告也.
지 공왈 고부삼자 공자왈 이오종대부지후 불감불고야
君曰 告夫三子者. 之三子告. 不可. 孔子曰 以吾從大夫之
군왈 고부삼자자 지삼자고 불가 공자왈 이오종대부지
後 不敢不告也.
후 불감불고야

제의 진성자가 간공을 시해하였다. 공자께서는 목욕재계하시고 조정에 나아가 애공에게 말씀드렸다.

"진항이 그 임금을 시해하였습니다. 그를 토벌합시다."

애공은,

"저 세 사람에게 말하시오."

라고 말하였다. 공자께서는 물러나와 말씀하셨다.

"나는 대부의 말단이므로 말씀드리지 않을 수가 없었다. 그런데 상께서는 '저 세 사람에게 말하라.' 고 말씀하셨다."

세 사람에게 가서 고하였으나 받아들여지지 않았다. 공자께서 말씀하셨다.

"나는 대부의 말단이므로 고하지 않을 수 없었던 것이다."

【글자 뜻】 陳:늘어놓을 진. 簡:대쪽 간. 沐:머리 감을 목. 討:칠 토.

【말의 뜻】 陳成子弑簡公(진성자시간공):「陳成子」는 제(齊)나라 대부 진항(陳恒). 전상(田常)이라고도 칭한다. 「簡公」은 제(齊)나라 임금. 기원전 481년 진성자가 간공을 죽이고 그 아우 평공(平公)을 세워 국권을 오로지하고 제(齊)를 전씨(田氏)라 일컬었다. 실은 간공의 아버지 도공(悼公)도 전씨에 의하여 세워지고, 또 죽임을 당하였다. 沐浴(목욕):「沐」은 머리를 감음. 「浴」은 몸을 씻음. 몸을 정결히 함은 재계하기 위해서이다. ≪춘추좌씨전≫은 공자가 「사흘 재계했다.」고 하였다. 哀公(애공):노(魯)의 애공. 請討之(청토지):≪춘추좌씨전≫은 「제(齊)를 칠 것을 세 번 청함」이라고 기재했다. 三子(삼자):세 사람의 경(卿). 맹손(孟孫), 숙손(叔孫), 계손(季孫)의 3씨. 이른바 삼환(三桓)의 3가(三家). 노나라의 군사와 경제를 좌우하고 있었다. 그 중 계손씨가 가장 강력했다. ≪춘추좌씨전≫에 「애공은 '선생이 계손(季孫)에게 말하시오.' 라고 하였다.」로 기록되어 있다. 吾從大夫之後(오종대부지후):대부의 꽁무니에 붙음. 이 말은 第十一 先進篇 8에도 안로(顔路)에게 대답한 말 중에 나온다. 공자는 이것을 강하게 의식하고 있었다. 공자는 이미 대부의 지위에서 떠나 있었지만 대부의 대우를 받고 있었다. 第十三 子路篇 14의 해설 참조.

【뜻 풀이】 사건은 ≪춘추좌씨전≫ 애공(哀公) 14년에 보인다. 그때 공자는 칠십일 세였다. 공자는 이렇게 말하고 있다.

"제(齊)나라 백성의 반은 진항(陳恒)의 행위를 편들지 않는다. 여기에 노(魯)의 민중을 더하여 공격하면 이길 수 있다."

≪춘추좌씨전≫은 「애공은 '선생께서 계손(季孫)에게 고하시오.' 라고 하였다. 공자는 거절하였다. 물러나와 사람들에게 말하였다. '나는 대부의 말단이므로 말씀드리지 않을 수가 없었던 것이다.'」라고 기록하였다. 「季孫」은 「三子」를 대표한다. 그러나 「공자는 거절하였다.」고 하면,

계손씨에게 가서 고하는 일을 하지 않았던 것이다. 이것은 ≪논어≫와 다르다. 「孔子曰 以吾從大夫之後 不敢不告也」는 ≪춘추좌씨전≫의 기록과 같이 옆의 사람에게 말하고 있는 것이다.

「君曰 告夫三子者」 — 공자가 임금인 애공(哀公)에게 의견을 아뢰는 것은 절차이지만 3환에게 그렇게 할 필요는 없다. 다만 임금이 가라고 하여 할 수 없이 갔던 것이라고 하였다. 공자의 이 말은 애공이 주체성을 지니지 않아 불만스러웠고, 3환을 상대로 하는 것이 마음에 내키지 않았으며, 3환의 거절이 예상되고 있었다는 것을 잘 표현하고 있다. 훌륭한 문장이다.

이 장에서는 세 번 「孔子」라고 썼다. 애공을 의식한 기술이며 동시에 제3자의 입장에서 객관적으로 기록하고 있는 문장이다.

23

子路問事君. 子曰 勿欺也. 而犯之.
자 로 문 사 군　자 왈　물 기 야　이 범 지

자로가 임금 섬기는 법을 여쭈어 보았다. 공자께서 말씀하셨다.
"속이는 짓을 하지 마라. 그리고 뜻을 거슬러서라도 간해야 한다."

【글자 뜻】 路:길 로. 勿:말 물. 欺:속일 기.

【말의 뜻】 欺(기):진실에서 떠난 언동. 결국은 불신을 사게 된다. 犯(범):임금의 안색을 범하고 간함. 즉, 뜻을 거슬러서라도 간함.

【뜻 풀이】 자로는 용기 있는 사람이며 순진하고 외곬인 사나이다. 주인이 노여움에 얼굴이 새빨개져 있더라도 역시 주인의 잘못을 간하여 바로잡

았을 것이다. 그러나 그 간언이 간언으로 인정받으려면 주인에게 신뢰받고 있어야만 한다. 그렇지 않으면 간언도 비방으로 받아들여질 우려가 있다. 第十九 子張篇 10에 자하(子夏)의 말 '신뢰받고 나서 비로소 임금께 간한다. 신뢰받고 있지 않으면 임금은 자기를 비방한다고 생각한다.'가 있다. 공자는 자로를 위하여 이것을 염려한다.

자로는 그 직정(直情)이 지나쳐서 남의 불신을 사거나 적어도 애를 먹이는 경우가 있었던 것이리라. 공자가 위독해졌을 때에는 자로가 제자를 관리로 만들어 공자의 최후를 장식하려 한다.(第九 子罕篇 12) 그때 자로를 훈계하는 공자의 말에 「欺」라는 글자가 쓰이고 있다.

24

子曰 君子上達 小人下達.
자 왈 군 자 상 달 소 인 하 달

공자께서 말씀하셨다.
"군자는 위로 통하고, 소인은 아래로 통한다."

【글자 뜻】 君:임금 군. 達:통달할 달.

【뜻 풀이】 「上」과 「下」는 또 근본과 말초(末梢)이다. 황간(皇侃)은 인의(仁義)와 재리(財利)로써 설명하였다. 이것이 다는 아니지만 가장 큰 것을 들고 있다고 하겠다. 第四 里仁篇 16에 「군자는 의(義)에 밝고, 소인은 이(利)에 밝다.」고 하였다. 그리고 ≪예기(禮記)≫ 대학편(大學篇)에 「德者本也 財者末也(덕이라는 것은 근본이요, 재물이라는 것은 말단이다.)」라고 하였다.

25

子曰 古之學者爲己 今之學者爲人.
자 왈 고 지 학 자 위 기 금 지 학 자 위 인

공자께서 말씀하셨다.

"옛날 학자는 자기 자신을 닦기 위해 학문을 했는데, 요즈음 학자는 남에게 팔리기 위해 한다."

【글자 뜻】 學:배울 학. 今:이제 금.

【말의 뜻】 爲己(위기):자기 자신을 닦기 위하여 함. 爲人(위인):남에게 팔리기 위하여 함.

【뜻 풀이】 ≪순자(荀子)≫의 권학편(勸學篇)은 이 두 구에 이어 「군자의 학문은 그로써 몸을 아름답게 한다. 소인의 학문은 그로써 금독(禽犢)이 된다.」고 설명하였다. 「禽犢」은 새와 송아지, 즉 남에게 바치는 것들이다.

26

蘧伯玉使人於孔子. 孔子與之坐而問焉. 曰 夫子何爲. 對曰
거 백 옥 사 인 어 공 자 공 자 여 지 좌 이 문 언 왈 부 자 하 위 대 왈
夫子欲寡其過而未能也. 使者出. 子曰 使乎 使乎.
부 자 욕 과 기 과 이 미 능 야 사 자 출 자 왈 사 호 사 호

거백옥이 공자께 사자를 보냈다. 공자는 사자에게 방석을 내어 주고 물어 보셨다.

"대부님은 무엇을 하고 계신가?"

사자가 대답하였다.

"대부님은 허물을 줄이고자 하시는데 좀처럼 안 되는 듯싶습니다."

사자가 물러갔다. 공자께서 말씀하셨다.

"과연, 과연, 백옥의 사자로다!"

【글자 뜻】 蘧:풀이름 거. 伯:맏 백. 寡:적을 과. 使:하여금 사.

【말의 뜻】 蘧伯玉(거백옥):위(衛)의 대부 거원(蘧瑗). 「伯玉」은 그의 자. 第十五 衛靈公篇 7에도 「君子哉 蘧伯玉」이라고 하였다. 오(吳)의 계찰(季札)이 위(衛)나라를 지탱하도록 한 현대부(賢大失) 가운데 한 사람으로 손꼽히고 있었다는 것은 이미 언급하였다.(第十三 子路篇 7의 해설). ≪사기(史記)≫ 중니제자열전(仲尼弟子列傳)에 공자가 존경하는 각국의 현인을 열거할 때에도 「위(衛)에는 거백옥」이라고 하였다. 또 공자세가(孔子世家)는 공자가 다시 위나라에 갔을 때 「거백옥의 집을 주로 하였다.」고 하였다. 근거지로 삼았던 것이다. 與之坐(여지좌):사자(使者)에게 앉을 방석을 줌. 주객(主客)이 인사를 나누는 것이다. 夫子(부자):대부를 일컬음. 使乎 使乎(사호 사호):사자를 칭찬하는 말. 거듭 말하는 것은 크게 감탄함을 나타낸다.

【뜻 풀이】 ≪회남자(淮南子)≫ 원도훈(原道訓)에 「거백옥은 50세에 49년의 잘못이 있다.」고 하였다. 그는 늘 자신을 반성하는 사람이었다. 사자는 그것을 말한 것이다. 작위(作爲)가 아니며 주인을 욕되게 한 것이 아니다. 그것은 사자가 가장 조심해야만 하는 일이다. 공자가 감탄한 이유가 그것이다.

≪춘추곡량전(春秋穀梁傳)≫ 양공(襄公) 29년에 「자신이 어진 것은 어진 것이요, 사자가 어진 것도 역시 그가 어진 것이다.」라고 하였다.

본인이 어진 경우는 말할 것도 없거니와 그의 사자가 어진 것도 역시 주인 자신이 어질다는 것을 말한다. 고어일 것이다. 이것은 오(吳)의 임금을 존중하여 「오자(吳子)」라고 칭하는 것이 그의 사자 계찰(季札)의 훌륭함으로 인함을 설명하는 구절이다.

27

子曰 不在其位 不謀其政.
자 왈 부 재 기 위 불 모 기 정

공자께서 말씀하셨다.
"그 직위에 있지 않으면 정사(政事)를 논해서는 안 된다."

【글자 뜻】 在:있을 재. 位:자리 위. 謀:꾀할 모.

【뜻 풀이】 第八 泰伯篇 14에 같은 문장이 나와 있다.
황간(皇侃)은 이 장(章)을 다음의 「曾子曰」의 장에 이어 한 장으로 만들었다.

28

曾子曰 君子思不出其位.
증 자 왈 군 자 사 불 출 기 위

증자가 말하였다.
"군자는 자신의 생각을 그 직위에서 벗어나게 하지 않는다."

【글자 뜻】曾:일찍 증. 思:생각할 사.

【뜻 풀이】이 장의 해석은 앞 장과 관련시켰다. ≪논어≫ 편자의 의도를 헤아린 것이다. 그러나 이 장을 독립된 한 장으로 볼 수도 있다. 그 경우에는 「位」의 뜻이 넓어져서, 군자의 사고는 그가 선 자리에서 벗어나지 않음을 말한다. 정현(鄭玄)은 이 장을 ≪예기(禮記)≫ 중용편(中庸篇)에서 말하는 「君子素其位而行 不願乎其外」와 연관시킨다. 부귀 · 빈천 · 이적(夷狄) · 환난 등에 처한 때에는 오로지 각자의 자리에서 주체적으로 사고하여 당혹하지 않음을 말하는 것이다.

≪주역(周易)≫ 간괘(艮卦) 상전(象傳)에 「君子以思不出其位」라고 하였다. 그러나 이것이 증자와 공문(孔門) 사람들이 ≪주역≫을 배웠다는 증거가 되지는 않는다. 고어(古語)가 양쪽에 활용되었던 것이리라.

29

子曰 君子恥其言而過其行.
자 왈 군 자 치 기 언 이 과 기 행

공자께서 말씀하셨다.
"군자는 자기가 한 말을 실천하지 않는 것을 부끄럽게 여긴다."

【글자 뜻】恥:부끄러워할 치. 過:지날 과.
【말의 뜻】過其行(과기행):자기의 행동보다 과함.

【뜻 풀이】언행의 불일치는 공자가 늘 경계하는 바이다. 第二 爲政篇 13 「先行其言 而後從之」, 第四 里仁篇 22「古者 言之不出 恥躬之不逮也(옛

사람은 말수가 적었다. 그것은 실천이 따르지 못함을 수치로 여겼기 때문이다)」, 第四 里仁篇 24「君子欲訥於言 而敏於行」, 第十二 顏淵篇 3「仁者其言也訒」(「訒」은 머뭇거림) 및 본편 21「其言之不怍 則爲之也難」 등을 참조.

30

子曰 君子道者三 我無能焉. 仁者不憂 知者不惑 勇者不懼.
자 왈 군 자 도 자 삼 아 무 능 언 인 자 불 우 지 자 불 혹 용 자 불 구
子貢曰 夫子自道也.
자 공 왈 부 자 자 도 야

공자께서 말씀하셨다.

"군자의 도가 세 가지 있지만 나는 아무 것도 할 수 없구나. 인자(仁者)는 근심하지 않고 지자(知者)는 당혹하지 않으며 용자(勇者)는 두려워하지 않는다."

자공이 말하였다.

"선생님은 자신의 도를 말씀하고 계신 것이다."

【글자 뜻】 我:나 아. 惑:미혹할 혹. 懼:두려워할 구.

【말의 뜻】 自道(자도):「道」는 말하다(言). 동사(動詞)이다.

【뜻 풀이】 第九 子罕篇 30에 「知者不惑 仁者不憂 勇者不懼」라고 하였다. 공자가 「我無能焉」이라 말한 것은 공자 자신이 「仁 · 知 · 勇」을 갖추고 있기에 그것들을 할 수 없다고 말할 수 있는 것이며, 만일 그렇지 않다면 당초부터 할 수 있고 없고가 문제가 되지 않으며 의식에 떠오르지도

않는다. 자공은 그것을 말하고 싶었던 것이다.

「仁者不憂」와 그 이하의 두 구는 고어인지도 모른다. 공자는 이따금 그 말을 입에 올리며 생각을 펼친다.

31

子貢方人. 子曰 賜也賢乎哉. 夫我則不暇.
자공방인 자왈 사야현호재 부아즉불가

자공이 사람의 장단점을 논평하였다. 공자께서 말씀하셨다.

"너는 대단하구나! 내게는 그럴 틈이 없다."

【글자 뜻】 貢:바칠 공. 賜:줄 사. 賢:어질 현. 暇:겨를 가.

【말의 뜻】 方人(방인):「方」은 견줌(比方). 사람의 장단점을 비교하고 비평함. 賜(사):자공의 이름. 第一 學而篇 10「子貢曰」 참조.

【뜻 풀이】 第十一 先進篇 16에 자공이 자장과 자하의 우열을 공자에게 묻고있다. 인물 비평은 당시 사람들의 큰 관심사이기도 했지만, 특히 자공은 그것에 취미가 있었던 것이다. 第五 公冶長篇 4에 「賜也何如(저는 어떻습니까?)」 하고 공자에게 평가를 청한 것도 그 버릇의 일면이다. 공문(孔門) 제일의 화식가(貨殖家)는 동시에 많은 정보 수집이 필요했을 것임에 틀림없다.

공자 자신은 「나는 사람에 대해 비방하는 일도 칭찬하는 일도 없다.」(第十五 衛靈公篇 25)고 말하고 있다.

第五 公冶長篇 9에서 공자는 자공에게 「너와 안회는 어느 쪽이 나으냐?」고 질문하여 자공이 자신은 안회와는 도저히 비교가 안 된다는 말

을 하게 만든다. 자공의 성벽을 역으로 이용한 것이다.

32

子曰 不患人之不己知 患其不能也.
자 왈 불 환 인 지 불 기 지 환 기 불 능 야

공자께서 말씀하셨다.

"남이 나를 알아주지 않음을 걱정하지 말고, 나에게 재능이 없음을 걱정하라."

【글자 뜻】 患:근심 환. 能:능할 능.

【뜻 풀이】 공자는 스스로 반성하는 것을 존중한다. 위와 같은 의미의 말을 같은 구를 사용하거나 다소 변형하여 ≪논어≫에 되풀이해 나오고 있다. 第四 里仁篇 14 참조.

33

子曰 不逆詐 不億不信 抑亦先覺者 是賢乎.
자 왈 불 역 사 불 억 불 신 억 역 선 각 자 시 현 호

공자께서 말씀하셨다.

"속임 당할까 미리 손을 쓰지 않고, 배반당할 의심하여 억측하지 않으며, 그러면서도 또한 앞질러서 깨달아 아는 사람이 현명한 사람이로다."

【글자 뜻】 逆:거스를 역. 詐:속일 사. 覺:깨달을 각.

【말의 뜻】 逆詐(역사):「逆」은 맞음(迎). 앞질러 가서 준비함. 「詐」는 거짓. 億(억):억측(億測). 第十一 先進篇 19에 「億則屢中(예측이 자주 적중함)」이라고 하였다. 抑亦(억역):第十三 子路篇 20에 「抑亦可以爲次矣」라고 하였다. 先覺(선각):남의 심중을 그 사람의 행위에 앞서 예지함. 앞 구의 「逆」과 「億」을 바꾸어 말하고 있는 것이다.

【뜻 풀이】 「不逆詐」, 「不億不信」은 고어일 것이다. 그것을 받아서 공자가 말을 잇는다. 공자는 예측 · 예감으로 사람을 판단하는 데 신중하다. 그러하기에 第二 爲政篇 10에 「視其所以 觀其所由 察其所安 人焉廋哉 人焉廋哉」라고 하였다.

34

微生畝謂孔子曰 丘何爲是栖栖者與. 無乃爲佞乎. 孔子曰
미 생 무 위 공 자 왈 구 하 위 시 서 서 자 여 무 내 위 녕 호 공 자 왈
非敢爲佞也. 疾固也.
비 감 위 녕 야 질 고 야

미생무가 공자를 보고 말하였다.

"구(丘)는 왜 그렇게 떠돌아다니는가? 말재주를 자랑거리로 삼고 있는 것이겠지?"

공자께서 말씀하셨다.

"말재주를 자랑거리로 삼다니요. 임금의 완미(頑迷)함에 가만히 있을 수가 없는 것입니다."

【글자 뜻】 微:작을 미. 畝:이랑 무. 栖:깃들일 서. 佞:아첨할 녕.

【말의 뜻】 微生畝(미생무):「微生」이 성,「畝」가 이름. 공자를「丘」라 부르고 있으므로 공자보다 연장자이다. 丘(구):이 호칭은 미생의 거만한 말투를 묘사하고 있다. 栖栖(서서):떠돌아다님. 한 장소에 붙박여 있지 않음. 반고(班固)의 답빈희(答賓戲)[≪문선(文選)≫ 권 45]에「성철(聖哲)의 정치는 서서황황(棲棲遑遑)하다. 공석(孔席, 공자의 자리)은 따뜻해지지 않고, 묵돌(墨突, 묵자의 연돌)은 검어지지 않는다.」라고 하였다.「棲棲」는「栖栖」와 같다. 佞(녕):말재주에 능한 자. 疾固(질고):「疾」은 미워함.「固」는 고루. 고주(古註)에서는 여러 나라 임금의 완고함을 말한다. 다른 해석도 있다. 해설 참조.

【뜻 풀이】 공자께서 천하를 주유(周遊)하여 제후에게 설교하고 다니는 것을 비난하는 것이므로 미생무는 은자(隱者)의 경향을 지닌 사람일 것이다.

「疾固」의「固」를 ≪논어참해(論語參解)≫는 천하에 도가 없을 때에는 숨는다(第八 泰伯篇 13)는 말에 집착하여 그 밖의 것을 모르는 완고한 생활 태도라고 해석한다. 이에 따르면 미생무가 공자를「佞」이라고 말한 데 대해 공자가 미생무를「固」라고 말한 것이며,「疾固」는 미생무에 대한 따끔한 반격이다. 문답은 생기에 넘친다.

이 憲問篇에서는 끝 쪽으로 다가가면서 차츰 이와 같은 은자(隱者)가 등장한다.

35

子曰 驥不稱其力 稱其德也.
자 왈 기불칭기력 칭기덕야

공자께서 말씀하셨다.

"천리마는 그 다리 힘을 칭찬받는 것이 아니라 그 덕(德)을 칭찬받는 것이다."

【글자 뜻】 驥:천리마 기. 稱:일컬을 칭.

【말의 뜻】 驥(기):하루에 천리를 달리는 명마. 천리마. 德(덕):여기서는 말의 조련(調練) 효과를 말함.

【뜻 풀이】 「德」은 인간에게 있어서는 천하의 정치에 참여하여 공헌하는 기능을 말한다. 아무리 다방면에 걸쳐서 훌륭한 재능을 가지고 있더라도 그것이 덕이 되지 않으면 가치가 없다. 천리마도 조련의 효과를 발휘하는 것이 아니면 소용이 없다. 말[馬]에 비유하여 사람을 말한 것이다.

36

或曰 以德報怨 何如. 子曰 何以報德. 以直報怨 以德報德.
혹 왈 이덕보원 하여 자 왈 하이보덕 이직보원 이덕보덕

어떤 사람이 여쭈어 보았다.

"원한을 은덕으로 갚는다면 어떠할까요?"

공자께서 말씀하셨다.

"그럼 은덕은 무엇으로 갚겠는가? 원한을 갚는 길은 자신을 속이지 않는 것이다. 그리고 은덕은 은덕으로 갚는 것이다."

【글자 뜻】 報:갚을 보. 何:어찌 하. 如:같을 여.

【말의 뜻】 以德報怨(이덕보원):원망에 대하여 말하는 덕은 은혜의 덕을 의미한다. ≪노자(老子)≫ 제63장에 「報怨以德(참된 덕으로써 원한에 보답한다.)」이라고 하였다. 이것도 고어(古語)를 인용하고 있는 것이리라. 以直報怨(이직보원):「直」은 자신을 속이지 않는 것. 원한을 숨기지 않지만(第五 公冶長篇 25) 역시 칭찬해야 할 것은 칭찬한다.

【뜻 풀이】 은덕과 원한을 구별하고 있는 데서 공자의 인간성을 엿볼 수 있다. 유교는 종교가 아니다.

37

子曰 莫我知也夫. 子貢曰 何爲其莫知子也. 子曰 不怨天不尤人. 下學而上達. 知我者其天乎.
자왈 막아지야부 자공왈 하위기막지자야 자왈 불원천 불우인 하학이상달 지아자기천호

공자께서 말씀하셨다.

"나를 알아 주는 이가 없구나!"

자공이 말씀드렸다.

"선생님을 알아 주는 이가 없으니 이 무슨 일입니까?"

공자께서 말씀하셨다.

"하늘을 원망치도 않고 사람을 탓하지도 않는다. 아래의 일을 배워 위로

통해 가니 하늘은 나를 알아주실 것이다."

【글자 뜻】 莫:없을 막. 我:나 아. 尤:더욱 우.

【말의 뜻】 莫我知也夫(막아지야부):제국(諸國)의 군주가 자기를 써 주지 않는 것을 탄식함. 「也夫」는 개탄의 어감(語感)을 나타냄. 不怨天(불원천):하늘의 섭리를 원망하지 않음. 不尤人(불우인):왕이 몰라봄을 탓하지 않음. 下學而上達(하학이상달):고주(古註)에 「아래로 인사(人事)를 배워 위로 천명을 안다.」고 하였다. 오규소라이(荻生徂徠)는 「下」를 시서예악, 「上」을 선왕의 마음이라고 하였다.

【뜻 풀이】 ≪사기(史記)≫ 공자세가(孔子世家)는 「안연(顔淵)이 죽었다. 공자는 '하늘이 나를 버렸다!' 고 말하였다. 서쪽에서 사냥하여 기린을 봄에 이르러 '나의 길이 막혔도다!' 하고 크게 탄식하여 말하였다.」라고 기록하고, 그 다음에 이 장의 글을 기록하였다. 의지하던 애제자는 먼저 세상을 떴다. 천하의 정세는 희망을 가질 수 없다. 자신의 능력은 마침내 쓰이지 않을 것 같다. 공자에게서도 푸념은 나온다.

자공의 말은 스승의 푸념에 장단을 맞추어 그도 역시 푸념하는 것이다. 이때 자공의 눈에도 노스승의 생애는 결판이 나 있었다. 괴로운 동정의 말이다. 이 말을 스승의 말에 반론하여 그럴 리는 없다고 말하는 것으로 해석하면 도리어 자공으로 하여금 자신을 속이고 또한 스승을 기만케 하는 것이 된다. 공문(孔門)에서는 노스승이 제자에게 푸념하고 제자도 역시 맞장구를 쳐서 푸념한다.

그러나 자공이 맞장구를 치고 나오는 것을 들을 때 공자는 금세 초심(初心)으로 되돌아간다. 그는 자기가 하늘을 발견하고 있음을 새삼스럽게 안다.

「下學而上達」 — 고주(古註)의 설은 후일의 학자에 의하여 ≪춘추(春

秋)≫의 학문으로 부연(敷衍)해 나간다. 공자는 노(魯)나라의 역사 현상에 대의(大義)가 현현(顯現)하기도, 때로는 말살되기도 함을 인지하고 그 현상을 ≪춘추≫에 기술하여 칭찬하기도 하고 비난하기도 했다. 그렇게 함으로써 천명이 있는 것을 보여 주었다고 하였다. 이것은 천명을 아는 데에 도달한 사람만이 비로소 할 수 있는 일이다.

오규소라이(荻生徂徠)의 설은 간단하면서도 본 줄거리를 파악한 듯싶다. 당장 눈앞에 있는 시서예악(詩書禮樂)을 배워서 선왕의 마음에, 즉 하늘의 도에 도달함을 말하는 것이다.

「知我者其天乎」 — 이 말은 사실 공자가 자신을 하늘에 맡기고 있음을 말하는 것이다. 그는 하늘이라는 말을 발견하였다. 그의 일생을 통한 학문은 천하적 세계관을 추구하고 그것을 세상에 설명하는 일이었다. 그의 설은 정치상으로 채택되지 않아 현실화되지 못하였다. 그러나 그는 자기가 파악한 것의 진리성을 믿고 있었다. 자기에겐 하늘이 있다. 하늘은 자기와 함께한다. 이 자각이 그에게 자신(自信)과 기쁨을 가져다 주었다. 무엇을 원망하고 무엇을 탓하랴! 그가 정치에 절망하고 「下學而上達」한 데서 경서(經書)가 이루어져 나간다.

38

公伯寮愬子路於季孫. 子服景伯以告曰 夫子固有惑志. 於
공백료소자로어계손 자복경백이고왈 부자고유혹지 어

公伯寮 吾力猶能肆諸市朝. 子曰 道之將行也與 命也. 道之
공백료 오력유능사저시조 자왈 도지장행야여 명야 도지

將廢也與 命也. 公伯寮其如命何.
장폐야여 명야 공백료기여명하

공백료가 자로를 계강자에게 참소하였다. 자복경백이 그 사실을 공자께

아뢰었다.

"그분은 (공백료의 참소에) 정말로 마음이 흔들리고 있습니다만, 공백료 쪽은 제 힘으로도 그 시신을 광장에 내걸 수 있습니다."

공자께서 말씀하셨다.

"도가 행해지는 것도 천명이요, 도가 쇠퇴해 가는 것도 천명이거늘 공백료가 천명을 어찌하겠는가?"

【글자 뜻】 寮:벼슬아치 료. 愬:하소연할 소. 肆:방자할 사.

【말의 뜻】 公伯寮(공백료):「公伯」이 성,「寮」가 이름. 노나라 사람. ≪사기(史記)≫ 중니제자열전에「공백료(公伯寮), 자는 자주(子周)」라고 하였다. 그러나 이 사람을 공자의 제자로 손꼽는 데 의심을 품는 사람도 있다. 명(明)의 가정(嘉靖) 연간(1522~1566) 칠십이 제자의 배향(配享)에는 빠져 있다. 愬於季孫(소어계손):「愬」는 참언, 중상.「季孫」은 노(魯)의 계손씨. 이때의 당주(當主)는 계강자(季康子). 자로는 그의 가신(家臣)이었다. 子服景伯(자복경백):「子服」은 성.「景」은 시호.「伯」은 자. 이름은 하(何). 第十九 子張篇 23에도 등장한다. ≪춘추좌씨전≫에는 자복하(子服何)라는 이름으로 기재되어 있다. 노나라의 대부. 맹손씨(孟孫氏)의 일족. 공자를 존경하였다. 夫子(부자):계손씨(季孫氏)를 가리킴. 固有惑志(고유혹지):의혹을 지님.「固」는 진실로. 肆諸市朝(사저시조):「肆」는 사형수의 시체를 사람이 모이는 곳에 내놓음.「諸」는「지어(之於)」의 준 것.「市朝」는 사람이 모이는 곳. 나누어 말하면,「市」는 시장. 선비의 시체를 효시(梟示)하는 곳.「朝」는 조정. 대부의 시체를 효시하는 곳. 여기서는 둘을 합하여 하나의 말을 이룸.

【뜻 풀이】 공백료의 참소가 어떤 것이었는지 정확히는 알 수 없다. 그러나 자로는 계손씨의 본거지인 비성(費城)의 성벽을 제거하고 있었다. 공자

의 지시에 따른 것이며, 삼환(三桓)의 세력을 꺾어 국왕의 권리를 강화하려는 목적에서 한 것이다. 물론 현체제파(現體制派)로부터 큰 저항을 받고 있었다. 자로에게는 계손씨에게 참소 당할 요인이 있었다.

「於公伯寮」— 이 넉 자 한 구를 아래에 붙여서 해석함은 정주(鄭註)가 그러하며 ≪사기집해(史記集解)≫도 그 해석을 채택하고 있다.

천명과 운명은 다르다. 천명에는 합리적인 목적이 있다. 이 장의 말을 가지고 공자를 운명론자라고 보는 것은 옳지 않다.

39

子曰 賢者辟世. 其次辟地. 其次辟色. 其次辟言. 子曰 作者七人矣.
자왈 현자피세 기차피지 기차피색 기차피언 자왈 작자칠인의

공자께서 말씀하셨다.

“현자는 세상을 피한다. 그 다음가는 사람은 땅을 피한다. 또 그 다음가는 사람은 표정을 읽고 피한다. 그리고 그 다음가는 사람은 말을 듣고 피한다.”

공자께서 이어 말씀하셨다.

“이것을 행한 자는 일곱 사람이다.”

【글자 뜻】 辟:피할 피. 次:버금 차. 作:행할 작.

【말의 뜻】 辟世(피세):「피」는 피(避). 「避世」는 당시의 국왕을 섬기지 않음. 은자(隱者)가 됨. 辟地(피지):어지러운 나라를 떠나 평화로운 나라로 감. 辟色(피색):궂은 낯빛으로 대하면 그 나라를 떠남. 辟言(피언):궂은 소리를 들으면 그 나라를 떠남. 作者七人矣(작자칠인의):위의

네 가지 「辟」를 행한 자는 7명 있음.

【뜻 풀이】 第八 泰伯篇 13에 「危邦不入 亂邦不居 天下有道則見 無道則隱」이라고 하였다. 「辟地」와 「辟世」를 말하는 것이다.

「辟色」에 고주(古註)는 第十 鄕黨篇 23 「色斯擧矣(낌새를 보고 날아오름)」를 인용한다. 약간 거북하다.

「子曰 作者七人矣」 — 「子曰」을 새삼스러이 말하는 것은 위의 「賢者」에 대하여, 공자께서 한숨 돌리고 나서 보충적(補充的)으로 첨언(忝言)한 것이리라.

「七人」 — ≪논어≫에 명백히 밝힌 글은 없다. 공자의 의중을 추측할 따름이다. 추측함에 있어 그것을 ≪논어≫ 가운데서 구하느냐 밖으로도 범위를 넓히느냐, 또 공자의 동시대인을 가지고 말하느냐 이전의 사람에게도 미치게 하느냐? 이러한 입장 차이에 따라 여러 설이 이루어지고 있다. 여기서는 ≪논어집해(論語集解)≫가 인용하고 있는 한(漢)의 포함(包咸)의 설을 예로 들어 둔다.

장저(長沮) · 걸닉(桀溺)(둘 다 第十八 微子篇 6), 장인(丈人)(同 7), 석문(石門)의 문지기(第十四 憲問篇 40), 삼태기를 진 사람(同41), 의(儀)의 봉인(封人)(第三 八佾篇 24), 초(楚)의 광접여(狂接輿)(第十八 微子篇 5) 등이 그들이다. ≪논어≫ 가운데서 동시대인을 구한 것이다.

40

子路宿於石門. 晨門曰 奚自. 子路曰 自孔氏. 曰 是知其不可 而爲之者與.
자로숙어석문 신문왈 해자 자로왈 자공씨 왈 시지기불가 이위지자여 자로가 석문에 머물렀다. 문지기가 물었다.

"어디서 오신 분인가요?"

자로가 말하였다.

"공문(孔門)의 사람이오."

문지기가 말하였다.

"안 되는 줄 알면서도 감행하는 분 말씀이군요?"

【글자 뜻】 宿:묵을 숙. 晨:새벽 신. 奚:어찌 해.

【말의 뜻】 石門(석문):노(魯)의 성 밖의 문. 晨門(신문):문지기. 새벽과 밤에 성곽의 문을 여닫는 자. 奚自(해자):「奚」는 어찌(何). 「自」는 ~로부터(由).

【뜻 풀이】 문지기와 자로의 문답은 석문에 머물렀던 이튿날 아침, 문이 열린 뒤에 이루어졌다. 第十八 微子篇 7에서 자로는 「임금을 섬기지 않으면 대의(大義)는 나타나지 않는다.」라고 하였고, 또 「군자가 섬기는 것은 그 대의를 실현하려 함이다. 도가 행해지지 않음은 나 자신이 알고 있다.」고 하였다.

41

子擊磬於衛. 有荷蕢而過孔氏之門者. 曰 有心哉 擊磬乎. 既而曰 鄙哉 硜硜乎. 莫己知也 斯己而已矣. 深則厲 淺則揭. 子曰 果哉 末之難矣.

자격경어위 유하궤이과공씨지문자 왈 유심재 격경호 기이왈 비재 갱갱호 막기지야 사기이이의 심즉려 천즉게 자왈 과재 말지난의 공자께서 위나라 서울에서 경쇠를 치고 계실 때, 삼태기를 지고 공자의 숙사 문앞을 지나가는 자가 있었다. 그 사람이 말하였다.

"시름이 담겨 있도다, 이 경쇠 소리엔."

잠시 있다가 또 말하였다.

"시시하군, 융통성이 없구나! 자기를 써 주는 자가 없는데도 자기의 길 하나에 매달려 있으니. 깊은 내에서는 옷을 벗어 들고, 얕은 내에서는 옷자락을 걷어 올려야 하거늘."

공자께서 말씀하셨다.

"그것이 가능하다면 고생할 것은 없는데 말이다."

【글자 뜻】 擊:부딪칠 격. 磬:경쇠 경. 蕢:삼태기 궤. 鄙:더러울 비. 硜:돌 소리 갱. 深:깊을 심. 淺:얕을 천. 揭:들 게.

【말의 뜻】 擊磬(격경):「擊」은 돌 또는 옥으로 만든 타악기. 경쇠. 매달고 침. 荷蕢(하궤):「荷」는 짊어짐. 「蕢」는 짚이나 대로 엮어서 만든 그릇. 삼태기. 흙 같은 것을 운반할 때 사용함. 第九 子罕篇 19에서 말하는 「一蕢」도 같다. 孔氏之門(공씨지문):공자가 머물고 있는 숙사의 문. 有心哉(유심재):시름을 띠고 있음. 鄙哉 硜硜乎(비재 갱갱호):「鄙」는 속됨. 천박함. 「硜硜」은 경(磬) 소리의 딱딱하고 단조로움을 나타냄. 第十三 子路篇 20에 「硜硜然小人哉」라고 하였다. 莫己知也(막기지야):자기를 알아주고 써 주는 자가 없음. 본편 37의 「莫我知也夫」와 같은 어법(語法). 斯己而已矣(사기이이의):자신이 있을 따름. 오직 나를 믿고 그 길을 갈 따름임. 深則厲 淺則揭(심즉려 천즉게):≪시경≫ 패풍(邶風)의 포유고엽편(匏有苦葉篇)의 첫 장에 나오는 구. 「厲」는 옷을 벗어 들고 감. 「揭」는 옷자락을 걷어 올림. 물의 깊이가 무릎 이하의 경우이다. 두 구는 때에 따라 적당히 대처함을 말함. 果哉(과재):참으로 그가 말한 대로 내가 결론지어 버린다면. 「果」는 신(信). 해설 참조. 末

之難矣(말지난의):「末」은 없음. 「어려움은 없다」, 「손쉽다」는 것을 말함.

【뜻 풀이】「旣而曰」—「경쇠 소리의 심상치 않음을 듣고, 어떤 사람이냐고 물어 볼 때에 한 말일 것이다.」라고 한 주해서도 있다.

「斯己而已矣」—「斯己」의 「己」를 ≪경전석문(經典釋文)≫은 「기(紀)」의 음으로 읽고, 기신(己身)·기출(己出)의 「己」로 해석하고 있다. 이것을 「已」자로 읽고, 「그만두면 그뿐이다」라고 해석하는 것은, 사실 ≪논어≫의 옛 모습으로부터 멀어지는 것이리라.

「果哉」— 이 두 자의 뉘앙스는 미묘하다. 삼태기를 진 자가 공자의 의중을 이해하지 못하고 자기 멋대로 지껄이는 그 과감함, 딱 잘라 결론 짓는 그 방자함을 공자가 탄식한 말이라고도 해석할 수 있다.

42

子張曰 書云 高宗諒陰 三年不言 何謂也. 子曰 何必高宗.
자장왈 서운 고종양음 삼년불언 하위야 자왈 하필고종
古之人皆然. 君薨 百官總己以聽於冢宰三年.
고지인개연 군훙 백관총기이청어총재삼년

자장이 여쭈어 보았다.

"≪상서≫에 「고종은 복상 중 3년 동안 말을 하지 않았다.」고 한 것은 무엇을 말한 것일까요?"

공자께서 말씀하셨다.

"어찌 고종뿐이겠느냐? 옛사람은 다 그러했다. 임금이 승하하시면 모든 관원은 자기 일을 총괄하여 3년 동안 총재(冢宰)에게 재가를 앙청하였다."

【글자 뜻】 諒:믿을 양. 陰:응달 음. 總:거느릴 총. 聽:들을 청. 冢:무덤 총.

【말의 뜻】 書云 高宗諒陰 三年不言(서운 고종양음 삼년불언):「書」는 ≪상서(尙書)≫. 「高宗」 이하의 두 구는 현존하는 위공전본(僞孔傳本)의 열명 상편(說命上篇) 및 무일편(無逸篇)에 보인다. 「高宗」은 은 왕조(殷王朝) 중흥의 어진 임금. 이름은 무정(武丁).

「諒陰」 — 공주(孔註)는 「諒」을 신(信), 「陰」을 묵(默)이라고 해석한다. 정주(鄭註)는 「諒陰」을 양암(梁闇)이라 하고, 복상(服喪)하기 위한 초막이라고 해석한다. 「梁」은 초막(草幕)의 대들보. 「闇」은 암(庵). 요컨대 부모의 상을 입는 것이다.

「三年」 — 부모의 복상 기간. 한(漢) 이후의 상제(喪制)로는 이십오 개월 또는 이십칠 개월. 百官總己以聽於冢宰(백관총기이청어총재):이 구는 ≪상서≫ 이훈편(伊訓篇)에 나온다. 「總己」는 자기 직무를 총괄함. 「聽」은 재가(裁可)를 앙청함. 「冢宰」의 「冢」은 큼(大). 총리대신에 해당함. 총재에게 재가를 앙청하는 것은 천자가 말을 안 하기 때문이다.

【뜻 풀이】 친상을 3년간 입는 것은 천하의 달례(達禮), 즉 천자로부터 서민에 이르기까지 모든 사람에게 통하는 예였다. 청조(淸朝)에 이르기까지 그러하였다. 공자 때에는 그것이 정해져 가고 있었던 것이리라. 이 장에서 공자가 그것을 강조한 것도, 재아(宰我)의 1년설을 비판(第十七 陽貨篇 21)한 것도 그 사정을 나타낸다.

이 자장의 질문과 공자의 대답은 ≪예기(禮記)≫ 단궁(檀弓) 하편(下篇), ≪상서대전(尙書大傳)≫, ≪백호통(白虎通)≫ 작편(爵篇)에서도 문제되고 있다. 식자의 관심이 집중되는 바였다.

43

子曰 上好禮 則民易使也.
자왈 상호례 즉민이사야

공자께서 말씀하셨다.

"위에 서는 자가 예를 좋아한다면 백성을 부리기가 쉽다."

【글자 뜻】 好:좋을 호. 禮:예도 예.

【말의 뜻】 民易使(민이사):「易」는 쉬움.

【뜻 풀이】 第十三 子路篇 4에 「윗사람이 예를 좋아하면 백성은 다 존경한다.」고 하였으며, 第十七 陽貨篇 4에 「소인이 도를 배우면 백성을 부리기 쉽다.」고 하였다.

44

子路問君子. 子曰 脩己以敬. 曰 如斯而已乎. 曰 脩己以安人. 曰 如斯而已乎. 曰 脩己以安百姓. 脩己以安百姓 堯舜其猶病諸.
자로문군자 자왈 수기이경 왈 여사이이호 왈 수기이안인 왈 여사이이호 왈 수기이안백성 수기이안백성 요순기유병저

자로가 군자에 대해 여쭈어 보았다. 공자께서 말씀하셨다.

"경건한 마음으로 자신을 수양하는 것이다."

자로가 여쭈었다.

"그렇게만 하면 됩니까?"

공자께서 말씀하셨다.

"자신을 수양하여 남을 편안하게 해야 한다."

"그렇게만 하면 됩니까?"

"자신을 수양하여 만민을 편안하게 해야 한다. 자신을 수양하여 만민을 편안하게 하는 일은 요(堯)나 순(舜)에게도 어려운 일이었을 것이다."

【글자 뜻】 脩:닦을 수. 敬:공경할 경. 堯:임금 요. 舜:순임금 순.

【말의 뜻】 脩己以敬(수기이경):경건한 마음으로 자신을 수양함. 安人(안인):「人」은 친구와 친척. 安百姓(안백성):「百姓」은 온 민중. 堯舜其猶病諸(요순기유병저):「病」은 어려움(難). 「諸」는 지호(之乎). 第六 雍也篇 30에도 같은 말이 쓰이고 있다.

【뜻 풀이】 「脩己以敬」에서 「安人」, 「安百姓」으로 전개해 나아간다. 수신·제가·치국·평천하의 원형을 볼 수 있다. 「脩己以敬」은 본인 자신에 대하여, 「安人」은 가장(家長)에 대하여, 「安百姓」은 천자·제후에 대하여 말한다. 사람과 백성을 안정시키는 것으로써 군자의 조건으로 삼고 있다. 그 근본은 개인의 존경이다.

「堯舜其猶病諸」 — 第六 雍也篇 30의 경우와 같이 더없이 곤란한 일을 말할 때에 이 상투어로 사정없이 꾸짖는 것이다. 이 방법도 역시 전국시대 이후에 비롯되었을 것이다.

45

原壤夷俟. 子曰 幼而不孫弟 長而無述焉. 老而不死 是爲
원 양 이 사　자 왈　유 이 불 손 제　장 이 무 술 언　노 이 불 사　시 위

賊. 以杖叩其脛.
적　이 장 고 기 경

원양이 무릎을 세우고 앉아서 기다리고 있었다. 공자께서 말씀하셨다. "어려서는 윗사람을 공경하지 않고, 자라서도 이렇다 할 일을 한 것이 없고, 늙어서 죽지도 않으니 너야말로 해독자(害毒者)이다." 그리고는 지팡이로 그의 정강이를 두들겼다.

【글자 뜻】 壤:흙 양. 俟:기다릴 사. 叩:두드릴 고. 脛:정강이 경.

【말의 뜻】 原壤(원양):노(魯)나라 사람. 공자의 오랜 벗이었다고 한다. 夷俟(이사):「夷」는 이거(夷踞). 앉아서 두 다리를 앞으로 내어 무릎을 구부려 세움. 「俟」는 기다림. 孫弟(손제):손제(遜悌). 윗사람에게 공순한 것. 無述(무술):말할 만한 덕행이 없음. 爲賊(위적):「賊」은 해(害). 사람을 해침. 叩其脛(고기경):「叩」는 두드림. 「脛」은 정강이.

【뜻 풀이】 원양은 모친이 죽자 그 덧널[槨]을 만드는 재목 위에 올라가서 나무로 장단을 치며 노래를 부른 반례교(反禮敎)의 사람이다. 이것은 ≪예기(禮記)≫ 단궁(檀弓) 하편(下篇)에 나온다.

「老而不死 是爲賊」— 충격적인 말이다. 황간(皇侃)은 「양(壤)은 나이가 이미 많은데도 죽지 않고 불경한 짓을 한다. 덕을 해치는 까닭이다.」라고 하였다.

「以杖叩其脛」— 황간(皇侃)은 「공자는 일일이 수죄(數罪)하여 말하였

다. 말을 마치자 또 지팡이로 정강이를 두들겨 패어 그 정강이로 무릎을 세우고 앉지 못하게 만들었다.」고 하였다. 정강이를 때린 것은 징계하기 위해서가 아니라 무례함을 주의시키기 위해서였던 것이다.

본편의 편말에 나오는 「作者七人」(39), 「晨門」(40), 「荷蕢」(41), 「原壤」(45) 등의 장들은 분명히 공자의 본래 사상은 아니다.

46

闕黨童子將命. 或問之曰 益者與. 子曰 吾見其居於位也.
궐 당 동 자 장 명 　 혹 문 지 왈 　 익 자 여 　 자 왈 　 오 견 기 거 어 위 야
見其與先生竝行也. 非求益者也. 欲速成者也.
견 기 여 선 생 병 행 야 　 비 구 익 자 야 　 욕 속 성 자 야

궐(闕) 마을의 소년이 손님 안내를 하고 있었다. 어떤 사람이 그 소년에 대해 여쭈어 보았다.

"교양을 쌓아 나가는 자입니까?"

공자께서 말씀하셨다.

"그 애가 어른들 자리에 함께 앉아 있는 것으로 보나 연장자와 어깨를 나란히 걷고 있는 것으로 보아 교양을 쌓아 나가는 자가 아니라 빨리 성인이 되려고 발돋움을 하고 있는 자다."

【글자 뜻】 闕:대궐 궐. 童:아이 동. 速:빠를 속.

【말의 뜻】 闕黨(궐당):지명. 공자가 살고 있던 궐리(闕里)라는 설(說)도 있다. 「黨」은 5백 호를 단위로 하는 지역. 將命(장명):「將」은 전함(傳). 「命」은 말. 「將命」은 손님과 주인 사이의 말을 전함. 第十七 陽貨篇 20에 「將命者」라고 하였다. 益者(익자):교양을 쌓아가는 자. 居於位(거어

위):「位」는 성인의 좌석. 동자에게는 좌석이 없어 방 한쪽 구석에 앉아 있다. 그런데도 이 동자는 어른 축에 끼어든다. 與先生竝行(여선생병행):「先生」은 연장자.「竝行」은 어깨를 나란히 걸음. 연장자와 걸을 때는 좀 떨어져서 따라가는 것이 예이다. 欲速成者(욕속성자):빨리 성인이 되려고 발돋움을 하고 있는 자.

【뜻 풀이】 이 동자는 무례한 아이로서 공자로부터 버림받고 있는 것일까? 만일 그렇다면 이것은 ≪논어≫ 중에서 아주 이색적인 문장이다. ≪논어≫에서 공자는 항상 상대의 기근(機根)을 보고 친절히 교육하고 있다. 여기서는 그와 같은 애정도 배려도 인지할 수 없다. 앞 장의 원양(原壤)에게는 냉혹한 비판을 퍼붓고 있다. 그 점에서 이 동자의 비평과 상통하는 바가 있다. 여기에 덧붙여진 이유이다.

제15
위령공편
(衛靈公篇)

영공이든 공문자든 공자에게 전쟁에 대해 묻는 것은 공자가 그것을 알고 있다고 보았기 때문이다. 「九尺六寸」의 위장부인 공자를 그렇게 보았다고 해서 이상할 것은 없다. 그러나 ≪사기≫ 공자세가에는 다음과 같은 문장이 있다.

「염유(冉有)가 계씨(季氏)의 장수가 되어 제(齊)와 낭(郎)에서 싸워 이겼다. 계강자(季康子)가 "선생의 군려(軍旅) 배치는 배운 것이오, 아니면 타고난 것이오?" 하고 묻자, 염유는 "공자께 배웠습니다."라고 말하였다.」

공자는 염유에게 천재적인 전략을 가르쳐 주었다. 그러나 공자는 결국 무(武)를 택하지 않고 예(禮)를 택한 것이다.

1

衛靈公問陳於孔子. 孔子對曰 俎豆之事 則嘗聞之矣. 軍旅之事 未之學也. 明日遂行.
위령공문진어공자 공자대왈 조두지사 즉상문지의 군려지사 미지학야 명일수행

위나라 영공이 공자에게 군사 배치에 대해 물어 보았다. 공자께서 대답하셨다.

"예의에 대한 것이라면 알고 있습니다만, 군사에 관한 것은 아직 배우지 못했습니다."

그리고는 이튿날 곧장 떠나셨다.

【글자 뜻】 靈:신령 령. 俎:도마 조. 嘗:맛볼 상. 遂:이를 수.

【말의 뜻】 衛靈公(위령공):第十四 憲問篇 20「子言衛靈公之無道也」 참조. 陳(진):군사 배치. 진(陣)과 같음. 俎豆(조두):제사, 향연, 의식 때에 쓰는 그릇. 「俎」는 육류(肉類)를, 「豆」는 국물이 있는 것을 담음. 「俎豆之事」는 예의의 초보를 말함. 第八 泰伯篇 4에는 「籩豆之事」라고 하였음. 軍旅(군려):≪주례(周禮)≫ 사마서관(司馬序官)에 따르면 일만 이천오백 명이 1군(一軍), 오백 명이 1려(一旅). 천자는 6군, 대국은 3군, 소국은 1군. 군의 장수로는 경(卿)이 임명된다.

【뜻 풀이】 「子曰」이라 하지 않고 「孔子對曰」이라 한 것은, 이미 말했듯이 기록자가 위(衛)나라 임금에게 경의를 표하고 있는 것이다. ≪춘추좌씨전≫ 애공(哀公) 11년에 이런 기록이 있다.

「공문자(孔文子)가 대숙(大叔)을 공격하려고 할 때 중니(仲尼)에게 물

어 보았다. 중니는 "호궤(胡簋)에 대하여는 일찍이 배웠으나 갑병(甲兵)에 관하여는 아직 듣지 못했습니다." 하고는 물러나와 탈것을 불러 떠나려고 하며 말하였다. "새가 나무를 택한다. 나무가 어찌 새를 택할 수 있으랴!"」

「孔文子」는 第五 公冶長篇 15, 第十四 憲問篇 20에 나와 있다. 「大叔」은 대숙질(大叔疾). 둘 다 위(衛)의 중신이다. 「胡簋」는 의식에 쓰는 그릇. 위나라에서 전해지고 있던 공자의 언행이 ≪춘추좌씨전≫과 ≪논어≫에 기록되어 있는 것이다.

영공이든 공문자든 공자에게 전쟁에 대해 묻는 것은 공자가 그것을 알고 있다고 보았기 때문이다. 「九尺六寸」의 위장부인 공자를 그렇게 보았다고 해서 이상할 것은 없다. 그러나 ≪사기≫ 공자세가에는 다음과 같은 문장이 있다.

「염유(冉有)가 계씨(季氏)의 장수가 되어 제(齊)와 낭(郎)에서 싸워 이겼다. 계강자(季康子)가 "선생의 군려(軍旅) 배치는 배운 것이오, 아니면 타고난 것이오?" 하고 묻자, 염유는 "공자께 배웠습니다."라고 말하였다.」

공자는 염유에게 천재적인 전략을 가르쳐 주었다. 그러나 공자는 결국 무(武)를 택하지 않고 예(禮)를 택한 것이다.

2

在陳絶糧. 從者病莫能興. 子路慍見曰 君子亦有窮乎. 子曰
재진절량 종자병막능흥 자로온현왈 군자역유궁호 자왈
君子固窮. 小人窮斯濫矣.
군자고궁 소인궁사람의

진나라에서 양식이 떨어졌다. 수행자들은 몸살이 나서 일어날 수가 없었다. 자로는 분을 못 이겨 공자를 뵙고 여쭈었다.

"군자도 곤궁한 일이 있는 것입니까?"

공자께서 말씀하셨다.

"군자는 곤궁을 굳세게 견뎌낸다. 소인이라면 탈선할 테지만 말이다."

【글자 뜻】 糧:양식 량. 從:좇을 종. 莫:없을 막. 興:일 흥. 慍:성낼 온. 窮:다할 궁. 濫:퍼질 람.

【말의 뜻】 陳(진):하남성(河南省) 진주(陳州) 근처에 있던 작은 나라. 絕糧(절량):「糧」은 여행할 때의 식량. 「絕」은 그 식량이 떨어짐. 病莫能興(병막능흥):「病」은 몸살. 「興」은 일어남(起). 慍見(온현):「慍」은 화냄(怒 또는 怨). 공자와 같은 성인이 먹을 것도 떨어지는 것에 자로는 분개한 것이다. 「見」은 공자를 뵈옴. 오규소라이(荻生徂徠)는 「분노가 얼굴빛에 나타나 있다」로 해석한다. 濫(람):넘침(溢). 단속을 못하는 모양. 정주(鄭註)는 「도둑질」이라고 한다. 固(고):굳세고 고집스럽게 견뎌냄.

【뜻 풀이】 공자는 십사 년간이나 제자들을 데리고 여러 나라를 편력하였다. 그동안 그들은 어떻게 살았던 것일까? 가는 곳마다 왕이나 대부들이 편의를 제공하고 있었던 것이다. 각국 사람들에게 있어서 여러 나라를 여행하다 들르는 사람은 새로운 정보와 지식을 가져오는 자이며 환영할 만한 희귀 손님이었다. 국력의 증강도 기대할 수 있었다.

진(陳)에서 공자 일행의 양식이 떨어진 것은 뭔가 착오가 있어 보급이 끊어졌던 것이리라. 애공(哀公) 6년(기원전 489년), 오(吳)가 진(陳)으로 쳐들어갔으며, 또 기근이 있었다. 공자 일행이 궁했던 것은 이 무렵의 일이었을 것이다. 공자가 기대했던 진나라의 손길이 갑자기 끊겼던 것이다.

이 장도 역시 자로의 면목을 잘 묘사하고 있다.

3

子曰 賜也 女以予爲多學而識之者與. 對曰 然 非與. 曰 非也. 予一以貫之.
자왈 사야 여이여위다학이지지자여 대왈 연 비여 왈 비야 여일이관지

공자께서 말씀하셨다.

"사야, 너는 내가 널리 배워 잘 기억해 두고 있는 사람이라고 생각하느냐?"

자공이 대답하였다.

"그렇습니다. 그렇지 않습니까?"

공자께서 말씀하셨다.

"그렇지 않다. 나는 하나의 이치로써 모든 것을 꿰뚫고 있는 것이니라."

【글자 뜻】 賜:줄 사. 識:기억할 지(알 식). 貫:꿸 관.

【말의 뜻】 賜(사):자공(子貢)의 이름. 이름을 부르고 있다. 第十一 先進篇 3에 「언어에는 재아(宰我)·자공」이라고 하였다. 識之者(지지자):「識」는 기억해 둠.

【뜻 풀이】「予一以貫之」— 第四 里仁篇 15에서 공자는 증자에게 「吾道一以貫之」라고 하였다. 거기서는 증자가 문인들에게 「一」을 「충서(忠恕)」라고 해설하고 있다. 이 衛靈公篇에서도 공자의 설명이 없다. 자공은 어떻게 이해했던 것일까?

第二 爲政篇 2에 「詩三百一言以蔽之 日思無邪」라고 하였다. 공자는 다양한 경험을 귀히 여겨 쌓아 올리고 있었지만, 동시에 그것들의 근본을 묻는 이성을 연마하고 있었던 것이다.

「博學於文」— 공자의 이 말이 第六 雍也篇 27과 第十二 顔淵篇 15에 거듭 나오고 있다. 또 그는 「말없이 침잠(沈潛)하여 옛것을 안다.」(第七 述而篇 2)라고 하였고, 「나는 태어나면서 모든 것을 알고 있는 자가 아니다. 고전을 사랑하고 애써 탐구하고 있는 자이다.」(第七 述而篇 19)라고 하였으며, 「많이 들어 좋은 것을 택하여 좇고, 많은 것을 보고 기억해 둔다.」(第七 述而篇 27)라고 하였다.

공자를 「多學而識之」라고 한 것은 일반 세평(世評)이었을 것이다. 공자는 그것을 들어 질문을 한다. 그 세평을 긍정하면서 공자의 새삼스러운 문제 제기를 의아해하는 자공의 심정이 「然 非與」라는 말로 나타나고 있다. 공자는 박식에 만족하지 않고 도를 탐구하도록 깨우쳐 준다.

4

子日 由 知德者鮮矣.
자 왈 유 지 덕 자 선 의

공자께서 말씀하셨다.
"유야, 덕 있는 자를 알아주는 사람은 드물다."

【글자 뜻】德:덕 덕. 鮮:드물 선.

【말의 뜻】由(유):자로의 이름. 이름을 부르고 있다. 第二 爲政篇 17「由 誨女知之乎」 참조. 知德者鮮矣(지덕자선의):덕 있는 자를 알아보고 그를 등용하는 자는 드물다. 「鮮」은 적음(少).

5

子曰 無爲而治者 其舜也與. 夫何爲哉. 恭己正南面而已矣.
자왈 무위이치자 기순야여 부하위재 공기정남면이이 의

공자께서 말씀하셨다.

"스스로는 아무것도 하지 않고 천하를 잘 다스린 사람은 저 순임금일까? 대체 어떻게 하셨길래? 자세를 바로하고 똑바로 남면(南面)하고 있었을 뿐이었다."

【글자 뜻】 與:줄 여. 哉:어조사 재. 恭:공손할 공.

【말의 뜻】 無爲(무위):자기가 몸소 애써 일하지 않음. 南面(남면):천자와 제후는 조정에 나와 있을 때 남면하여 여러 신하를 대하고 정무를 본다. 第六 雍也第 1에 「雍也可使南面」이라고 하였다.

【뜻 풀이】 「知德者鮮矣」에 이어 이 장이 놓여 있다. 편집자는 순(舜)이 덕 있는 자를 알아보는 왕자이며, 훌륭한 신하를 임용한 것을 이 장에서 읽고 있는 것이다. 第八 泰伯篇 20에 「舜有臣五人 而天下治」라고 하였다. 또 第八 泰伯篇 18에 「巍巍乎 舜禹之有天下也. 而不與焉」이라고 하였다. 「不與」는 이 장의 「無爲」와 그 뜻이 비슷하다.

6

子張問行. 子曰 言忠信 行篤敬 雖蠻貊之邦行矣. 言不忠信
자장문행 자왈 언충신 행독경 수만맥지방행의 언불충신
行不篤敬 雖州里行乎哉. 立則見其參於前也. 在輿則見其
행불독경 수주리행호재 입즉견기참어전야 재여즉견기
倚於衡也. 夫然後行. 子張書諸紳.
의어형야 부연후행 자장서저신

자장이 세상에 받아들여질 방법을 여쭈어 보았다. 공자께서 말씀하셨다.

"말이 성실하고 신의가 있으며, 행동이 도탑고 공경스러우면 오랑캐 나라에서조차 받아들여진다. 말이 불성실하고 신의가 없으며, 행동이 얄팍하고 공경스럽지 못하면 자기 나라에선들 받아들여지겠느냐? 서 있을 때에는 이 「忠信篤敬」의 넉 자가 앞에 우뚝우뚝 서 있음을 보고, 수레에 타고 있을 때에는 이 넉 자가 수레채의 횡목에 기대어 있음을 보아라. 그리해야만 비로소 받아들여질 것이다."

자장이 이 넉 자를 큰 띠의 늘어진 부분에 적었다.

【글자 뜻】 篤:도타울 독. 蠻:오랑캐 만. 貊:북방 종족 맥. 輿:수레 여. 倚:의지할 의. 衡:저울대 형.

【말의 뜻】 問行(문행):「行」은 자기의 주장이나 정령이 세상에 받아들여져 보급되는 것. 言忠信 行篤敬(언충신 행독경):「忠」은 사람에 대해 성의를 다함. 「信」은 자신의 말을 배반하지 않음. 「篤」은 자기 자신의 가능성을 다함. 「敬」은 사람을 공경함. 蠻貊(만맥):오랑캐. 천하적 세계관을 공유하지 않은 이문화의 민족. 州里(주리):「州」는 이천오백 호를, 「里」는 오백 호를 말함. 가까이에 있는 지역사회. 行乎哉(행호재):반어(反語)이다. 행해지지 않음을 말함. 立則見其參於前也(입즉견기참어전야):

「參」은 빽빽이 들어섬(森). 삼연(森然). 우뚝우뚝 서 있는 모양. 在輿(재여):「輿」는 수레. 「在輿」는 수레 안에 있음을 말함. 其倚於衡(기의어형):「倚」는 기댐(依). 「衡」은 수레 전방의 채에 붙은 횡목(橫木). 수레 안에서 보임. 書諸紳(서저신):「諸」는 지어(之於). 「紳」은 큰 띠. 3척 정도 늘어뜨림.

【뜻 풀이】「忠信」, 「篤敬」 — ≪춘추좌씨전≫ 양공(襄公) 22년에 안평중(晏平仲)의 말 「忠信篤敬은 위아래가 이를 같이한다. 하늘의 도이다.」를 기재하고 있다.

「立則見其參於前也. 在輿則見其倚於衡也」 — 두 구는 오규소라이(荻生徂徠)가 말하듯이 고어일 것이다. 항시 눈앞에 아른거려 떠나지 않음을 비유해서 말한다. 여기서는 「忠信篤敬」 넉 자에서 항시 눈을 떼지 말라고 가르치는 것이다.

자장이 큰 띠에 쓴 것은 이 넉 자였을 것이다. 안평중의 말로 생각하면 이것도 역시 익은말이었던 것 같다. 안평중은 공자가 존경한 인물이었음이 ≪사기≫ 중니제자열전에 기록되어 있다.

7

子曰 直哉 史魚. 邦有道如矢 邦無道如矢. 君子哉 蘧伯玉.
자왈 직재 사어 방유도여시 방무도여시 군자재 거백옥
邦有道則仕 邦無道則可卷而懷之.
방유도즉사 방무도즉가권이회지

공자께서 말씀하셨다.

"올곧도다, 사어(史魚)는! 국가에 도가 행해질 때에도 화살 같고, 국가에

도가 행해지지 않을 때에도 화살 같도다. 군자로다, 거백옥은! 국가에 도가 행해질 때에는 벼슬을 하고, 국가에 도가 행해지지 않을 때에는 거두어 간직할 줄 알도다."

【글자 뜻】 邦:나라 방. 矢:화살 시. 蘧:풀이름 거. 懷:품을 회.

【말의 뜻】 史魚(사어):위(衛)의 대부. 사추(史鰌). 자가 자어(子魚). 如矢(여시):≪시경≫ 소아(小雅) 대동편(大東篇)에 「周道如砥 其直如矢(주나라의 도로는 숫돌같이 평평하고 그 곧기가 화살 같다.)」고 하였다. 蘧伯玉(거백옥):위(衛)의 대부 거원(蘧瑗). 「伯玉」은 그의 자. 第十四 憲問篇 26「蘧伯玉使人於孔子」 참조. 卷而懷之(권이회지):말아서 간직해 둠. 용케 간수해 버림.

【뜻 풀이】 사어(史魚)의 일화(逸話)는 ≪한시외전(韓詩外傳)≫에 나온다.

「옛날 위(衛)의 대부 사어(史魚)가 병이 위독하여 죽게 되었다. 그 아들에게 말하기를 "나는 자주 거백옥(蘧伯玉)의 어짊을 말했으나 천거하지 못하였고, 미자하(彌子瑕)는 불초한데도 물리치지 못하였다. 임금의 신하가 되어 살아서 어진 이를 천거하고 불초한 이를 물리치지 못하였으니, 죽더라도 상(喪)을 정당(正堂)에서 치르지 말고 여느 방에 빈소를 차리도록 하라."고 하였다. 위나라 왕이 그 까닭을 물었다. 아들이 부친의 말을 가지고 대답하였다. 임금이 이에 거백옥을 불러 이를 존중하고 미자하를 물리쳤으며, 빈소를 정당으로 옮겨 예를 치르게 하고 떠나보냈다. 살아선 몸으로써 간하고, 죽어선 시신으로써 간하였으니 올곧다고 하겠다. ≪시경≫에 말하기를 '그대의 자리를 삼가 받들어 그 정직을 좋아한다.(靖共爾位 好是正直)' 라고 하였다.」

여기서 ≪시경≫은 소아(小雅) 소명편(小明篇). 「靖」은 꾀함(謀). 「共」은 갖춤(具). 명군(明君)이 정직한 자를 위하여 자리를 준비하고 그 정직을 좋아함을 말한다.

거백옥은 헌공(獻公)과 손씨(孫氏)의 싸움, 헌공의 제(齊)나라 망명과 그 복귀, 영희(寧喜)의 상공(殤公) 시역(弑逆) 사건 등 위나라의 여러 동란(動亂) 때마다 관문을 나가 난을 피하여 말려들지 않았다. ≪춘추좌씨전(春秋左氏傳)≫ 애공(哀公) 22년, 26년에 그에 관한 기사가 나온다.

사어(史魚)를 「直」이라 하고 백옥(伯玉)을 「君子」라고 하였다. 유연한 태도를 보다 높이 평가하고 있다.

8

子曰 可與言而不與之言 失人. 不可與言而與之言 失言. 知者不失人 亦不失言.
자왈 가여언이불여지언 실인 불가여언이여지언 실언 지자불실인 역불실언

공자께서 말씀하셨다.

"말을 나눌 만한 상대인데도 더불어 말하지 않는다면 애석하게도 사람을 놓치고 만다. 말을 나눌 만한 상대가 아닌데도 더불어 말한다면 말이 보람 없어진다. 지혜로운 자는 사람을 놓치는 일도 없고 말을 헛되이 하는 일도 없다."

【글자 뜻】 與:줄 여. 亦:또 역. 失:잃을 실.

【말의 뜻】 可與言(가여언):함께 말을 나눌 만함. 與之言(여지언):그와 더불어 말함.

【뜻 풀이】 일생에 단 한 번 만나는 인연을 후회 없도록 대해야 할 것이다.

그렇지만 이는 아무나 적절히 할 수 있는 것은 아니다. 「失人」, 「失言」의 탄식도 역시 인정(人情)이다.

9

子曰 志士仁人 無求生以害仁 有殺身以成仁.
자 왈 지 사 인 인 무 구 생 이 해 인 유 살 신 이 성 인

공자께서 말씀하셨다.

"[인(仁)에] 뜻이 있는 사람과 인을 행하는 사람은 살기 위해 인(仁)을 해치지 않으며 내 몸을 버려 인을 이룬다."

【글자 뜻】 志:뜻 지. 害:해칠 해. 殺:죽일 살.

【말의 뜻】 志士(지사):인(仁)에 뜻을 둔 사람. 仁人(인인):인(仁)을 행하는 사람. 求生(구생):삶을 구함.

【뜻 풀이】 공자는 「국가에 도가 없으면 숨는다.」(第八 泰伯篇 13)고 하였다. 그러나 그는 기회주의자가 아니다. 온 인격과 생애를 걸고 인을 구하고 있었던 것이다.

「志士」 — 의를 지키는 자, 마음에 착한 뜻을 지닌 선비라는 해석이 고주(古註)에도 있다. 그러나 이 장에서는 인을 구해 마지않음을 말한다. 「志士」도 역시 인을 구하는 사람이다. 第四 里仁篇 4에 「苟志於仁矣無惡也」라고 하였다.

10

子貢問爲仁. 子曰 工欲善其事 必先利其器. 居是邦也 事其
자 공 문 위 인 자 왈 공 욕 선 기 사 필 선 이 기 기 거 시 방 야 사 기
大夫之賢者 友其士之仁者.
대 부 지 현 자 우 기 사 지 인 자

자공이 인의 실천에 대해 여쭈어 보았다. 공자께서 말씀하셨다.

"장인(匠人)이 일을 훌륭히 해내고자 할 때 반드시 먼저 그 연장을 갈듯이, 너도 지금 있는 나라에서 대부 중에 현자를 섬기고, 선비 중에 인자(仁者)를 벗 삼아야 한다."

【글자 뜻】 欲:하고자 할 욕. 是:이 시. 賢:어질 현.

【말의 뜻】 爲仁(위인):인(仁)을 행함. 第一 學而篇 2「其爲仁之本與」의【말의 뜻】 참조. 工(공):장인(匠人). 利其器(이기기):도구를 예리하게 함. 是邦(시방):가는 곳마다의 각 나라. 第一 學而篇 10「夫子至於是邦也」 참조.

【뜻 풀이】 대부에게「賢」이라 하고 선비에게「仁」이라 한 것은 호문(互文)이다. 대부에게도 선비에게도「仁」과「賢」을 겸하여 말하는 것이다.

「事其大夫之賢者 友其士之仁者」— 이 두 구를 오규소라이(荻生徂徠)는 고어라고 한다. 처음의「工欲善其事 必先利其器」의 두 구도 역시 고어일 것이다.

자공은 인의 실천을 물었는데 공자는 인으로 다가가는 방법을 가르친다. 자공의 지나친 자부심을 경계하고, 인의 높이를 가르친 것이다.

11

顔淵問爲邦. 子曰 行夏之時 乘殷之輅 服周之冕 樂則韶舞.
안 연 문 위 방 자 왈 행 하 지 시 승 은 지 로 복 주 지 면 악 즉 소 무
放鄭聲遠佞人. 鄭聲淫佞人殆.
방 정 성 원 영 인 정 성 음 영 인 태

안연이 나라의 정치에 대해 여쭈어 보았다. 공자께서 말씀하셨다.

"하 왕조의 역법을 시행하고 은 왕조의 큰 수레를 타며, 주 왕조의 예관을 쓰고 음악은 소무로 한다. 정나라의 음곡을 몰아내고 말재간 부리는 자를 멀리한다. 정나라의 음곡은 바른 곡조를 어지럽히고 말재간 부리는 자는 국가를 위태롭게 하기 때문이다."

【글자 뜻】 顔:얼굴 안. 乘:탈 승. 冕:면류관 면. 韶:풍류 이름 소. 聲:소리 성. 遠:멀 원. 佞:아첨할 녕. 淫:어지럽힐 음.

【말의 뜻】 爲邦(위방):나라를 다스림. 第十三 子路篇 11에 「善人爲邦百年」이라고 하였다. 夏之是(하지시):하 왕조(夏王朝)의 역법(曆法). 입춘이 든 달을 정월로 함. 殷之輅(은지로):은 왕조(殷王朝)의 큰 수레. 소박한 목조물이었다고 한다. 周之冕(주지면):주 왕조(周王朝)의 예관(禮冠). 장식이 주렁주렁 달려 있었다. 韶舞(소무):순(舜)의 음악. 第三 八佾篇 25에 공자께서 「韶」를 「盡美矣 又盡善也」라고 찬탄하였다. 또 第七 述而篇 13에 「聞韶 三月不知肉味」라고 하였다. 放鄭聲(방정성):「放」은 그만두게 함. 「鄭聲」은 정나라의 음곡. 第十七 陽貨篇 18에 「정나라 음곡이 아악(雅樂, 즉 韶舞)에 뒤섞임을 미워한다.」라고 하였다. 遠佞人(원영인):「遠」은 멀리하여 격절(隔絶)함. 「佞人」은 말재간이 능한 자. 第五 公冶長篇 5에 「焉用佞(어찌 말재간이 필요하랴.)」이라고 하였다.

위에 든 第十七 陽貨篇 18은 이어 「말재간 있는 자가 나라를 뒤엎음을 미워한다.」라고 하였다. 淫(음):알맞은 선에서 넘쳐 나와 균형을 잃음. 殆(태):위태(危殆).

【뜻 풀이】 공자는 '夏', '殷', '周' 3대 사이의 손익(損益)을 말하였고(第二 爲政篇 23), 3대의 예를 구했으며(第三 八佾篇 9), 3대의 사(社)를 말하고(第三 八佾篇 21), 「주(周)는 하(夏)와 은(殷)을 거울삼고 있어서 참으로 무늬가 찬란한 문(文)을 이루고 있다. 나는 주(周)를 따르련다.」(第三 八佾篇 14)라고 하였다. 3대의 역사는 공자가 사색하는 자리였다.

정치는 공자에게 가장 중요한 과제였다. 공자와 접촉한 나라의 군주나 제자들도 정치를 자주 물었다. 그렇지만 이 안회에 대한 답만큼 규모가 큰 것은 다시없다. 공자의 역사철학 · 정치철학이 여기에 나타나 있다. 여기서도 안회에 대한 공자의 애정과 신뢰를 인지(認知)할 수 있다.

「제자가 정치를 묻는 일이 잦았다. 그러나 공자는 그들에게 3대의 손익을 말하지 않았다. 그에 합당한 자들이 아니기 때문이다. 회(回)에게는 자세히 말하였다. 왕자를 보좌한 것은 이윤(伊尹)이다. 그래서 공자는 이에 언급하였다.」라고 진(晋)의 간보(干寶)가 ≪주역주(周易註)≫에서 말하였다.

혁명 왕조는 전 왕조의 여러 제도를 고쳐서 혁명을 선명하게 한다. 역법(曆法)은 특히 중대한 문제였다. 하(夏)의 역법은 입춘 달을 정월로 하는 것이므로 태음력(太陰曆)에 해당한다. 은(殷)은 한 달 전의 계동(季冬)의 달을, 주력(周歷)은 다시 한 달 전의 중동(仲冬)의 달을 정월로 한다. 그런데 농경 사회의 여러 행사에는 하력(夏曆)이 편리했으므로 실제 생활상에는 하력이 쓰이고 있었다.

「하(夏)의 운수(運數)는 하늘을 얻었다. 많은 왕이 한가지로 하는 바이다.」[≪일주서(逸周書)≫ 주월해(周月解)] 「하의 운수는 하늘을 얻었다.(夏數得天)」의 구는 ≪춘추좌씨전≫ 소공(昭公) 17년에도 보인다. 공자는 주대(周代) 사람이며 「나는 주에 따르련다.」고 하였다. 그러나 안회와 이야기할 때 공자는 이미 주 왕조(周王朝)를 초월하여 「十世」, 「百世」를 내다보고 있는 것이다. 이성으로 가치를 판단하고 있다.

「樂則韶舞」 — 위에서 역법과 수레와 예관(禮冠)을 들었다. 수레와 예관은 예에 대하여 말한다. 여기서 「樂則」 하고 새삼스레 말머리를 꺼낸 것이다.

「韶舞」 — 第三 八佾篇 25는 【말의 뜻】에서 인용한 「韶」를 「盡美盡善」이라고 찬탄하는 공자의 말 다음에 이어 「武」를 「盡美矣 未盡善也」라고 하였다. 이것을 근거로 유월(兪樾)은 여기의 「韶舞」를 「韶武」라고 해석한다. 그럴듯한 설 같지만 나는 좇지 않는다. 지나치게 파고들고 있다. 「韶」 음악에 춤도 있었던 것이다.

12

> 子曰 人無遠慮 必有近憂.
> 자 왈 인 무 원 려 필 유 근 우

공자께서 말씀하셨다.

"먼 앞날까지 배려치 않는 사람은 반드시 가까운 날에 근심거리가 있다."

【글자 뜻】 慮:생각할 려. 近:가까울 근. 憂:근심할 우.

【뜻 풀이】 누구나가 수긍하는 진리는 늘 명석(明晰)하다. 이것도 역시 익숙한 고어(古語)를 인용한 것이리라.

≪춘추좌씨전(春秋左氏傳)≫ 양공(襄公) 28년에 기재된 자복혜백(子服惠伯)의 말에 「군자는 먼 앞날까지 배려하는데 소인은 눈앞의 일을 좇는다.」고 하였다.

13

子曰 已矣乎 吾未見好德如好色者也.
자 왈 이 의 호 오 미 견 호 덕 여 호 색 자 야

공자께서 말씀하셨다.

"이제 끝장이로구나! 나는 덕 사랑하기를 미인 사랑하듯 하는 사람을 아직 본 적이 없다."

【글자 뜻】 矣:어조사 의. 吾:나 오.

【뜻 풀이】「吾未見好德如好色者也」는 第九 子罕篇 18에 나와 있다. 각각 전승되고 있었던 것이다.

「已矣乎」는 절망의 탄식을 토하는 것이다. 第五 公冶長篇 27에 「已矣乎. 吾未見能見其過 則內者訟者也」라고 하였다. 「吾未見」의 서두도 같다. 第九 子罕篇 9에서는 「鳳鳥不至 河不出圖 吾已矣夫」라고 하였다. 영탄(詠嘆)으로 말을 맺고 있다.

14

子曰 臧文仲其竊位者與. 知柳下惠之賢 而不與立也.
자 왈 장 문 중 기 절 위 자 여 지 유 하 혜 지 현 이 불 여 립 야

공자께서 말씀하셨다.

"장문중은 지위를 도둑질하는 자인가? 유하혜의 어짊을 알면서도 동료의 자리에 앉히지 않았다."

【글자 뜻】 臧:착할 장. 竊:훔칠 절. 惠:은혜 혜.

【말의 뜻】 臧文仲(장문중):노(魯)의 대부. 第五 公冶長篇 18「臧文仲居蔡」 참조. 竊位(절위):현인의 자리를 양보하지 않고 자기가 독차지하고 있음. 柳下惠(유하혜):노의 대부. 성은 전(展). 이름은 획(獲). 자는 자금(子禽). 「柳下」는 녹(祿)으로 받은 토지의 이름. 「惠」는 시호. 第十八 微子篇 2에는 벼슬길에 초연한 사람으로, 동편 8에는 일민(逸民)의 한 사람으로 기술되어 있다.

【뜻 풀이】 공자는 위(衛)의 공숙발(公叔發)이 가신(家臣) 선(僎)을 대부로 삼아 함께 조정에 나간 것을 두고 문(文)의 시호를 받을 만하다고 인정하고 있다.(第十四 憲問篇 19). 장문중(臧文仲)의 경우는 이와 반대이다.

≪춘추좌씨전≫ 문공(文公) 2년에 「공자가 말하였다. '장문중에게는 불인(不仁)한 행위가 셋, 부지(不知)한 행위가 셋 있다. 전금(展禽)을 강등(降等)시킨 것, 6관(六關)을 없앤 것, 집안의 계집들에게 부들자리를 짜게 한 것이 세 가지 불인이다. 헛된 장식품을 만들게 하고, 희공(僖公)의 역사(逆祀)를 눈감아 주었으며, 원거(爰居)를 진귀히 여겨 제지낸 것

이 세 가지 부지(不知)이다.'」라고 기록하였다.「爰居」는 바닷새의 이름.

15

子曰 躬自厚 而薄責於人 則遠怨矣.
자왈 궁자후 이박책어인 즉원원의

공자께서 말씀하셨다.

"자기 자신을 엄히 꾸짖고 남을 꾸짖는 것을 가볍게 하면 남의 원망이 멀어지리라."

【글자 뜻】 躬:몸소 궁. 薄:엷을 박. 怨:원망할 원.

【말의 뜻】 躬自厚(궁자후):이 구는 뒤의「薄責於人」에 대를 맞추고 있다.「厚」는 후책(厚責)의 준 것.「躬」은 자기 자신. ≪시경≫ 위풍(衛風)의 맹편(氓篇)에「靜言思之 躬自悼矣(가만히 나이를 생각하니 나의 신세 가엾도다.)」라고 하였다.

【뜻 풀이】 第十二 顔淵篇 21에「자신의 나쁜 점을 책하고 남의 그것을 책하지 않는 것이 사악을 다스리는 길이 아니겠느냐?」고 하였다.

16

子曰 不曰如之何如之何者 吾末如之何也已矣.
자왈 불왈여지하여지하자 오말여지하야이의

공자께서 말씀하셨다.

"어떻게 해야 할까, 어떻게 해야 할까 하면서 말하지 않는 사람은 나도 어떻게 해 줄 수가 없다."

【글자 뜻】 何:어찌 하.

【말의 뜻】 如之何(여지하):「如何」에 가락을 붙인 것. 吾末如之何也已矣(오말여지하야이의):이 구는 第九 子罕篇 24에도 나오고 있다. 「末」은 「未」.

【뜻 풀이】 언제나 사물을 근본부터 캐묻는 자만이 공자의 교육을 받을 수 있다. 第七 述而篇 8에 「배우려고 분발하지 않으면 깨우쳐 주지 않으며, 표현할 말에 애태우고 있지 않으면 입을 틔워 주지 않으며, 한 귀퉁이를 들어 보여 나머지 세 귀로써 반응해 오지 않으면 반복하지 않는다.」고 하였다.

「如之何」를 세 번 말하였다. 마지막의 「如之何」는 처음에 되풀이한 말로써 도리어 상대를 호되게 꾸짖고 있다. 상대의 무기를 역용하는 것으로 공자의 유머이다.

17

子曰 群居終日 言不及義 好行小慧 難矣哉.
자 왈 군 거 종 일 언 불 급 의 호 행 소 혜 난 의 재

공자께서 말씀하셨다.

"하루 종일 모여 있으면서도 이야기가 의(義)에 미치지 못하고 그저 잔재주만 부리며 우쭐대서는 가망이 없다."

【글자 뜻】 群:무리 군. 終:마칠 종. 慧:슬기로울 혜. 難:어려울 난.
【말의 뜻】 群居(군거):모여 있음. 小慧(소혜):잔 지혜. 잔재주. 難矣哉(난의재):정주(鄭註)는 「끝내 이룸이 없다」라고 하였다. 第十七 陽貨篇 22에 「飽食終日 無所用心 難矣哉」라고 하였다.

18

子曰 君子義以爲質 禮以行之 孫以出之 信以成之. 君子哉.
자왈 군자의이위질 예이행지 손이출지 신이성지 군자재

공자께서 말씀하셨다.
"군자는 의를 바탕으로 삼아 예로써 이를 행하고, 공손하게 입 밖에 내어 언행의 일치로써 이룩한다. 이것이 곧 군자이다."

【글자 뜻】 質:바탕 질. 禮:예도 예.
【말의 뜻】 義以爲質(의이위질):「質」은 본바탕. 孫以出之(손이출지):「孫」은 순함(順). 「出之」는 입 밖에 냄.

19

子曰 君子病無能焉. 不病人之不己知也.
자왈 군자병무능언 불병인지불기지야

공자께서 말씀하셨다.

"군자는 자기에게 능력이 없음을 괴로워할 뿐, 남이 자기를 알아주지 않는 것을 괴로워하지 않느니라."

【글자 뜻】 病:괴로워할 병. 焉:어조사 언.
【말의 뜻】 病無能(병무능):「病」은 괴로워함, 근심함(憂). 第十四 憲問篇 32에 「不患人之不已知 患其不能也」라고 하였다.

【뜻 풀이】 같은 주지(主旨)의 말이 이미 누차 나왔었다. 이것은 공자 및 공문(孔門) 사람들이 강하게 경계하는 바였다. 第四 里仁篇 14 참조.

20

子曰 君子疾沒世而名不稱焉.
자 왈 군 자 질 몰 세 이 명 불 칭 언

공자께서 말씀하셨다.
"군자는 죽은 뒤에 이름이 잊히는 것을 걱정한다."

【글자 뜻】 疾:근심할 질. 沒:마칠 몰. 稱:일컬을 칭.
【말의 뜻】 疾(질):근심함(患). 沒世(몰세):생애를 마침.

【뜻 풀이】 공자는 생전에 이상을 실현하여 이름을 날릴 수가 없었다. 그것도 유감스러운 일이다. 그런데 그가 도(道)라고 여긴 것마저 육체와 더불어 사라져 버리는 것은 더욱 더 유감스러운 일이다. 그는 사후에도 자신의 도가 전해지고 자신의 이름이 남기를 기대하고 있었다.
≪사기(史記)≫ 공자세가(孔子世家)에 「아니로다, 아니로다. 군자는

사후에 이름이 잊히는 것을 걱정하느니라.(弗乎 弗乎. 君子疾沒世而名不稱焉). 내 도가 행하여지지 않으면 나는 무엇으로써 후세에 보이겠느냐? 이에 역사의 기록에 의거하여 ≪춘추(春秋)≫를 지었다.」라고 하였다. 「弗」은 아님(否). 나의 도(道)의 진리성을 믿는 것이다.

사마천(司馬遷) 역시 사후의 불후의 명성을 아낀 사람이었다.

21

子曰 君子求諸己 小人求諸人.
자 왈 군자구저기 소인구저인

공자께서 말씀하셨다.

"군자는 (책임을) 자기 자신에게서 구하지만 소인은 남에게서 구한다."

【글자 뜻】 諸:모두 제. 求:구할 구.

【말의 뜻】 求諸己(구저기):「諸」는 지어(之於). 자기에게 구함.

【뜻 풀이】 자기 수양은 공자의 기본 생활 태도이다. 따라서 자주 강조되고 있다. 본편 19의 「君子病無能焉. 不病人之不己知也」, 第十二 顔淵篇 21의 「攻其惡無攻人之惡」, 第十四 憲問篇 25의 「古之學者爲己 今之學者爲人」 등 모두 자신을 주체로 하여 자기의 책임과 노력으로써 인생을 살기를 희구하고 있다.

22

子曰 君子矜而不爭 群而不黨.
자 왈 군 자 긍 이 부 쟁 군 이 부 당

공자께서 말씀하셨다.

"군자는 긍지를 가지면서도 남들과 다투지 않으며, 사람들과 어울리면서도 편들지 않는다."

【글자 뜻】 矜:자랑할 긍. 爭:다툴 쟁. 黨:편들 당.

【뜻 풀이】「君子不黨(군자는 서로 감싸지 않음)」이라는 말은 第七 述而篇 30에도 나온다.

23

子曰 君子不以言擧人 不以人廢言.
자 왈 군 자 불 이 언 거 인 불 이 인 폐 언

공자께서 말씀하셨다.

"군자는 말로써 사람을 천거하지 않으며, 사람으로써 말을 버리지도 않는다."

【글자 뜻】 廢:버릴 폐.

【뜻 풀이】 第十四 憲問篇 5에 「덕 있는 사람은 반드시 말에 나타나지만, 말

있는 자에게 덕이 있는 것은 아니다.」라고 하였다. 후반의 글이 여기의 「군자는 말로써 사람을 천거하지 않는다.」를 설명해 준다. ≪시경≫ 대아(大雅) 판편(板篇)에 「先民有言 詢于芻蕘(옛말에도 있지, 나무꾼에게도 물어 보았다고.)」라고 하였다. 「芻蕘(추요)」는 나무꾼과 꼴꾼. 이것은 「不以人廢言」을 상징적으로 말해 주고 있다.

24

子貢問曰 有一言而可以終身行之者乎. 子曰 其恕乎. 己所不欲 勿施於人.
자공문왈 유일언이가이종신행지자호 자왈 기서호 기소불욕 물시어인

자공이 여쭈어 보았다.

"평생을 두고 행할 만한 한마디 말이 있겠습니까?"

공자께서 말씀하셨다.

"그것은 '용서'일 것이다. 내가 바라지 않는 것을 남에게 행하지 말라."

【글자 뜻】 恕:용서할 서. 勿:말 물.

【뜻 풀이】 「一言」은 한 자. 자공에게 있어서나 공자에게 있어서나 말은 표의문자로서 파악되고 있었다. 따라서 여기서는 「恕」 한 자.

「己所不欲 勿施於人」의 두 구는 第十二 顔淵篇 2에서 중궁(仲弓)에게 인(仁)을 설명하는 말 가운데에도 보이고 있다. 성어(成語)처럼 돼 있었던 것이다.

또 第四 里仁篇 15에서는 공자께서 「吾道一以貫之哉」라고 한 그 「一」

을 증자는 '忠恕' 로 받아들이고 있다.

자공은, '나는 남에게 해 받고 싶지 않은 일은 남에게도 하지 않도록 합니다.' 하고 뽐내다가 공자로부터 '사야, 네가 할 수 있는 일이 아니다.' 라고 충고를 받은 사실이 第五 公冶長篇 12에 보인다. 공자는 이 재주도 있고 재산도 있는, 그리고 좀 교만한 제자에게 거듭거듭 「恕」를 말한다.

25

子曰 吾之於人也 誰毁誰譽. 如有所譽者 其有所試矣. 斯民
자왈 오지어인야 수훼수예 여유소예자 기유소시의 사민
也 三代之所以直道而行也.
야 삼대지소이직도이행야

공자께서 말씀하셨다.

"나는 사람에 대해 비방하지도 칭찬하지도 않는다. 만일 칭찬할 일이 있을 경우에는 그 사람을 써 보아 확인하고 있다. 이 백성도 다름 아닌 하·은·주 시대에 솔직한 생활을 하고 있던 자이다."

【글자 뜻】 毁:헐뜯을 훼. 譽:기릴 예. 試:쓸 시. 直:곧을 직.

【말의 뜻】 誰毁誰譽(수훼수예):남을 비방하지도 않고 칭찬도 하지 않음. 자기의 독단이나 호오(好惡), 혹은 남의 무책임한 비평에 동요되지 않음. 如有所譽者 其有所試矣(여유소예자 기유소시의):「試」는 쓰임(用). 第九 子罕篇 7에 「吾不試(나는 세상에 쓰이지 않았다.)」라고 하였다. 두 구의 뜻은, 만일 내가 칭찬할 경우에는 그 사람을 써 보고 칭찬할 만한 자임을 실증하고 있음을 말함. 斯民(사민):이 백성. 공자의 의식에 있는 민

중. 三代(삼대):하(夏)·은(殷)·주(周)의 3왕조. 直道(직도):올곧은 길. 솔직함을 말함. 第六 雍也篇 19에「人之生也直. 罔之生也 幸而免」이라고 하였다.

【뜻 풀이】「吾之於人也」에서「其有所試矣」까지는 말한 바가 분명하다. 그 주지(主旨)는 본편 23의「君子不以言擧人 不以人廢言」과도 관련된다. 그것은 공자 자신의 행위를 말함과 동시에 국왕에게 정당한 인재 등용을 요구하는 말이기도 하다. 이 장은 그런대로 성립되어 있다.

「斯民也」 이하는 현재의 백성도 3대의 옛날에 직도(直道)를 가지고 살던 백성과 같은 뿌리임을 말한다. 이 부분은 앞 부분과는 문맥이 통하지 않는다. 그것을 연결하려고 여러 가지로 해석이 이루어지고 있지만 어느 것도 납득할 수 없다.

≪논형(論衡)≫ 솔성편(率性篇)에「전(傳)에 말하였다. '요순의 백성은 집마다 봉(封)할 만하고, 걸주(桀紂)의 백성은 집마다 주(誅)할 만하다. 이 백성은 3대의 직도(直道)로써 행동하기 때문이다. 성군(聖君)의 백성은 그와 같고 폭군(暴君)의 백성은 이와 같다. 결국 백성은 교화되는 것이지 성품이 아니다.'」라고 하였다.「封」은 녹(祿)으로 토지를 줌(封土).「堯舜」은 성군(聖君)의 전형,「桀誅」는 폭군의 전형.

이 ≪논형≫의 문장은, 백성은 옛날에도 오늘날에도 솔직함을 지니고 살고 있는 것으로 그들의 행·불행은 위정자의 양부(良否)에 달려있음을 말한다. 또한 지금의 정치가 악한 것을 책망하고 백성이 3대의 백성처럼 생활할 수 없음을 슬퍼하는 것이다. 그리고 그 설을 입증하기 위하여 ≪논어≫의「斯民也……」를 이용하고 있다. 이와 같은 이용법은 ≪한서(漢書)≫ 경제기(景帝紀)의 찬(贊)에도, ≪논형≫ 비한편(非韓篇)에도 보이고 있다.

이것이「斯民也 三代之所以直道而行也」의 원뜻을 전하고 있는 것은 아닐까? 다만 이 열세 자로써 한 장을 완결하고 있는지는 의문이다. 오히려 앞뒤의 자구(字句)가 없어져 불완전한 문장으로 남아 있었기 때문에 여기에 뒤섞여 들어간 것은 아닐까? 백성은 예나 지금이나 한가지인데 환경이 다름을 말하여 위정자를 경계하고, 인재의 올바른 등용을 요구하는 문장으로서 어딘가에 기원이 있는 것으로 추측된다.

26

子曰 吾猶及史之闕文也. 有馬者借人乘之. 今亡矣夫.
자 왈 오 유 급 사 지 궐 문 야 유 마 자 차 인 승 지 금 무 의 부

공자께서 말씀하셨다.

"사관이 의심스러운 것을 쓰지 않고 비워 두는 일과, 말을 가진 자가 남에게 빌려 주어 타게 하는 일이 내 젊은 시절에는 있었지만 지금은 이미 없어졌다."

【글자 뜻】 猶:오히려 유. 闕:빠뜨릴 궐. 借:빌 차. 乘:탈 승.

【말의 뜻】 史(사):사관(史官). 문서를 기록하는 사람. 闕文(궐문):글자를 쓰지 않고 비워 둠. 今亡矣夫(금무의부):「亡」는 없음(無).

【뜻 풀이】 고주(古註)는, 예전의 사관은 문서를 기록할 때 문자를 확실히 모를 경우에는 짐작으로 쓰지 않고 그 자리를 비워 두고 글자를 아는 사람에게 물어 보았다고 하였다. 비워 두는 곳은 글자만이 아니라 역사의 사실에 대해서도 그러했다고 할 수 있을 것이다.

≪춘추(春秋)≫에 「환공(桓公) 14년 여름 5, 그 아우 어(禦)로 하여금 와서 맹세케 함」이라고 기록한 그 「여름 5」는 '여름 5월'의 궐문(闕文)

이다. ≪곡량전(穀梁傳)≫은 「여름 5는 의문을 전하는 것이다.」라고 하여 공자가 불명확한 기록을 원래대로 하고 있다고 설명한다. 또 「환공(桓公) 5년 봄 정월 갑술(甲戌) 기축(己丑), 진후포(陳侯鮑) 졸함」이라고 사망한 날짜를 두 날로 기록한 것은 그 어느 날이라고 확정할 수 없었기 때문이며, 「신(信)으로써 신(信)을 전하고, 의(疑)로써 의(疑)를 전함」이 「춘추(春秋)의 의(義)이다.」라고 ≪곡량전≫은 말하고 있다.

이 사관의 확실한 기록 태도를 자신이 또다시 접할 수가 있었음을 공자는 기뻐한 것이다. 「猶及」은 젊은 날에 간신히 체험한 것을 나타내는 말이다.

「有馬者借人乘之」는 자구대로 해석하면 소유하는 말을 남이 쓰는 데에 인색치 않음을 말한다. 第五 公冶長篇 26의 자로(子路)의 말, 「수레, 말, 옷, 털가죽 옷을 벗들과 함께 사용하여 그것이 해지더라도 아까워하지 않고 싶습니다.」가 머리에 떠오른다. 이 우의(友誼)가 이젠 없다고 공자는 개탄하고 있는 것이다. 위의 두 문장은 각각 독립하여 뜻을 이룬다. 이 양자를 아울러 한 장으로 만드는 것은 무리한 짓이 아닐까? 마치 앞 장에서 「斯民也」 이하가 그 앞의 문장과 융합되지 않는 것처럼.

양자를 아울러 한 장으로 생각하는 사람은 다음과 같이 설명한다. 자신이 말[馬]을 조련할 수 없을 때에는 자기 식으로 타다 크게 다치거나 하지 않고, 남에게 빌려 주어 조련해 받는다. 그것이 역사의 궐문(闕文)과 통한다. 비유로써 되풀이하고 있는 것이다.

그러나 ≪논어≫의 문장에는 조련(調練) 운운하는 말이 없다. 이 해석은 본디 하나가 아닌 것을 무리하게 하나로 하는 데서 만들어진 강변(强辯)이 아닐까?

≪한서(漢書)≫ 예문지(藝文志)와 ≪설문해자(說文解字)≫ 서(叙)는 둘 다 이 대목을 인용하여 「孔子曰 吾猶及史之闕文 今亡矣夫」라고 하였다. 「有馬者借人乘之」의 일곱 자가 빠져 있다. 반고(班固)와 허신(許愼)

이 우연히 보조를 맞추어 일곱 자를 생략하고 있는 것이 아니라 본래의 모양이 여기에 있는 것이리라. 「猶及」이라는 말이 「今亡矣夫」의 구와 어울림으로써 이 문장이 살아난다.

「有馬者借人乘之」의 구도 역시 아래에 「今亡矣夫」의 구를 가지고 다른 한 문장을 이루고 있었던 것이라고 생각된다. 그리고 같은 상투어를 가진 것이 혼합되는 원인이 된 것은 아닐까?

27

子曰 巧言亂德. 小不忍 則亂大謀.
자 왈 교 언 난 덕 소 불 인 즉 난 대 모

공자께서 말씀하셨다.

"언변이 좋은 것은 덕을 어지럽히고, 작은 것을 참지 못하는 것은 큰일을 어지럽힌다."

【글자 뜻】 亂:어지러울 난. 謀 :꾀할 모.

【말의 뜻】 巧言(교언):겉치레 말. 말주변이 좋음. 第一 學而篇 3에 「巧言令色 鮮矣仁」이라고 하였다. 小不忍(소불인):작은 것을 참지 못함.

【뜻 풀이】 「巧言」은 덕담과 비슷하다. 그러므로 덕을 어지럽힌다.

第十二 顔淵篇 21에 「一朝之忿 忘其身以及其親 非惑與」라고 하였다. ≪국어(國語)≫ 주어(周語) 중에서 「서(書)에 이런 말이 있다. '참는 일이 있어야 반드시 잘 되는 일이 있다.'」를 인용하였다. 「書」는 ≪상서(尙書)≫. 그러나 이 말은 오늘날 전해지는 ≪상서≫에서는 찾아볼 수 없다. 이른바 일서(佚書)이다.

양수달(楊樹達)은 「小忍」의 내용을 위의 분(忿) 외에 자인(慈仁)과 인재(吝財)를 합하여 셋으로 분석하고 있다. 인정을 누르고 의로써 은혜를 저버릴 수 없는 경우나 재산을 아껴 남에게 줄 수 없는 경우도 「小不忍」이다.

「巧言亂德」도 고어이고 「小不忍 亂大謀」도 고어이다. 말의 형태도 내용도 각각 독립되어 있어 양자 사이에 논리적인 맥락은 없다. 그러한 것이 여기서도 병기(併記)되어 있다. 굳이 말하자면 관계되는 것은 「亂」 한 자뿐이다. 「亂」을 염려하는 생각이 매개가 되어 양자를 합병하고 있다.

「小不忍 則亂大謀」 — 「則」자가 없는 텍스트도 있다. 고어의 원형은 「則」자가 없었던 것이리라. 그러나 ≪논어≫에 기록될 때에도 꼭 그러했다고 말할 수는 없다. 「則」자가 첨가되더라도 부자연스러운 것은 아니다.

28

子曰 衆惡之必察焉 衆好之必察焉.
자 왈 중 오 지 필 찰 언 중 호 지 필 찰 언

공자께서 말씀하셨다.

"많은 사람이 미워할 때에도 반드시 잘 살피고, 많은 사람이 좋아할 때에도 반드시 잘 살펴야 한다."

【글자 뜻】 惡:미워할 오. 察:살필 찰.

【말의 뜻】 衆惡之(중오지):「惡」는 미워함.

【뜻 풀이】 第十三 子路篇 24에 「자공(子貢)이 여쭈어 보았다. '한 고을 사

람들이 모두 칭찬하는 인물은 어떨까요?' 공자께서 말씀하셨다. '좋지 못하다.' '한 고을 사람들이 모두 미워하는 인물은 어떨까요?' '좋지 못하다. 한 고을의 착한 사람들이 칭찬하고 악한 사람들이 미워하는 인물 쪽이 낫다.'」고 하였으며, 第四 里仁篇 3에는 「인자(仁者)여야만 사람을 사랑할 수도 있고 사람을 미워할 수도 있다.」고 하였다.

29

子曰 人能弘道 非道弘人.
자 왈 인 능 홍 도 비 도 홍 인

공자께서 말씀하셨다.
"사람이 도를 넓히는 것이지 도가 사람을 넓히는 것이 아니다."

【글자 뜻】 弘:넓을 홍.
【말의 뜻】 弘道(홍도):도를 넓힘. 인도(仁道)를 널리 폄. 弘人(홍인):사람을 넓고 크게 만듦.

【뜻 풀이】 인간의 행위를 떠나 별도의 고정된 도가 있는 것이 아니다. 공자께서 시서(詩書)의 학문은 말해 주었지만 성(性)과 천도(天道)에 대해서는 말하지 않은(第五 公冶長篇 13) 것도 그 때문이다.

第七 述而篇 29에서는 또 「인(仁)은 먼 저쪽의 것일까? 우리가 인을 구하기만 하면 인은 바로 옆으로 다가온다.」고 하였다. 공자는 사람의 능력과 열의와 책임을 신뢰하고 있었던 것이다.

30

子曰 過而不改 是謂過矣.
자 왈 과 이 불 개 시 위 과 의

공자께서 말씀하셨다.

"잘못을 저질렀을 때 그것을 고치지 않는 것, 이것을 바로 잘못이라고 한다."

【글자 뜻】 過:허물 과. 謂:이를 위.

【뜻 풀이】 인간은 잘못으로부터 벗어날 수 없지만 그럼에도 불구하고 제 힘으로 잘못을 고칠 수 있다고 본다. 이것이 공자의 인생관이다. 「잘못을 했으면 서슴지 말고 고쳐라.」 하고 가르쳤고(第一 學而篇 8), 안회(顏回)를 「잘못을 되풀이하지 않았다.」고 칭찬했으며(第六 雍也篇 3), 「잘못을 줄이려고 하시지만 잘 안 됩니다.」라고 말한 거백옥(蘧伯玉)의 사자를 칭찬하였다.(第十四 憲問篇 26) 자하(子夏)가 「소인은 잘못을 저지르면 반드시 꾸며 댄다.」(第十九 子張篇 8)라고 한 것은 고치기를 꺼리는 것을 꾸짖는 것이다.

31

子曰 吾嘗終日不食 終夜不寢 以思. 無益. 不如學也.
자 왈 오 상 종 일 불 식 종 야 불 침 이 사 무 익 불 여 학 야

공자께서 말씀하셨다.

"나는 일찍이 종일 먹지도 않고 밤새도록 자지도 않고 사색을 해본 적이 있으나 이로움이 없었다. 배우는 것에 미치지 못하였다."

【글자 뜻】 嘗:일찍이 상. 寢:잠잘 침.

【뜻 풀이】「學」은 ≪논어≫의 책머리에 있는 말 「學而時習之」의 「學」, 고전의 학습을 말한다. 「思」는 사리를 미루어 도(道)를 밝히려고 하는 인간의 행위, 사유(思惟). 이 사유 없이 학문은 성립되지 않는다. 그러나 사리에 끌려다니면 결과는 억견(臆見)을 이루는 데 그치고 선왕의 도의 진실로부터 오히려 멀어진다. 학문은 우선 고전을 확실히 학습하는 데서부터 시작된다.

이것은 공자께서 어느 날의 체험을 실감한 대로 말한 것이다. 그는 또 第二 爲政篇 15에서 「학문을 배우고도 스스로 생각하지 않으면 지식이 애매모호하며, 스스로 생각하더라도 학문을 배우지 않으면 확신이 서지 않는다.」고 하였다. 학문이 성립하는 조건을 객관적으로 보고 있다.

32

子曰 君子謀道不謀食. 耕也餒在其中矣. 學也祿在其中矣.
자 왈 군 자 모 도 불 모 식 경 야 뇌 재 기 중 의 학 야 녹 재 기 중 의
君子憂道 不憂貧.
군 자 우 도 불 우 빈

공자께서 말씀하셨다.

"군자는 도를 위해 힘쓸 뿐, 먹을 것을 위해서 애쓰지 않는다. 농사를 지어도 굶주림이 그 속에 있고, 학문을 해도 녹봉(祿俸)이 그 속에 있다. 군자

의 관심은 도에 있으며 가난을 걱정하지 않는다.”

【글자 뜻】 耕:밭갈 경. 餒:주릴 뇌. 憂:근심할 우.

【말의 뜻】 謀道(모도):「謀」는 영위하여 구함. 여러 가지로 생각하여 손에 넣으려고 애씀. 여기서 「道」는 선왕의 도를 말함. 餒在其中 祿在其中(뇌재기중 녹재기중):「餒」는 굶주림(飢). 「祿」은 이익과 봉록. 「在其中」은 저절로 거기에 갖추어져 있음을 말한다. 第二 爲政篇 18에 「言寡尤行寡悔 祿在其中矣」라고 하였다.

【뜻 풀이】 第十三 子路篇 4에 제자인 번지(樊遲)가 「稼」와 「圃」에 대하여 공자에게 가르침을 구하고 있다. 번지 등 일반인의 생활은 농업 생산을 기반으로 하여 영위되고 있었던 것이다.

번지의 질문에 공자는 그에 대해서는 「老農」이나 「老圃」가 잘 안다면서 대답을 피한 다음 자신의 본령은 예 · 의 · 신의 정치를 지향하는 것임을 말하고 있다. 「군자는 모도(謀道)」라는 것이다.

「耕也餒在其中」— 이 구는 자고로 독자를 괴롭히고 있다. 해석이 구구한데 나는 이렇게 생각한다. 농업 생산에 힘쓰더라도 천재지변으로 인한 기아에서 벗어나기는 어렵다. 공자 당시는 그 위험성이 더 컸으며 농경이라는 말은 재해 관념을 내포하고 있었을 것이다. 그렇기에 「耕也 · 在其中」이라고 일러졌던 것이다.

한편 난세의 제후는 경쟁에 이기기 위하여 유능한 인물, 유용한 지식을 절실히 구하고 있었다. 학문을 하여 제후에게 설유하는 것은 당시에 있어서 이익과 봉록을 얻기 위한 좋은 수단이었다. 「學也祿在其中」이라는 말은 이렇게 해서 성립되며 그것은 「3년간 학문하면 봉록을 얻게 되지 않더라도 이미 얻은 것이나 진배없다.」(第八 泰伯篇 12)에 통한다.

「耕」과 「學」의 둘 중 어느 쪽을 택하느냐? 그것은 그 사람이 ‘道’에 인생을 거느냐, 오로지 '食'에만 힘쓰느냐에 따라 결정된다. 다만 「군자는 도에 관심을 두고, 가난을 걱정하지 않는」 사람인 것이다.

공자 자신에 대해 말하면 그는 많이 배웠지만 이익이나 봉록에는 불운한 사람이었다. 「學」에서 인생 항로를 구하는 것의 고통스러움을 그는 몸으로써 체험하고 있었다. 그러한 그가 「學也祿在其中」이라고 한 것은 마땅히 그러해야만 하는 것을 확신하는 것이다. 도(道)를 설명하는 사람으로서 신념과 꿈을 계속 지니는 것이다. 그리고 그는 「君子憂道不憂貧」이라고 단언한다. 자기 자신에게 타이르는 것이다. 공자의 경우가 이 말을 빛낸다. 고래로 도를 구하고 미(美)를 탐구하는 자, 그 얼마나 많은 사람들이 이 말에 뜻을 굽히지 않았던가!

33

子曰 知及之 仁不能守之 雖得之 必失之. 知及之 仁能守之
자왈 지급지 인불능수지 수득지 필실지 지급지 인능수지
不莊以涖之 則民不敬. 知及之 仁能守之 莊以涖之 動之不
부장이리지 즉민불경 지급지 인능수지 장이리지 동지불
以禮 未善也.
이례 미선야

공자께서 말씀하셨다.

"지모로써 지위를 얻더라도 인애(仁愛)로써 유지하지 못하면 설혹 지위를 얻더라도 반드시 잃는다.

지모로써 지위를 얻고 인애로써 유지하더라도 위엄 있게 임하지 않으면 백성은 존경하지 않는다.

지모로써 지위를 얻고 인애로써 유지하며 위엄 있게 임하더라도 자신의 행동이 예에 맞지 않으면 아직 충분하지 못하다."

【글자 뜻】 莊:씩씩할 장. 涖:임할 리.

【말의 뜻】 知及之(지급지):「知」는 슬기(智), 재지(才智), 지모(智謀). 「及」은 거기에 손이 닿음, 손에 넣음. 「之」는 지위. 仁不能守之(인불능수지): 「仁」은 사랑(愛). 「守」는 계속 지녀 나감. 不莊以涖之 則民不敬(부장이리지 즉민불경):「莊」은 위엄 있는 모양. 존엄을 유지함. 「涖」는 임함(臨). 第二 爲政篇 20에 「臨之以莊則敬(임금이 장중한 태도로 임하면 백성이 존경함)」이라고 하였다. 動之不以禮(동지불이례):「動」은 행동. 「以」는 용(用).

【뜻 풀이】 열하나의 「之」자, 이것을 어떻게 해석하느냐? 설이 구구하다.

이것은 ≪논어≫ 중의 한 장이며 위정자에게 설명하는 문장이다. 따라서 「之」는 위정자 자신에 관한 지위를 말하는 것인가, 아니면 위정의 대상인 백성에 관한 것인가, 그 둘 중 하나라고 우선 생각할 수 있다.

문장 중에 「不莊以涖之 則民不敬」이라고 하였다. 여기서 새삼스럽게 「民」이라고 한 것을 보면 그 앞 구의 「之」는 백성 이외의 것을 가리키는 것 같다. 「之」를 '지위' 라고 해석하는 사람들의 근거이다. 「知及之 仁不能守之 雖得之 必失之」는 그 해석으로 충분히 통한다.

그러나 앞의 【말의 뜻】에서 인용한 第二 爲政篇 20에 「臨之以莊則敬」이라고 한 그 「之」는 확실히 백성을 가리킨다. 여기의 「不莊以涖之」도 이 구에 관한 한 위의 爲政篇에 관련시켜 해석하는 편이 자연스럽다. 아래의 「動之不以禮」에 이르러서는 '지위' 라는 해석으로는 통하지 않는다. 여기서 「之」는 모두 백성이며 「則民不敬」의 구는 이것으로써 「之」가 「民」임을 총괄하여 보이는 것이라고 설명하기도 한다.

그러나 열하나의 「之」자를 모두 '지위' 또는 '백성' 으로 통일하려 드는 것은 철저를 구하려는 논리가 지나친 것이 아닐까? 「動之不以禮」의 「動之」를 왕숙(王肅)은 '動' 한 자로 해석하고, 황간(皇侃)은 '동정(動

靜)'이라고 설명한다. 열하나의 「之」는 그 위에 있는 말 — 그것은 하나의 문자로 나타나 있다 — 이 동사의 작용을 하는 것을 나타내는 것은 아닐까? 따라서 「之」를 '지위' 또는 '백성'으로 한정하는 것은 옳지 않으며, 「及」, 「守」, 「得」, 「失」, 「涖」, 「動」의 글자 그 자체가 의미하는 바를 위정(爲政)과의 관계에서 밝히면 될 것이다.

또 이 한 장의 구문(構文)은 「雖得之 必失之」에서 굴절하고, 「則民不敬」에서 굴절하고, 그리고 「動之不以禮 未善也」로 맺는다. 여기서 「及」, 「守」, 「得」, 「失」에는 지위를, 「涖」에는 백성을, 「動」에는 동정(動靜)을 말한다는 황간의 설도 수긍이 간다.

34

子曰 君子不可小知 而可大受也. 小人不可大受 而可小知也.
자 왈 군 자 불 가 소 지 이 가 대 수 야 소 인 불 가 대 수 이 가 소 지 야

공자께서 말씀하셨다.

"군자는 작은 일에는 적합하지 않으나 큰일을 맡길 수가 있고, 소인은 큰일은 맡길 수 없으나 작은 일에는 적합하다."

【글자 뜻】 受:받을 수.

【말의 뜻】 小知(소지):작은 일을 집행함. 大受(대수):큰일을 맡음.

35

子曰 民之於仁也 甚於水火. 水火吾見蹈而死者矣. 未見蹈
자 왈 민 지 어 인 야 심 어 수 화 수 화 오 견 도 이 사 자 의 미 견 도
仁而死者也.
인 이 사 자 야

공자께서 말씀하셨다.

"백성에게 있어서 인정(仁政)은 물과 불보다도 더 절실한 것이다. 물이나 불을 밟고서 죽은 사람을 본 일은 있으나 인(仁)을 밟고서 죽은 사람은 아직 본 적이 없다."

【글자 뜻】 甚:심할 심. 蹈:밟을 도.

【말의 뜻】 民之於仁也(민지어인야):「民」에 대하여 「仁」을 말하는 것이므로 이 「仁」은 인정(仁政)을 의식하고 쓰였다. 水火吾見蹈而死者(수화오견도이사자):「蹈」는 밟음(踐). 물과 불 위에서 생활해 나감.

【뜻 풀이】 물과 불 없이는 백성이 살아갈 수 없다. 그 이상으로 인정(仁政) 없이는 백성이 살아갈 수 없다. 물과 불은 때로는 사람을 빠져 죽게 하거나 혹은 타 죽게 하는 수가 있다. 조심을 해야만 한다. 그러나 인정(仁政)에는 그러한 위험이 전혀 없다. 조금도 거리를 둘 필요가 없고 애를 태울 필요도 없다. 백성에게 절대로 절실한 것이다.

「물과 불을 밟는다」 — 이러한 표현법이 당시에 쓰이고 있었던 것이리라. 「인을 밟는다(蹈仁)」는 여기서 창출해 낸 공자의 새로운 말이었을 것이다.

36

子曰 當仁 不讓於師.
자 왈 당 인 불 양 어 사

공자께서 말씀하셨다.

"인을 행함에 있어서는 스승에게도 양보하지 말아야 한다."

【글자 뜻】 讓:사양할 양. 師:스승 사.

【뜻 풀이】 인(仁)에는 주저할 것이 없다.

37

子曰 君子貞而不諒.
자 왈 군 자 정 이 불 량

공자께서 말씀하셨다.

"군자는 곧음을 지키지만 덮어놓고 의리를 고집하지는 않는다."

【글자 뜻】 諒:믿을 량.

【말의 뜻】 貞(정):곧음(正). 보편타당한 곧음. 諒(량):미쁨(信). 개인적인 작은 의리를 고집함. 第十四 憲問篇 18에 「豈若匹夫匹婦之爲諒也 自經於溝瀆而莫之知也」라고 하였다. 「爲諒」은 의리를 세움.

38

子曰 事君 敬其事 而後其食.
자왈 사군 경기사 이후기식

공자께서 말씀하셨다.

"임금을 섬김에 있어서 맡은 일을 경건히 수행하고 녹을 먹는 것은 뒤로 해야 한다."

【글자 뜻】 敬:공경할 경.

【말의 뜻】 敬其事(경기사):직무를 소중히 여기고 힘을 다함. 後其食(후기식):「食」은 녹(祿). ≪논어참해(論語參解)≫는 「가은가증(加恩加增) 따위이다.」라고 하였다.

【뜻 풀이】 第六 雍也篇 22에 「인자(仁者)는 어려운 일을 먼저 하고 이록(利祿)을 얻는 일은 그 후로 한다.」라고 하였다. 또 ≪예기(禮記)≫ 유행편(儒行篇)에 「先勞而後祿 不亦易祿乎(수고를 먼저 하고 녹은 뒤로 미룬다. 또한 녹이 쉬운 것이 아니겠는가?)」라고 하였다. 자신의 수고보다도 소득을 먼저 생각하는 사람이 공자 당시에도 있었던 것이리라.

39

子曰 有敎無類.
자왈 유교무류

공자께서 말씀하셨다.

"가르침이 있으면 차별은 없어진다."

【글자 뜻】 類:무리 류.

【말의 뜻】 無類(무류):「類」는 종류. 귀천, 빈부, 소성(素姓), 현우(賢愚)의 차이를 말함.

【뜻 풀이】 第七 述而篇 7에 「적어도 한 묶음의 건육(乾肉)을 가지고 입문(入門)한 이상 나는 가르치지 않은 적이 없다.」고 하였다. 또 호향(互鄕)의 동자(童子)도 공자는 상대해 주었다.(第七 述而篇 28).

≪순자(荀子)≫ 법행편(法行篇)에 「남곽혜자(南郭惠子)가 자공(子貢)에게 물어 보았다. '선생님의 문하는 어찌 그리 잡스럽소?' 이에 대해 자공이 대답하였다. '군자는 몸을 바로하고 기다리오. 오려는 자는 막지 않고 가려는 자는 붙들지 않소. 또 명의(名醫)의 문에 환자가 많고 은괄(隱括) 옆에 왕목(枉木)이 많은 법이오. 이리하여 잡스러운 것이오.'」라고. 「枉木」은 굽은 나무. 「隱括」은 그것을 바로 잡는 기구. 이 ≪순자≫의 한 장은 이미 第七 述而篇 7의 해설에서 인용하였지만, 여기서 필요한 이야기이므로 중복을 피하지 않고 인용해 둔다.

≪여씨춘추(呂氏春秋)≫ 권학편(勸學篇)에 「스승이 가르침은 경중(輕重), 존비(尊卑), 빈부를 묻지 않고 도(道)를 다툰다. 그 사람이 가하다면 그 일이 가하지 않음이 없다.」고 하여 교육의 정통(正統)을 전한다.

40

子曰 道不同 不相爲謀.
자 왈 도부동 불상위모

공자께서 말씀하셨다.
"지향하는 길이 같지 않을 때에는 더불어 일을 도모하지 말아야 한다."

【글자 뜻】 爲:할 위.
【말의 뜻】 道不同(도부동):「道」는 지향하는 목표.

【뜻 풀이】 주의나 주장이 서로 다를 때에는 서로 도모하려 해도 잘 안 된다. 공자의 경험에서 나온 슬픈 말이다. 무리한 통합이나 무책임한 타협은 배척당한다.

≪사기(史記)≫는 백이열전(伯夷列傳)에서 「공자께서 말씀하셨다. '지향하는 길이 같지 않을 때에는 서로 도모하지 않는다.'」 역시 각자 자기의 뜻에 따르는 것이다. 「그러므로 말하였다. '내가 부(富)를 구할 수 있는 세상이라면 시장의 문지기라도 마다하지 않겠다. 만일 그렇지 못한 세상이라면 나는 내가 좋아하는 바를 좇겠다.'」라고 하였다. 「그러므로 말하였다.」 이하는 第七 述而篇 11의 말이다.

또 노자전(老子傳)에 「세상에서 노자를 배우는 자는 유학(儒學)을 물리친다. 유학도 역시 노자를 배척한다. 길이 같지 않으면 서로 도모하지 않는다는 말은 이를 두고 한 말이 아니겠는가?」라고 하였다.

41

子曰 辭達而已矣.
자 왈 사 달 이 이 의

공자께서 말씀하셨다.
"외교사령(外交辭令)은 이쪽의 할 말을 상대에게 알리는 일이다."

【글자 뜻】 辭:말 사. 達:통할 달.

【말의 뜻】 辭(사):외교 때에 사자가 상대국에 대하여 하는 말.

【뜻 풀이】「辭」를 언어 일반이라고 해석하더라도 이 한 구가 여전히 심장한 의미를 지니는 데는 변동이 없다. 그런데 공자는 말을 그 이름의 추상 개념에서 생각한 일이 있었던 것일까? 그 반면에 당시 지식인이 큰 관심을 보이고 있었던 것은 외교상 혹은 의식 때의 말이었다. ≪춘추좌씨전≫이나 ≪의례(儀禮)≫에서 그 사실을 충분히 엿볼 수 있다. 그리고 공자 자신도 「誦詩三百」 하는 것은 사방으로 사자가 되어 나갔을 때 이루어지는 응대에 이바지하는 것임을 말하고 있다.(第十三 子路篇 5) 그러므로 여기의 「辭」도 그 방향으로 해석해야 할 것이다.

「辭」가 상대에게 유쾌하게 들리고 마음에 감동을 불러일으키게 하려면 그 「辭」는 아름답게 꾸며져 있어야만 한다. '시 삼백을 암송' 하는 것은 그 효과를 올리기 위한 학습이었다. ≪춘추좌씨전≫ 양공(襄公) 25년에는 공자의 말이라 하여 「말의 꾸밈없음은 행해진 지 오래지 않다.」고 하였다.

그런데 꾸밈에 비중을 지나치게 두면 「辭」를 위한 문식(文飾)인지 문식하기 위한 「辭」인지 본말이 전도될 위험성이 있다. 공자로 하여금 「辭達而已矣」라는 말을 하게 한 데에는 그 당시에 이미 분석을 다투다 「辭」의 본지(本旨)를 잃는 일이 있었던 것이리라.

≪의례(儀禮)≫ 빙례기(聘禮記)에 「말은 정해진 것이 없다. 손(遜)하면 기쁘게 한다. 말이 많으면 문식(文飾)이요, 말이 적으면 전달이 안 된다. 적어도 말이 전달되기에 족하면 더할 나위 없다.」고 하였다. 「遜」은 순(順), 저항 없이 받아들여짐을 말함.

42

師冕見. 及階. 子曰 階也. 及席. 子曰 席也. 皆坐. 子告之
사면현 급계 자왈 계야 급석 자왈 석야 개좌 자고지
曰 某在斯 某在斯. 師冕出. 子張問曰 與師言之道與. 子曰
왈 모재사 모재사 사면출 자장문왈 여사언지도여 자왈
然. 固相師之道也.
연 고상사지도야

악사인 면(冕)이 만나러 왔다. 계단에 오자 공자께서, '계단이오.' 하고 말씀하셨다. 자리에 오자, '자리요.' 하고 말씀하셨다. 모두가 자리에 앉으니, '아무개는 여기에, 아무개는 저기에.' 하고 가르쳐 주셨다.

악사인 면이 물러났다. 자장이 여쭈어 보았다.

"악사와 이야기할 때의 예의범절이었습니까?"

공자께서 말씀하셨다.

"그렇다. 그것이 바로 악사를 안내할 때의 본래 예의범절이다."

【글자 뜻】 冕:면류관 면. 階:섬돌 계. 席:자리 석. 皆:다 개.

【말의 뜻】 師冕見(사면현):「師」는 악사(樂師). 악관(樂官)의 장이다. 장님이 된다. 「冕」은 악사의 이름. 第八 泰伯篇 15에 「師摯」에 대해 기술되어 있다. 「見」은 뵈옴. 階(계):뜰에서 당(堂)으로 오르는 계단. 席(석):당상에 마련된 좌석. 깔개. 皆坐(개좌):사면보다 먼저 와서 자리에 앉아 있던 손님들이 일어나서 사면을 영접하고 다 같이 자리에 앉음. 某在斯(모재사):「某」는 먼저 온 손님의 이름. 「斯」는 좌석 위치. 이것을 말하는 것은 동석자가 누구임을 알리는 동시에 그 사람들과 서로 인사하는 것을 돕는 것이다. 되풀이해서 말하는 것은 먼저 온 손님이 복수임을 나타낸다. 相師之道(상사지도):「相」은 도움(扶) 또는 인도(引導). 곁에서 시

중듦. 「師」는 「師冕」의 「師」. 「道」는 방법, 예의범절.

【뜻 풀이】 장님 악사장에게는 원래 인도자가 붙어 있었을 것이다. 여기의 기술에서는 악사장이 「階」에 이르자 공자의 안내가 시작되고 있다. 공자는 계단 아래에서 악사장 면을 기다렸다가 거기서부터 안내를 시작한다. 사면(師冕)의 인도자는 계단 아래에 서서 당상으로는 오르지 않는다.

자장이 묻는 「與師言之道與」는 쌀쌀한 느낌을 주고 공자가 대답한 「固相師之道也」는 따뜻한 느낌을 준다고 일본의 요시카와(吉川幸次郎) 박사는 지적하고 있다. 정말 그러하다. 자장의 눈에는 공자의 하나하나의 동작이 표면적인 모양으로밖에 비치지 않고 있다. 공자는 친절한 마음씨가 예(禮)의 본질임을 가르친다. 「固」라는 말은 자장의 가슴을 강하게 때렸을 것이다. '본래'와 '진실로'라는 두 가지 뜻을 가지고 있다.

제16
계씨편
(季氏篇)

계씨의 참람함과 교만함은 第三 八佾篇 1, 2에 천자나 하는 팔일무(八佾舞)와 옹가(雍歌)를 감히 행한 것과 八佾篇 6에 제후나 하는 여제(旅祭)를 행한 사실이 나타나며, 第十一 先進篇 17에 계씨의 부(富)가 주공(周公)을 능가했다는 것이 기술되어 있다. 지금 또 전유(顓臾)의 땅을 탐내어 병합하려고 한다.

「孔子曰」 — 「子曰」이라 하지 않고 「孔子曰」이라 한 것은 기록자가 공자를 객관적으로 보고 있는 것이다. 즉, 공자에게 직접 달린 제자들이 기록한 것이 아니다.

1

季氏將伐顓臾. 冉有季路見於孔子曰 季氏將有事於顓臾.
계씨장벌전유 염유계로현어공자왈 계씨장유사어전유

孔子曰 求 無乃爾是過與. 夫顓臾 昔者先王以爲東蒙主. 且
공자왈 구 무내이시과여 부전유 석자선왕이위동몽주 차

在邦域之中矣. 是社稷之臣也. 何以伐爲. 冉有曰 夫子欲
재방역지중의 시사직지신야 하이벌위 염유왈 부자욕

之. 吾二臣者皆不欲也. 孔子曰 求 周任有言 曰 陳力就列
지 오이신자개불욕야 공자왈 구 주임유언 왈 진력취열

不能者止. 危而不持 顚而不扶 則將焉用彼相矣. 且爾言過
불능자지 위이부지 전이불부 즉장언용피상의 차이언과

矣. 虎兕出於柙 龜玉毁於櫝中 是誰之過與. 冉有曰 今夫顓
의 호시출어합 구옥훼어독중 시수지과여 염유왈 금부전

臾 固而近於費. 今不取 後世必爲子孫憂. 孔子曰 求 君子
유 고이근어비 금불취 후세필위자손우 공자왈 구 군자

疾夫舍曰欲之 而必爲之辭. 丘也聞 有國有家者 不患寡而患
질부사왈욕지 이필위지사 구야문 유국유가자 불환과이환

不均. 不患貧而患不安. 蓋均無貧 和無寡 安無傾. 夫如是
불균 불환빈이환불안 개균무빈 화무과 안무경 부여시

故遠人不服 則修文德以來之. 旣來之 則安之. 今由與求也
고원인불복 즉수문덕이래지 기래지 즉안지 금유여구야

相夫子 遠人不服 而不能來也. 邦分崩離析 而不能守也. 而
상부자 원인불복 이불능래야 방분붕이석 이불능수야 이

謀動干戈於邦內. 吾恐季孫之憂 不在於顓臾 而在蕭牆之內
모동간과어방내 오공계손지우 부재어전유 이재소장지내

也.
야

계씨가 전유의 나라를 정벌하려고 하자 염유와 계로가 공자에게 와서,

"계씨가 전유를 상대로 전쟁을 일으키려 하고 있습니다."

하고 말씀드렸다. 공자께서 말씀하셨다.

"구(求)야, 네가 잘못 알고 있는 게 아니냐? 원래 전유의 나라는 옛날에

선왕이 동몽산의 제사를 주관하는 자로 삼은 나라다. 게다가 노나라 안에 있다. 결국 노국을 종주로 하는 속국이다. 무엇 때문에 정벌하겠느냐?"

염유가 말씀드렸다.

"그분이 하려는 것입니다. 저희는 둘 다 하고 싶지 않습니다."

공자께서 말씀하셨다.

"구야, 옛날에 주임(周任)이 '힘을 다하여 직무에 임하고, 감당할 수 없을 때에는 떠나라.' 고 말했다. 위태로워도 부축해 주지 않고 넘어져도 붙잡아 주지 않는 보좌역은 필요 없지 않겠느냐? 또 네 말은 잘못이다. 호랑이나 외뿔소가 우리에서 빠져나가고, 귀갑(龜甲)이나 보옥이 궤 속에서 깨진다면 그것은 누구의 잘못이겠느냐?"

염유가 말씀드렸다.

"지금 저 전유는 견고한 대비를 하고 있으며 게다가 비(費)에 근접해 있습니다. 지금 빼앗아 두지 않으면 후세에 반드시 자손의 근심거리가 될 것입니다."

공자께서 말씀하셨다.

"구야, 군자는 자기가 하고자 하는 것을 말하지 않고 억지로 꾸며대는 것을 미워한다. 내가 듣건대 '나라를 보전하고 가문을 보전하는 자는 백성이 적음을 걱정하지 않고 공평치 않음을 걱정하며, 가난함을 걱정하지 않고 안정되지 않음을 걱정한다.' 고 한다. 결국 공평하면 가난도 없어지고, 화합하면 백성이 적은 것도 없어지며, 안정이 되면 나라가 기우는 일도 없어지는 것이다. 그렇기 때문에 먼 곳 사람이 복종하지 않을 경우에는 문덕을 닦아 그들을 따르게 하고, 따라오거든 안정시켜야 하는 것이다.

지금 유와 구는 그분을 보좌하고 있으면서 복종하고 있지 않은 먼 곳 사람을 따르게 하지도 않고, 뿔뿔이 분열되어 있는 나라를 통합하지도 못하고 있다. 게다가 나라 안에서 전쟁을 일으키려 획책하고 있으니, 계손씨의 우환은 전유에게 있는 게 아니라 울타리 안에 있음을 나는 염려한다."

【글자 뜻】伐:칠 벌. 顓:오로지 전. 臾:잠깐 유. 冉:나아갈 염. 爾:너 이. 蒙:어두울 몽. 域:지경 역. 稷:곡신 직. 陳:베풀 진. 就:나아갈 취. 顚:넘어질 전. 兕:외뿔소 시. 柙:우리 합. 龜:거북 귀. 毁:부술 훼. 櫝:함 독. 寡:적을 과. 蓋:모두 개. 傾:기울 경. 旣:이슥고 기. 崩:무너질 붕. 離:떨어질 리. 析:가를 석. 戈:창 과. 蕭:쓸쓸할 소.

【말의 뜻】季氏(계씨):계자연(季子然)일까? 第十一 先進篇 24「季子然問」 참조. 顓臾(전유):복희(伏羲)의 후예. 주공단(周公旦)이 노(魯)에 봉국(封國)되기 전부터 몽산(蒙山)의 제사를 중심으로 작은 국가를 구성하고 있었다. 공자 당시에는 부용(附庸)으로서 노(魯)에 속해 있었다. 冉有(염유):이름은 구(求). 자가 자유(子有). 여기서 스승인 공자는「求」라고 이름을 부르고 있다. 季路(계로):중유(仲由). 자가 자로(子路). 第十一 先進篇 3에「政事에는 冉有 · 季路」라고 하였다. 이 두 사람이 계씨의 신하였다는 것, 그리고 그에 관한 공자의 평가에 대하여는 第十一 先進篇 24, 계자연(季子然)과 공자의 문답에도 보인다. 見於孔子(현어공자):「見」은 뵈옴. 有事(유사):「事」는 큰일. 전쟁과 제사. 여기서는 물론 전쟁을 말한다. 昔者先王(석자선왕):동몽(東蒙)의 제주가 된 이래. 전래가 오래된 것을 말한다.「先王」을 특정할 필요는 없다. 東蒙主(동몽주):「東蒙」은 몽산(蒙山).「主」는 제사를 주관하는 자. 봉산은 ≪상서(尙書)≫와 ≪시경≫에도 나타나 있는 명산이다. 지금의 산동성 비현(費縣)의 서북에 있다. 邦域之中(방역지중):노국의 영역 안. 社稷之臣(사직지신):노국을 종주(宗主)로 하여 소속되어 있다는 것이며 따라서 계씨가 공벌(攻伐)해야 할 대상이 아님을 말한다. 何以伐爲(하이벌위):「以」는 용(用).「爲」는 조자(助字). 第十二 顔淵篇 8「何以文爲」를 참조. 夫子(부자):남자에 대한 경칭. 계씨를 가리켜 말함. 周任(주임):고대의 이름난 사관(史官). 陳力就列 不能者止(진력취열 불능자지):능력을 한껏 발휘하여 그에 알맞은 지위에 나가 책임을 다한다. 그것을 할 수 없으면 자리

를 떠난다. 「止」는 거(去). 第十一 先進篇 24에도 「所謂大臣者 以道事君 不可則止」라고 하였다. 危而不持 顚而不扶(위이부지 전이불부):「危」는 형평을 잃음. 「持」는 지지, 지탱함. 「顚」은 전도(顚倒). 「扶」는 부조(扶助), 도와 줌. 將焉用彼相矣(장언용피상의):「焉」은 하(何). 「相」은 보좌하는 사람. 虎兕出於柙(호시출어합):「虎兕」는 다 같이 맹수. 「出」은 빠져나옴. 「柙」은 갑(匣)과 같음. 우리(檻). 龜玉毁於櫝中(구옥훼어독중):「龜」는 점치는 신성한 귀갑(龜甲). 「玉」은 예를 갖추는 귀중한 보옥(寶玉). 「櫝」은 궤(櫃). 이상 두 구의 비유는 당시 유행하고 있던 고어일 것이다. 固而近於費(고이근어비):「固」는 성곽의 견고함을 말함. 「費」는 이미 第六 雍也篇 9와 第十一 先進篇 25에 보이고 있다. 계씨의 중요한 근거지이다. 동몽산(東蒙山)이 지금의 비현(費縣)에 속해 있는 것으로도 알 수 있듯이 「顓臾」와 「費」는 인접해 있다. 爲之辭(위지사):변명을 함. 강변을 함. 有國有家者(유국유가자):「有國」은 제후. 「有家」는 경대부(卿大夫). 不患寡而患不均(불환과이환불균):「寡」는 백성이 떠돌아다녀 인구가 적은 것. 「均」은 균형. 정치가 균등하게 골고루 미쳐 조화를 이루는 것. 不患貧而患不安(불환빈이환불안):「貧」은 재산이 없는 것. 「安」은 정치의 안정. 遠人(원인):천하적 세계의 중심 — 이것을 토중(土中)이라고 한다. — 에서 멀리 떨어져 있는 사람들. 아직도 천하적 세계관을 충분히 나누어 갖지 못하고 있음. 文德(문덕):문(文)으로써 정치를 하는 재능 및 그 표현. 무력(武力)에 대한 말. ≪상서(尙書)≫ 대우모편(大禹謨篇)에 「황제께서 크게 문덕(文德)을 펴시어 간(干)과 우(羽)를 섬돌에서 춤추게 하더니 칠십 일 만에 유묘(有苗)가 이르니라.(帝乃誕敷文德 舞干羽于兩階 七旬有苗格)」고 하였다. 「文德」의 중심은 예악(禮樂)에 있다. 分崩離析(분붕이석):민심이 국왕을 따르지 않고 양자를 연결하는 체제가 무너져 따로따로 된다. 蕭牆(소장):「蕭」는 숙(肅), 삼감. 「牆」은 병풍(屛). 국왕은 문에 병풍을 세워 차면(遮面)하고, 신하는 거기에 와서 머리를 조아린다.

【뜻 풀이】「季氏將伐顓臾」— 계씨의 참람함과 교만함은 第三 八佾篇 1, 2에 천자나 하는 팔일무(八佾舞)와 옹가(雍歌)를 감히 행한 것과 八佾篇 6에 제후나 하는 여제(旅祭)를 행한 사실이 나타나며, 第十一 先進篇 17에 계씨의 부(富)가 주공(周公)을 능가했다는 것이 기술되어 있다. 지금 또 전유(顓臾)의 땅을 탐내어 병합하려고 한다.

「孔子曰」—「子曰」이라 하지 않고 「孔子曰」이라 한 것은 기록자가 공자를 객관적으로 보고 있는 것이다. 즉, 공자에게 직접 달린 제자들이 기록한 것이 아니다.

「求 無乃爾是過與」— 공자 앞에 와 있는 것은 염구와 자로 두 사람이다. 두 사람 다 계씨의 '나라 도둑질'에 관계하고 있다. 계씨를 섬긴 것은 자로가 정공(定公) 12년, 염구는 애공(哀公) 때의 일이다. 또 연령상으로도 자로 쪽이 연상이다. 그런데 지금 공자가 질책하고 있는 것은 염구이며 진변(陳辯)하고 있는 것도 염구 한 사람이다. 나서기 좋아하는 자로가 시종 잠자코 있는 것은 기이한 일이다. 염구는 계씨를 위해 조세를 징수하여 계씨의 부를 더하였기 때문에 공자께서 「우리의 동지가 아니다. 너희는 북을 울리고 공격을 퍼붓는 것이 좋다.」고 말하고 있다.(第十一 先進篇 17) 공자는 자로가 염구에게 끌려다니는 것으로 보는 듯싶다.

「虎兕出於柙 龜玉毁於櫝中 是誰之過與」— 호시(虎兕)는 계씨의 강포함을 비유하고, 구옥(龜玉)은 노나라 공실(公室)을 비유한 것일까? 공자의 염원은 '너희가 계씨를 도와 그의 악행을 만류하여 노나라 군주에게 해가 되지 않도록 하라. 이것이 곧 계손씨를 위해서도 또한 좋은 일이 아니겠느냐?' 하는 것이었을 것이다.

「君子疾夫舍曰欲之 而必爲之辭」— 공안국(孔安國)은 「君子疾夫」에서

구두점을 친다. 조자(助字) 「夫」의 기능이 달라진다. 황간(皇侃)도 그에 따른다. 「舍曰欲之」 이하가 미워하는 내용을 말하는 것은 같다. 「舍」는 사(捨). 또 황간본(皇侃本)은 「必」 뒤에 「更」자가 있다.

「不患寡而患不均. 不患貧而患不安」 — 「寡」는 백성의 수가, 「貧」은 재화가 적음을 말한다. 그러므로 논자는 「寡」에는 '安', 「貧」에는 '均'이라고 해야 할 것이며, 그에 잇따른 구는 「均無貧 和無寡 安無傾」이 옳다고 한다. 그리고 한(漢)나라 동중서(董仲舒)의 ≪춘추번로(春秋繁露)≫ 도제편(度制篇)과 ≪위서(魏書)≫ 권78 및 장보혜(張普惠)의 상소에는 「孔子曰 不患寡而患不均」이라고 기록한 것을 증거로 한다.

이 설은 그런대로 이치에 맞는 것 같다. 그러나 ≪논어≫ 본래의 문장은 현행의 텍스트대로였다고 생각된다. 「不患」으로 시작되는 7자 2구와 「均無貧」 이하의 3자 3구는 말의 스타일이 다르다. 이 양자를 일관시킬 필요는 없다. 각각 그 나름의 표현법을 쓰고 있는 것이다. 또 한(漢) 환관(桓寬)의 ≪염철론(鹽鐵論)≫ 본의편(本議篇) 및 ≪위지(魏志)≫ 무제기(武帝紀) 흥평(興平) 9년 9월의 영(令)에 대하여 주(註)에 인용하는 ≪위서(魏書)≫는 모두 ≪춘추번로(春秋繁露)≫보다도 ≪논어≫의 글을 길게 인용하고 있으며, 게다가 문제의 자구(字句)는 현행의 본문과 같다.

「蕭牆之內」 — 「蕭牆」은 국왕이 마련하는 것이다. 따라서 「蕭牆之內」는 노나라 애공(哀公)을 간접으로 가리켜 말하는 것이다. 계씨 자손의 걱정은 전유에게 있는 것이 아니라 애공에게 있었다. 애공은 삼환(三桓)을 누르려 하고 있다. 전유가 그에 가담하여 힘이 되어 줄 우려가 있으므로 계씨가 선수를 쳐서 행동하려고 하는 것이다. 계씨의 하극상(下剋上)의 심리를 공자께서 내다보고 꾸짖는다. 이것이 또 하나의 설(說)이다.

「蕭牆」은 원래 국왕만 설치할 수 있지만 계씨는 이것을 참람하게 자기 저택 안에 설치하고 있었다. 「蕭牆之內」는 계씨의 내부를 말한다. 즉 '계씨의 행위는 장차 측근으로 하여금 내란을 유발하게 하여 그들로부터 공격당할 것이다.' 라고 공자는 예측한다. 이것이 또 다른 일설이다.

2

孔子曰 天下有道 則禮樂征伐自天子出. 天下無道 則禮樂征
공자왈 천하유도 즉예악정벌자천자출 천하무도 즉예악정
伐自諸侯出. 自諸侯出 蓋十世希不失矣. 自大夫出 五世希
벌자제후출 자제후출 개십세희불실의 자대부출 오세희
不失矣. 陪臣執國命 三世希不失矣. 天下有道 則政不在大
부실의 배신집국명 삼세희부실의 천하유도 즉정부재대
夫. 天下有道 則庶人不議.
부 천하유도 즉서인불의

공자께서 말씀하셨다.

"천하에 도가 행해지고 있을 때에는 예악과 정벌이 천자로부터 나오며, 천하에 도가 행해지고 있지 않을 때에는 예악과 정벌이 제후에게서 나온다. 제후에게서 나오는 것이 십 대(代) 가는 일은 좀처럼 없고, 대부에게서 나오는 것이 5대 가는 일도 좀처럼 없으며, 배신(陪臣)이 국정을 집행할 때에는 3대 가는 일이 좀처럼 없다. 천하에 도가 행해질 때에는 정치가 대부의 손에 장악되는 일은 없다. 천하에 도가 행해질 때 백성은 정치에 대해 비판을 하지 않는다."

【글자 뜻】 征:칠 정. 侯:제후 후. 希:드물 희. 陪:모실 배. 執:처리할 집. 庶:여러 서. 議:의논할 의.

【말의 뜻】 陪臣(배신):「陪」는 중(重), 거듭함. 대부(大夫)는 제후 신하의 신하이다. 이 말은 ≪논어≫에서 여기에 한 번 보일 뿐이다. ≪춘추좌씨전(春

秋左氏傳)≫에는 여섯 개의 예가 있다. 國命(국명):국가의 정령(政令).

【뜻 풀이】 천하적 세계관에서는 하늘의 이념[天命]을 실현하는 최고 책임자가 천자이며, 천명을 적극적으로 유지하는 것이 예악이고 소극적으로 유지하는 것이 정벌이다.

「天下有道」는 하늘의 이념이 유지되는 세계를 말하며, 「天下無道」는 하늘의 이념이 저지당하고 있는 세계이다. 따라서 「有道」의 천하에 있어서는 당연히 예악 · 정벌이 천자의 수중에 있으며 천자가 최고의 책임과 권위를 가진다. 이에 반하여 「無道」의 천하에 있어서는 천자가 예악과 정벌을 집행할 권위를 갖지 못하고 제후가 그 권위를 범한다.

제후는 본래 천자의 정치를 돕는다. 아직 천명을 받고 있지 않은 것이다. 제후의 정치는 한 나라 안에 한정된다. 제후가 권위를 상실하고 대부가 주권을 장악하면 그 행위는 한층 더 좁은 범위로 한정되고, 그 결과는 더욱 더 절실해지며 신속히 나타난다.

배신(陪臣)에 이르러는 「禮樂征伐」이라 하지 않고 「執國命」이라고 한다. 관계하는 바가 더욱 더 좁고 그만큼 반응도 더욱 더 신속하다. 정치하는 자의 저하(低下), 정치의 협소화(狹小化)와 불안정에 대한 공자의 노여움에 가까운 탄식이 들려온다.

「十世 · 五世 · 三世」 — 「五世」는 「十世」의 절반이며, 「三世」는 「五世」의 절반을 사사오입한 것이다. 이 세대의 셈법에는 도식화가 인정된다. 그러나 공안국(孔安國), 황간(皇侃) 등은 「諸侯」가 친히 예악을 만들고 멋대로 정벌을 한 것은 노(魯)의 은공(隱公) 때부터이며 그 후 환공(桓公) · 장공(莊公) · 민공(閔公) · 희공(僖公) · 문공(文公) · 선공(宣公) · 성공(成公) · 양공(襄公)의 8공을 거쳐 소공(昭公)에 이르러 계씨에게 나라를 빼앗기고, 결국 귀국하지 못한 채 진(晋)나라 건후(乾侯)의 땅에서 객사한 것을 들고 있다.

또 「大夫」에 대하여는 계문자(季文子)가 노국의 정치를 오로지한 뒤에 무자(武子) · 도자(悼子) · 평자(平子)를 거쳐 환자(桓子)에 이르러, 즉 5세 때에 양호(陽虎)에게 사로잡힌 것을 들고 있다. 「陪臣」에 대하여는 마융(馬融)이 계씨의 신하 양씨(陽氏)가 3대째의 양호에 이르러 제(齊)나라로 도망하여 달아난 것을 들고 있다.

이 밖에 제(齊)나라에 있어서도 환공(桓公)이 패권을 장악한 뒤에 효공(孝公) · 소공(昭公) · 의공(懿公) · 혜공(惠公) · 경공(景公) · 영공(靈公) · 장공(莊公) · 경공(景公) · 도공(悼公)의 9공을 거쳐 간공(簡公)이 시해당한다. 진(晋)나라에서도 문공(文公)이 패권을 장악한 뒤에 양공(襄公) · 영공(靈公) · 성공(成公) · 경공(景公) · 여공(厲公) · 도공(悼公) · 평공(平公) · 소공(昭公) · 경공(頃公)의 9공 뒤에 권위는 6경(六卿)에게로 옮겨간다.

또 「陪臣」에 대하여는, 마융이 말하는 양씨는 3대째에 양호가 출분(出奔)했을 뿐더러 그 아우 양월(陽越)도 전란 통에 죽었다. 그 밖에 계씨의 비읍(費邑)의 장관 남씨(南氏)는 유(遺)와 괴(蒯)의 2대로 제(齊)에 망명하고, 마찬가지로 비(費)를 가지고 계씨를 배반한 공산불요(公山不擾)는 2대도 못 가서 제(齊)로 출분하고 있다. 「三世」라고 한 것은 그 긴 것을 들어 도식(圖式)을 이룬 것이다.

「十世」 · 「五世」 · 「三世」는 역사의 사실에 입각하면서 나아가 그것을 도식화하고 있는 것이다. 이와 같은 숫자에 의한 도식화는 계씨편(季氏篇)의 커다란 특징의 하나다.

「天下有道 則庶人不議」 — 「議」는 비방. 하늘의 이념이 행하여지고 있을 때 백성은 정치를 비난하지 않는다. 백성은 정치에 무관심할 수 있다. 「백성들로 하여금 따르게 할 수는 있어도 깨닫게 할 수는 없다.」(第八 泰伯篇 9) 「백성의 신임을 잃으면 국가의 정치는 성립하지 않는다.」(第十二 顔淵篇 7)는 이와 관련된다.

3

孔子曰 祿之去公室五世矣. 政逮大夫四世矣. 故夫三桓之子孫微矣.
공자왈 녹지거공실오세의 정체대부사세의 고부삼환지자손미의

공자께서 말씀하셨다.

"작록(爵祿)을 주는 권한이 공실을 떠난 지가 5대요, 정치가 대부의 손으로 들어간 지 4대가 된다. 그러므로 삼환의 자손도 쇠미(衰微)해 가는 것이다."

【글자 뜻】 祿:복록 록. 逮:잡을 체. 桓:굳셀 환. 微:쇠할 미.

【말의 뜻】 祿(녹):작록(爵祿). 제후는 신하에게 녹을 내려 지배 체제를 만든다. 公室(공실):「公」은 노나라의 군주. 五世(오세):노의 선공(宣公)·성공(成公)·양공(襄公)·소공(昭公)·정공(定公)을 말한다. 四世(사세):노의 대부 계씨의 문자(文子)·무자(武子)·평자(平子)·환자(桓子)를 말한다. 三桓(삼환):노의 중손(仲孫, 孟孫)·숙손(叔孫)·계손(季孫)의 3씨. 환공(桓公)에게서 분가했으므로 '삼환(三桓)'이라고 한다. 微矣(미의):「微」는 쇠미(衰微).

【뜻 풀이】 ≪춘추좌씨전(春秋左氏傳)≫ 소공(昭公) 25년에, 송(宋)의 악기(樂祁)가 '정권이 계씨의 손으로 넘어가고부터 3대, 노의 군주가 정권을 잃고부터 4공(四公)이 됩니다.'라고 하였다. 「季氏」의 「三世」는 두주(杜註)에 따르면 문자(文子)·무자(武子)·평자(平子)이다. 무자의 아들이자 평자의 아버지인 도자(悼子)는 넣지 않는다. 무자보다 먼저 죽어 국

정을 맡아 보지 않았기 때문이다.

≪좌씨전≫은 또 소공(昭公) 32년에 진(晋)의 사관(史官) 채묵(蔡墨)이 '노의 문공(文公)이 돌아가시자 동문수(東門遂)가 적자를 죽이고 서자를 세워 노의 군주는 이때부터 정권을 잃었고, 정권이 계씨의 것이 되고부터 이 군주까지 4공입니다.' 라고 하였다. 적자(適子)를 죽이고 세워진 서자(庶子)는 선공(宣公)이다.

소공(昭公) 시대에는 노나라의 역사를 선공(宣公)으로부터 구분하여 쇠운(衰運)의 시대라고 보는 일이 송(宋)나라 사람에게나 진(晋)나라 사람에게 똑같이 이루어지고 있다. 천하는 열두 제후의 나라들로 나뉘어 있었지만 역사의 견해에는 공통되는 것이 전달되고 있었던 듯싶다.

≪논어(論語)≫가 여기에 「公室五世」, 「大夫四世」라고 한 것은 노나라 사람의 견해도 악기(樂祁) · 채묵(蔡墨)이 말하는 바와 같았음을 보여주고 있다. 다만, 그들의 「三世」, 「四公」에 대하여 ≪논어≫에서 각각 1세를 더 셈하는 것은 이 장이 소공 뒤의 정공(定公) 시대에 발언되고 있기 때문이다.

노나라의 공실(公室)을 업신여기고 참람한 행동을 거듭해 오던 계씨에게도 정공(定公) 시대가 되자 그늘이 어둡게 짙어져 왔다. 가신(家臣)의 반란이 심해진 것이다. ≪사기(史記)≫ 노세가(魯世家)가 그것을 기술한다. 정공(定公) 5년에 계평자(季平子)가 죽고 계환자(季桓子)가 뒤를 잇는다. 이 주인을 양호(陽虎)가 화가 나면 제 마음대로 유폐한다. 8년에는 양호가 삼환의 적자를 모조리 죽이고 자기에게 편리한 서자를 세우려고 한다.

이 모략은 실패로 끝나고 양호는 제(齊)로, 이어 진(晋)으로 망명하지만 삼환의 권위 실추는 역연하다. 정공 10년에 후범(侯犯)이 후(郈)의 땅에 의거하여 숙손무숙(叔孫武叔)에게 반란하였고, 12년에는 공산불요(公山不擾)가 계씨의 근거지인 비(費)의 백성을 이끌고 노(魯)를 덮친다.

삼환(三桓)이 공실(公室)의 권위를 빼앗았다. 바로 이 하극상(下剋上) 때문에 삼환의 자손 역시 배신(陪臣) 앞에 쇠미(衰微)해 간다. 말하고자 하는 바는 전장(前章) 2에 연결된다.

「大夫四世」와 「三桓之子」에 대한 구체적 내용은 동일하다. 전자는 원칙화(原則化)한 표현이다. 그와 같은 표현을 하는 것은 이 장에서 공자가 삼단 논법을 써서 삼환의 쇠미를 논리적으로 결론지으려 하고 있기 때문이다. 「祿之去公室五世 政逮大夫四世」 — 이것을 큰 전제로 '삼환의 자손은 대부의 4세이다.', '그러므로 삼환의 자손은 쇠미한다.' 라고 결론짓는 것이다.

역사적 사실을 말하고 있는 것이지만 「五世」, 「四世」, 「三桓」의 언어 조성은 의식적으로 한 바가 있었을 것이다. 이 숫자에 대한 관심에서도 역시 季氏篇 서술 형식의 특징을 볼 수 있다.

4

孔子曰 益者三友 損者三友. 友直 友諒 友多聞 益矣. 友便辟 友善柔 友便佞 損矣.
공자왈 익자삼우 손자삼우 우직 우량 우다문 익의 우편벽 우선유 우편녕 손의

공자께서 말씀하셨다.

"유익한 벗이 셋, 해로운 벗이 셋 있다. 정직한 사람을 벗 삼고, 의리가 굳은 사람을 벗 삼고, 박학한 사람을 벗 삼는 것은 유익하다. 남에게 빌붙는 자를 벗 삼고, 굽실거리는 자를 벗 삼고, 말 둘러대기를 잘하는 자를 벗 삼는 것은 해롭다."

【글자 뜻】 益:이로울 익. 損:해칠 손. 辟:피할 벽. 佞:아첨할 녕.

【말의 뜻】 直(직):정직. 諒(양):신(信). 미쁨. 多聞(다문):박학다식(博學多識). 便辟(편벽):남의 기분을 거스르는 말을 하지 않고 비위를 맞춤. 善柔(선유):유순한 척하면서 아첨만 일삼음. 면종복배(面從腹背). 便佞(편녕):「便」은 말을 잘함(辯). 변설(辯舌)로써 비위를 맞춤.

5

孔子曰 益者三樂 損者三樂. 樂節禮樂 樂道人之善 樂多賢友 益矣. 樂驕樂 樂佚遊 樂宴樂 損矣.
공자왈 익자삼요 손자삼요 요절예악 요도인지선 요다현우 익의 요교락 요일유 요연락 손의

공자께서 말씀하셨다.

"유익한 좋아함이 셋, 해로운 좋아함이 셋 있다. 예의와 음악의 절도 지키기를 좋아하고, 남의 좋은 점 말하기를 좋아하며, 훌륭한 벗이 많음을 좋아하는 것은 유익하다. 교만한 놀이를 좋아하고, 방탕한 놀이를 좋아하며, 연락(宴樂)에 빠지는 것은 해롭다."

【글자 뜻】 驕:교만할 교. 佚:방탕할 일. 遊:놀 유. 宴:잔치 연.

【말의 뜻】 三樂(삼요):「樂」는 음이 「요」. 좋아함. 第六 雍也篇 23에 「지자(智者)는 물을 좋아하고, 인자(仁者)는 산을 좋아한다(智者樂水 仁者樂山)」라고 하였다. 節禮樂(절예악):행동거지 하나하나가 예악의 절도에 맞음. 道人之善(도인지선):「道」는 말하다(言). 동사. 賢友(현우):전장(前章)의 익우(益友) 등이 이에 해당함. 驕樂(교락):사람을 안중에 두지 않는 거만스러운 유락(遊樂). 佚遊(일유):방자한 유락. 樂宴樂(요연

락):주색(酒色)의 향락에 빠짐.

6

孔子曰 侍於君子有三愆. 言未及之而言 謂之躁. 言及之而
공 자 왈 시 어 군 자 유 삼 건 언 미 급 지 이 언 위 지 조 언 급 지 이
不言 謂之隱. 未見顏色而言 謂之瞽.
불 언 위 지 은 미 견 안 색 이 언 위 지 고

공자께서 말씀하셨다.

"군자를 모시고 있을 때 범하는 잘못이 셋 있다. 아직 말할 때가 아닌데도 말하는 것은 경망스러움이며, 말해야 할 때인데도 말하지 않는 것은 숨김이며, 안색을 살피지 않고 말하는 것은 주책이다."

【글자 뜻】 侍:모실 시. 愆:허물 건. 躁:성급할 조. 隱:숨길 은. 顏:얼굴 안. 瞽:어리석을 고.

【말의 뜻】 三愆(삼건):「愆」은 잘못. 躁(조):조급함. 경망스러움. 말이 많은 것. 隱(은):숨기고 진실을 털어놓지 않음. 瞽(고):눈이 보이지 않음

【뜻 풀이】 ≪순자(荀子)≫ 권학편(勸學篇)에 「未可與言而言 謂之傲」라 하였고 ≪염철론(鹽鐵論)≫ 효양편(孝養篇)에 「言不及而言者 傲也」라고 하였다. 모두가 ≪논어≫의 「躁」를 「傲」로 쓰고 있다. 고어의 변형이다.

「그 어른은 말해야 할 때에 말씀하시므로 그 말이 사람의 귀에 거슬리지 않는 것입니다.」(第十四 憲問篇 8)

「이야기할 상대가 아닌데도 더불어 이야기한다면 말이 보람 없게 된다.」(第十五 衛靈公篇 8)

「세상에 통달한 자는 사람의 말을 잘 살피고 안색을 꿰뚫어본다.」(第十二 顔淵篇 20)

이러한 말들이 떠오른다.

7

孔子曰 君子有三戒. 少之時 血氣未定 戒之在色. 及其壯也
공 자 왈 군 자 유 삼 계 소 지 시 혈 기 미 정 계 지 재 색 급 기 장 야
血氣方剛 戒之在鬪. 及其老也 血氣旣衰 戒之在得.
혈 기 방 강 계 지 재 투 급 기 노 야 혈 기 기 쇠 계 지 재 득

공자께서 말씀하셨다.

"군자에게는 세 가지 경계해야 할 것이 있다. 젊었을 때에는 혈기가 아직 안정되어 있지 않으므로 경계해야 할 것이 여색에 있다. 장년이 되면 혈기가 바야흐로 왕성하니 경계해야 할 것이 싸움에 있다. 노년이 되면 혈기가 이미 쇠퇴하니 경계해야 할 것이 욕심에 있다."

【글자 뜻】 戒:경계할 계. 剛:왕성할 강. 鬪:싸움 투. 衰:쇠할 쇠.

【말의 뜻】 戒之在色(계지재색):「色」은 여색(女色). 莊(장):장년. 得(득):이득. 물욕.

8

孔子曰 君子有三畏. 畏天命 畏大人 畏聖人之言. 小人不知
공 자 왈 군 자 유 삼 외 외 천 명 외 대 인 외 성 인 지 언 소 인 부 지
天命而不畏也. 狎大人 侮聖人之言.
천 명 이 불 외 야 압 대 인 모 성 인 지 언

공자께서 말씀하셨다.

"군자에게는 두려워하는 것이 세 가지 있다. 천명(天命)을 두려워하고, 대인(大人)을 두려워하며, 성인의 말씀을 두려워한다. 소인은 천명을 모르므로 두려워하지 않으며, 대인에게 감동되지 않으며, 성인의 말씀을 업신여긴다."

【글자 뜻】 畏:두려워할 외. 侮:업신여길 모. 聖:성스러울 성.

【말의 뜻】 三畏(삼외):「畏」는 외경(畏敬). 존중함. 천명(天命):하늘이라는 이름의 이념. 군자가 지닌 사명감. 大人(대인):연령이나 덕, 지위에 있어서 뛰어난 사람. 聖人之言(성인지언):고전에 기록되어 있는 말씀.

9

孔子曰 生而知之者 上也. 學而知之者 次也. 困而學之 又
공 자 왈 생 이 지 지 자 상 야 학 이 지 지 자 차 야 곤 이 학 지 우
其次也. 困而不學 民斯爲下矣.
기 차 야 곤 이 불 학 민 사 위 하 의

공자께서 말씀하셨다.

"나면서부터 도를 아는 자는 최상이며, 배워서 아는 자는 그 다음이며, 벽에 부딪쳐서 배우는 자는 또 그 다음이다. 벽에 부딪쳐서도 배우려 들지 않는 것은 백성이 최하로 친다."

【글자 뜻】 困:괴로울 곤. 斯:이 사.

【말의 뜻】 上也(상야):「上」은 가장 잘함. 최상. 困而學之(곤이학지):「困」은 문제에 부딪쳐 어떻게 해야 할지 몰라 곤혹해 하는 것.

【뜻 풀이】 '이것을 안다.(知之)'란 선왕의 도를 아는 것이다. 선왕의 도는 민중의 생활을 안정시키는 도이다. 인간은 본성적으로 이 선왕의 도를 지향하고 그것을 이해하며 실천한다는 것이 공자의 입장이다. 나면서부터 도를 아는 자는 가장 본성에 따르는 자이다. 고전에 저절로 이끌려 학습하는 중에 간신히 아는 자는 그에 버금한다. 평소에 게으름을 피우다 궁지에 몰려서야 비로소 학습을 지향하는 자는 그런대로 지식인 축에 든다. 그러나 배우지도 않고 구하지도 않는 자는 그야말로 최하이다.

「백성이 최하로 친다.(民斯爲下矣)」 — 이 가치 판단을 백성이 한다. 백성이 버리는 것이고 민심이 떠나는 것이다. 보통의 해석으로는 「백성(民)」을 「벽에 부딪쳐서도 배우려 들지 않는(困而不學)」 자라 하고 「斯」, 즉 「民」을 「최하로 친다.(爲下)」고 설명한다. 위정자가 천명에 합당한지 여부를 결정하는 것은 백성이다. 천하적 세계관에 있어 백성이 궁극 절대적인 판단자이니 위정자는 두려워하고 삼가며 백성의 소리, 백성의 눈, 백성의 마음을 자기의 소리로 하고, 눈으로 하고, 마음으로 한다.

「民斯爲下矣」 — 「斯」는 차(此), 「困而不學」하는 자를 가리키거나 아니면 「斯」는 조자(助字), 즉 글의 가락을 조절하기 위한 것 중 하나일 것이다.

10

孔子曰 君子有九思. 視思明 聽思聰 色思溫 貌思恭 言思忠
공자왈 군자유구사 시사명 청사총 색사온 모사공 언사충
事思敬 疑思問 忿思難 見得思義.
사사경 의사문 분사난 견득사의

공자께서 말씀하셨다.

"군자에게는 아홉 가지 생각하는 일이 있다. 사물을 볼 때에는 명확히 볼 것을 생각하고, 들을 때에는 총명하게 들을 것을 생각하며, 안색은 온화하게 할 것을 생각하고, 태도는 공손하게 할 것을 생각하며, 말은 성실하게 할 것을 생각하고, 행위는 신중히 할 것을 생각하며, 의문 나는 것에는 가르침을 청할 것을 생각하고, 화가 날 때에는 나중의 재난을 생각하며, 이득에 임하여는 정당한가를 생각한다."

【글자 뜻】 聽:들을 청. 聰:귀 밝을 총. 貌:모양 모. 疑:의심할 의.

【말의 뜻】 視思明(시사명):사물을 볼 때에는 「明」의 입장에서 생각하여 본다. 色思溫(색사온):「色」은 얼굴빛. 「溫」은 온화. 貌思恭(모사공):「貌」는 온몸의 동작, 기거 동작. 言思忠(언사충):「忠」은 성실. 事思敬(사사경):「事」는 구체적인 행동. 초점은 윗사람을 섬기는 데 있음.

【뜻 풀이】 여기에 언급된 것들 하나하나를 공자는 때에 따라 알맞게 설명하고 있다.

군자는 「용모 · 안색 · 어기(語氣)」에 주의해야 한다는 것은 第八 泰伯篇 4에서 말하였다. 군자에게 「溫」을 말한 것은 第七 述而篇 37, 第十九 子張篇 9에 보인다. 第五 公冶長篇 16은 「군자의 四道」 중에 「자신의 행동은 공손하고, 윗사람을 섬기는 데에는 예의 바르다.(其行己也恭 其事上也敬)」고 하였다. 第十五 衛靈公篇 6에서는 자장의 질문에 「言忠信行篤敬」이라 가르치고 있다. 第五 公冶長篇 15에서는 「不恥下問」을 칭찬하고 있다. 第十二 顔淵篇 21에서는 「一朝之忿 忘其身以及其親」을 배척하고 있다. 그리고 「見利思義」(第十四 憲問篇 13), 「見得思義」(第十九 子張篇 1)가 되풀이되고 있다.

季氏篇의 이 장은 이러한 말을 9라는 수에 맞추어 정리한 것이다. ≪상서(尙書)≫ 홍범편(洪範篇)의 「一日貌 二日言 三日視 四日聽 五日思. 貌日恭 言日從 視日明 聽日聰 思日睿」, 이른바 오사(五事)가 밑받침이 되어 있을 것이다.

11

孔子曰 見善如不及 見不善如探湯. 吾見其人矣 吾聞其語矣
공자왈 견선여불급 견불선여탐탕 오견기인의 오문기어의
隱居以求其志 行義以達其道. 吾聞其語矣 未見其人也.
은거이구기지 행의이달기도 오문기어의 미견기인야

공자께서 말씀하셨다.

"선(善)을 보면 붙잡으려고 좇아간다. 악(惡)을 보면 손을 열탕에 넣었을 때처럼 얼른 몸을 뺀다. 나는 그러한 사람을 보고 있다. 그러한 이야기도 듣고 있다.

세상에 은거하여 자신의 뜻을 추구한다. 임금을 섬겨 도를 세상에 편다. 나는 그러한 이야기는 듣고 있다. 그러나 그러한 사람은 아직 본 일이 없다."

【글자 뜻】 探:찾을 탐. 聞:들을 문. 隱:숨을 은.

【말의 뜻】 探湯(탐탕):뜨거움의 정도를 가늠하기 위해 손을 열탕(熱湯)에 넣어 본다. 반드시 매우 신속하게 손을 뺀다. 여기서는 사람이 신속하게 결정적으로 몸을 빼는 모습에 비유한다. 吾聞其語矣(오문기어의):「語」는 옛날의 구전(口傳). 隱居(은거):무도한 세상으로부터 숨어 벼슬을 하지 않음. 行義(행의):군신(君臣)의 의를 행함. 명군(明君)을 만나 섬김. 오규소라이(荻生徂徠)는 第十八 微子篇 7의 「군자가 벼슬하는 이유는 그 대의를 실천하기 위함이다.(君子之仕也 行其義也)」를 인용하고 있다.

【뜻 풀이】 「見善如不及」 — 第八 泰伯篇 17에 「學如不及 猶恐失之」라고 하였다. 「如不及」은 성어(成語)일 것이다.

「吾見其人矣 吾聞其語矣」는 먼저 현재를 말하고 연후에 과거에 미친다.

「吾聞其語矣 未見其人也」는 먼저 긍정의 말을 하고 연후에 부정의 말에 미친다.

12

齊景公有馬千駟. 死之日 民無德而稱焉. 伯夷叔齊餓于首
제경공유마천사 사지일 민무덕이칭언 백이숙제아우수
陽之下. 民到于今稱之. 其斯之謂與.
양지하 민도우금칭지 기사지위여

제나라 경공은 사천 마리의 말을 가지고 있었으나 죽을 때에는 그 덕을 기리는 백성이 없었다. 백이와 숙제는 수양산 기슭에서 굶어 죽었으나 백성은 오늘날까지도 기리고 있다. 이것이 덕을 기린다는 것이리라.

【글자 뜻】 駟:사마 사. 稱:칭찬할 칭. 餓:주릴 아. 謂:이를 위.

【말의 뜻】 齊景公(제경공):第十二 顔淵篇 11에서 제(齊)의 경공(景公)이 공자에게 정치를 묻고 있다. 그의 죽음은 애공(哀公) 5년, 기원전 490년. 공자 육십이 세였고 이때 제(齊)는 대국이었다. 馬千駟(마천사):「駟」는 말 네 필. 왕의 마정(馬政)을 관장하는 ≪주례(周禮)≫ 교인(校人)의 설에 따르면 천자는 삼천사백오십육 필, 제후는 이천오백구십이 필의 말을 기른다고 한다. 경공의 사천 필은 매우 호사스럽다. 伯夷·叔齊(백이·숙제):第五 公冶長篇 23「伯夷叔齊」 참조. 其斯之謂與(기사지위여):해설에서 언급하듯이 이것은 성어(成語)이다. 뭔가 응하는 말이 위에 있어야 마땅하다. 왕숙(王肅)은「이는 이른바 덕을 일컫는 것이다.」라고 주를 달았다. 일단 이 방향에 따라 번역해 둔다.

【뜻 풀이】 이 장에는 첫머리에「孔子曰」이라는 어구가 없다.「其斯之謂與」의 구도 第一 學而篇 15「子貢曰 詩云 如切如嗟 如琢如磨 其斯之謂如」의 경우와는 달리 뒤에 응하는 바가 명확하지 않다. 문장에 혼란이 있음을 상상할 수 있다. 신주(新註)는 第十二 顔淵篇 10의 편말(篇末)에서 조화되지 않는 두 구「誠不以富 亦祗以異」를 이 장의 첫머리로 옮기고 다시「孔子曰」의 子자를 보충해야 한다고 하였다.

이 장에 잇따르는 13장, 14장은 모두「孔子曰」이라고 하지 않았다. 각 편말에서 볼 수 있는 부기(附記)가 이 편에서는 이 장부터 이미 시작되고 있는 것이리라.

13

陳亢問於伯魚曰 子亦有異聞乎. 對曰 未也. 嘗獨立. 鯉趨而過庭. 曰 學詩乎. 對曰 未也. 曰 不學詩 無以言. 鯉退而學詩. 他日又獨立. 鯉趨而過庭. 曰 學禮乎. 對曰 未也. 不學禮 無以立. 鯉退而學禮. 聞斯二者. 陳亢退而喜曰 問一得三. 聞詩 聞禮 又聞君子之遠其子也.

진항문어백어왈 자역유이문호 대왈 미야 상독립 이추이과정 왈 학시호 대왈 미야 왈 불학시 무이언 이퇴이학시 타일우독립 이추이과정 왈 학례호 대왈 미야 불학례 무이립 이퇴이학례 문사이자 진항퇴이희왈 문일득삼 문시 문례 우문군자지원기자야

진항이 백어에게 물어보았다.

"당신에게는 별다른 이야기가 있으셨겠지요?"

백어가 대답하였다.

"별로요. 언젠가 가친께서 홀로 서 계셨지요. 내가 종종걸음으로 뜰을 지나는데 '시(詩)를 배웠느냐?' 고 하셨소. '아직 못 배웠습니다.' 하고 대답하자 '시를 배우지 않으면 좋은 말이 나오지 않는다.' 고 하셨소. 나는 물러나와 시를 배웠소.

그 후 또 어느 날 홀로 서 계셨소. 내가 종종걸음으로 뜰을 지나는데 '예(禮)를 배웠느냐?' 고 하셨소. '아직 못 배웠습니다.' 하고 대답하자 '예를 배우지 않으면 세상에서 살아갈 수 없다.' 고 하셨소. 나는 물러나와 예를 배웠소. 이 두 말씀을 들었을 뿐이오."

진항은 물러나오자 기뻐하며 말하였다.

"한 가지를 물어 세 가지를 얻었도다. 시를 들었고 예를 들었으며, 또 군자는 자기 자식을 멀리한다는 것을 배웠다."

【글자 뜻】 亢:높을 항. 鯉:잉어 이. 趨:종종걸음칠 추. 喜:기쁠 희.

【말의 뜻】 陳亢(진항):第一 學而篇 10에서 자공(子貢)과 문답하는 자금(子禽)이 그 사람일 것이다. 자금은 자(字). 伯魚(백어):공자의 아들. 이름은 이(鯉). 백어는 자(字). 異聞(이문):유별난 이야기. 未也(미야):이 말을 오규소라이(荻生徂徠)는 「겸사(謙辭), 윗사람에게 답하는 예이다. 정말로 이것이 없음을 말하는 것이 아니다.」라고 하였다. 第十七 陽貨篇 8에서 공자의 물음에 자로가 「未也」라고 답하고 있다. 아직 멂. 꽤 어려움. 獨立(독립):공자께서 홀로 서 있음. 좌우에 사람이 없음. 선 곳은 당상일까 뜰 안일까? 황간(皇侃)은 당상이라고 한다. 鯉趨而過庭(이추이과정):「趨」는 연장자 앞을 지날 때 경의 어린 걸음걸이. 또 第九 子罕篇 10에 「過之必趨」라는 말이 보인다. 「過庭」은 당하(堂下)의 뜰을 동서로 가로질러 감. 「鯉」라고 이름을 칭하는 것은 부친에 대한 경의와 진항(陳亢)에 대한 경의를 겸하고 있다. 無以言(무이언):아름답고 바른 말이 나오지 않음. 無以立(무이립):사회에서 살아갈 수가 없음. 君子之遠其子也(군자지원기자야):공자께서 시와 예를 친히 이(鯉)에게 가르치지 않음을 말하는 것이리라. 이(鯉)는 다른 사람을 스승으로 삼아 공부한 것이다. 황간(皇侃)은 백어가 일생 동안 오직 이 두 가지를 들었을 뿐이라는 말에서 공자와 백어의 학문이 각자였음을 진항이 보았다고 해석하였다.

【뜻 풀이】 공자는 또 백어에게 ≪시경≫의 「주남(周南)·소남(召南)을 배우라.」고 타이르고 있다.(第十七 陽貨篇 10). 「誦詩三百」을 하는 것은 외교관의 기본적인 교양이었다.(第十三 子路篇 5). 「시를 배워 말에 눈뜨고, 예를 배워 행동을 바로잡으며, 음악을 배워 조화에 이름.(興於詩 立於禮 成於樂)」(第八 泰伯篇 8), 「예를 모르면 세상에서 운신(運身)할 수가 없다.(不知禮 無以立也)」(第二十 堯曰篇 3) 등, 진항과 백어의 문답

의 배경을 이루는 말은 ≪논어≫ 곳곳에서 보인다.

14

邦君之妻 君稱之曰夫人. 夫人自稱曰小童. 邦人稱之曰君
방 군 지 처 군 칭 지 왈 부 인 부 인 자 칭 왈 소 동 방 인 칭 지 왈 군
夫人. 稱諸異邦曰寡小君. 異邦人稱之亦曰君夫人也.
부 인 칭 저 이 방 왈 과 소 군 이 방 인 칭 지 역 왈 군 부 인 야

임금의 아내를 임금이 부를 때에는 '부인'이라 하고, 부인이 자기를 칭할 때에는 '소동'이라 하며, 백성이 부를 때에는 '군부인'이라 하며, 외국인을 향하여 말할 때에는 '과소군'이라 한다. 외국인이 말할 때에도 역시 '군부인'이라 한다.

【글자 뜻】 稱:부를 칭. 寡:적을 과. 亦:또 역.

【말의 뜻】 邦君(방군):제후. 小童(소동):미성인(未成人). 겸손해 하는 말. 과소군(寡小君):신민(臣民)이 국왕을 외국인에 대하여 칭할 때에는「과군(寡君)」이라고 한다. 부인을「寡小君」이라고 말하는 것은 그에 대응하는 말이다. 이것도 역시 겸칭이다.

【뜻 풀이】 이 장은 마치 ≪예기(禮記)≫의 구절과 흡사하며, 대체로 ≪논어≫답지 않은 문장이다. 공안국(孔安國)은「이 당시에 제후의 적첩(嫡妾)이 바르지 못하고 칭호도 소상하지 못하였다. 그래서 공자가 바르게 그 예를 말한 것이다.」라고 설명하지만 궁색하고 설득력이 없다. 편말(篇末)의 혼란이라고 보아야 할 것이다.

제17 양화편 (陽貨篇)

양호는 속담을 써서 공자를 설득한다. 속담이란 민족의 체험과 지혜의 결정이다. 부정할 수 없는 진실성을 갖는다. 공자도 종종 속담을 써서 이야기를 전개하며 상대를 설득하고 있었다. 양호가 "자, 오시오. 선생께 들려 줄 이야기가 있소."라고 한다. 이 첫마디가 이미 고래의 진리를 가르치려는 태도를 보여 주고 있다.

양호는 세 가지 언어를 써서 공자를 다그친다. 두 번의 「曰 不可」는 공자가 양호의 교묘한 변설에 반론할 수 없음을 나타내는 것일까, 양호가 자문자답하여 변론을 거듭해 가는 것일까? 어느 쪽으로도 해석할 수 있다. 그러나 마지막 구에서 비로소 「孔子曰」이라 하고 그 앞의 「曰 不可」의 구(句)에서 공자를 말하지 않은 것은, 그것이 공자의 말이 아니라 양호의 말임을 나타내고 있기 때문이라 하겠다.

1

陽貨欲見孔子. 孔子不見. 歸孔子豚. 孔子時其亡也 而往拜
양화욕현공자 공자불견 귀공자돈 공자시기무야 이왕배
之. 遇諸塗. 謂孔子曰 來. 予與爾言. 曰 懷其寶而迷其邦
지 우저도 위공자왈 래 여여이언 왈 회기보이미기방
可謂仁乎. 曰 不可. 好從事而亟失時 可謂知乎. 曰 不可.
가위인호 왈 불가 호종사이기실시 가위지호 왈 불가
日月逝矣 歲不我與. 孔子曰 諾. 吾將仕矣.
일월서의 세불아여 공자왈 낙 오장사의

양화(陽貨)가 공자를 뵈려고 하였으나 공자께서 만나 주시지 않았다. 공자께 돼지를 선사하였다. 공자는 양화가 집에 없는 때를 골라 가셔서 사례를 하셨다. 공교롭게도 귀로에 마주치고 말았다.

양화가 공자께 말하였다.

"자, 오시오. 선생께 들려 줄 이야기가 있소. 보물을 품에 지니고 있으면서 나라를 어지럽게 버려둔다면 그것을 인(仁)이라 할 수 있겠소? 그렇다고 할 수 없겠지요. 정치를 하기 바라면서 자주 그 기회를 놓치고 있다면 이것을 지혜라 할 수 있겠소? 그렇다고 할 수 없겠지요. 날이 가고 달이 가고 세월은 우리를 기다려 주지 않소."

공자께서 말씀하셨다.

"알았소. 생각해 보리다."

【글자 뜻】 豚:돼지 돈. 塗:길 도. 懷:품을 회. 寶:보배 보. 亟:자주 기. 逝:갈 서. 諾:대답할 낙.

【말의 뜻】 陽貨(양화):양호(陽虎). 계씨(季氏)의 가신(家臣)이지만 계씨를 업신여기고 반란했다.(第十六 季氏篇 2 · 3 참조) 欲見 不見(욕현 불견):

앞의 「見」은 뵘. 뒤의 「見」은 봄. 歸豚(귀돈):「歸」는 궤(饋). 먹을 것을 예물로 보냄. 「豚」은 돼지 새끼. ≪맹자(孟子)≫ 등문공(滕文公) 하편(下篇)에 이 이야기를 싣고 「증돈(蒸豚)」이라고 썼다. 먹을 것을 보내는 것이기 때문이다. 당연히 가공되어 있다. 時其亡(시기무):「時」는 기회를 기다림. 「亡」는 무(無). 양화의 부재를 말함. 遇諸塗(우저도):「遇」는 기대하지 않았는데 우연히 만남. 「諸」는 지어(之於). 양화를 가리킴. 「塗」는 도(途), 도로. 공자의 귀로일 것이다. 懷其寶而迷其邦(회기보이미기방):고어일 것이다. 「迷其邦」은 정치에 종사하지 않은 결과를 말함. 好從事而亟失時(호종사이기실시):이것도 고어일 것이다. 「從事」는 정치에 종사함. 「亟」는 자주. 「失時」는 기회를 포착하지 못하고 있음. 日月遊矣 歲不我與(일월서의 세불아여):시간은 사람을 기다리지 않음. 이것도 고어를 사용하고 있는 것이리라. 諾(낙):일단의 승낙. 吾將仕矣(오장사의):「將」은 결정을 내일로 연기하는 마음이다.

【뜻 풀이】 양호(陽虎)가 반란한 때는 정공(定公) 8년이다. 여기 공자와의 문답은 그 이전, 반란의 기운이 익어 가고 양호가 진영을 강화하고 있을 때의 일일 것이다. 공자는 오십 세였다.

「陽貨欲見孔子」 — 「뵈려고 함」은 단순한 면회만이 아니라 벼슬시키는 것을 기대하고 있는 것이다. 그의 마음속을 꿰뚫어보기 때문에 공자는 면회를 거절한다. 양화의 면회 신청은 사자(使者)를 통해 이루어졌을 것이다.

양호는 그것으로 물러나지 않는다. 공자에게 돼지를 선물로 보낸다. 그리하면 공자께서 싫더라도 답례차 올 수밖에 없으리라는 것을 계산에 넣은 행동이다.

공자도 역시 그렇다. 양호가 집에 없을 때를 노려서 답례하였다. 그러나 불운하게도 돌아오는 도중에 양호와 마주쳤다.

양호는 속담을 써서 공자를 설득한다. 속담이란 민족의 체험과 지혜의 결정이다. 부정할 수 없는 진실성을 갖는다. 공자도 종종 속담을 써서 이야기를 전개하며 상대를 설득하고 있었다. 양호가 "자, 오시오. 선생께 들려 줄 이야기가 있소."라고 한다. 이 첫마디가 이미 고래의 진리를 가르치려는 태도를 보여 주고 있다.

양호는 세 가지 언어를 써서 공자를 다그친다. 두 번의 「日 不可」는 공자가 양호의 교묘한 변설에 반론할 수 없음을 나타내는 것일까, 양호가 자문자답하여 변론을 거듭해 가는 것일까? 어느 쪽으로도 해석할 수 있다. 그러나 마지막 구에서 비로소 「孔子日」이라 하고 그 앞의 「日 不可」의 구(句)에서 공자를 말하지 않은 것은, 그것이 공자의 말이 아니라 양호의 말임을 나타내고 있기 때문이라 하겠다.

≪사기(史記)≫ 공자세가에서 초(楚)의 영윤(令尹) 자서(子西)가, 「왕의 사신이 제후를 섬김에 자공(子貢)만한 자가 있는가? 가로되, 있지 않다. 왕의 보상(輔相)으로 안회(顔回)만한 자가 있는가? 가로되, 있지 않다. 왕의 장솔(將率)로 자로(子路)만한 자가 있는가? 가로되, 있지 않다. 왕의 관윤(官尹)으로 재여(宰予)만한 자가 있는가? 가로되, 있지 않다.」

하고 자문자답하였다. 여기서도 양화가 '日(가로되)' 자를 사이에 두고 자문자답하는 것이다. 다짐을 주는 서술 형식이다.

2

子日 性相近也 習相遠也.
자 왈 성 상 근 야 습 상 원 야

공자께서 말씀하셨다.

"사람의 천성은 서로 비슷한 것이나 습관에 의하여 차이가 벌어진다."

【글자 뜻】 性:성품 성. 習:익힐 습.

【말의 뜻】 性相近(성상근):「性」은 천성. 본성. 선천적인 속성. 習相遠(습상원):「習」은 습성. 습관. 후천적인 속성.

3

子曰 唯上知與下愚不移.
자왈 유상지여하우불이

공자께서 말씀하셨다.

“상지(上知)를 어리석은 자로 만드는 것과 하우(下愚)를 지자(知者)로 만드는 것은 불가능하다.”

【글자 뜻】 唯:오직 유. 移:옮길 이.

【말의 뜻】 上知(상지):도(道)를 저절로 깨닫는 타고난 천재. 下愚(하우):막힘이 있어도 배우려 하지 않는 가장 어리석은 자.

4

子之武城 聞弦歌之聲. 夫子莞爾而笑曰 割鷄焉用牛刀. 子
자지무성 문현가지성 부자완이이소왈 할계언용우도 자
游對曰 昔者偃也聞諸夫子. 曰 君子學道則愛人 小人學道則
유대왈 석자언야문저부자 왈 군자학도즉애인 소인학도즉
易使也. 子曰 二三子 偃之言是也. 前言戱之耳.
이사야 자왈 이삼자 언지언시야 전언희지이

공자께서 무성(武城)에 가셨을 때 현악 소리와 노래 소리를 들으셨다. 그 어른은 빙그레 웃으시며 말씀하셨다.

"닭을 잡는 데 어찌 소 잡는 큰 칼을 쓰는고?"

자유(子游)가 대답하였다.

"전에 선생님께서 말씀하시는 것을 들은 일이 있습니다. '군자가 도를 배우면 백성을 사랑하게 되고, 소인이 도를 배우면 백성을 부리기가 쉽다.' 라고요."

공자께서 말씀하셨다.

"얘들아, 언(偃)의 말이 옳다. 아까 말한 것은 농담이었을 뿐이다."

【글자 뜻】 弦:악기줄 현. 鷄:닭 계. 偃:쓰러질 언. 戱:놀이 희.

【말의 뜻】 子之武城(자지무성):「之」는 감(往). 「武城」은 노나라의 도시. 비(費)와 가깝다. 이때 자유(子游)가 무성의 읍재(邑宰)로 있었다. 第六 雍也篇 14 「子游爲武城宰」 참조. 莞爾(완이):빙그레 웃음. 割鷄焉用牛刀(할계언용우도):고어일 것이다. 偃(언):자유(子游)의 이름, 스승 앞에서는 이름을 말함. 君子學道則愛人(군자학도즉애인):「道」는 선왕의 예악을 말함. 자유의 과장된 표현이다. 小人學道則易使(소인학도즉이사):「小人」은 서민. 「易使」는 백성을 고분고분하게 생업에 종사시키는 것. 第十四 憲問篇 43에 「백성을 쉽게 부린다(民易使)」가 보인다. 二三子(이삼자):공자가 수행하는 제자들을 부를 때 격식을 차린 호칭. 「子」는 경칭. 第七 述而篇 23과 第九 子罕篇 12에서 공자가, 第三 八佾篇 24에서 의(儀)의 봉인(封人)이 이 호칭을 쓰고 있다.

【뜻 풀이】 「弦歌之聲」은 예악(禮樂)의 학습이 이루어지고 있는 것이다. 공자는 반가웠다. "옳지, 잘한다. 그런데 지나치게 큰 칼을 뽑고 있구나." 들려오는 「弦歌」의 내용이 혹 지방의 민중을 대상으로 하기에는 수준이 높은 고전이었던 것일까?

자유에게는 공자의 유머러스한 말이 이해되지 못하였다. 자유가 「弦歌」를 '道'라는 말로 파악하고 표현하고 있는 데서도 이 사람의 완고함을 짐작할 수 있다.

이 고지식한 사람의 순진하고 외곬인 점에 공자는 고분고분 물러난다. 제자에 대한 애정과 그 자신의 유머러스한 성격이 여기에도 그대로 드러나고 있다.

처음에 「子之武城」이라 하고 그 뒤에 「夫子莞爾而笑」라고 한다. 모두가 공자의 행동을 객관적으로 기술한 문장인데도 이와 같이 말을 가려 쓰고 있다. 논리적으로 아래의 「夫子」는 필요 없는 말이다. 그러나 이 장면에 이것이 있음으로써 공자의 모습이 생생하게 약동하고 있다.

5

公山不擾以費畔. 召. 子欲往. 子路不說曰 末之也已. 何必
공산불요이비반 소 자욕왕 자로불설왈 말지야이 하필
公山氏之之也. 子曰 夫召我者 而豈徒哉. 如有用我者 吾其
공산씨지지야 자왈 부소아자 이기도재 여유용아자 오기
爲東周乎.
위동주호

공산불요(公山不擾)가 비읍(費邑)에 의거하여 반란을 일으켰을 때 공자를 초빙하였다. 공자께서 가려고 하였다. 자로는 기뻐하지 아니하며 말씀드렸다.

"가실 곳이 없으시면 그만입니다. 왜 하필이면 공산씨에게로 가시려 합니까?"

공자께서 말씀하셨다.

"나를 부르는 자가 설마 그냥 놀리기야 하겠느냐. 나를 써 주는 자가 있다면 나는 그 나라를 동방(東方)의 주(周)로 일으켜 보이리라."

【글자 뜻】 擾:시끄러울 요. 召:부를 소.

【말의 뜻】 公山不擾(공산불요):「公山」이 성. 「不擾」가 이름. 불유(不狃) 또는 불요(弗擾)라고도 씀. 계씨(季氏)의 가신(家臣). 비(費)에 의거하여 계씨에게 반란하였다.(第十六 季氏篇 2, 3의 해설 참조) 末之也已(말지야이):「末」은 없음(無). 「之」는 감(往). 「已」는 그침(止). 황간(皇侃)이 '그때 나를 쓰지 않는다 할지라도 만일 적왕(適往)하는 바가 없으면 곧 마땅히 그만두어야 한다.'로 설명한다. 何必公山氏之之也(하필공산씨지지야):앞의 「之」는 조자(助字). 뒤의 「之」는 동사로, 감(往). 豈徒哉(기도재):「徒」는 하는 일 없이 빈둥거림. 일이 주어지지 않아 기대할 곳이 없는 모양. 東周(동주):공산불요는 비(費)에 의거하여 반란하고 노(魯)의 공실(公室)을 대신하려 하고 있다. 그 지역은 중국의 동쪽에 있다. 공자는 여기에서 주(周)의 천하를 재현하려고 한다. 그 소원이 「東周」라는 말을 발견케 하였다. 왕필(王弼)은 '만일 나를 잘 쓰면 땅을 택하지 않고 주나라 왕실의 도를 일으키겠다.'로 설명한다.

【뜻 풀이】 자로의 순정과 공자의 정열이 아름답게 수놓아져 있다. 공자는 오십 세나 오십일 세, 아직 젊다.

양호(陽虎)와는 만나는 것을 회피한 공자가 공산불요의 초빙에는 응하려 하고 있다. 양호와 공산불요의 인간됨에 차이가 있고 상황에 차이가 있었던 것이리라.

공산불요는 계씨에게 반란했으나 실패하고 제(齊)로, 다시 오(吳)로 망명한다. 애공(哀公) 8년에 오(吳)가 노(魯)를 공격하려고 했을 때 숙손첩(叔孫輒)에게 노나라의 정세를 묻는다. 숙손첩은 반란과 망명을 공산불요와 함께 해 온 사람이다.

그는 오왕에게 '노(魯)는 대국의 이름은 있지만 실세는 없으므로 공벌하면 반드시 성공한다.' 고 말하였다. 그러나 공산불요는 이를 훈계한다. '군자는 망명하더라도 원수의 나라에는 가지 않는다.', '망명한 나라의 신하가 아니라면 고국이 공략을 받았을 때에는 빨리 돌아가 싸우다 죽어야 한다.', '사람의 행동은 사사로운 원한으로 해서 향당(鄕黨)의 정의를 버려서는 안 된다.' 등의 말이 공산불요의 입에서 나오고 있다. 그에게 있어 노나라에 대한 충성은 상실되지 않았다.

또 오왕에 대하여 '노(魯)에는 나라를 책임지고 나설 자는 없지만 위급할 때에 죽음을 같이할 자는 있다.' 고 말하고 진(晋), 제(齊), 초(楚)가 노(魯)와 순치(脣齒)의 관계에 있음을 말하여 노를 공벌하는 것은 네 나라와 싸우는 것이 된다고 간하였다.

크릴(Krill)은 그의 ≪공자전(孔子傳)≫에서 「공산불요는 노나라 공실의 권력을 계씨보다도 자기 자신이 옹호하여 회복할 것을 꿈꾸고 있었다고 생각할 수도 있으며, 그 때문에 공자의 참여를 요청한 것이다. 공자도 그것에 적잖이 부심(腐心)했을 것이다.」라고 하였다. 또 그는 공자가 「爲東周」라 한 것도 신흥 세력에 기대를 걸고 있는 발언이라고 하였다.

6

子張問仁於孔子. 孔子曰 能行五者於天下爲仁矣. 請問之.
자장문인어공자 공자왈 능행오자어천하위인의 청문지
曰 恭寬信敏惠. 恭則不侮 寬則得衆 信則人任焉 敏則有功
왈 공관신민혜 공즉불모 관즉득중 신즉인임언 민즉유공
惠則足以使人.
혜즉족이사인

자장이 인(仁)에 대해 공자께 여쭈어 보았다. 공자께서 말씀하셨다.

"다섯 가지를 천하에 행할 수 있다면 그것이 곧 인이다."

자장이 여쭈어 청하였다.

"그 다섯 가지를 가르쳐 주십시오."

공자께서 말씀하셨다.

"공손, 관용, 신의, 민첩, 은혜이다. 공손하면 모멸당하지 않고, 관대하면 사람들의 지지를 얻으며, 신의가 있으면 백성이 의지하고, 민첩하면 공을 이룰 수 있으며, 은혜로우면 사람을 부릴 수가 있다."

【글자 뜻】 寬:너그러울 관. 敏:재빠를 민.

【말의 뜻】 請問之(청문지):가르침을 청함. 자장의 말이다. 第十二 顏淵篇 1 「顏淵問仁」의 장에서도 안연이 한층 더한 설명을 청하여 「請問其目」이라고 하였다. 不侮(불모):모멸당하지 않음. 得衆(득중):사람들이 모여듦. 人任(인임):사람이 믿고 일을 맡김. 有功(유공):이룸이 있음. 使人(사인):사람을 부림.

【뜻 풀이】 「顏淵問仁」, 「仲弓問仁」, 「司馬牛問仁」 — 이것은 第十二 顏淵篇의 첫머리 세 장이며 顏淵篇을 특징 짓고 있는 것이다. 顏淵篇 22에도 「樊遲問仁」을 실었다. 여기 ≪논어≫의 후반인 第十七에 이르러 자장의 이 물음에 또 접하고 보니 혼란 속에서 원초로 되돌아가는 감이 있다. 그러나 그것은 금세 ≪논어≫의 현실로 되돌아가게 한다.

「子張問仁」이라고 하지 않고 「子張問仁於孔子」라고 기록한 것은 기록의 시기가 늦음을 나타내는 것이리라. 그리고 「五者」라는 말로써 논(論)을 세운 것도 第十六 季氏篇 4의 「三友」, 5의 「三樂」, 6의 「三愆」, 7의 「三戒」, 8의 「三畏」, 10의 「九思」 및 본편(本篇) 8의 「六言六蔽」, 第二十 堯曰篇 2의 「五美」, 「四惡」의 논법과 같다.

「孔子曰」— 바로 앞에서 「問仁於孔子」라고 하였으므로 이곳은 「子曰」이라고 해도 되는 곳이다. 「孔」은 연자(衍字)일까? 아니면 이 문장이 기록된 시기가 공자 시대로부터 이미 많이 흘렀기 때문에 공자를 철저히 객관화하는 것일까?

「爲仁」— 인을 실천함. 「五者」는 '仁' 그 자체는 아니지만 인을 실천하는 바탕임을 말한다. 第一 學而篇 2 「爲仁之本與」를 참조.

「信則人任焉」— 이 구에만 구말(句末)에 조자(助字) 「焉」이 붙어 있다. '五字'의 한복판이다. 여기서 가락을 강화하는 것이리라. 第二十 堯曰篇 1에도 「寬則得衆 信則民任焉. 敏則有功 公則說」이라 하여 「焉」자가 마찬가지로 사용되고 있다.

7

佛肸召. 子欲往. 子路曰 昔者由也聞諸夫子. 曰 親於其身爲不善者 君子不入也. 佛肸以中牟畔. 子之往也如之何. 子曰 然. 有是言也. 不曰堅乎 磨而不磷. 不曰白乎 涅而不緇. 吾豈匏瓜也哉. 焉能繫而不食.

필힐소 자욕왕 자로왈 석자유야문저부자 왈 친어기신 위불선자 군자불입야 필힐이중모반 자지왕야여지하 자왈 연 유시언야 불왈견호 마이불린 불왈백호 열이불치 오기포과야재 언능계이불식

필힐이 초빙하여 공자께서 가시려고 하였다. 자로가 여쭈었다.

"전에 선생님께 들었습니다. '그 자신이 좋지 못한 짓을 한 자에게 군자는 들어가지 않는다.' 라고요. 필힐은 중모에서 반란을 일으켰는데 선생님께서 가시는 것은 어찌 된 일입니까?"

공자께서 말씀하셨다.

"그렇다. 그런 말을 하였다. 하지만 갈아도 얇아지지 않는 것을 굳다고 하지 않을 수 있겠느냐? 검은 물감을 들여도 검어지지 않는 것을 희다고 하지 않을 수 있겠느냐? 내가 여주인가, 어찌 매달린 채로 먹히지 않을 수 있겠느냐?"

【글자 뜻】 佛:클 필. 畔:배반할 반. 堅:굳을 견. 磨:갈 마. 磷:얇은 돌 린. 涅:개흙 열. 緇:검을 치. 匏:박 포. 繫:맬 계.

【말의 뜻】 佛肸(필힐):진(晋) 중모(中牟)의 읍재(邑宰). 대부(大夫) 범씨(范氏)의 가신(家臣). 以中牟畔(이중모반):「中牟」는 범씨의 읍지(邑地). 이 이름의 땅은 여러 설이 있으나 하남성(河南省) 탕음현(湯陰縣) 서쪽이라는 카이즈카 시게키(貝塚茂樹) 박사의 설에 따른다. 「畔」은 반(叛). 진(晋)의 대부 조간자(趙簡子)가 진공(晋公)을 옹립하고 범씨(范氏), 중행씨(中行氏)를 공격했을 때 필힐은 중모(中牟)에 의거하여 저항하였다. 不曰堅乎 磨而不磷(불왈견호 마이불린):「磷」은 얇음(薄). 다음의 두 구와 함께 고어일 것이다. 不曰白乎 涅而不緇(불왈백호 열이불치):「涅」은 검게 물들이는 광물 염료. 「緇」는 검음(黑). 匏瓜(포과):여주. 박과의 1년생초에 달리는 열매.

【뜻 풀이】 필힐이 진공(晋公)을 옹립하는 조간자(趙簡子)에게 저항한 것은 명목상 국왕을 배반한 것이 된다. 그러나 이때 진(晋)은 내분이 극하여 이윽고 분열하는 상황에 있었다. 진공(晋公)은 다만 유력자 사이에서 이용당하고 있을 뿐이었다. 필힐의 반항은 진공에 대해서가 아니라 조씨에 대한 것이었다. 범씨(范氏), 중행씨(中行氏) 쪽에서 볼 때에는 의를 지키는 사람이다.

필힐은 이 반란에 동조하지 않는 자는 죽인다고 하였다. 그런데 중모(中牟)에는 죽음을 두려워하지 않는 사나이가 있었다. 필힐은 이 사나이를 의사(義士)라 하여 도리어 대우했다. 이 일사(逸事)가 ≪신서(新序)≫ 절사편(節士篇), ≪설원(說苑)≫ 입절편(立節篇)에 실려 있다.

공자께서 필힐의 초빙에 마음을 움직인 것은 필힐이 공산불요의 경우와 같이 어느 정도 기대를 할 수 있는 존재였기 때문이리라. 참고로 공안국(孔安國)의 주(註)는 필힐을 조간자(趙簡子)의 읍재라고 한다. 조간자에게 반항하는 데서 「畔」의 뜻을 좁게 해석한 것이리라.

자로에게 있어서 공자는 성스러운 분이었다. 약간의 오점도 찍고 싶지 않았다. 「子路曰」 — ≪논형(論衡)≫ 문공편(問孔篇)이 이 장을 인용하고 있는데 공산불요의 장(본편 5)과 같다.

「親於其身爲不善者 君子不入也」 — 第八 泰伯篇 13에 「위태한 나라에는 가지 않고 어지러운 나라에는 살지 않는다.」고 하였다.

마지막 절의 「匏瓜」의 비유 — 마침 두 사람의 눈앞에 여주가 매달려 있었던 것일까? 아니면 공자처럼 정처 없이 떠돌아다니는 사람을 여주에 비유하는 일이 유행하고 있었던 것일까? 즉 당시의 속담이었을까? 나에게는 후자의 경우가 친근하게 느껴진다.

과(瓜)는 곧잘 인간 세상을 비유하는 데 쓰였다. 매달려 있는 「匏瓜」 — 그것은 맛이 쓰기 때문에 사람들이 쳐다보지 않는다. 쓸모없는 가련한 모습을 표현하는 것일까? 아니면 분주히 돌아다니며 녹봉을 구하지 않고 초연히 무위(無爲)의 나날을 보내고 있는 모습을 말하는 것일까? 종래 해석이 구구하다. 어느 하나가 잘못이 아니라 양쪽 비유에 다 쓰이고 있었는지도 모른다. 다만 이 경우에 나는 공자의 정열과 초조를 나타내는 후자의 해석에 이끌린다.

덧붙여 말해 두거니와 백거이(白居易)는 「감흥(感興)」이라는 시에서 「여주와 달라 먹히지 않기는 어렵다 할지라도 대개 충족하게 먹었으면 마땅히 쉬어야 한다.」라고 하였다.

8

子曰 由 女聞六言六蔽矣乎. 對曰 未也. 居 吾語女. 好仁不好學 其蔽也愚. 好知不好學 其蔽也蕩. 好信不好學 其蔽也賊. 好直不好學 其蔽也絞. 好勇不好學 其蔽也亂. 好剛不好學 其蔽也狂.
자왈 유 여문육언육폐의호 대왈 미야 거 오어녀 호인불호학 기폐야우 호지불호학 기폐야탕 호신불호학 기폐야적 호직불호학 기폐야교 호용불호학 기폐야란 호강불호학 기폐야광

공자께서 말씀하셨다.

"유(由)야, 너는 육언(六言) 육폐(六蔽)를 들은 일이 있느냐?"

자로가 대답하였다.

"아직 알지 못하옵니다."

공자께서 말씀하셨다.

"앉아라. 내가 이야기해 주겠다. 인(仁)을 좋아하더라도 학문을 좋아하지 않으면 그 폐해는 어리석게 되며, 지혜를 좋아하더라도 학문을 좋아하지 않으면 그 폐해는 방탕해지며, 신의를 좋아하더라도 학문을 좋아하지 않으면 그 폐해는 사람을 해치며, 정직을 좋아하더라도 학문을 좋아하지 않으면 그 폐해는 가혹해지며, 용기를 좋아하더라도 학문을 좋아하지 않으면 그 폐해는 난폭해지며, 굳셈을 좋아하더라도 학문을 좋아하지 않으면 그 폐해는 무모해지는 것이다."

【글자 뜻】 蔽:결점 폐. 賊:해칠 적. 狂:미칠 광.

【말의 뜻】 六言(육언):여섯 가지 말.「好仁 · 好知 · 好信 · 好直 · 好勇 · 好剛」.「六蔽」에 대하여「言」이라는 말은 덕성을 내포한다. 六蔽(육폐):여

섯 가지 폐해. 「愚 · 蕩 · 賊 · 絞 · 亂 · 狂」. 居吾語女(거오어여):「居」는 좌(坐). 공자의 물음에 자로는 좌석 옆으로 일어서서 '未也'라고 대답한다. 공자가 입을 열어 좌석에 도로 앉으라고 한다. 사제지간의 예의이다. 不好學(불호학):「學」은 도를 배움. 가치 판단의 기준은 도에 있다. 구체적으로는 시 · 서의 고전과 예(禮) 및 악(樂)을 배움. 蕩(탕):멈춤이 없고 자제(自制)가 안 되는 모양. 賊(적):남에게 해를 끼침. 絞(교):꽉 조름. 가차 없음. 가혹. 이를테면 양을 슬쩍한 아비를 자식이 고소하는(第十三 子路篇 18) 것이 그 예이다.

【뜻 풀이】 앞서의 第八 泰伯篇 2에 「勇而無禮則亂. 直而無禮則絞」라고 하였다.

공자는 「勇」에 대해서는 꽤나 마음을 쓰고 있다. 본편 23에 「군자가 용감하고 예의가 없으면 난을 일으키고, 소인이 그러한 때에는 도둑질을 한다.」라고 하였다. 말하고 있는 상대는 여기와 마찬가지로 용감한 자로이다.

9

子曰 小子 何莫學夫詩. 詩可以興 可以觀 可以群 可以怨
자왈 소자 하막학부시 시가이흥 가이관 가이군 가이원
邇之事父 遠之事君 多識於鳥獸草木之名.
이지사부 원지사군 다식어조수초목지명

공자께서 말씀하셨다.

"얘들아, 너희는 시(詩)를 배우지 않고 어찌하려느냐? 시로써 흥을 느낄 수 있고, 시로써 볼 수 있으며, 시로써 어울릴 수 있고, 시로써 슬퍼할 수 있다. 가까이는 아버지를 섬기고 멀리는 임금을 섬기며 새와 짐승, 초목의 이름도 많이 알 수 있다."

【글자 뜻】 獸:짐승 수. 草:풀 초.

【말의 뜻】 小子(소자):젊은이. 문인(門人)들을 부르는 말. 邇之事父(이지사부):「邇」는 가까움(近).

【뜻 풀이】 공자는 엄한 말투로 거의 강요라도 하듯이 문인들에게 시(詩)를 배울 것을 권한다.

시(詩)는 '말'이다. 시를 배우면 말에 눈이 뜬다. 말의 영묘함을 이해하고 속으로 놀란다. 말의 기능은 곧 자신의 감정과 지능 작용의 다양함이다. 여기서 「興」이라고 한 것은 말의 작용이 그 사람에게 탄생하고 발전해 나가는 것을 말하는 것이리라. 시어(詩語)의 기능 중 가장 중요한 것은 비유이다.

여기서 공자가 '시를 배우라.' 고 할 때, 그는 시의 비유성을 농후하게 의식하고 있었을 것이다. 그러나 第八 泰伯篇 8에서 말한 「興於詩(시를 배워 말에 눈뜸)」와 아울러 생각할 때 여기의 「可以興」의 「興」도 비흥(比興) — 비유 — 에 한정시키는 것은 타당치 않은 듯싶다.

시에 나타나는 말의 기능은 그것을 받아들이는 사람의 마음에 일정한 형상을 비추고 의미를 깨닫게 한다. 사람은 말에 의해서만 자기 자신도, 외물(外物)도 객관적으로 '觀' 할 수 있다. 역사를 보는[觀] 것도 자기가 가진 말에 따라 달라진다. 정현(鄭玄)은 '풍속의 성쇠를 본다.' 고 하였다. 공자를 위정(爲政)에 뜻을 둔 사람이라는 데 초점을 맞추고 있는 것이다.

사람은 사회생활 없이는 살아갈 수 없다. 그 사회생활은 따뜻한 말의 교환이 있어야 비로소 성립한다. 그리고 「온유돈후(溫柔敦厚)」를 가르

치는 것이 시(詩)이다.[≪예기≫ 경해(經解)]

「可以群」 — 「群」은 친구간의 군거절차(群居切嗟)뿐만 아니라 국가간의 조빙연향(朝聘宴享)까지를 포괄하는 것이다.

사람의 생활은 반드시 자기가 원하는 대로 되지는 않으며, 또 온당하게도 되지 않는다. 그 울분을 상대에게 돌릴 때 '怨'이 되며 원망은 비난으로 된다. 그 원망을 자기도 타인도 해치지 않고 표현하는 것, 그것이 시(詩)의 말이다. 시의 말은 완곡(婉曲)하며, 그 풍자는 '말하는 자는 죄가 없고, 듣는 자는 화내지 않는' 것이며, 더욱이 간계(諫戒)의 효과도 있다.

「邇之事父 遠之事君」과 「多識於鳥獸草木之名」 — 이 두 가지는 시의 효용을 보충적으로 말한 것이다.

「邇」, 「遠」은 시를 배우는 당사자를 기점으로 해서 말한다. 집안과 조정과의 차이이다. 이것은 四字 二句. 그 앞의 「可以○」라고 3자구를 거듭한 문장과는 표현법이 다르다. 말하고자 하는 주지(主旨)도 별개이다. 그러나 앞에서부터 읽어 내려오면 이 두 구는「可以怨」을 받아 임금과 아버지에 대한 풍간(諷諫)을 말하고 있는 것 같다.

「多識於鳥獸草木之名」 — ≪시경≫이 백과사전쯤으로 간주되고 있다. 고전은 정치의 책, 윤리의 책이다. ≪시경≫은 그 주장을 비유적으로 표현하는 것을 본령으로 한다. ≪논어≫에서의 시구 인용은 그 본령을 발휘시키고 있다. 그런데도 여기서는 ≪시경≫을 그 밖의 일면에서, 즉 박물지(博物誌)로서 냉정하게 보고 있다. 공자의 지식욕과 학구 태도의 일단을 엿보게 한다.

10

子謂伯魚曰 女爲周南召南矣乎. 人而不爲周南召南 其猶正
자 위 백 어 왈 여 위 주 남 소 남 의 호 인 이 불 위 주 남 소 남 기 유 정

牆面而立也與.
장 면 이 립 야 여

공자께서 백어에게 타이르셨다.

"너는 주남과 소남의 시를 배웠느냐? 사람으로서 주남과 소남의 시를 배우지 않는 것은 담장을 향해 똑바로 서 있는 것과 같다."

【글자 뜻】 牆:담 장. 與:어조사 여.

【말의 뜻】 伯魚(백어):공자의 아들. 第十六 季氏篇 13「陣亢問於伯魚」 참조. 女爲周南召南(여위주남소남):「女」는 너(汝). 「爲」는 학(學). 「周南召南」은 ≪시경≫ 삼백오 편의 책머리에 있는 두 편의 이름. 正牆面而立(정장면이립):「牆面」은 ≪상서≫ 주관편(周官篇)에도 보인다. 「不學牆面(배우지 않으면 담을 향함)」이라고 하였다. 똑바로 담장을 향해 섬. 나아갈 수도 바라볼 수도 없다. 고어일 것이다.

【뜻 풀이】 앞 장의 '시를 배우라.' 고 한 것의 또 하나의 형태이다. 第十六 季氏篇 13의 진항(陣亢)과 백어의 문답과도 관련된다. 같은 주지(主旨)의 기록이 여러 가지로 이루어졌을 것이다.

「周南 · 召南」은 시를 대표하여 말하는 것이라고 해석해도 될 것이다. 이 두 편이 부부의 정애(情愛)와 도덕을 농후하게 말하고 있기 때문에 유보남(劉寶楠)은 백어가 결혼할 때의 일일 것이라고 말하고, 정수덕(程樹德)이 인용한 일설은 백어가 아내를 이연(離緣)하고 있는 것을 훈계한

것이리라고 말한다. 재미는 있지만 둘 다 쓸데없는 억측이다. '시를 배운다.' 라는 주제에 한정하여 읽어 두면 된다.

「正牆面而立」 — 유보남은 「正」을 「正南面」(第十五 衛靈公篇 5)의 「正」과 함께 향(向)이라 해석하여 '담장을 향하여 이를 마주 대하고 선다.' 라고 설명한다. 「正南面」에서 말하지 않고 여기서 이 말을 하는 것은 면벽(面壁) 이야기 등을 떠올리고 「牆面」이라는 것에 구애받아서일까? 그러나 「牆面」, 「南面」은 다 같이 상투어이다. 구애받을 필요는 없을 것이다.

11

子曰 禮云禮云 玉帛云乎哉. 樂云樂云 鐘鼓云乎哉.
자 왈 예 운 예 운 옥 백 운 호 재 악 운 악 운 종 고 운 호 재

공자께서 말씀하셨다.

"흔히 예(禮) 운운(云云)하거니와 어찌 옥이나 비단을 말하는 것이랴? 또 흔히 악(樂) 운운하거니와 어찌 종이나 북을 말하는 것이랴?"

【글자 뜻】 帛:비단 백. 鼓:북 고.

【말의 뜻】 玉帛(옥백):「帛」은 견직물. 옥과 백은 다 같이 예(禮)를 행할 때에 사용된다. 鐘鼓(종고):둘 다 타악기.

【뜻 풀이】 화려하게 의례를 장식하는 옥과 비단, 풍성하게 음악을 연주하는 종과 북, 그러한 것들에 예의 본령이 있는 게 아님을 말한다. 그럼 그 본령은 어디에 있는 것인가? 예(禮)는 「임금을 편안케 하고 백성을 다스리는」 데에, 악(樂)은 「풍속이 개량되는(移風易俗)」 데에 있다고 고주(古

註)는 말한다. 보다 근원으로 거슬러 올라가면 예의 근본은 경(敬), 악의 근본은 화(和)라고 할 수 있을 것이다.

≪춘추번로(春秋繁露)≫ 옥배편(玉杯篇)은 여기의 말을 흉내 내어 「조(朝), 조라고 하거니와 어찌 사령(辭令)을 말하는 것이랴?」, 또 「상(喪), 상이라고 하거니와 어찌 의복을 말하는 것이랴?」라고 말하고 있다. 말투에 흥미를 가졌던 것이다.

12

子曰 色厲而內荏 譬諸小人 其猶穿窬之盜也與.
자 왈 색려이내임 비저소인 기유천유지도야여

공자께서 말씀하셨다.

"얼굴 표정은 엄숙하지만 내심은 유약한 자를 소인에 비유한다면 벽에 구멍을 뚫거나 담을 넘어 들어가는 좀도둑과 같은 것이다."

【글자 뜻】 厲:사나울 려. 譬:비유할 비. 穿:뚫을 천. 窬:넘을 유.

【말의 뜻】 色厲(색려):얼굴 표정이 엄숙함. 외면은 위엄을 과시하고 있음. 內荏(내임):「荏」은 유약(柔弱). 내실(內實)은 줏대 없이 알랑거림. 譬諸小人(비저소인):소인 중에서 유례(類例)를 구함. 穿窬(천유):천벽유장(穿壁窬牆). 벽에 구멍을 뚫거나 담장을 타고 넘음.

【뜻 풀이】「穿窬之盜」— 이와 같은 사나이를 좀도둑으로 비유하는 것은 양쪽이 다 잔재주를 부리고, 게다가 들킬까 봐 가슴을 졸이고 있기 때문이다.

13

子曰 鄕原德之賊也.
자 왈 향 원 덕 지 적 야

공자께서 말씀하셨다.

"마을 전체가 선인이라고 떠받드는 자는 덕을 해치는 존재이다."

【글자 뜻】 鄕:마을 향.

【말의 뜻】 鄕原(향원):「鄕」은 한 지역의 공동체. 「原」은 원(愿), 착함(善)이다. 「鄕原」은 마을 사람의 마음을 그저 주책없이 영합하는 견식 없는 보스.

【뜻 풀이】 향원은 적극적으로 나쁜 짓을 하지 않는다. 그러나 공자는 증오한다. 명성을 얻는 일에만 급급하고 가치 판단의 기준이 없기 때문이다. 그리고 그것이 실은 유덕한 사람을 해치고 정론(正論)을 압박한다.

공자는 第十二 顔淵篇 20에서 「그런데 이름이 난다는 쪽은 인자답게 꾸며 보이고 있지만 실행은 다르며 게다가 무관심하여 스스로 의심할 줄을 모른다.」고 하였다. 또 第十三 子路篇 24에서 「향인(鄕人)들이 모두 칭찬하는」 자를 「좋지 않다」고 물리쳤다.

≪맹자≫ 진심(盡心) 하편(下篇)은 향원(鄕原)을 자세히 논하고 있다.

14

子曰 道聽而塗說 德之棄也.
자 왈 도 청 이 도 설 덕 지 기 야

공자께서 말씀하셨다.

"들은 풍월을 되받아 옮기는 것은 덕을 버리는 짓이다."

【글자 뜻】 棄:버릴 기.

【말의 뜻】 道聽而塗說(도청이도설):고어일 것이다. 「塗」는 도(途), 길이다.

【뜻 풀이】 유덕한 사람은 자신의 말을 갖는다. 들은 풍월을 남에게 전하지 않는다. 第十四 憲問篇 5에서 「유덕한 사람은 반드시 말에 나타나지만, 말이 있는 사람에게 반드시 덕이 있는 것은 아니다.」라고 하였다. 또 第一 學而篇 4에서 「어설피 익힌 것을 남에게 전하지는 않았는가?」 하고 증자(曾子)는 날마다 반성하고 있다.

15

子曰 鄙夫可與事君也與哉. 其未得之也 患得之. 既得之 患
자 왈 비 부 가 여 사 군 야 여 재 기 미 득 지 야 환 득 지 기 득 지 환
失之. 苟患失之 無所不至矣.
실 지 구 환 실 지 무 소 부 지 의

공자께서 말씀하셨다.

"비열한 사나이와는 더불어 임금을 섬길 수가 없다. 녹위(祿位)를 얻기

전에는 얻지 못함을 근심하고, 녹위를 얻고 나면 잃을까 봐 근심한다. 잃을까 봐 안달을 하기 시작하면 무슨 짓이라도 저지르게 된다."

【글자 뜻】 鄙:천할 비. 苟:만약 구.

【말의 뜻】 鄙夫(비부):비열한 사나이. 可與事君也與哉(가여사군야여재):「也與哉」는 감탄사. 得之(득지)·失之(실지):「之」는 녹(祿)과 지위. 患得之(환득지):患不能得之의 준 표현. 無所不之(무소부지):어떤 파렴치한 짓이라도 저지름.

【뜻 풀이】「患得之」— 의미상으로 말하면「患不能得之」여야만 한다. 그러나「不」자가 빠져 있는 것은 아니다. 하안(何晏)은「患得之」가 곧「患不能得之」라 하고, 초(楚)의 속담이라고 한다. 그러나 공자는 노나라 사람이므로 노나라에서도 이 같은 발성(發聲) 방법이 있었던 것은 아닐까? ≪춘추공양전(春秋公羊傳)≫에서는「不如」를「如」로 나타내는 경우가 있다. 즉, 제(齊)에도 비슷한 현상이 보인다.「이것들은 옛사람이 급히 읽은 경우이다.」하고 초순(焦循)은 ≪논어보소(論語補疏)≫에서 말하였다.

황간(皇侃)은「초(楚)의 속담에서 患不得을 일러 患得之라고 한다.」라고 하안(何晏)의 설을 말하고 나서「患失之」도「患不失之」라고 하며 신하가 싫증이 났을 경우의 일이라고 한다.「患得之」와「患失之」를 늘어놓고 보는 세심함에는 감탄하지만「患得之」에서 생긴 것이 반드시「患失之」에도 생긴다고는 할 수 없다. 하나로써 다른 것을 다루는 것은 위험하다. 그리고 무엇보다도 글 뜻이 통하기 어렵다.

16

子曰 古者民有三疾 今也或是之亡也. 古之狂也肆 今之狂也蕩. 古之矜也廉 今之矜也忿戾. 古之愚也直 今之愚也詐而已矣.
자왈 고자민유삼질 금야혹시지무야 고지광야사 금지광야탕 고지긍야염 금지긍야분려 고지우야직 금지우야사이이의

공자께서 말씀하셨다.

"옛날에는 사람들에게 세 가지 흠이 있었는데 오늘날에는 그것마저 없어진 것 같다. 옛날 미치광이들은 방자했는데 오늘날 미치광이들은 방탕하며, 옛날 자존심이 강한 자들은 모나게 행동했는데 오늘날 자존심 강한 자들은 분을 터뜨려 남과 다투며, 옛날 어리석은 자들은 직선적이었는데 오늘날 어리석은 자들은 속임수를 부릴 따름이다."

【글자 뜻】 肆:방자할 사. 矜:자랑할 긍. 戾:어그러질 려.

【말의 뜻】 三疾(삼질):세 가지 병폐(病弊). 或是之亡(혹시지무):「亡」는 없음(無). 狂(광):열광하여 적극적으로 행동함. 肆(사):방자함. 蕩(탕):방탕. 분별없이 방자한 모습. 입장을 갖지 않음. 따라서 매인 바가 없다. 矜(긍):긍지, 자존심이 강함. 廉(염):모가 나게 행동함. 忿戾(분려):덮어놓고 화를 내어 남과의 사이가 벌어짐. 直(직):직정(直情), 정직. 詐(사):거탈. 가짜.

17

子曰 巧言令色 鮮矣仁.
자왈 교언영색 선의인

공자께서 말씀하셨다.

"겉치레 말과 거짓 웃는 얼굴을 하는 자에게는 인(仁)의 덕이 적으니라."

【글자 뜻】 巧:공교할 교. 鮮:드물 선.

【뜻 풀이】 第一 學而篇 3에 이미 보이고 있다.

18

子曰 惡紫之奪朱也. 惡鄭聲之亂雅樂也. 惡利口之覆邦家也.
자왈 오자지탈주야 오정성지난아악야 오이구지복방가야

공자께서 말씀하셨다.

"자줏빛이 붉은색을 밀어낸 것을 미워하고, 정나라 음곡이 아악을 어지럽힌 것을 미워하며, 말재간 있는 자가 나라를 뒤엎는 것을 미워한다."

【글자 뜻】 紫:자줏빛 자. 奪:빼앗을 탈. 覆:엎을 복.

【말의 뜻】 惡紫之奪朱(오자지탈주):「惡」는 미워함. 싫어함.「紫」는 적(赤). 공자 당시는 복식(服飾)에 자주색을 좋아하여 전통적인 주색(朱色)을 압

도하고 있었다. 鄭聲(정성):정나라의 음곡(音曲). 음란한 것이었다. 이것이 당시 「雅樂」을 어지럽히고 있었다. 第十五 衛靈公篇 11에 「정(鄭)의 음곡을 그만두게 하고, 말재간 있는 자를 물리친다. 정의 음곡은 정조(正調)를 어지럽히고, 말재간 있는 자는 국가에 위험하다.」고 하였다. 雅樂(아악):전통의 음악. 第十五 衛靈公篇 11은 위의 「정의 음곡을 그만두게 하고……」의 앞에 「음악은 소무(韶舞)로 한다.」라고 하였다. 이 순(舜)의 음악이라고 하는 '韶' 같은 것이 '雅樂'이다. 공자는 第三 八佾篇 25에서 '韶'를 일러 「미(美)가 완전하고 선(善)도 완전하다.」고 하였다. 利口(이구):변설에 능함. 영인(佞人)을 말한다. 邦家(방가):「邦」은 제후의 나라. 「家」는 경대부의 집.

【뜻 풀이】「紫」를 간색(間色), 「朱」를 정색(正色)으로 하고 색채를 5행(五行)으로 배분하는 해석에는 찬성할 수 없다. 간색(間色)은 자주색만이 아니다.

≪예기(禮記≫ 옥조편(玉藻篇)에 「현관(玄冠)에 자줏빛 끈을 단 것은 노의 환공(桓公)으로부터 비롯한다.」고 하였다. ≪한비자(韓非子)≫ 외저설(外儲說) 좌상(左上)에 기록한 이야기로는 제(齊)나라 왕이 자줏빛 옷을 좋아했으며 제나라 사람들이 모두 그를 본받았기 때문에 자주색 옷값이 흰 옷의 다섯 배 이상이 되었다. 그 때문에 왕은 자주색 옷의 착용을 주의 받고 있었다. 또 ≪춘추좌씨전(春秋左氏傳)≫ 애공(哀公) 17년에는 위(衛)나라의 혼량부(渾良夫)가 피살된 원인의 하나로 그가 자주색 옷을 착용한 것을 들고 있다. 자주색은 당시에 좋아하고 숭상되던 바였다.

각 구말(句末)의 「也」자는 황간본(皇侃本)에 따랐다. 집해본(集解本)에는 모두 없다. 통행본(通行本)이 제3구의 끝 자를 「者」로 쓴 것은 어떤 효과를 기대하는 것일까?

19

子曰 予欲無言. 子貢曰 子如不言 則小子何述焉. 子曰 天何言哉. 四時行焉 百物生焉. 天何言哉.
자왈 여욕무언 자공왈 자여불언 즉소자하술언 자왈 천하언재 사시행언 백물생언 천하언재

공자께서 말씀하셨다.

"나는 아무 말도 하지 않으려 한다."

자공이 여쭈었다.

"선생님께서 아무 말씀도 하지 않으시면 저희가 어찌 도(道)를 전술(傳述)하겠나이까?"

공자께서 말씀하셨다.

"하늘이 무슨 말을 하고 있더냐? 사시(四時)가 운행하고 만물이 생장하거니와 하늘이 무슨 말을 하고 있더냐?"

【글자 뜻】 予:나 여. 述:전술할 술.

【말의 뜻】 子如不言(자여불언):「如」는 만일(若). 小子何述(소자하술):「小子」는 제자. 「述」은 선술(傳述). 도를 전함.

【뜻 풀이】 공자 앞에 있는 인물이 자공(子貢)임을 안다면 이 문답의 의미는 즉시 명백해지리라. 자공은 재아(宰我)와 더불어 공문을 대표하는 웅변가였다.(第十一 先進篇 3). 더욱이 자공은 경제적 감각이 있어 투기에 민감하였다. 고전의 학습이나 예약의 학습도 이 사나이의 경우에는 자칫하면 의론과 계산으로 쏠리기 일쑤였을 것이다.

공자는 그것을 훈계하는 것이다. '나는 말을 하지 않는다. 그러나 도

(道)는 확실하고 명백하다.' 「天何言哉」라고 거듭 말하는 공자의 심중은 자공이 「묵묵히 침잠(沈潛)하여 옛것을 알고, 그것을 싫증 내지 않고 학습함」(第七 述而篇 2)의 경지에 이르기를 바라고 있다.

「天何言哉」 — 도(道)의 확고한 실존을 강조하고 있는 말이다. 공자가 하늘을 흉내 내어 「無言」하기로 결심한다는 것이 아니다.

20

孺悲欲見孔子. 孔子辭以疾. 將命者出戶. 取瑟而歌 使之聞之.
유비욕현공자 공자사이질 장명자출호 취슬이가 사지문지

유비(孺悲)가 공자를 뵈려고 하였다. 공자께서는 몸이 불편하시다는 이유로 거절하셨다. 말을 전하는 사람이 문을 나가자 공자는 비파를 들어 노래하시어 그로 하여금 그것을 듣게 하셨다.

【글자 뜻】 孺:젖먹이 유. 瑟:큰 거문고 슬.

【말의 뜻】 孺悲(유비):노나라 사람. ≪예기(禮記)≫ 잡기(雜記) 하편(下篇)에 「휼유(恤由)의 초상에 애공(哀公)은 유비(孺悲)를 공자에게 보내어 사(士) 신분의 상례를 배우게 하였다. 이 일로 인하여 사의 상례가 기록되었던 것이다.」라고 보인다. 이 이상은 알 수 없다. 將命者(장명자):말을 전하는 자. 第十四 憲問篇 46 「闕黨童子將命」 참조. 瑟(슬):거문고의 일종. 비파.

【뜻 풀이】 「孺悲欲見孔子」 — 이 표현법은 본편 1 「陽貨欲見孔子」의 그것

과 같다. 양화의 경우가 그러했듯이 여기서도 유비(孺悲)가 사람을 시켜 공자를 초빙했던 것이다. 그가 직접 공자의 집을 찾아간 것은 아니다. 유비는 선비의 상례(喪禮)를 공자에게서 배우고 있지만 애공이 직접 그것을 명령하고 있다. 그는 애공의 명령을 받드는 사람이며 아마도 상당한 신분을 가진 사람이었을 것이다. ≪사기(史記)≫ 중니제자열전에 그의 이름이 없는 것은 공자의 제자가 아니었기 때문이다.

「將命者」는 유비의 면회를 신청해 온 사자이다. 고주(古註)의 설이 그러하며, 그것을 고칠 필요는 없으리라.

「瑟」을 타서 사자에게 들려 준 것은 만나고 싶지 않다는 의지를 확실히 보여 주는 것이다. 황간(皇侃)은, 유비가 병문안을 와 주어도 곤란하며 초빙할 의지를 계속 가져도 곤란하므로 사자에게 실은 꾀병임을 알게 하고 그것을 유비에게 보고하여 초빙에 응하지 않는 참 이유를 명심케 한 것이라고 하였다.

대인(大人)의 거절법이다. 상대의 초청을 거절할 때 병을 이유로 하는 것은 당시에 행해지던 일반적인 외교사령(外交辭令)이었다고 생각된다. 병을 구실로 삼는 것만으로는 결정적인 거부로 받아들여지지 않을 것을 공자는 염려한 것이다.

21

宰我問 三年之喪期已久矣. 君子三年不爲禮 禮必壞. 三年
재 아 문　삼 년 지 상 기 이 구 의　군 자 삼 년 불 위 례　예 필 괴　삼 년
不爲樂 樂必崩. 舊穀既沒 新穀既升. 鑽燧改火. 期可已矣.
불 위 락　악 필 붕　구 곡 기 몰　신 곡 기 승　찬 수 개 화　기 가 이 의
子曰 食夫稻 衣夫錦 於女安乎. 曰 安. 女安則爲之. 夫君子
자 왈　식 부 도　의 부 금　어 녀 안 호　왈　안　여 안 즉 위 지　부 군 자
之居喪 食旨不甘 聞樂不樂 居處不安 故不爲也. 今女安則
지 거 상　식 지 불 감　문 악 불 락　거 처 불 안　고 불 위 야　금 녀 안 즉
爲之. 宰我出. 子曰 予之不仁也. 子生三年 然後免於父母
위 지　재 아 출　자 왈　여 지 불 인 야　자 생 삼 년　연 후 면 어 부 모
之懷. 夫三年之喪 天下之通喪也. 予也有三年之愛於其父
지 회　부 삼 년 지 상　천 하 지 통 상 야　여 야 유 삼 년 지 애 어 기 부
母乎.
모 호

재아가 여쭈어 보았다.

"3년상은 기간이 너무 깁니다. 군자가 3년이나 예를 행하지 않으면 예는 반드시 깨집니다. 3년이나 악(樂)을 행하지 않으면 악은 반드시 무너집니다. 묵은 곡식이 떨어지고 햇곡물이 나오며, 채화(採火) 나무를 문질러 해마다 불씨를 다시 만들어야 하니 1년으로 좋을 것입니다."

공자께서 말씀하셨다.

"부모의 상중(喪中)에 너는 편안히 맛있는 쌀밥을 먹고 화려한 비단옷을 입을 수 있겠느냐?"

"개의치 않습니다."

"네가 마음 편히 할 수 있다면 그리하라. 군자는 상중에는 맛있는 것을 먹어도 달지 않고 음악을 들어도 즐겁지 않으며, 편한 곳에 기거해도 편치 않은 것이다. 그래서 그것을 하지 않는다. 네가 마음이 편하다면 그렇게 해라."

재아가 물러났다. 공자께서 말씀하셨다.

“재여의 불인함이여! 자식이 부모의 품을 떠나는 것은 태어나서 3년 뒤이다. 3년 동안 부모의 상을 입는 것은 천하의 누구나가 하는 일이다. 재여도 부모로부터 3년의 사랑을 받았을 터이거늘.”

【글자 뜻】 壞:무너질 괴. 穀:곡식 곡. 鑽:뚫을 찬. 燧:부싯돌 수. 懷:품을 회. 通:통할 통.

【말의 뜻】 宰我(재아):이름은 여(予). 第五 公冶長篇 10「宰予晝寢」 참조. 三年之喪(삼년지상):가장 무거운 복상(服喪). 여러 가지 경우가 있으나 전형적인 것은 부모를 위하여 하는 자식의 복상이다. 여기서도 그것이 의식되고 있다. 期已久矣(기이구의):「期」는 기간. 이 구를 ≪사기(史記)≫ 중니제자열전은 「不亦久乎」라고 썼다. 君子三年不爲禮 禮必壞. 三年不爲樂 樂必崩(군자삼년불위례 예필괴. 삼년불위락 악필붕):3년간 예악을 방치해 두면 예악은 붕괴해 버린다. 예악을 소홀히 하는 것을 경계한 고어이다. 황간(皇侃)은 ‘군자는 인군(人君)이다.’라고 한다. 본래는 복상의 3년과는 관계가 없다. 그것을 단상론자(短喪論者)가 이용하고 있는 것이다. 舊穀既沒 新穀既升(구곡기몰 신곡기승):「沒」은 다함(盡). 「升」은 이룸(成). 자연의 영위가 1년을 주기로 하여 순환함을 말한다. 鑽燧改火(찬수개화):「鑽燧」는 채화(採火). 나무를 마찰하여 새 불씨를 받는 것. 「改火」는 집에서 쓰는 불씨를 새롭게 함. 후세의 사실에 보면 한식(寒食)과 청명(淸明)을 고비로 집집마다 이 행사가 행해지고 있었다. 이것도 자연에 대응하여 인간의 생활이 1년을 주기로 영위되고 있음을 말한다. 期可已矣(기가이의):「期」는 1년. 위의 두 가지 예를 들어 복상도 1년으로 족하다고 말함. 食夫稻 衣夫錦(식부도 의부금):「夫」는 조사. 「稻」는 곡물 중의 으뜸인 것. 「錦」은 의류 중의 화려한 것. 女安則爲之(여안즉위지):황간본(皇侃本)에는 이 구 앞에 「曰(왈)」자가 있

다. 居處不安(거처불안):「居處」는 일상의 기거. 부모상을 입을 때에는 그것을 위해 마련된 여막(廬幕)에 살고 거적 위에서 자며, 흙덩이를 목침 삼고 상복의 띠를 풀지 않는다. 予之不仁也(여지불인야):「予」는 재아의 이름. 스승은 제자의 이름을 부른다. 그러나 여기서는 그 위에 경멸하는 마음이 깃들어 있을 것이다.「仁」은 은애. 第一 學而篇 2에「孝弟也者 其爲仁之本與」라고 하였다. 天下之通喪(천하지통상):천자로부터 서인에 이르기까지 천하의 모든 사람에게 공통하는 상제(喪制). 부모의 상에 임하는 자식의 마음에 귀천은 없다.

【뜻 풀이】 등(滕)의 정공(定公)이 죽었을 때 세자가 맹자의 의견에 따라 3년의 상을 정하려고 하였다. 그런데 부형백관(父兄百官)이 모두 그것을 원치 않고「우리 종주국 노(魯)의 선군(先君)도 이를 행한 일이 없고, 우리 선군도 역시 이를 행한 일이 없다. 자식의 몸에 이르러 이에 반하는 것은 좋지 않다.」라고 하였다. ≪맹자≫ 등문공(滕文公) 상편(上篇)에 보인다.

노의 장공(莊公)은 사후 이십이 개월도 되지 않았는데 영위(靈位)가 묘(廟)로 옮겨지고 있다.[≪춘추좌씨전≫ 민공(閔公) 2년]. 제(齊)의 경공(景公)은 1년 7개월 만에 상(喪)이 물려지고 있다.[≪춘추공양전≫ 애공(哀公) 6년] 3년상은 엄밀히 지켜지지 않고 있었다. 단상론자(短喪論者)도 재아 한 사람만은 아니었을 것이다.

공자도 틀림없이 단상론을 듣고 있었을 것이다. 다만, 공자가 모친의 죽음에서 경험한 마음의 상처를 재아는 무심히 지나친 것이다. 공자는 그것이 견딜 수 없었다. 어쩌면 재아는 아직 부모의 죽음에 임하지 않았던 것일까?

22

子曰 飽食終日 無所用心 難矣哉. 不有博奕者乎. 爲之猶賢乎已.
자왈 포식종일 무소용심 난의재 불유박혁자호 위지유현 호이

공자께서 말씀하셨다.

"포식하고 날을 보내며 마음을 쓰는 데가 없다면 그것은 견디기 어려운 일이다. 장기나 바둑이라는 것이 있지 않은가? 이거라도 하는 편이 아무것도 하지 않는 것보다 낫다."

【글자 뜻】 飽:배부를 포. 博:넓을 박. 弈:바둑 혁.

【말의 뜻】 難矣哉(난의재):이 표현법은 第十五 衛靈公篇 17에 또 보인다. 博奕(박혁):장기와 바둑. 賢乎已(현호이):「賢」은 나음(勝). 「已」는 그침(止).

【뜻 풀이】 「飽食終日 無所用心」 — 이것도 고어일 것이다. 이 흐리터분한 생활은 쉬울 듯싶지만 실은 어렵다. 왜냐하면 그와 같은 상태에서 사람은 반드시 사음(邪淫)으로 내달아 자신을 망쳐 버리기 때문이다.

23

子路曰 君子尚勇乎. 子曰 君子義以爲上. 君子有勇而無義
자 로 왈 군 자 상 용 호 자 왈 군 자 의 이 위 상 군 자 유 용 이 무 의
爲亂. 小人有勇而無義爲盜.
위 난 소 인 유 용 이 무 의 위 도

자로가 여쭈어 보았다.

"군자는 용기를 숭상합니까?"

공자께서 말씀하셨다.

"군자는 예의(禮儀)를 으뜸으로 여긴다. 군자가 용감하되 예의(禮儀)가 없을 때에는 난을 일으키고, 소인이 그러한 때에는 도둑질을 한다."

【글자 뜻】 勇:날랠 용. 亂:어지러울 난. 盜:훔칠 도.

【말의 뜻】 尙勇(상용):「尙」은 숭상(崇). 爲上(위상):최상으로 삼음.

【뜻 풀이】「君子義以爲上」의「義」는 예의(禮儀)를 말하는 것이리라. 바로 다음 장에「용기만 있을 뿐 예의가 없는 자를 미워한다.」,「불손하면서 그것을 용기라고 생각하는 자를 미워한다.」고 하였으며 第八 泰伯篇 2에「용기에도 예가 없으면 난폭하게 된다.(勇而無禮則亂)」고 하였다. 또 본편 8에「용기를 좋아하더라도 학문을 좋아하지 않으면 그 폐해는 난폭해진다.」고 한 것도 이와 관련이 있으리라. 그리고 ≪예기≫ 빙의편(聘義篇)에「그러므로 용기를 귀히 여김은 예를 행함을 귀히 여기는 것이다.」라고 하였다.

용기를 좋아하는 자로(子路)에게 스승의 친절한 가르침이다.

24

子貢曰 君子亦有惡乎. 子曰 有惡. 惡稱人之惡者. 惡居下
자공왈 군자역유오호 자왈 유오 오칭인지악자 오거하
流而訕上者. 惡勇而無禮者. 惡果敢而窒者. 曰 賜也亦有惡
류이산상자 오용이무례자 오과감이질자 왈 사야역유오
乎. 惡徼以爲知者. 惡不遜以爲勇者. 惡訐以爲直者.
호 오요이위지자 오불손이위용자 오알이위직자

자공이 여쭈어 보았다.

"군자도 미워하는 일이 있습니까?"

공자께서 말씀하셨다.

"미워하는 일이 있다. 남의 나쁜 점을 들어 말하는 자를 미워하며, 아래에 있으면서 윗사람을 헐뜯는 자를 미워하며, 용감할 뿐 도리에 막힌 자를 미워한다."

공자께서 말씀하셨다.

"사야, 너도 미워하는 것이 있느냐?"

자공이 대답하였다.

"남의 생각을 훔쳐서 자기의 지혜로 삼는 자를 미워하며, 불손하면서 그것을 용기라고 하는 자를 미워하며, 남의 비밀을 들추어내면서 스스로 정직하다고 하는 자를 미워합니다."

【글자 뜻】 訕:헐뜯을 산. 敢:감히 감. 窒:막을 질. 徼:훔칠 요. 遜:겸손할 손. 訐:들추어낼 알.

【말의 뜻】 君子亦有惡乎(군자역유오호):「君子」는 공자를 가리키고 있다. 「惡」는 증오. 惡稱人之惡者(오칭인지악자):앞의 「惡」는 증오. 뒤의 「惡」은 선악의 악. 「稱」은 날림(揚). 들어서 말함. 惡居下流而訕上者(오

거하류이산상자):「流」자는 옛날의 텍스트에는 없다. 없는 것이 옳다. 해설 참조. 「訐」은 비방함. 惡果敢而窒者(오과감이질자):「果敢」은 서슴지 않는 모습. 「窒」은 막힘. 사람의 도리를 막음. 賜(사):자공의 이름. 惡徼以爲知者(오요이위지자):「徼」는 가림(抄). 훔침. 惡訐以爲直者(오알이위직자):「訐」은 남의 사사로운 일을 면전에서 들추어 냄.

【뜻 풀이】「惡居下流以訕上者」—「流」자의 유무에 대하여 정수덕(程樹德)의 ≪집해(集解)≫는 깊은 관심을 보이고 있다. 그가 기술한 바를 보충하면서 말해 보겠다. 한석경(漢石經)에는 「流」자가 없다. ≪염철론(鹽鐵論)≫의 「文學居下而訕上」, ≪한서(漢書)≫ 주운전(朱雲傳)의 「小臣居下訕上」 등의 예를 보아 한대(漢代)의 본문에는 「流」자가 없었음을 알 수 있다.

백거이(白居易)는 「감간고부(敢諫鼓賦)」에서 「國無居下之訕」이라 하였고, ≪백씨육첩(白氏六帖)≫ 권8의 불충(不忠) 제18과 권9 언어(言語) 제1에 「居下訕上」이라고 양쪽에 다 나와 있다. 백거이가 본 텍스트에도 아직 「流」자가 들어 있지 않았다.

당(居)의 개성석경(開成石經)에 이르러서야 「流」자가 들어간다. 소식(蘇軾)의 「상한태위서(上韓太尉書)」는 「孔子日 惡居下流而訕上」이라고 하였다. 이때 「下流」라고 쓴 텍스트가 통행되고 있었다고 할 수 있겠다.

황간본(皇侃本)에는 「流」자가 있지만, 황간의 소(疎) 그 자체는 「사람의 신하로서 그 임금을 훼방하는 자를 미워한다.(增惡爲人臣下而毁謗其君上者也)」라고 하였다. 「流」자가 없는 텍스트에 의거하고 있는 듯하다.

「惡居下流」라는 말은 第十九 子張篇 20에 「是以君子惡居下流」라고 한 것에 이끌려 잘못 쓰인 것이리라. 신하의 지위는 '下流'와는 다르다. 「惡居下流而訕上者」는 실제로는 의미를 이루지 못한다. 해석에서는 「流」자를 연자(衍字)로 보고 제거하였다.

「曰 賜也亦有惡乎」 — 공자께서 자공에게 질문을 던져 그의 의견을 유발시키는 말이다. 새삼스럽게 '曰' 이라고 한 것은 항목을 세워 말해 온 앞 말과의 사이에 일단의 사이를 두고 있는 것이리라.

「惡徼以爲知者」 이하의 세 구는 자공의 대답이다. 따라서 여기에는 본래 「對曰」, 적어도 「曰」자가 마땅히 있어야 한다. 그것이 없는 것은 생략되어 있는 것이라고 보아야만 한다. 단, 「曰賜也亦有惡乎」를 황간본(皇侃本)은 「曰 賜也亦有惡也」로 한다. 「乎」와 「也」의 한 자의 차이가 문장의 구성을 바꾼다. 황간본에서 '曰' 의 주어는 자공이다. 잇따른 세 구와 주어가 같다. 새삼스레 '曰', '對曰' 이라고 할 필요가 없다.

자공이 공자에게 미워하는 바를 물어 본 것은, 실은 그 자신이 심중으로 미워하는 바가 있어 그것을 공자 앞에서 말하고 싶었던 것이다. 황간본에서는 자공이 공자의 말이 끝나는 것을 기다리지 못하고, "저도요." 하고 말을 꺼낸다. 통행본(通行本)에서는 공자가 자공의 심중을 들여다보고 있어 발언할 기회를 주는 것이 된다. 공자의 자상한 마음씨를 엿볼 수 있는 통행본에 따른다.

25

子曰 唯女子與小人 爲難養也. 近之則不遜 遠之則怨.
자 왈 유 여 자 여 소 인 위 난 양 야 근 지 즉 불 손 원 지 즉 원

공자께서 말씀하셨다.

"여자와 소인은 다루기가 어렵다. 가까이하면 기어오르고, 멀리하면 원망한다."

【글자 뜻】 唯:오직 유. 怨:원망할 원.

【말의 뜻】 爲難養也(위난양야):「養」은 대우해 줌. 다룸.

【뜻 풀이】「遠之則怨」 — 황간본(皇侃本)은 「遠之則有怨」의 5자구로 하였다. 바로 앞의 구와 같은 5자구이다.

26

子曰 年四十而見惡焉 其終也已.
자 왈 연 사 십 이 견 오 언 기 종 야 이

공자께서 말씀하셨다.
"나이 사십이 되어 남에게 미움을 받는다면 그것으로 끝장이다."

【글자 뜻】 見:볼 견. 終:끝날 종.
【말의 뜻】 見惡(견오):미움을 받음.

【뜻 풀이】「四十」은 '不惑'의 나이(第二 爲政篇 4)다. 각자 그 나름으로 인간이 굳어진다. 그 후에 고치기란 힘들다.

제18
미자편
(微子篇)

은 왕조(殷王朝) 최후의 폭군인 주(紂)의 배다른 형. 「微」는 봉국(封國) 이름. 「子」는 작위(爵位). 주(紂)에게 간하였지만 받아들여지지 않았으므로 나라를 버리고 떠났다. 은주혁명(殷周革命) 후에 송국(宋國)에 봉해지고 은 왕조의 제사를 이어받았다.

1

微子去之 箕子爲之奴 比干諫而死. 孔子曰 殷有三仁焉.
미 자 거 지 기 자 위 지 노 비 간 간 이 사 공 자 왈 은 유 삼 인 언

미자(微子)는 망명하고, 기자(箕子)는 노예가 되고, 비간(比干)은 간하다가 죽임을 당하였다. 공자께서 말씀하셨다.

"은나라에는 세 사람의 인자가 있었다."

【글자 뜻】 諫:간할 간. 殷:은나라 은.

【말의 뜻】 微子(미자):은 왕조(殷王朝) 최후의 폭군인 주(紂)의 배다른 형. 「微」는 봉국(封國) 이름. 「子」는 작위(爵位). 주(紂)에게 간하였지만 받아들여지지 않았으므로 나라를 버리고 떠났다. 은주혁명(殷周革命) 후에 송국(宋國)에 봉해지고 은 왕조의 제사를 이어받았다. 箕子(기자):주(紂)의 숙부. 「箕」는 봉국 이름. 「子」는 작위. 주가 기자의 간언을 싫어하자 어떤 사람이 망명할 것을 권하였다. 기자는 '간언이 받아들여지지 않았다고 해서 나라를 떠나는 것은 임금의 악함을 공공연히 드러내고 민중에게 흉한 모습을 보이는 것이다. 나는 그 짓을 할 수 없다.' 하며 머리를 풀어 흩트린 채 이상한 사람 흉내를 내어 노예가 되었다. 정치의 연대 책임을 포기하는 자의 모습이다. 比干(비간):주(紂)의 숙부. '신하된 자는 죽음을 각오하고 간해야 한다. 그렇지 않으면 백성은 구제받지 못한다.' 라 하고 강간(强諫)해 마지않았다. 주는 노하여 '성인의 심장에는 일곱 구멍이 있다고 들었다.' 며 비간을 죽여 그 심장을 해부하였다.

【뜻 풀이】 세 사람 다 주(紂)의 폭정이 어지러움에 이를 것을 우려하고 백성의 생활을 편안하게 하기 위해 취한 행동을 공자는 한결같이 인(仁)이

라고 평가한다. 이 세 사람이 취한 행동에 대해 공자는 우열을 말하고 있지 않다. 그러나 후세의 중국인 일반의 평가는 미자(微子)를 최상, 기자(箕子)를 그 버금, 비간(比干)을 최하로 한다.

2

柳下惠爲士師 三黜. 人曰 子未可以去乎. 曰 直道而事人
유하혜위사사 삼출 인왈 자미가이거호 왈 직도이사인
焉往而不三黜. 枉道而事人 何必去父母之邦.
언왕이불삼출 왕도이사인 하필거부모지방

유하혜는 사사 벼슬을 하였는데 세 번이나 면직당하였다. 어떤 사람이 말하였다.

"그래도 당신은 타국으로 가지 않습니까?"

유하혜가 대답하였다.

"똑바로 도를 지켜 사람을 섬기려면 어디에 가더라도 세 번은 면직당합니다. 도를 굽혀 사람을 섬기려면 결코 조국을 떠날 필요는 없을 것입니다."

【글자 뜻】 黜:내칠 출. 枉:굽을 왕.

【말의 뜻】 柳下惠(유하혜):노(魯)의 대부. 第十五 衛靈公篇 14「知柳下惠之賢」 참조. 士師(사사):소송 내용을 심사하여 결심(結審)하는 관직. ≪주례(周禮)≫의 제도에서는 하대부(下大夫)가 담당한다. 三黜(삼출):「黜」은 물러남(退). '士師'의 관직에서 세 번 면직되었다. 유하혜는 시종 사사였고 영전하는 일이 없었다.

3

齊景公待孔子曰 若季氏則吾不能. 以季孟之閒待之. 曰 吾老矣 不能用也. 孔子行.
제경공대공자왈 약계씨즉오불능 이계맹지간대지 왈 오노의 불능용야 공자행

제의 경공이 공자를 붙들며 말하였다.

"계씨만큼은 해 드리지 못합니다만 계씨와 맹씨의 중간 정도로 대우하리다."

그러나 다시 말하였다.

"나는 늙었소. 등용할 수가 없소."

공자께서는 물러가셨다.

【글자 뜻】 閒:사이 간.

【말의 뜻】 待孔子(대공자):「待」를 ≪사기(史記)≫ 공자세가는 지(止)로 썼다. 待와 止는 통용함. 季氏(계씨):노(魯)의 계손씨(季孫氏). 상경(上卿)이다. 季孟(계맹):계손씨와 맹손씨(孟孫氏). 맹손씨는 하경(下卿)이다. 「季孟」이라는 칭호가 양자의 세력의 상하를 보여 주고 있다.

【뜻 풀이】 노의 소공(昭公)은 즉위 25년, 기원전 517년에 제(齊)로 망명하였다. 공자는 소공을 뒤쫓아 제에 갔다. 그때 아직 삼십오 세. 처음으로 국제적인 평가를 받은 것이다. 경공의 당혹도 이해할 수 있다.

「吾老矣」 — 기원전 517년은 제 경공의 즉위 31년에 해당한다. 경공과 공자의 교섭은 그보다 이후의 일이다. 염약거(閻若璩)는 33년의 일이라고 한다. 경공의 생년은 기원전 574년 또는 그 이듬해쯤이다. 그

즉위 33년에는 이미 육십 세에 달하고 있다.

같은 경공의 말을 기록하는데 두 「曰」자를 써서 말머리를 다시 시작하고 있다. ≪사기≫ 공자세가는 경공이 애초의 대우를 말한 뒤에 제(齊)의 대부가 공자의 등용에 반대하여 공자를 살해하려고 했다는 것을 기술하고, 다시 「景公曰 吾老矣 云云」이라고 기록하였다. 두 「曰」자는 다른 날에 했던 말을 합치고 있는 것일까?

4

齊人歸女樂. 季桓子受之. 三日不朝. 孔子行.
제 인 귀 녀 악　계 환 자 수 지　삼 일 부 조　공 자 행

제나라 당국자가 여자 가무단(歌舞團)을 보내 왔다. 계환자가 그것을 받고 사흘간 조정에 나가지 않자 공자께서 노나라를 떠나셨다.

【글자 뜻】 歸:보낼 귀. 朝:조정 조.

【말의 뜻】 齊人(제인):제나라의 당국자들. 여기의 「人」은 백성이 아니다. 歸女樂(귀녀악):「歸」는 饋(궤), 보냄. 「女樂」은 여인의 악무단(樂舞團). 해설 참조. 季桓子(계환자):노의 대부 계손사(季孫斯). 「桓」은 시호. 계강자(季康子)의 아버지. 不朝(부조):조례(朝禮)를 폐함. ≪사기≫ 공자세가는 「사흘간 정치를 듣지 않음」이라고 하였다.

【뜻 풀이】 ≪사기≫ 공자세가에 따르면, 「제나라 당국자들이 두려워하며 말하였다. '공자가 정치를 하면 반드시 패업을 이룰 것이다. 그리 되면 노나라에 가까운 우리는 제일 먼저 병합당할 것이다.'」라는 생각에 노나라의 정치를 타락시키기 위한 계책으로 제나라 안의 고운 여인 팔십 명을

골라 모두 고운 옷을 입혀 강악(康樂, 무곡 이름)을 추게 하고, 곱게 꾸민 말 삼십 사(駟, 말 네 마리)와 더불어 노나라 임금께 보내게 된 것이다. 정공(定公) 13년, 기원전 497년, 공자 오십오 세 때의 일이라고 한다.

「孔子行」 — ≪사기≫ 공자세가는 공자께서 위(衛)로 갔다고 하며, ≪한비자≫ 내저설(內儲說) 하편(下篇)에는 초(楚)로 갔다고 한다. 전설의 변형이다.

5

楚狂接輿歌而過孔子. 曰 鳳兮鳳兮 何德之衰. 往者不可諫
초 광 접 여 가 이 과 공 자 왈 봉 혜 봉 혜 하 덕 지 쇠 왕 자 불 가 간
來者猶可追. 已而已而 今之從政者殆而. 孔子下欲與之言.
래 자 유 가 추 이 이 이 이 금 지 종 정 자 태 이 공 자 하 욕 여 지 언
趨而辟之. 不得與之言.
추 이 피 지 불 득 여 지 언

초나라의 미치광이 접여가 노래하면서 공자의 곁을 지나갔다.

"봉황새야, 봉황새야!
어쩌다 그리도 영락했는고?
지나간 일이야 말할 게 없지만,
닥쳐올 일이야 아직 쫓을 수 있네.
어찌할꼬, 어찌할꼬.
지금의 정치를 따르면 목숨이 위태하네."

공자께서 수레에서 내려 이야기를 하려고 했으나 급히 달아나 피해 버렸으므로 이야기를 할 수가 없었다.

【글자 뜻】 楚:초나라 초. 接:이을 접. 鳳:봉새 봉. 衰:쇠할 쇠. 殆:위태할 태. 趨:달아날 추.

【말의 뜻】 楚狂接輿(초광접여):초나라의 미치광이 접여.「狂」은 상식 밖으로 자기를 주장하는 자. 여기에 기술된 언동이 곧 광(狂)이다.「接輿」는 수레에 접근한다는 뜻이다. 鳳兮鳳兮(봉혜봉혜):「鳳」은 공자를 비유하고 있다.「兮」는 조사. 已而已而(이이이이):세상이 심히 어지러워 어찌할 수 없음을 탄식한 것. 거듭 말하는 것은 탄식의 깊음을 나타낸다.「而」는 조사(助辭). 今之從政者殆而(금지종정자태이):「殆」는 위태(危殆).「而」는 조사. 孔子下(공자하):「下」는 수레에서 내림. 접여와는 노상에서 만났다. 趨而辟之(추이피지):「趨」는 질주.「辟」는 피(避).

【뜻 풀이】「鳳兮鳳兮 何德之衰」—「鳳」은 길조(吉鳥)이다. 성천자가 세상에 출현하는 것이다. 공자도 역시 그래야 할 인물이다. 그런데 지금 난세에 나타나 뜻을 얻지 못하고 여러 나라를 편력하여 초나라까지 흘러들어왔다. 봉황의 가치가 완전히 없어진 것이 깊은 감개를 일으켜「何德之衰」라고 한다. 그의 심정은 차라리 몸을 숨기라고 가르친다.

이 노래를 황식삼(黃式三)은 ≪논어후안(論語後案)≫에서「성인을 존경하고 또 성인을 위하여 환난을 막는다. 시사(時事)를 탄석(歎惜)하여 노랫말이 애절하다. 선유(先儒)는 말하였다, 초광(楚狂)은 비상한 사람이라고. 정말 그러하다.」고 하였으며, 노랫말의「衰」와「追」,「已」와「殆」, 세「而」가 각각 압운(押韻)함을 말하고 있다.

「孔子下」— 정주(鄭註)는「下堂出門(당에서 내려 문을 나옴)」이라고 설명한다. 본문의「過孔子」뒤에「之門」두 자가 있는 텍스트도 있다. 그러나「接輿」라는 주인공의 이름은 정설(鄭說)에서 나를 떠나게 한다.

6

長沮桀溺耦而耕. 孔子過之. 使子路問津焉. 長沮曰 夫執輿者爲誰. 子路曰 爲孔丘. 曰 是魯孔丘與. 曰 是也. 曰 是知津矣. 問於桀溺. 桀溺曰 子爲誰. 曰 爲仲由. 曰 是魯孔丘之徒與. 對曰 然. 曰 滔滔者天下皆是也. 而誰以易之. 且而與其從辟人之士也 豈若從辟世之士哉. 耰而不輟. 子路行以告. 夫子憮然. 曰 鳥獸不可與同群. 吾非斯人之徒與而誰與. 天下有道 丘不與易也.

장저걸닉우이경 공자과지 사자로문진언 장저왈 부집여자위수 자로왈 위공구 왈 시노공구여 왈 시야 왈 시지진의 문어걸닉 걸닉왈 자위수 왈 위중유 왈 시노공구지도여 대왈 연 왈 도도자천하개시야 이수이역지 차이여기종피인지사야 기약종피세지사재 우이불철 자로행이고 부자무연 왈 조수불가여동군 오비사인지도여이수여 천하유도 구불여역야

장저(長沮)와 걸닉(桀溺)이 나란히 밭을 갈고 있었다. 공자께서 그곳을 지나가시게 되었다. 자로로 하여금 나루터를 물어 보게 하였다.

장저가 말했다.

"저 수레의 고삐를 잡고 있는 사람은 뉘시오?"

자로가 대답하였다.

"공구(孔丘)이십니다."

장저가 말하였다.

"노나라의 공구이시오?"

자로가 말하였다.

"그렇습니다."

장저가 말하였다.

"그렇다면 나루터를 알고 있을 것이오."

걸닉에게 묻자 걸닉이 말하였다.

"당신은 뉘시오?"

자로가 말하였다.

"중유(仲由)입니다."

걸닉이 말하였다.

"노나라 공구의 제자요?"

자로가 말하였다.

"그렇습니다."

걸닉이 말하였다.

"온 천하가 흙탕물에 떠밀리고 있소. 이를 누가 바꿀 수 있겠소? 그리고 당신도 부덕한 제후를 피해 떠돌아다니는 사람에게 붙어 있느니 차라리 세상을 피해 사는 사람에게 붙는 편이 낫지 않겠소?"

걸닉은 고무래질을 계속하였다.

자로는 이 이야기를 공자께 가서 말씀드렸다. 공자께서는 크게 한탄하시면서 말씀하셨다.

"새와 짐승은 함께 떼를 지을 수 없는 것이거늘 내가 이 백성들과 함께 있지 않고 누구와 더불어 있겠느냐? 천하에 도가 행해지기만 한다면 내가 굳이 물결을 바꿀 것도 없는 것이다."

【글자 뜻】 沮:막을 저. 桀:홰 걸. 耦:나란히 갈 우. 津:나루 진. 輟:그칠 철.

【말의 뜻】 長沮(장저)·桀溺(걸닉):두 사람 모두 은자(隱者)임. 耦而耕(우이경):두 사람이 나란히 밭을 갈고 있음. 問津(문진):나루터가 있는 곳을 물어 봄. 執輿(집여):수레에 매단 말고삐를 손에 들고 수레를 대기시키고 있음. 원래는 자로가 마부 노릇을 하고 있었으나 지금 수레에서 떠나 있으므로 공자가 대신하고 있다. 滔滔(도도):홍수가 창일하여 만물

을 휩쓰는 모양. 천하가 온통 어지러움에 비유한다. 誰以易之(수이역지):「易」은 개역(改易). 且而(차이):「而」는 너(汝). 辟人之士(피인지사):「辟」는 피(避). 부덕한 군주를 피하여 편력하는 자. 공자를 가리킴. 辟世之士(피세지사):은자(隱者). 장저(長沮) 등을 가리킴. 耦而不輟(우이불철):「耦」는 고무래질. 「輟」은 그침(止). 憮然(무연):이쪽의 의향이 인정되지 않는 데에 불만과 실망감을 나타냄. 鳥獸不可與同群(조수불가여동군):≪장자(莊子)≫ 마제편(馬蹄篇)에 「대저 지덕(至德)의 세상은 금수(禽獸)와 함께 있고, 모여서 만물과 나란히 한다.」라고 하였다. 斯人之徒(사인지도):사람에 대해 「斯人」이라고 하는 것은 글에 대해 「斯文」이라고 하는 것과 같은 표현법이다. 민중, 백성을 강조한다.

【뜻 풀이】「長沮 · 桀溺」은 은자의 실명(實名)이 아니라 별명이라고 한다. 키다리 질척이와 우람한 흙발이. 이 설은 나의 흥미를 자아내게 한다. 그것은 자로가 이 두 사람에게서 받은 첫인상이기도 하다. 자로는 이 사람들의 이름을 알 턱이 없다. 앞 장의 「接輿」도 '수레에 접근해 온 사나이' 라는 별명이라는 설이 있다. 이것에 반대하는 학자가 많으나 나는 긍정하고 싶다.

「日 是知津矣」 — 천하를 편력하고 있는 공자라면 나루터가 있는 곳을 알고 있을 터이다. 나루터는 인생을 극복해 나가기 위한 요처를 비유해서 말한다.

「辟人之士 辟世之士」 — 第十四 憲問篇 39에 「현자는 세상을 피한다. 그 다음은 땅을 피한다. 그 다음은 안색을 피한다. 그 다음은 말을 피한다.」라고 하였다. 「辟色(안색을 피함)」은 여기의 「辟人」에 해당할 것이다.

「不與易之」 — 「與」를 일본의 요시카와 코지로(吉川幸次郎) 박사는 '以' 자와 비슷한 뜻으로 보고 있다. 그에 따른다. 위의 장저(長沮)의 말에 「誰以易之」라고 하였다. 「以」와 「與」는 ≪논어≫에서도 통용되고 있다.

이 한 장은 은자의 입장에서 기술되어 있다. 그리고 「辟人」과 「辟世」, 「鳥獸」와 「斯人」이 대조되고 있다. 따라서 끝맺는 두 구는 「천하에 도가 행해지고 있으면 '辟世'를 '辟人'으로, '鳥獸'를 '斯人'으로 바꾸는 짓은 하지 않는다.」라고 공자가 본래 은자를 지향하고 있음을 주장하는 것이라고 해석할 수 있다. 이 설화의 원형(原型)은 이쪽에 있었던 것은 아닐까?

7

子路從而後. 遇丈人以杖荷蓧. 子路問曰 子見夫子乎. 丈人
자로종이후 우장인이장하조 자로문왈 자견부자호 장인
曰 四體不勤 五穀不分 孰爲夫子. 植其杖而歿. 子路拱而
왈 사체불근 오곡불분 숙위부자 치기장이운 자로공이
立. 止子路宿. 殺雞爲黍而食之. 見其二子焉. 明日子路行
립 지자로숙 살계위서이사지 현기이자언 명일자로행
以告. 子曰 隱者也. 使子路反見之. 至則行矣. 子路曰 不仕
이고 자왈 은자야 사자로반견지 지즉행의 자로왈 불사
無義. 長幼之節 不可廢也 君臣之義 如之何其廢之. 欲潔其
무의 장유지절 불가폐야 군신지의 여지하기폐지 욕결기
身而亂大倫. 君子之仕也 行其義也. 道之不行 已知之矣.
신이란대륜 군자지사야 행기의야 도지불행 기지지의

수행하던 자로가 뒤떨어졌다가 대바구니를 메고 있는 노인을 만났다. 자로가 여쭈어 보았다.

"노인장, 우리 선생님을 보셨습니까?"

노인이 말하였다.

"사지를 근로시키지도 않고 오곡도 가꾸지 않거늘 누굴 선생이라고 하는가?"

노인은 지팡이를 세워 놓고 풀을 뽑았다. 자로는 두 손을 모아 잡고 단정히 서 있었다. 노인은 자로를 붙잡아 묵게 하고는, 닭을 잡고 기장밥을 지어 대접하였다. 두 아들에게도 인사를 시켰다.

이튿날 자로는 공자를 따라붙어 이 이야기를 하였다. 공자께서는 '은자이다.' 라고 말씀하시고 자로에게 되돌아가서 만나 보게 하셨다. 이르러 보니 가고 없었다. 자로가 말하였다.

"임금을 섬기지 않으면 대의는 나타나지 않습니다. 장유(長幼)의 질서를 소홀히 할 수 없다 하시면서 군신의 의를 소홀히 하심은 어찌된 일입니까? 내 한 몸을 더럽히지 않으시려고 인륜의 대도를 어지럽히고 계십니다. 군자가 섬김은 그 대의를 실현하기 위함입니다. 도가 행해지지 않음은 저 자신도 잘 알고 있습니다."

【글자 뜻】 蓧:삼태기 조. 穀:곡식 곡. 孰:누구 숙. 黍:기장 서. 廢:폐할 폐. 潔:깨끗할 결.

【말의 뜻】 丈人(장인):노인. 荷蓧(하조):「荷」는 어깨에 멤. 「蓧」는 대나무로 엮은 바구니. 뽑은 풀을 담는 그릇. 四體不勤(사체불근):사지(四肢)를 활동시키지 않음. 五穀不分(오곡불분):「分」은 다스림(治). 혹은 분식(分植). 정주(鄭註)는 분(糞), 거름 줌, 즉 배양이라고 함. 植其杖而芸(치기장이운):「植」는 놓음(置). 또는 세움(立). 「芸」은 잡초를 뽑음. 拱而立(공이립):「拱」은 두 손을 가슴 앞에서 마주 잡고 삼가는 모양. 노인의 말에 압도되어 경의를 표함. 殺雞爲黍而食之(살계위서이사지):환영을 표하는 음식 대접이다. 「黍」는 기장. 고급의 밥이다. 「食」는 먹임. 음은 「사」. 見其二子(현기이자):자로에 대한 연소자의 예의이다. 노인의 가정에서 장유지서(長幼之序)가 지켜지고 있음을 보여 준다. 至則行矣(지즉행의):「行」은 출타 중이었음을 말함. 欲潔其身(욕결기신):무

도한 세상에서 벼슬하여 몸을 더럽힘을 말함. 大倫(대륜):큰 윤리. 군신 간의 윤리.

【뜻 풀이】「四體不動 五穀不分」— 일설에 「不」자를 조사(助辭)로 보고, 노인이 수족을 놀려 농사일에 바쁜 자신에 대해 말한다고 해석한다. 「孰爲夫子」도 '누가 부자(夫子)이건 나와는 관계가 없다.' 라는 것이 된다.

그러나 나는 이 설에 따르지 않는다. 「四體不動 五穀不分」은 공자를 가리켜 말한다. 노인은 공자를 알고 있다. 노동은 하지 않고 지도자인 척하는 것이 눈꼴사나워 「孰爲夫子」라고 비꼰다. 「四體」와 「五穀」, 「不動」과 「不分」이 대응하고 있다. 그 말은 시적(詩的)이기도 하다.

끝머리의 「道之不行 已知之矣」에서 「已」를 자기라고 한 것은 고주(古註)에 따랐다. 그러나 단정하기에는 불안한 감이 있다. 「已知之矣」라는 표현법이 어딘지 서먹하다. ≪논어≫에도 그 예가 없다. 보통은 「吾」자가 쓰일 곳이다. 또 「己」와 「已」는 자주 헷갈린다. '이미 이를 안다.' 고 해석할 수도 있으며 '옛날에 다 알고 있다.' 는 뜻도 통한다. 그러나 이 표현법도 ≪논어≫에서는 친숙치 않다.

도가 행해지지 않는다는 것은 곧 공자가 등용되지 않음을 말한다. 第十四 憲問篇 40에서 공자는 「知其不可 而爲之者」라는 소리를 문지기한테 듣고 있다.

자로의 말은 공자의 전언(傳言)이다. 은자의 비난에 대한 공자의 답변이다. 이 말을 전하게 하려고 공자는 자로를 은자에게 되돌려 보냈다. 공교롭게 은자는 출타 중이었다. 그러나 자로는 선생님의 전언을 전하지 않고 그냥 돌아갈 수가 없다. 그는 큰 소리로 외친다. 상대는 집을 보고 있는 두 아들. 확실히 어젯밤의 그 아저씨인데 묘한 말을 한다. 아이들은 어안이 벙벙했을 것이다. 이것도 자로의 면모를 말해 주는 한 장면이다.

노(老)은자가 출타 중이었던 것은 자로를 위하여 다행한 일이었다. 「四體不動 五穀不分」이라는 재치 있는 말을 쓰는 이 은자한테 더 따끔한 반박을 당하지 않아도 되었기 때문이다.

8

逸民 伯夷 叔齊 虞仲 夷逸 朱張 柳下惠 少連. 子曰 不降其
일민 백이 숙제 우중 이일 주장 유하혜 소련 자왈 불강기
志 不辱其身 伯夷叔齊與. 謂柳下惠少連 降志辱身矣. 言中
지 불욕기신 백이숙제여 위유하혜소련 강지욕신의 언중
倫 行中慮. 其斯而已矣. 謂虞仲夷逸 隱居放言. 身中淸 廢
륜 행중려 기사이이의 위우중이일 은거방언 신중청 폐
中權. 我則異於是. 無可無不可.
중권 아즉이어시 무가무불가

은자인 백이와 숙제 · 우중 · 이일 · 주장 · 유하혜 · 소련에 대하여 공자께서 말씀하셨다.

"계속 뜻을 높이 가지고 자기 몸을 더럽히지 않았던 것은 백이와 숙제일까?"

유하혜와 소련을 평하여 말씀하셨다.

"뜻을 굽히고 자신을 욕되게 하면서까지 말을 도리에 맞게 하고 행동을 사려에 맞게 하였다. 오직 이로써 일관하였다."

우중과 이일을 평하여 말씀하셨다.

"은거하여 말을 함부로 하였으나 내 몸을 깨끗이 하며 세상을 버리고 시세에 알맞게 처신하였다. 나는 이런 사람들과는 다르다. 가(可) 일변도도 아니고 불가(不可) 일변도도 아니다."

【글자 뜻】 逸:편안할 일. 降:내릴 강. 辱:욕되게 할 욕. 謂:이를 위. 慮:생각할 려. 虞:염려할 우.

【말의 뜻】 逸民(일민):「逸」은 은거. 「民」은 벼슬을 하지 않는 사람. 「逸民」은 정치사회의 지위에서 버려진 인재. 세상에는 도가 행해지지 않고, 본인에게는 덕이 있어서 모순되는 경우에 일어나는 현상임. 伯夷(백이)·叔齊(숙제):第五 公冶長篇 23, 第七 述而篇 14, 第十六 季氏篇 12에 등장하고 있다. 虞仲(우중):태백(泰伯)의 아우이다. 태백과 함께 왕위를 계력(季歷)에게 양보하여 주 왕조(周王朝)의 창립을 가능케 하였다. 제8 태백편(泰伯篇) 1의 【말의 뜻】「泰伯」 참조. 그러나 이 사람에게 「隱居放言」의 고사(故事)는 전해지지 않고 있다. 夷逸(이일)·朱張(주장):잘 알 수 없다. 「朱張」은 아래의 공자의 인물평에 나오지 않는다. 柳下惠(유하혜):第十五 衛靈公篇 14, 第十八 微子篇 2를 참조. 少連(소련):≪예기≫ 잡기(雜記) 하편(下篇)에 부모상을 성실히 입은 사람으로서 소련(少連)·대련(大連)의 이름이 보인다. 동이(東夷)의 아들이라고 하였다. 그러나 은일(隱逸)과 미관(微官)에 머물러 있었던 점에서 유하혜와 비견할 만한 이야기는 전해지고 있지 않다. 謂柳下惠少連(위유하혜소련):「謂」는 인물을 평론함. 言中倫 行中慮(언중륜 행중려):「倫」은 도리. 「慮」는 사려. 「中」은 적중. 두 구는 언행이 천하적 세계관에 합치됨을 말한다. 공자의 말을 빌면 선왕의 도에 합치하는 것이다. 其斯而已矣(기사이이의):이것일 따름. 아래의 「無可無不可」와 대립하여 그 말을 꺼내기 위한 복선(伏線)을 이루고 있다. 隱居(은거):관직에서 물러나 있음. 第十六 季氏篇 11에 「은거하여 이념을 추구한다.」라고 하였다. 放言(방언):무책임하게 말을 함. 身中淸(신중청):자신을 정결히 하고 난세에는 벼슬하지 않음. 廢中權(폐중권):「廢」는 폐기. 몸이 쓸모없는 속세를 떠난 사람이 된다. 「權」은 경상(經常)의 반대. 시기에 알맞게 처신하여 세상의 환란으로부터 벗어남. 無可無不可(무가무불가):「可」의 일변

도도 아니고 「不可」의 일변도도 아님. 「可」와 「不可」 사이에 있어 양자 택일을 하지 않음. 고어일 것이다.

【뜻 풀이】 백이의 「不降其志 不辱其身」과 유하혜의 「降志辱身」에 대해서는 ≪맹자(孟子≫ 공손추(公孫丑) 상편(上篇) 및 만장(萬章) 하편(下篇)에 명확히 기술되어 있다. 즉, 백이에 대해서는 「그 임금이 아니면 섬기지 않고, 그 벗이 아니면 사귀지 않으며, 악인의 조정에 서지 않고, 악인과 말하지 않았다.」고 하였으며, 유하혜에 대하여는 「오군(汚君)을 부끄러이 여기지 않고, 소관(小官)을 비천하게 여기지 않으며, 자진해서 현(賢)을 숨기지 않고, 반드시 그 도로써 한다. 유일(遺佚)이 되어도 원망치 않고, 액궁(阨窮)해도 근심하지 않는다.」라고 하였다. 유하혜가 세 번 사사(士師)가 되고 세 번 면직당한 것은 본편 2에 보인다.

군주가 범용하여 가치 판단을 그르칠 때, 정치가 흐려져서 도가 행해지지 않을 때 사람은 어떻게 처신해야 하는가?

가장 심한 거부 반응을 보인 것은 백이와 숙제이다. 그는 주 왕조(周王朝)의 곡식을 먹지 않고 수양산에서 굶어 죽었다. 그것은 극단적 행위이며 비판을 초월한다. 공자는 잇따른 유하혜나 우중의 경우처럼 「謂」라 하여 논평하는 것을 이 두 사람에게는 하지 않는다. 그리고 말끝에 「與」라고 질문하는 형태로 감탄사를 두고 있다.

공자는 백이와 숙제를 존중하지만 비판 권외(圈外)에서 특별 취급을 하고 있다. 아사(餓死)라는 것이 공자에게는 생각 속에 없는 일이었다. 그의 비판 대상이 될 수 있는 것은 유하혜와 우중의 생활방식이었다.

유하혜는 군주로부터 정당한 평가를 받지 못하여 낮은 관직밖에 주어지지 않았다. 그것도 아주 불안정한 상태였다. 그러나 유하혜는 「뜻을 낮추고 자신을 욕되게 하면서」 그것을 견딘다. 그리고 주어진 환경을 받아들이고 거기서 가능한 한 도(道)를 말하고 또 행하였다. 유하혜는 이렇게 외곬으로 살았다.

이에 반하는 태도가 있다. 그것은 세상을 버리고 「隱居放言」하는 생활방식이다. 우중은 이 일변도로 살았다. 「其斯而已矣」의 한 구는 여기에도 영향을 준다. 새삼스러이 말할 것도 없으므로 생략되어 있는 것이다.

공자는 이 두 가지 생활방식을 유형화(類型化)하여 밝힌 다음에 자기 자신은 그 어느 쪽과도 다르다고 한다. 「降志辱身」의 오욕은 그 자존심이 떳떳하다고 하지 않았다. 「隱居放言」의 무책임은 그의 의무 의식이 용납하지 않았다.

그는 「無可無不可」라고 하였다. 한 가지를 가(可)라 하고 한 가지를 불가라고는 하지 않는다. 양자택일을 하지 않는다. 섬겨야 할 때에는 섬긴다. 숨어야 할 때에는 숨는다. 그것은 第四 里仁篇 10에서 그가 말한 「군자는 천하의 일에 대해서는 치우치게 소원히 하는 일도 없고 친밀히 하는 일도 없다. 오직 정의만을 가까이 한다.」는 생활방식과 통한다.

9

大師摯適齊. 亞飯干適楚. 三飯繚適蔡. 四飯缺適秦. 鼓方叔入于河. 播鼗武入于漢. 少師陽擊磬襄入于海.
대사지적제 아반간적초 삼반료적채 사반결적진 고방숙입우하 파도무입우한 소사양격경양입우해

대사 지(摯)는 제나라로 가고, 아반의 간(亞飯干)은 초나라로 가고, 삼반(三飯)의 요(繚)는 채나라로 가고, 사반(四飯)의 결(缺)은 진(秦)나라로 가고, 고수(鼓手) 방숙은 하내(河內)로 들어가고, 소고(小鼓)의 무(武)는 한중(漢中)으로 들어가고, 소사(少師) 양(陽)과 경쇠를 치는 양(襄)은 해변으로 들어갔다.

【글자 뜻】 摯:잡을 지. 繚:감길 료. 蔡:나라 이름 채. 缺:이지러질 결. 鼓:북 고. 播:뿌릴 파. 鼗:소고 도. 擊:칠 격. 磬:경쇠 경.

【말의 뜻】 大師摯(대사지):「大師」는 궁정의 악사장. 「摯」는 그 사람의 이름. 適齊(적제):제(齊)나라로 망명함. 「適」은 감(往). 亞飯干(아반간): 「亞」는 버금(次). 「亞飯」은 점심 식사. ≪백호통(白虎通)≫ 예악편(禮樂篇)에 천자는 아침 · 점심 · 저녁의 세 끼 외에 점심과 저녁식사 사이의 포식(餔食)을 합하여 하루 네 끼를 취하였으며 그때마다 음악을 연주한 것이 기록되어 있다. 「亞飯干」은 두 번째 식사, 즉 점심 때의 주악관. 三飯繚(삼반료):「三飯」은 포식 때의 주악관(奏樂官). 「繚」는 이름. 師飯缺(사반결):저녁 식사 때의 주악관. 「缺」은 그의 이름. 鼓方叔入于河(고방숙입우하):「鼓」는 북을 침. 「方叔」은 고수(鼓手)의 이름. 「河」는 하내(河內). 播鼗武入于漢(파도무입우한):「播」는 요(搖). 흔듦. 「鼗」는 소고(小鼓). 북보다 작으며 자루를 쥐고 흔듦. 「武」는 악사의 이름. 「漢」은 한중(漢中)의 땅. 少師陽(소사양):「少師」는 악사의 차장. 「陽」은 그 이름. 擊磬襄(격경양):「擊」은 침(打). 「磬」은 경쇠를 치는 악사 이름. 入于海(입우해):「海」는 동쪽의 해변 지대.

【뜻 풀이】 나라가 망할 때에는 예악이 문란해진다. 악인(樂人)들이 뿔뿔이 흩어짐은 망국의 조짐이다. 이 장에서 우리가 읽어야 할 것은 이것뿐이다. 이 8명이 공자와 같은 시대 사람인가, 아니면 은(殷)나라 말기 사람인가? 그것을 밝힐 생각은 없다.

10

周公謂魯公曰 君子不施其親. 不使大臣怨乎不以. 故舊無
주 공 위 노 공 왈 군 자 불 이 기 친 불 사 대 신 원 호 불 이 고 구 무
大故則不棄也. 無求備於一人.
대 고 즉 불 기 야 무 구 비 어 일 인

주공이 아들 노공에게 일렀다.

"군자는 그 친족을 버리지 아니하며, 대신들이 쓰이지 않아 원망하는 일이 없도록 하며, 오랜 벗은 큰 잘못이 없는 한 버리지 말아야 하며, 한 사람에게서 완전함을 구해서는 안 되느니라."

【글자 뜻】 棄:버릴 기. 備:갖출 비.

【말의 뜻】 周公(주공):주공단(周公旦). 공자가 이상적인 성인(聖人)이라고 보는 사람. 第七 述而篇 5, 第八 泰伯篇 11 등 참조. 魯公(노공):주공의 아들 백금(伯禽). 주공을 대신하여 노국에 봉해짐. 不施其親(불이기친):「施」의 고주(古註)는 바꿈(易). 남의 친족을 자기의 친족과 바꿀 수 없음. 친족을 소중히 함을 말한다. 不以(불이):「以」는 용(用). 故舊(고구):오랜 벗. 大故(대고):큰 잘못. 求備(구비):「備」는 다함(盡). 완전.

【뜻 풀이】 第八 泰伯篇 2에 「군자가 근친에게 도타이하면 백성 사이에 인(仁)이 성한다. 오랜 벗을 잊지 않으면 백성은 박정해지지 않는다.」라고 하였다.

또 第十三 子路篇 25에 「소인은…… 사람을 부릴 때에 전능함을 구한다.」라고 하였다.

11

周有八士. 伯達 伯适 仲突 仲忽 叔夜 叔夏 季隨 季騧.
주 유 팔 사　백 달　백 괄　중 돌　중 홀　숙 야　숙 하　계 수　계 과

주나라에 여덟 사람의 인물이 있었다. 백달과 백괄, 중돌과 중홀, 숙야와 숙하, 계수와 계과이다.

【글자 뜻】 适:빠를 괄. 忽:갑자기 홀. 隨:따를 수. 騧:공골말 과.

【뜻 풀이】 주나라에 인재가 많았음을 말한다.

「伯」, 「仲」, 「叔」, 「季」는 형제간의 장유(長幼)를 보인다. 여덟 사람은 각 2인씩 형제이다. 고주(古註)는 「네 쌍의 쌍둥이가 모두 출세했으므로 기록되었다.」라고 하였다.

「達」과 「适」, 「突」과 「忽」, 「夜」와 「夏」는 압운(押韻)하고 있다. 의미상으로도 관련이 있다. 「隨」와 「騧」도 당연히 압운되어 있을 것이다. 「隨」를 「馱(타)」 음으로 읽는다는 설을 정씨(程氏)의 ≪논어집해(論語集解)≫는 싣고 있다. 지금은 이 자를 「隋」로 읽는다. 그 음은 馱(타)와 통하고 의미도 「騧」와 관련이 있다.

이 한 장 이십 자는 앞 장 10의 주공의 기사에 끌리어 ≪논어≫를 전하는 사람이 써 넣은 메모일 것이다. 이것도 역시 편말 현상(篇末現象)의 하나이다.

제19
자장편
(子張篇)

「제사는 눈앞에 계신 것처럼 한다. 조상 제사는 조상이 임재하신 것처럼 한다.(祭如在 祭神如神在)」라고 고어를 인용하였다. ≪예기(禮記)≫ 제통편(祭統篇)에 「현자의 제사는 그 성신(誠信)과 충경(忠敬)을 바친다. ……제사는 부모를 추모하며 효를 계속하는 것이다.」라고 하였고, 또 「임금이 제례에 공경하는 마음이 없으면 어찌 백성이 부모로서 우러르랴.」라고 하였다.

第三 八佾篇 26에 「예를 행함에 공경스럽지 않고, 상사에 가서 슬퍼하지 않는다면 무엇으로써 그 사람을 살피겠느냐?」라고 하였고, 本篇 14에 「자유(子游)가 말하였다. '상사에는 슬픔을 다하는 것밖에 아무것도 없다.'」고 하였다.

1

子張曰 士見危致命. 見得思義. 祭思敬. 喪思哀. 其可已矣.
자 장 왈 사 견 위 치 명 견 득 사 의 제 사 경 상 사 애 기 가 이 의

자장이 말하였다.

"선비는 (나라의) 위태함을 보면 목숨을 내놓고, 이득을 보면 정의를 생각하며, 조상 제사에는 공경을 생각하고, 상사(喪事)에는 슬픔을 생각한다. 이것을 할 수 있어야 제구실을 하는 것이다."

【글자 뜻】 祭:제사 제. 喪:잃을 상 哀:슬플 애.

【말의 뜻】 致命(치명):목숨을 내놓음. 見得(견득):황간(皇侃)은「得」을 '녹(祿)을 얻는 것'이라고 해석한다. 思義(사의):의(義)에 비추어 자성(自省)함. 祭思敬(제사경):「祭」는 조상을 제사지냄.

【뜻 풀이】 第十四 憲問篇 13에「이익을 보면 정당한 것인가를 생각하고, 위험을 보면 목숨을 바치며, ……그래야 성인이라 할 수 있으리라.」고 하였다.「見得思義」는 第十六 季氏篇 10에도 보이는 말이다.

第三 八佾篇 12에「제사는 눈앞에 계신 것처럼 한다. 조상 제사는 조상이 임재하신 것처럼 한다.(祭如在 祭神如神在)」라고 고어를 인용하였다. ≪예기(禮記)≫ 제통편(祭統篇)에「현자의 제사는 그 성신(誠信)과 충경(忠敬)을 바친다. ……제사는 부모를 추모하며 효를 계속하는 것이다.」라고 하였고, 또「임금이 제례에 공경하는 마음이 없으면 어찌 백성이 부모로서 우러르랴.」라고 하였다.

第三 八佾篇 26에「예를 행함에 공경스럽지 않고, 상사에 가서 슬퍼하지 않는다면 무엇으로써 그 사람을 살피겠느냐?」라고 하였고, 本篇

14에 「자유(子游)가 말하였다. '상사에는 슬픔을 다하는 것밖에 아무것도 없다.'」고 하였다.

이 子張篇에는 자장 · 자하 · 자유 · 증자 · 자공 등 제자들의 말이 실려 있으며 공자의 말은 보이지 않는다. 틀림없이 덧붙여진 것이리라.

2

子張曰 執德不弘 信道不篤 焉能爲有 焉能爲亡.
자 장 왈 집 덕 불 홍 신 도 부 독 언 능 위 유 언 능 위 무

자장이 말하였다.

"덕을 지니고 있어도 크지 못하고 도를 믿고 있어도 도탑지 못하다면, 어찌 지니고 있다 할 수 있으며 어찌 없다고 할 수 있으랴."

【글자 뜻】執:가질 집. 篤:도타울 독.

【말의 뜻】執德不弘(집덕불홍):「執德」은 덕을 지니고 그것을 역점(力點)으로 하여 행동함. 第七 述而篇 6에 공자께서 「據於德(덕에 바탕을 둠)」이라고 하였다. 「弘」은 큼(大). 第十五 衛靈公篇 29에 공자(孔子)가 「人能弘道(사람이 도를 넓힘)」라고 하였다. 信道不篤(신도부독):第八 泰伯篇 13에 공자가 「篤信好學 守死善道(굳게 도를 믿고 학문을 좋아하며, 목숨이 있는 한 도를 온전히 함)」라고 하였다. 焉能爲有 焉能爲亡(언능위유 언능위무):공주(孔註)는 「경중(輕重)하는 바가 없음을 말함」이라 해설하고, 황소(皇疏)는 「세상에 이 사람이 없어도 곧 없다고 할 수 없고, 세상에 이 사람이 있어도 역시 중하다고 할 수 없다. 그러므로 이것을 경중(輕重)하는 바 없다고 한다.」라고 하였다. 「焉能」이라는 표현법은 第十一 先進篇 12 「未能事人 焉能事鬼」, 第十七 陽貨篇 7 「吾豈匏瓜也

哉 焉能繫而不食」의 예가 있다.

【뜻 풀이】 소도(小道) · 소성(小成)에 만족함을 가치 없다고 훈계한다.

3

子夏之門人問交於子張. 子張曰 子夏云何. 對曰 子夏曰 可者與之 其不可者距之. 子張曰 異乎吾所聞. 君子尊賢而容衆 嘉善而矜不能. 我之大賢與 於人何所不容. 我之不賢與 人將距我 如之何其距人也.
자하지문인문교어자장 자장왈 자하운하 대왈 자하왈 가자여지 기불가자거지 자장왈 이호오소문 군자존현이용중 가선이긍불능 아지대현여 어인하소불용 아지불현여 인장거아 여지하기거인야

자하의 문인이 벗을 사귐에 대하여 자장에게 여쭈어 보았다.

자장이 말하였다.

"자하는 무어라고 말씀하시더냐?"

문인이 대답하였다.

"자하께서는 '좋은 사람과는 교제하고 좋지 않은 사람에게는 응하지 말라.' 고 하셨습니다."

자장이 말하였다.

"내가 들은 것과는 다르구나. 군자는 어진 사람을 존경하지만 일반 사람들도 포용하며, 선한 사람을 칭찬하지만 능치 못한 사람도 동정한다. 내가 뛰어난 현인이라면 어찌 사람들에게 받아들여지지 않으랴. 내가 어질지 못하다면 사람들이 내게 응하지 않을 것인즉 어찌 사람들을 거절할 수 있겠느냐?"

【글자 뜻】 距:떨어질 거. 嘉:칭찬할 가. 矜:불쌍히 여길 긍.

【말의 뜻】 問交(문교):「交」는 교우(交友). 其不可者距之(기불가자거지): 「距」는 거(拒). 응하지 않음. 第一 學而篇 8에 「無友不如己者(자기보다 못한 자를 벗으로 삼지 말라.)」 하였고 第十六 季氏篇 4에 「益者三友 損者三友(유익한 벗이 셋, 해로운 벗이 셋)」이라고 하였다. 尊賢而容衆(존현이용중):第一 學而篇 6에 「널리 누구하고도 서로 사랑하며 특히 인자를 가까이하라.」고 하였다. 嘉善而矜不能(가선이긍불능):「嘉善」은 착한 점을 높이 평가함. 「矜」은 인(憐), 동정함. 第二 爲政篇 20에 「擧善而敎不能則勸」이라고 하였다.

【뜻 풀이】 이 장은 자장의 문인이 기록하고 있으므로 자장이 말한 것에 높은 점수를 주고 있다. 그러나 공자는 자장과 자하의 인물을 보고 각각 다르게 설명하고 있다. 第十一 先進篇 22에서, 동일한 질문을 받고 자로와 염유(冉有)에게 상반되는 대답을 하여 공서화(公西華)를 어리둥절케 한 것도 그 일례이다.

후한(後漢) 시대 채옹(蔡邕)의 「정교론(正交論)」은 사람과의 교제에 대한 공자의 생각을 자세히 기술하고 있다.

「자하의 문인이 교우에 대하여 자장에게 물었다. 그런데 이 두 사람은 각각 공자에게서 들은 바가 있었다. 그러므로 곧 사귐을 가지고 가르쳤다. 상(商, 자하)은 너그러웠다. 그러므로 그에게 가르치기를, 사람을 거절하라고 하였다. 사(師, 자장)는 편협하였다. 그러므로 그에게 가르치기를, 많은 사람을 포용하라고 하였다. 각각 그 소양에 따라 이를 고친 것이다. 중니(仲尼)의 정교(正敎)는 널리 대중을 사랑하고 인(仁)을 가까이하라 하였다. 그러므로 선하지 않으면 기뻐하지 않고, 인(仁)하지 않으면 가까이하지 않는다. 교우(交友)는 방(方)으로써 하고 회우(會友)는 문(文)으로써 한다. 폄(貶)하는 바가 없어야 한다.」

자장과 자하는 서로 성격을 달리한다. 공자는 또 「師也過 商也不及」(第十一 先進篇 16)이라고 평하고 있다. 第四 里仁篇 19에 「遊必有方」이라고 하였고 第十二 顔淵篇 24에 「以文會友」라고 하였다. 단, 후자는 증자의 말이다. 채옹에게 있어서는 둘 다 ≪논어≫의 말이며 양자는 구별되어 있지 않다.

4

子夏曰 雖小道必有可觀者焉. 致遠恐泥. 是以君子不爲也.
자 하 왈 수 소 도 필 유 가 관 자 언 치 원 공 니 시 이 군 자 불 위 야

자하가 말하였다.

"소도(小道)에도 반드시 볼 만한 것이 있다. 그런데 발이 빠지지 않아 멀리 가지 못하게 될 우려가 있다. 그러므로 군자는 그것을 배우지 않는다."

【글자 뜻】 恐:염려할 공. 泥:막힐 니.

【말의 뜻】 小道(소도):제자백가(諸子百家) 따위의 잡서(雜書)와 잡설(雜說). 대도(大道)처럼은 세상에 통하지 않는다. 보편타당성이 없으므로 「小」라고 한다. 致遠(치원):천하 국가의 원대한 정치를 수행함을 말함. 「遠之事君(멀리는 임금을 섬김)」(第十七 陽貨篇 9)의 「遠」과 같은 방향의 의미가 있음. 恐泥(공니):「泥」는 막히어 통하지 않음. 君子不爲(군자불위):「爲」는 배움(學).

【뜻 풀이】 第二 爲政篇 16에 「攻乎異端 斯害也已矣(이단적인 주장을 공격하는 것은 해로울 따름이다.)」라고 하였다.

5

子夏曰 日知其所亡 月無忘其所能. 可謂好學也已矣.
자 하 왈 일 지 기 소 무 월 무 망 기 소 능 가 위 호 학 야 이 의

자하가 말하였다.

"나날이 모르는 바를 알고, 다달이 알고 있는 바를 잊지 않도록 한다면 학문을 좋아한다고 할 수 있다."

【글자 뜻】 夏:여름 하. 忘:잊을 망.

【말의 뜻】 日知其所亡(일지기소무):「日」은 날마다. 「亡」는 없음(無).

【뜻 풀이】 '학문을 좋아하는 것' 은 공문의 가장 중요한 일이었다. 이미 「可謂好學也已矣」(第一 學而篇 14), 「敏而好學」(第五 公冶長篇 15), 「不如丘之好學」(第五 公冶長篇 28), 「有顔回者 好學」(第六 雍也篇 3, 第十一 先進篇 7), 「篤信好學」(第八 泰伯篇 13) 등의 말이 보일 뿐만 아니라, 第十七 陽貨篇 8에서는 인(仁) · 지(知) · 신(信) · 직(直) · 용(勇) · 강(剛)의 여섯 가지의 덕도 학문을 좋아하지 않으면 도리어 폐해를 가져온다고 자상히 설명하였다.

6

子夏曰 博學而篤志 切問而近思. 仁在其中矣.
자 하 왈 박 학 이 독 지 절 문 이 근 사 인 재 기 중 의

자하가 말하였다.

"널리 배우되 뜻을 도타이하고, 절실히 묻되 내 몸에 견주어 생각한다. 그러는 가운데 인(仁)은 저절로 생긴다."

【글자 뜻】 志:뜻 지. 近:가까울 근.

【말의 뜻】 篤志(독지):「篤」은 도타움(厚). 「志」는 앎(識). 仁在其中矣(인재기중의):第二 爲政篇 18 및 第十五 衛靈公篇 32에 「祿在其中矣」라고 하였다.

7

> 子夏曰 百工居肆以成其事 君子學以致其道.
> 자 하 왈 백 공 거 사 이 성 기 사 군 자 학 이 치 기 도

자하가 말하였다.

"장인(匠人)들은 작업장에 있어야 그 일을 이루어 내며, 군자는 학문을 해야 그 도를 다할 수 있다."

【글자 뜻】 肆:작업장 사. 致:이를 치.

【말의 뜻】 百工居肆以成其事(백공거사이성기사):고어일 것이다. 이 말을 인용하여 말하고자 하는 주지(主旨)를 문장으로 만든다. 「百工」은 여러 가지 장인(匠人). 「肆」는 점포. 여기서는 작업장. 君子學以致其道(군자학이치기도):「學」은 고전을 배우는 것. 「道」는 선왕의 도. 백공(百工)이 저마다 자기 작업장을 떠나서는 일을 할 수 없듯이 군자가 고전을 안 배우고는 선왕의 도를 궁구(窮究)할 수 없다. 고전을 배우지 않은 자는 물을 떠난 물고기일 따름이다.

8

子夏曰 小人之過也 必文.
자 하 왈 소 인 지 과 야 필 문

자하가 말하였다.

"소인은 잘못을 저지르면 반드시 꾸며댄다."

【글자 뜻】過:허물 과. 必:반드시 필.

【말의 뜻】必文(필문):「文」은 겉으로 그럴듯하게 꾸밈(飾).

【뜻 풀이】「過則勿憚改(잘못을 하였으면 꺼리지 말고 고쳐라.)」(第一 學而篇 8), 「過而不改 是謂過矣」(第十五 衛靈公篇 30), 그리고 본편 21의 「君子之過也 如日月之蝕焉(군자의 잘못은 일식이나 월식과 같은 것이다.)」 등 군자도 역시 불완전한 존재로서 잘못을 저지름을 인정하고 나서 노력에 의한 대처를 말하고 있다.

9

子夏曰 君子有三變. 望之儼然. 卽之也溫. 聽其言也厲.
자 하 왈 군 자 유 삼 변 망 지 엄 연 즉 지 야 온 청 기 언 야 려

자하가 말하였다.

"군자는 세 가지로 변화한다. 멀리서 바라보면 의젓하며, 가까이 다가가면 온화하며, 그 말을 들으면 엄정하다."

【글자 뜻】變:변할 변. 儼:의젓할 엄. 厲:사나울 려.

【말의 뜻】儼然(엄연):엄숙한 모양. 卽之(즉지):「卽」은 가까움(近).

【뜻 풀이】 사람이 군자를 찾아가서 이야기를 들을 때, 가까이 다가감에 따라 군자에게서 받는 인상이 바뀜을 말하고 있다.

第七 述而篇 37에 「子溫而厲 威而不猛 恭而安」이라고 하였다.

10

子夏曰 君子信而後勞其民. 未信則以爲厲己也. 信而後諫.
자 하 왈 군 자 신 이 후 로 기 민 미 신 즉 이 위 여 기 야 신 이 후 간
未信則以爲謗己也.
미 신 즉 이 위 방 기 야

자하가 말하였다.

"군자는 신망을 얻은 뒤에야 비로소 백성을 부린다. 신망 받고 있지 않으면서 부리면 백성들은 자기들을 괴롭힌다고 생각한다. (군자는) 신망을 얻은 뒤에야 비로소 임금께 간한다. 신망 받고 있지 않으면서 간하면 임금은 자기를 비방한다고 생각한다."

【글자 뜻】諫:간할 간. 謗:헐뜯을 방.

【말의 뜻】信而後勞其民(신이후로기민):「信」은 신망을 받음. 「勞」는 노역을 시킴. 厲己(여기):「厲」는 질병(病), 괴롭힘, 고생시킴.

【뜻 풀이】 군자에게는 두 가지 역할이 있다. 국가를 위하여 백성에게 노역을 요구하는 것과 임금을 섬겨 정치를 돕는 일이다. 어느 쪽도 「信」이

기본이 되어야만 비로소 그 기능을 다할 수 있다. 신뢰 관계의 중요성을 말하는 동시에 그 관계가 확립되어 있지 않았을 때에는 경솔히 행동하지 말라고 경계한다.

「信而後諫」— 이 뒤에 「其君」 두 자가 붙어야 할 것이다.

11

子夏曰 大德不踰閑. 小德出入可也.
자 하 왈 대 덕 불 유 한 소 덕 출 입 가 야

자하가 말하였다.

"큰 덕은 규범에서 벗어나서는 안 된다. 그러나 작은 덕은 다소의 굴곡이 있어도 용납된다."

【글자 뜻】 踰:넘을 유. 閑:법 한.

【말의 뜻】 大德(대덕):천하 국가의 정치나 인(仁)에 관계된 행위. 閑(한):법, 규범. 小德(소덕):일상의 예의.

【뜻 풀이】 ≪안자춘추(晏子春秋)≫ 잡편(雜篇) 상(上)에서 「안자가 공자에게 "나는 이런 말을 들었소. 큰 것은 규범을 벗어나면 안 되지만 작은 것은 굴곡이 있어도 된다." 하였다.」 고어를 안자(晏子)도 말하고 자하도 말한 것이다. 「大德 · 小德」과 「大者 · 小者(큰 것과 작은 것)」는 전승하는 과정에서의 변형이다.

「小德」에 굴곡을 허용하는 것은 사람에게 완전을 요구하지 않는 것이다.

12

子游曰 子夏之門人小子 當洒掃應對進退則可矣. 抑末也.
자유왈 자하지문인소자 당쇄소응대진퇴즉가의 억말야
本之則無 如之何. 子夏聞之曰 噫 言游過矣. 君子之道 孰
본지즉무 여지하 자하문지왈 희 언유과의 군자지도 숙
先傳焉 孰後倦焉. 譬諸草木區以別矣. 君子之道焉可誣也.
선전언 숙후권언 비저초목구이별의 군자지도언가무야
有始有卒者 其唯聖人乎.
유시유졸자 기유성인호

자유가 말하였다.

"자하의 문인 제자들은 청소, 응대, 행동거지에 있어서는 제법이다. 그러나 그것은 말단적인 일이다. 근본을 찾는 일은 아무것도 하고 있지 않으니 어찌 된 일일까?"

자하가 이 말을 듣고 말하였다.

"아아. 자유의 말은 잘못 되었도다. 군자의 도를 남보다 먼저 습득하는 자도 있거니와 남보다 뒤늦게 힘쓰는 자도 있다. 초목에 비유한다면 종류에 따라 심는 곳을 달리하는 것과 같다. 군자의 도를 어찌 일률적으로 강요하겠는가. 처음과 끝을 모두 겸비하는 것은 그야말로 성인(聖人)뿐일 것이다."

【글자 뜻】 洒:물 뿌릴 쇄. 掃:쓸 소. 抑:또한 억. 噫:탄식할 희. 譬:비유할 비. 誣:강제할 무.

【말의 뜻】 子夏之門人小子(자하지문인소자):본편 3에서 「子夏之門人問交於子張」이라고 하였다. 여기에서 「小子」라고 중언(重言)한 것은 문인들에 대한 애정을 표현한 것이 아닐까? 공자가 제자를 '小子'라고 부를 때(第五 公冶長篇 22, 第十一 先進篇 17, 第十七 陽貨篇 9), 증자가 제

자를 부를 때(第八 泰伯篇 3), 자공이 공자에 대하여 자기들을 말할 때(第十七 陽貨篇 19) 모두 동지적인 친애의 정을 담고 있다. 洒掃(쇄소): 물 뿌리고 청소함. 噫(희): '몰라주는구나.' 하고 한탄하는 소리. 言游過矣(언유과의):「言」은 자유(子游)의 성. 「過矣」는 자유의 설을 전면적으로 잘못이라고 할 만큼 강한 말은 아니다. 孰先傳焉 孰後倦焉(숙선전언 숙후권언):「孰」은 누구(誰). 「後倦」은 '後凋(후조)' 와 같은 표현법으로, 남보다 늦게 권태하다는 말은 누구보다도 지치지 않고 힘씀을 말한다. 두 구는 제자들의 재능이 제각기 달라 아직 잘 모름을 자하가 고백하는 것이리라. 단, 이 두 구는 원래 난해하여 구구한 설이 있다. 나는 일단 위와 같이 해석한다. 草木區以別(초목구이별):초목은 종류가 여러 가지이며 그 종류에 따라 심을 곳을 구별함. 焉可誣也(언가무야):「誣」는 군자의 실체를 지니지 않은 자 및 품성과 능력에 차이가 있는 자에게 몰밀어 억지로 군자임을 강요함. 이 글자는 ≪논어≫에서 여기에 한 번 사용되고 있을 뿐이다. 有始有卒者(유시유졸자):「始」, 「卒」은 자유(子游)의 말인 「末」, 「本」을 받아서 바꿔 말하고 있다.

13

子夏曰 仕而優則學 學而優則仕.
자 하 왈 사 이 우 즉 학 학 이 우 즉 사

자하가 말하였다.

"벼슬을 하면서도 여유가 있으면 학문을 하고, 학문을 하면서도 여유가 있으면 벼슬을 한다."

【글자 뜻】 優:넉넉할 우. 則:곧 즉.

【말의 뜻】 仕而優(사이우):「仕」는 벼슬함. 일함. 「優」는 여유. 힘이 넉넉함.

【뜻 풀이】 군자는 천하의 정치를 지향한다. 당연히 「仕」를 그 본령으로 한다. 그 지도이념을 고전에서 배우는 것이 「學」이다. 「仕」로써 「學」이 이루어지고 「學」으로써 「仕」가 열린다.

「仕而優」, 「學而優」 — '만에 하나라도 여유가 있으면' 하고 얻기 어려움을 조건 지우는 것은 아닐 것이다. 「仕」와 「學」에는 본래 「優」가 각각 갖추어져 있는 것으로 벼슬을 하되 배우지 않고, 학문을 하되 벼슬을 하지 않는 것은 게으른 자일 따름이다. 「行有餘力 則以學文」(第一 學而篇 6)도 역시 그것일 것이다. 공자의 가르침은 사람에게 만일을 요구하지 않는다.

14

子游曰 喪致乎哀而止.
자 유 왈 상 치 호 애 이 지

자유가 말하였다.
"상사에는 슬픔을 다하는 것밖에 없다."

【글자 뜻】 遊:놀 유. 止:그칠 지.

【말의 뜻】 致乎哀而止(치호애이지):「致」는 달성함. 다함. 「止」는 그침. ~뿐임.

【뜻 풀이】 「喪」은 상례를 말한다. 죽음을 조문하는 것은 사람만이 하는 일이다. 사람의 죽음에 임하여 저절로 우러나는 비애의 정을 그대로 다한

다. 그것이 상례이다. 그 이외의 형식적인 작위(作爲)는 「喪」 그 자체가 아니다. 본편 1에 「상사에는 슬픔을 생각한다.」라고 하였다.

15

子游曰 吾友張也 爲難能也. 然而未仁.
자 유 왈 오 우 장 야 위 난 능 야 연 이 미 인

자유가 말하였다.

"자장과 사귐에 있어 그가 어려운 일을 해내면 나도 할 수 있다. 그렇지만 인(仁)에서는 아직 그에 미치지 못한다."

【글자 뜻】 難:어려울 난. 能:능할 능.

【말의 뜻】 吾友張也(오우장야):「友」는 동사임. 「張」은 자장(子張). 爲難能(위난능):하기 어려운 일을 해냄.

【뜻 풀이】 제1구를 '내 벗 자장은' 이라고 해석하고, 잇따른 두 구는 자장을 비평한 말로서 '어려운 일을 해낸다. 그러나 아직 어질지는 못하다.' 고 해석하는 것이 고주(古註)를 비롯하여 일반적으로 행해지고 있는 해석이다. 그러나 나는 다음 장과 함께 그 통석(通釋)에 따르지 않았다. 다음 장의 해설 참조.

「難能」 — 자장이 잘하는 것, 그러나 사람들이 하기 어려운 일이다. 그것이 무엇인지 여기서는 기술되어 있지 않다. 본편 18에 「是難能也」 라는 말이 있다. 거기서는 아버지가 죽은 뒤에 그의 가신(家臣)과 정치를 바꾸지 않은 효(孝)에 대해 말하고 있다. 고도의 내용을 가진다.

16

曾子曰 堂堂乎張也 難與竝爲仁矣.
증 자 왈 당 당 호 장 야 난 여 병 위 인 의

증자가 말하였다.

"당당하도다, 자장이여! 인을 행하여 어깨를 나란히 하기가 어렵구나!"

【글자 뜻】 堂:당당할 당. 竝:나란히 병.

【말의 뜻】 與竝爲仁(여병위인):「與竝」은 더불어 함께함. 어깨를 겨룸.

【뜻 풀이】 정현(鄭玄)의 주(註)는「자장은 풍채가 당당하나 인도(仁道)가 박함을 말한다.」고 하였다.「풍채는 늠름하지만 인(仁)의 실천을 함께하기는 곤란하다.」고 자장을 헐뜯는다.

그러나「堂堂乎張也」라는 말은 자장을 찬탄하는 말로 받아들이는 것이 자연스러울 것이다. 그렇다면「難與竝爲仁矣」는 그 찬탄을 설명하는 말이 아닐까? 인(仁)을 행위로 나타냄에 있어서 어깨를 나란히 하기는 어렵다. 그것이 자장의「堂堂」한 연유가 아닐까?「堂堂」은 인의 실천에 대해 말하는 것이다.

이 말투는 본편 18에서 증자가 맹장자(孟莊子)의 효를 들어 자기가 능히 하기 어려운 바이라고 칭찬하는 것과 같다.

자장의 인(仁)은 남들보다 낫다. 그러므로 어깨를 나란히 하기가 어려운 것이라는 식으로 해석하는 것은 황간(皇侃)의 소(疏)가 인용한 진(晋) 강희(江熙)의 설에 이미 보이고 있다.

여기에서 앞의 15장이 새삼스러이 문제가 된다. 그것도 이 16장과 마찬가지로 자장의 인(仁)을 기리고 있는 게 아닌가? 자장의 말을 편(篇)

머리에 둔 이 子張篇에 자장을 비방하는 말이 있음은 합당치 않다. 그래서 나는 앞의 15장을 '내가 자장과 사귐에 있어, 그가 어려운 일을 해내면 나도 한다. 그렇지만 인에 있어서는 그에 미치지 못한다.' 로 해석한다.

자장의 타인의 추종을 불허하는 행동을 자유(子游)도 행할 수 있다. 그러나 인(仁)에 있어서는 자장에게 미치지 못한다. 16장과 주지(主旨)도 표현도 같은 것이 된다. 두 문장이 여기에 나란히 있는 것도 이해할 수 있다.

이 두 장(章)의 해석이 갈리는 것은 자장에 대한 평가가 두 면을 갖기 때문이다. 공자가 「나는 용모로써 사람을 취하려고 한다. 그러나 사(師, 자장의 이름)에 대해서는 이를 고친다.」고 말하였다고 ≪대대예기(大戴禮記)≫ 오제덕편(五帝德篇)에 기록되어 있다. 이것은 第十一 先進篇 18의 「師也辟(사는 겉을 꾸민다.)」와 연관이 있다. 그리고 정현(鄭玄) 등의 설이 의미하는 바이다.

그러나 같은 ≪대대예기≫ 위장군(衛將軍) 문자편(文字篇)에는 「공을 뽐내지 않고, 고귀한 지위를 좋다고 하지 않으며, 깔볼 만한 것을 깔보지 않고, 벌할 만한 것을 벌하지 않으며, 의지할 곳 없는 자에게 교만하지 않다. 이것이 전손(顓孫, 자장의 성)의 행실이다. 공자가 이를 평하여 말하기를 '뽐내지 않으니 더욱 잘할 수 있을 것이다. 그 백성을 해치지 않는 자는 곧 인(仁)이다.' 라고 하였다. ≪시(詩)≫에 이르기를 '개체군자(愷悌君子)는 백성의 부모' 라고 하였다. 공자는 그의 인을 일러 크다고 한다.」라고 하였다. 이것은 자장의 인을 기리는 말이다. 그리고 강희(江熙) 등의 해석을 뒷받침한다.

≪논어≫ 자장편에 편집되어 있는 이 제15, 16장에 대하여 자장을 비난하는 문장으로 볼 것이냐, 아니면 자장의 문인 후학(後學)이 스승을 찬미하는 문장으로 볼 것이냐는 후자에 따름이 옳을 것이다.

17

曾子曰 吾聞諸夫子 人未有自致也者. 必也親喪乎.
증자왈 오문저부자 인미유자치야자 필야친상호

증자가 말하였다.

"나는 선생님으로부터 들었거니와 사람이 자신의 모든 것을 다할 수는 없는 것이다. 구태여 말하자면 부모상의 경우일 것이다."

【글자 뜻】 聞:들을 문. 親:어버이 친.

【말의 뜻】 自致(자치):밖으로부터의 유도(誘導)나 규제 없이 자신의 감정, 의지, 능력의 전부를 극한에까지 미치게 함.

【뜻 풀이】「必也親喪乎」— 第三 八佾篇 7에「군자는 다툴 일이 없다. 굳이 말한다면 활쏘기 정도일까?(君子無所爭 必也射乎)」라고 하였고, 第六 雍也篇 30에「어찌 인(仁)에 그치겠느냐? 그야말로 성(聖)일 것이다.(何事於仁 必也聖乎)」라고 하였다.「必也」는 '좀처럼 있는 일은 아니나 구태여 구한다면 바로 이것이 그에 해당할 것이다.' 라는 뜻이다.

18

曾子曰 吾聞諸夫子 孟莊子之孝也 其他可能也. 其不改父之臣與父之政 是難能也.
증자왈 오문저부자 맹장자지효야 기타가능야 기불개부지신여부지정 시난능야 증자가 말하였다.

“나는 선생님으로부터 들었거니와 맹장자의 효행으로 말하자면 다른 것은 나도 할 수 있지만 부친의 가신(家臣)과 부친의 정치를 바꾸지 않은 일만은 할 수 있을 것 같지가 않다.”

【글자 뜻】 他:다를 타. 臣:신하 신.

【말의 뜻】 孟莊子(맹장자):노(魯)나라의 대부 중손속(仲孫速). 그의 아버지 맹헌자(孟獻子)는 현인으로 일컬어졌다. 맹헌자는 양공(襄公) 19년 8월에, 맹장자는 同 23년 8월에 죽었다. 모두가 ≪춘추(春秋)≫의 경에 기록되어 있다. 국가의 대사로 보고 있는 것이다.

【뜻 풀이】 第一 學而篇 11에 「3년 동안 선친의 방식을 바꾸지 않으면 그것은 효행이라고 말할 수 있다.」고 하였다. 이 말은 第四 里仁篇 20에도 보인다.

≪춘추좌씨전(春秋左氏傳)≫ 양공(襄公) 10년에, 맹헌자(孟獻子)가 용사 진근보(秦堇父)를 발탁하여 전차(戰車) 오른쪽에 태운 일이 보이고, ≪국어(國語)≫ 진어(晋語)에 조간자(趙簡子)가 「노의 맹헌자에게는 투신(鬪臣)이 다섯 명이나 있는데 내게는 한 명도 없으니 어찌할꼬.」 하면서 탄식한 일이 보인다. 맹헌자의 정치에 대해서는 양공 11년에 삼환(三桓)이 삼군(三軍)을 만들어 각각 그 일군(一軍)을 장악했을 때 맹씨(孟氏)는 백성에 대한 부담을 제일 가볍게 했다는 사실을 ≪춘추좌씨전≫이 기록하고 있다.

그 아비에 그 아들이라고 할 수 있겠다. 증자의 찬미는 부자(父子)의 아름다운 관계에 바쳐지고 있는 것이리라.

19

孟氏使陽膚爲士師. 問於曾子. 曾子曰 上失其道 民散久矣.
맹 씨 사 양 부 위 사 사 문 어 증 자 증 자 왈 상 실 기 도 민 산 구 의
如得其情 則哀矜而勿喜.
여 득 기 정 즉 애 긍 이 물 희

맹손씨가 양부를 사사로 삼았다. 양부가 증자에게 물어보았다. 증자가 말하였다.

"위에 선 자가 정치의 도를 잃고 백성이 방종해진 지 오래이니, 범죄의 실정을 확인하면 불쌍히 여겨야지 처분이 끝난 것을 기뻐해서는 안 된다."

【글자 뜻】 膚:살갗 부. 散:흩을 산. 喜:기쁠 희.

【말의 뜻】 孟氏(맹씨):맹손씨(孟孫氏). 노나라의 대부. 삼환(三桓)의 하나. 陽膚(양부):증자의 제자. 士師(사사):소송을 처리하는 관직. 유하혜(柳下惠)가 이 관직에 있었던 일이 第十八 微子篇 2에 보이고 있다. 民散(민산):민심이 위정자로부터 흩어져 버림. 혹은 백성에게 긴장감이 없어짐. 죄를 범하고 법에 저촉되기 쉬운 환경이다. 得其情(득기정):범죄의 실정을 파악함. 哀矜(애긍):범죄자에 대해 슬퍼하고 가엾이 여김. ≪상서(尙書)≫ 여형편(呂刑篇)에 「황제가 서륙(庶戮)의 무고(無辜)함을 애긍하시다.(皇帝哀矜庶戮之不辜)」라는 말이 있다.

20

子貢曰 紂之不善 不如是之甚也. 是以君子惡居下流. 天下之惡皆歸焉.
자공왈 주지불선 불여시지심야 시이군자오거하류 천하지악개귀언

자공이 말하였다.

"주왕(紂王)이 저지른 악행도 입에 오르는 만큼 심한 것은 아니었다. 이래서 군자는 하류에 처하기를 꺼리는 것이다. 천하의 악이 모두 그에게로 돌려지기 때문이다."

【글자 뜻】 紂:주임금 주. 甚:심할 심. 歸:돌아갈 귀.

【말의 뜻】 紂(주):은 왕조(殷王朝)는 이 왕 때에 멸망한다. 전설적인 악행이 많이 전해지고 있다. 惡居下流(오거하류):「惡」는 꺼림, 싫어함. 「下流」는 물 아래. 쓰레기가 모여드는 곳. 天下之惡(천하지악):온 천하의 악업(惡業). 혹은 악인.

【뜻 풀이】 주(紂)는 주지육림(酒池肉林)을 이루어 음락(淫樂)에 빠지고, 달기(妲己)를 익애하여 정치를 돌보지 않았으며, 포락(炮烙)의 모진 형벌을 마련하여 백성을 억압하는 등 픽션적인 소재가 많다. 그러므로「天下之惡」을 '악업'으로 해석하는 것은 곧잘 우리의 흥미를 끈다. 그러나 정치의 성패는 보좌하는 사람의 선악에 달려 있다는 생각은 고래로 뿌리 깊이 존재하고 있다. 그리고 그것은 불변의 진리이다.

≪상서≫ 무성편(武成篇)에 「지금 상(商)나라 임금 수(受)가 무도하여 천하에 도망한 죄인이 주(主)가 되어 못과 수풀에 모이듯 한다.(今 商王

受 無道逋逃主 萃淵藪)」라고 하였다. 「商王受」는 주(紂). 「逋逃」는 죄인, 도망자. 「主」는 우두머리, 수령. 「淵」과 「藪」는 둘 다 사물이 모여드는 곳. 子張篇이 편집될 때 무성편의 이 말이 이미 있었는지는 알 수 없다. 그러나 ≪논어≫의 「下流」라는 비유는 이 「萃淵藪」와 발상이 관련된다.

황간(皇侃)이 인용한 진(晋)나라 채모(蔡謨)의 설에 「주(紂) 혼자서라면 이토록 되지는 않았을 것이나 천하의 악인들이 모여들었기 때문에 멸망한 것이다.」라고 한 것도 일리가 있다고 하겠다.

21

子貢曰 君子之過也 如日月之蝕焉. 過也 人皆見之. 更也 人皆仰之.
자공왈 군자지과야 여일월지식언 과야 인개견지 경야 인개앙지

자공이 말하였다.

“군자의 과오는 일식이나 월식과 같은 것이다. 과오를 범하면 누구나 다 그것을 본다. 고치면 누구나 다 그것을 우러러본다.”

【글자 뜻】 蝕:좀먹을 식. 更:고칠 경. 仰:우러를 앙.

【말의 뜻】 日月之蝕(일월지식):일식과 월식. 更也(경야):잘못을 고침.

【뜻 풀이】 ≪맹자(孟子)≫ 공촌추(公孫丑) 하편(下篇)에 주공(周公)의 과오에 대하여 「옛날의 군자는 잘못을 행하면 이를 곧 고쳤는데 지금의 군자는 잘못을 저지르고도 그냥 이에 따른다. 옛날의 군자는 과오를 범하

면 일식이나 월식과 같이 백성이 모두 이것을 보고, 고침에 이르러 백성이 모두 이를 우러러보았는데 지금의 군자는 헛되이 그것에 따를 뿐만 아니라 그것에 대해 변명을 한다.」고 하였다. 「日月之蝕」의 비유는 고어일 것이다.

22

衛公孫朝問於子貢曰 仲尼焉學. 子貢曰 文武之道 未墜於地
위 공 손 조 문 어 자 공 왈 중 니 언 학 자 공 왈 문 무 지 도 미 추 어 지
在人 賢者識其大者 不賢者識其小者. 莫不有文武之道焉.
재 인 현 자 지 기 대 자 불 현 자 지 기 소 자 막 불 유 문 무 지 도 언
夫子焉不學. 而亦何常師之有.
부 자 언 불 학 이 역 하 상 사 지 유

위나라 공손조가 자공에게 물었다.

"중니께서는 누구에게 배우셨나요?"

자공이 말하였다.

"문왕과 무왕의 도가 아직 땅에 떨어지지 않고 인간 가운데 전해지고 있으니 현자는 그 큰 것을 기억하고 있으며 불초한 자는 그 작은 것을 기억하고 있습니다. 문왕과 무왕의 도는 어디든지 있는 것이어서 선생님께서는 누구에게든지 배우셨습니다. 어찌 정해진 스승이 있겠습니까."

【글자 뜻】 墜:떨어질 추. 識:기억할 지(알 식). 師:스승 사.

【말의 뜻】 公孫朝(공손조):위나라의 대부. 「公孫」을 성으로 함은 왕실의 일족임을 보인다. 仲尼焉學(중니언학):「焉」은 어디(何). 文武之道(문무지도):주(周)나라 문왕(文王)과 무왕(武王)의 도. 識其大者(지기대자):「識」는 기억함. 앎. 莫不有(막불유):있지 않은 곳이 없음. 어디에나 있음.

常師(상사):일정한 스승.

【뜻 풀이】 자공도 위나라 사람이다.

23

叔孫武叔語大夫於朝日 子貢賢於仲尼. 子服景伯以告子貢.
숙 손 무 숙 어 대 부 어 조 왈 자 공 현 어 중 니 자 복 경 백 이 고 자 공
子貢日 譬諸宮牆 賜之牆也及肩 闚見室家之好. 夫子之牆
자 공 왈 비 저 궁 장 사 지 장 야 급 견 규 견 실 가 지 호 부 자 지 장
也數仞 不得其門而入 不見宗廟之美百官之富. 得其門者惑
야 수 인 부 득 기 문 이 입 불 견 종 묘 지 미 백 관 지 부 득 기 문 자 혹
寡矣. 夫子之云 不亦宜乎.
과 의 부 자 지 운 불 역 의 호

숙손무숙이 조정에서 대부들에게 '자공이 중니보다도 어질다.' 고 말하고 있었다. 경복자백이 그것을 자공에게 알렸다. 자공이 말하였다.

"집의 담장에 비유한다면 내 담장은 겨우 어깨에 닿는 것이어서 집안의 운치를 엿볼 수 있는 정도입니다. 선생님의 담장은 대여섯 길[仞]이나 되어서 문을 찾아 그 안에 들어가지 않고는 종묘(宗廟)의 아름다움과 백관(百官)의 으리으리함도 보이지 않습니다. 그런데 그 문을 찾아내는 사람이 적으니 그분의 말씀도 무리가 아닙니다."

【글자 뜻】 牆:담 장. 賜:줄 사. 肩:어깨 견. 闚:엿볼 규.

【말의 뜻】 叔孫武叔(숙손무숙):노나라 대부. 이름은 주구(州仇). 「武」는 시호 語大夫於朝(어대부어조):「大夫」는 숙손무숙의 동료들. 「朝」는 조정. 子服景伯(자복경백):노나라 대부. 第十四 憲問篇 38에서도 공백료(公伯

寮)가 계손에게 자로를 헐뜯는 것을 듣고 이 자복경백이 공자에게 일러바치고 있다. 宮牆(궁장):집의 담장. 일설에 '宮'의 뜻은 둘러쌈. 夫子(부자):남자의 경칭. 앞의 「夫子」는 공자를, 뒤의 「夫子」는 숙손무숙을 가리킴. 數仞(수인):「仞」은 사람이 두 팔을 벌린 길이. 주척(周尺)의 여덟 자. 「數仞」의 담장은 천자 · 제후의 담장이다. 百官之富(백관지부):많은 관리들이 활기차게 모여 있음.

【뜻 풀이】 이 이하의 세 장, 즉 子張篇의 끝머리 세 장은 자공 앞에서 공자를 낮게 평가하는 사람이 있었음을 기록하고 있다. 이것도 역시 편말(篇末)다운 양상이다.

공자와 자공의 연령에는 꼭 한 세대의 격차가 있다. 자공이 한창 일할 나이의 시절에는 자공의 평가가 공자의 성가(聲價)를 능가한 일도 있었을 것이다.

자공은 열심히 공자를 끌어올린다. 그 말은 매우 문학적이다. 자공의 문인 후학이 기록한 것이리라.

숙손무숙은 사람의 잘못을 말하는 일이 많았다. 그래서 그는 자주 안회(顏回)로부터 「나는 이런 말씀을 선생님께 들었소. 가로되, 사람의 악한 점을 말하는 것은 자기를 아름답게 하는 것이 아니요, 사람의 굽은 것을 말하는 것은 자기를 바르게 하는 것이 아닙니다. 그러므로 군자는 자기의 나쁜 점을 책하고 남의 나쁜 점을 책하지 않는 것입니다.」라고 반성을 촉구당하고 있다.

≪공자가어(孔子家語)≫ 안회편(顏回篇)에 보인다. 또 '그러므로' 다음의 글은 第十二 顏淵篇 21에 보인다.

24

叔孫武叔毁仲尼. 子貢曰 無以爲也. 仲尼不可毁也. 他人之
숙 손 무 숙 훼 중 니 자 공 왈 무 이 위 야 중 니 불 가 훼 야 타 인 지
賢者丘陵也. 猶可踰也. 仲尼日月也. 無得而踰焉. 人雖欲
현 자 구 릉 야 유 가 유 야 중 니 일 월 야 무 득 이 유 언 인 수 욕
自絕 其何傷於日月乎. 多見其不知量也.
자 절 기 하 상 어 일 월 호 다 견 기 부 지 량 야

숙손무숙이 공자를 헐뜯었다.

자공이 말하였다.

"그만두시오. 선생님은 비난받으실 분이 아닙니다. 다른 현자는 언덕이라 밟고 넘어갈 수 있으나 선생님은 해나 달과 같아서 밟고 넘어갈 수 없습니다. 이쪽에서 먼저 인연을 끊어 버리려 한들 해나 달에게 무슨 쓰라림이 있겠습니까? 다만 분수 모름을 나타낼 뿐입니다."

【글자 뜻】 毁:헐뜯을 훼. 絕:끊을 절. 量:분수 량.

【말의 뜻】 毁仲尼(훼중니):그들 앞에서 공자를 헐뜯음. 無以爲也(무이위야):소용없는 짓. 금지하는 말. ≪경전석사(經典釋詞)≫는 여기서도 「爲」를 조자(助字)라고 본다. 지금은 황간(皇侃)의 해석에 따른다. 自絕(자절):자기 쪽에서 인연을 끊음. 버림. 多見其不知量也(다견기부지량야):「多」는 다만[祇]. 하안(何晏)은 「適自見其不知量也」라고 주(註)하였다. 「多」의 이런 용례는 ≪춘추좌씨전≫에서 가끔 눈에 띈다. 「量」은 분량, 분수.

25

陳子禽謂子貢曰 子爲恭也. 仲尼豈賢於子乎. 子貢曰 君子
진 자 금 위 자 공 왈 자 위 공 야 중 니 기 현 어 자 호 자 공 왈 군 자
一言以爲知 一言以爲不知 言不可不愼也. 夫子之不可及
일 언 이 위 지 일 언 이 위 부 지 언 불 가 불 신 야 부 자 지 불 가 급
也 猶天之不可階而升也. 夫子得邦家者 所謂立之斯立 道
야 유 천 지 불 가 계 이 승 야 부 자 득 방 가 자 소 위 입 지 사 립 도
之斯行 綏之斯來 動之斯和. 其生也榮 其死也哀 如之何其
지 사 행 수 지 사 래 동 지 사 화 기 생 야 영 기 사 야 애 여 지 하 기
可及也.
가 급 야

진자금이 자공에게 말하였다.

"선생님께서는 겸손하게 낮추고 계십니다. 공자가 어찌 선생님보다 더 현명하겠습니까?"

자공이 말하였다.

"군자는 말 한마디로 지자(智者)가 되고 한마디로 우자(愚者)가 되니 말에 신중해야만 한다. 선생님한테 미칠 수 없는 분이심은 사닥다리를 놓아도 하늘에 오를 수 없는 것과 같은 것이다. 선생님께서 만일 나라를 다스리신다면 백성을 세우면 서고, 이끌면 따라오며, 편안케 하면 모여들고, 일을 시키면 순종하리라. 살아 있을 때에는 영예로 여기고, 죽었을 때에는 애도할 것인즉 내 어찌 그분께 미칠 수 있겠느냐?"

【글자 뜻】 禽:새 금. 愼:삼갈 신. 綏:편안할 수.

【말의 뜻】 陳子禽(진자금):第一 學而篇 10에 「子禽問於子貢」, 第十六 季氏篇 13에 「陳亢問於伯魚」라고 하였다. 이 「陳子禽」은 이들 인물과 같은 사람일 것이다. 君子一言以爲知 一言以爲不知(군자일언이위지 일언이

위부지):고어일 것이다. 天之不可階而升也(천지불가계이승야):「階」는 사닥다리(梯). 「升」은 오름(登). 이 구도 고어일 것이다. 得邦家(득방가):「邦」은 제후를, 「家」는 경대부를 말한다. 所謂立之死立(소위입지사립):「所謂」는 잇따르는 「道」, 「綏」, 「動」의 구도 아울러 고어임을 보인다. 第六 雍也篇 30에 「仁者己欲 立而立人(인자는 자기의 입장을 가짐과 동시에 남의 입장을 존중함)」이라고 하였다. 고주(古註)는 「가르침을 세우면 서지 않음이 없다.」라고 하였다. 「斯」는 곧(卽). 道之斯行(도지사행):「道」는 인도함(導). 第二 爲政篇 3에 「덕으로써 이끌고 예로써 단속하면 수치심을 잃지 않고 따라온다.(道之以德 齊之以禮 有恥且格)」라고 하였다. 綏之斯來(수지사래):「綏」는 편안함(安). 먼 곳의 백성을 안무(安撫)하면 당장 백성이 귀복(歸服)해 온다. 動之斯和(동지사화):「動」은 동원. 백성에게 노동을 요구하면 백성은 노고를 잊고 순종한다. 원망하지 않는다. 본편 10에 「군자는 신망을 받고 나서야 비로소 백성을 부린다. 신망 받고 있지 않으면서 부리면 백성들은 자기들을 괴롭힌다고 생각한다.」라고 하였다. 其生也榮 其斯也哀(기생야영 기사야애):이것도 고어이다. 앞의 「所謂」는 구문상 여기까지 걸린다.

제20 요왈편
(堯曰篇)

몇몇 편의 끝부분에 잡록(雜錄)이 덧붙여 있었다. 그 견지에서 말하면 이 第二十 堯曰篇은 전편이 ≪논어≫ 권말의 잡록이라고 할 수 있겠다. 특히 이 제1장은 공자의 말을 기록한 것도 아니고 제자의 말을 기록한 것도 아니며 ≪논어≫의 특징적인 서술 형식에서 동떨어져 있다. 더욱이 문장은 논리성이 결여된 여러 문장들을 뭉뚱그려서 통일이 없다. 해석은 구구해진다.

1

堯曰 咨 爾舜 天之曆數在爾躬 允執其中. 四海困窮 天祿永
요 왈 자 이순 천지역수재이궁 윤집기중 사해곤궁 천록영
終. 舜亦以命禹.
종 순역이명우

曰 予小子履 敢用玄牡 敢昭告于皇皇后帝 有罪不敢赦. 帝臣
왈 여소자리 감용현모 감소고우황황후제 유죄불감사 제신
不蔽. 簡在帝心. 朕躬有罪 無以萬方. 萬方有罪 罪在朕躬.
불폐 간재제심 짐궁유죄 무이만방 만방유죄 죄재짐궁
周有大賚 善人是富. 雖有周親 不如仁人. 百姓有過 在予一
주유대뢰 선인시부 수유주친 불여인인 백성유과 재여일
人.
인

謹權量 審法度 修廢官 四方之政行焉. 興滅國 繼絶世 擧逸
근권량 심법도 수폐관 사방지정행언 흥멸국 계절세 거일
民 天下之民歸心焉. 所重民食喪祭. 寬則得衆 信則民任焉
민 천하지민귀심언 소중민식상제 관즉득중 신즉민임언
敏則有功 公則說.
민즉유공 공즉열

요(堯)가 말하였다.

"아, 너 순(舜)아! 천위(天位)의 서열이 너의 몸에 있으니 마땅히 중정(中正)을 유지하라. 사방 끝까지 덕화가 골고루 미치어 하늘이 주는 녹위(祿位)가 영원히 계속될 것이다."

순도 역시 그 말을 우(禹)에게 하였다.

[탕이] 말하였다.

"저 불초한 이(履)는 여기 검은 황소를 제물로 바치고 위대한 상제께 명백히 아뢰오니 죄 있는 자는 용서할 수 없습니다. 제신(帝臣) 걸(桀)의 죄는 은폐할 수 없사오며 이미 천제의 심중에 선택되어 있습니다. 저의 몸에 죄가 있을 때에는 만민에게 그것을 씌우지 않겠사오며, 만민에게 죄가 있을

때에는 저 자신이 그것을 짊어지겠습니다."

[주의 무왕이] 말하였다.

"우리 주(周) 집안에는 하늘의 큰 은혜가 있어 많은 선인들로부터 축복을 받고 있다. 주(周)의 일족일지라도 어진 이에게는 미치지 못한다. 백성에게 잘못이 있으면 책임은 나 한 사람에게 있는 것이다.

저울과 말(斗)을 엄중히 하고 제도를 잘 살피며, 폐지한 관직을 부활시킨다면 사방의 정치는 골고루 미칠 것이다. 멸망당한 국가를 부흥시키고 자손이 끊긴 집안을 계승시키며, 초야(草野)에 묻힌 인재들을 들어 쓴다면 천하의 백성은 마음을 되돌릴 것이다. 중요한 것은 백성과 양식과 상사(喪事)와 제사이다. 관대하면 사람들이 모여들며, 신의가 있으면 백성이 신임하며, 근면하면 업적을 이루며, 공평하면 백성이 기뻐한다."

【글의 뜻】 咨:탄식할 자. 曆:책력 력. 躬:몸 궁. 履:밟을 리. 敢감히 감. 牡:수컷 모. 赦:용서할 사. 蔽:덮을 폐. 朕:나 짐. 賚:줄 뢰. 審:살필 심. 滅:멸망할 멸. 繼:이을 계. 敏:힘쓸 민.

【말의 뜻】 堯曰(요왈):「堯」는 고대의 이상적인 성천자. 제1단(段)은 요(堯)가 순(舜)에게 천자 자리를 양도할 때에 순에게 한 말이다. 咨爾舜(자이순):「咨」는 감탄하는 소리.「爾」는 너(汝).「舜」은 요(堯)의 양위를 받을 만한 유덕한 성인. 天之曆數在爾躬(천지역수재이궁):「天」은 천자의 자리(天位).「曆數」는 천위(天位)의 순차(順次).「躬」은 몸(身).「천위(天位)의 서열이 네 몸에 임하였다. 그러므로 이제 나는 이하의 말을 너에게 하는 것이다.」 천자의 주의 사항을 말한다. 允執其中(윤집기중):「允」은 미쁨(信).「執」은 잡음(持).「中」은 중정(中正)의 도. 四海困窮(사해곤궁):「四海」는 사방의 만이융적(蠻夷戎狄)의 나라들.「困」은 다함(極).「窮」은 다함(盡). 안에서 중정(中正)의 도를 유지한다면 덕교(德教)가 밖으로 사해(四海)에 골고루 퍼져서 극한에 이르기까지 일체가 교화(教化)

에 복종한다. 天祿永終(천록영종):만일 안으로 중국을 바로잡고 밖으로 사해(四海)에 덕교가 널리 퍼진다면 하늘이 준 지위는 영구히 너의 위에 있을 것이다. 「永終」은 영원한 시간에서 끝남. 즉, 현실의 세계에서는 끝나지 않음을 축복해서 말함. 舜亦以命禹(순역이명우):「禹」는 순(舜)으로부터 천자의 자리를 양도 받아 하 왕조(夏王朝)를 열었음. 이 한 구는 제1장의 제2단을 이룬다. 순도 역시 자기가 요로부터 받은 말을 우에게 하였다. 같은 말이므로 거듭 기록하지 않은 것이다. 曰予小子履(왈여소자리):「予」는 나(我). 「小子」는 겸하하는 자칭(自稱). 「履」는 은(殷) 탕왕(湯王)의 이름. 이 이하가 제3단이다. 이후로는 우(禹)로부터 혈통 조건에 따라 천자의 자리가 계승되어 하 왕조(夏王朝)를 형성하고 있었다. 그의 후예인 걸(桀)에 이르러 무도하자 천하가 신음하였다. 탕(湯)이 일어나서 걸을 쳤다. 선양(禪讓)이 아닌 방벌(放伐)에 의한 혁명이 이에 비롯된다. 「曰予小子履」 이하는 이 혁명을 탕이 하늘에 고하는 말이다. 하늘에 고하는 것이므로 「小子」라고 겸하하고 또 「履」라고 이름을 칭하는 것이다. 敢用玄牡(감용현모):「敢」은 감히 함(果). 「玄」은 검음(黑). 「牡」는 황소. 제사의 희생에는 소를 사용한다. 검은 소를 쓰는 것은 하 왕조가 흑색을 자기 왕조의 색으로 삼고 있었기 때문이다. 이때 탕은 아직 하 왕조의 색깔을 고치지 않고 있었다. 덧붙여 말해 두거니와 은 왕조(殷王朝)의 색깔은 흰색이었다. 敢昭告于皇皇后帝(감소고우황황후제):「昭」는 밝힘(明). 「皇」은 큼(大). 「后」는 임금(君). 「帝」는 천제. 有罪不敢赦(유죄불감사):하늘은 죄 있는 자를 용서하지 않음. 탕(湯)은 하늘의 뜻에 따라 행동하는 것이므로 하늘이 용서하지 않는 자는 탕도 제멋대로 용서하지 않는다. 帝臣不蔽(제신불폐):「帝臣」은 하늘을 섬기는 자. 하 왕조의 걸(桀)을 가리킴. 「不蔽」는 걸의 죄가 두드러져서 은폐할 수가 없음을 말한다. 簡在帝心(간재제심):≪집해(集解)≫의 주(註)는 「이미 택함을 받아 천심(天心)에 있음」이라고 하였다. 「簡」은 가림(選).

황간(皇侃)은 설명을 덧붙이고 있지 않다. 朕躬有罪 無以萬方(짐궁유죄 무이만방):「朕」은 나(我). 「以」는 관여함(與). 「萬方」은 천하. 탕은 「나에게 죄가 있으면 나 자신이 그 벌을 받는다. 천하 만방에 관계가 없다.」고 말한다. 萬方有罪 罪在朕躬(만방유죄 죄재짐궁):만일 만방의 백성에게 죄가 있다면 그것은 나 자신의 책임이다. 아래의 「罪」자는 황간본(皇侃本)에는 없다. 周有大賚 善人是富(주유대뢰 선인시부):「周」는 주가(周家). 「賚」는 줌(賜). 이 이하가 제4단이다. 주나라 무왕이 은 왕조(殷王朝)의 주(紂)를 칠 때 백성에게 맹세한 글이다. 그것은 글 속에 '百姓'을 말하여, 탕의 말이 「天」을 말한 것과 다른 점으로 알 수 있다. 주가(周家)는 하늘의 큰 은혜를 받았다. 그러므로 많은 선인(善人)들이 축복을 받았다. 「무왕은 '나에게는 다스려 줄 사람이 열 명 있다.' 라고 말하였다」(第八 泰伯篇 20)가 그것이다. 일설에는 「국가가 재백(財帛)을 천하의 선인에게 많이 주었으므로 선인이 풍성하였다.」고 한다. 雖有周親 不如仁人(수유주친 불여인인):周家의 친족일지라도 불선(不善)한 짓을 하면 처벌받고 축출당한다. 인자(仁者)가 친족이 아니라도 반드시 작록을 받는 것에 미치지 못한다. 축출당한 「周親」은 주공(周公)의 아우 관숙(管叔)과 채숙(蔡叔) 등. 작록을 받은 「仁人」은 주(紂)의 숙부 기자(箕子)와 서형(庶兄) 미자(微子) 등. 百姓有過 在予一人(백성유과 재여일인):백성에게 잘못이 있으면 모든 책임을 무왕이 혼자 지게 됨을 말한다. 謹權量(근권량):「謹」은 삼감(愼). 「權」은 저울(秤). 「量」은 말과 휘(斗斛). 이 이하는 제5단이다. 여기서 말하는 것은 2제 3왕(二帝三王)의 정치에 공통되어 있는 것이다. 審法度(심법도):「審」은 살핌(詳). 「法度」는 나라를 다스리기 위한 제전(制典). 修廢官(수폐관):「修」는 다스림(治). 「廢官」은 세상이 어지러워 부당하게 폐지되어 있는 관직. 興滅國(흥멸국):전왕조에 비리(非理)로 멸망당한 나라가 있으면 천자가 그 나라를 부흥시킴. 繼絶世(계절세):현인의 자손이 끊겨 제사지내는 자가 없을 경우에 후사(後嗣)를 세워 제사를 계속 지냄. 擧逸民(거일민):백성 중에 재행(才行)이 출중한데도 벼슬을 하고 있지 않은 자가 있으면 조정에 등용함. 天下之民歸心焉(천하지민귀심언):第十三 子路篇 4에 「사방의 백성들은 어린 자식을 등에 업고 찾아온다.」라고 하였다. 所重民食喪祭(소중민식상제):국가는 백성을 근본으로 삼는다. 그러므로 「民」을 존중하여 맨앞에 둔다. 백성은 먹어야 산다. 그러므로 다음에 「食」을 존중한다. 삶이 있으면 반드시 죽는다. 그러므로 다음에 「喪」을 존중한다. 「喪」이 끝나면 사당을 짓고 죽은 이를 제지낸다. 그러므로 다음에 「祭」를 존중한다. 公則說(공즉열):정치가 공평하면 백성이 기뻐한다.

【뜻 풀이】 몇몇 편의 끝부분에 잡록(雜錄)이 덧붙여 있었다. 그 견지에서 말하면 이 第二十 堯曰篇은 전편이 ≪논어≫ 권말의 잡록이라고 할 수 있겠다. 특히 이 제1장은 공자의 말을 기록한 것도 아니고 제자의 말을 기록한 것도 아니며 ≪논어≫의 특징적인 서술 형식에서 동떨어져 있다. 더욱이 문장은 논리성이 결여된 여러 문장들을 뭉뚱그려서 통일이 없다. 해석은 구구해진다.

지금 ≪논어≫의 마지막 편에 임하여 나는 주로 황간(皇侃)의 설을 따르려고 한다. ≪논어의소(論語義疏)≫가 고주(古註)를 우리에게 전해 준 은혜에 대해 감사를 표하고 싶은 것이다.

제1장을 5단으로 나눈 것은 황간의 설에 따른 것이다. 황간은 5단으로 나누고 있지만 제5단은 다시 「謹權量」에서 「四方之政行焉」까지, 「興滅國」에서 「天下之民歸心焉」까지, 「所重民食喪祭」의 한 구 및 「寬則得衆」 이하의 4단으로 작게 나눌 수 있다. 각각의 말이 뒤섞여 수록되어 있는 것이다.

그 끝머리의 「寬則得衆 信則民任焉 敏則有功 公則說」 — 황간본(皇侃本)에는 「信則氏任焉」의 한 구가 없다. 황간이 의거한 하안(何晏)의

≪논어집해(論語集解)≫가 이미 없으며 한(漢)의 석경(石經)에도 없다. 그리고 또 한편 第十七 陽貨篇 6에 「恭則不侮 寬則得衆 信則人任焉. 敏則有功 惠則足以使人」이라고 하였다. 堯曰篇의 이 단은 확실히 陽貨篇의 문장과 관계가 있다. 전승되고 있던 말이 양쪽에 기록된 것이리라.

「公則說」 — 황간본에는 「說」자 앞에 「民」자가 있다. 4자구가 되어 위의 구와 더불어 모양이 갖추어진다. 「信則民任焉」이 없는 문장에서는 이 「公則民說」의 구가 살아난다.

2

子張問於孔子曰 何如斯可以從政矣. 子曰 尊五美 屛四惡
자장문어공자왈 하여사가이종정의 자왈 존오미 병사악
斯可以從政矣. 子張曰 何謂五美. 子曰 君子惠而不費 勞而
사가이종정의 자장왈 하위오미 자왈 군자혜이불비 노이
不怨 欲而不貪 泰而不驕 威而不猛. 子張曰 何謂惠而不費.
불원 욕이불탐 태이불교 위이불맹 자장왈 하위혜이불비
子曰 因民之所利而利之. 斯不亦惠而不費乎. 擇可勞而勞
자왈 인민지소리이리지 사불역혜이불비호 택가로이노
之 又誰怨. 欲仁而得仁 又焉貪. 君子無衆寡 無小大 無敢
지 우수원 욕인이득인 우언탐 군자무중과 무소대 무감
慢. 斯不亦泰而不驕乎. 君子正其衣冠 尊其瞻視 儼然. 人
만 사불역태이불교호 군자정기의관 존기첨시 엄연 인
望而畏之. 斯不亦威而不猛乎. 子張曰 何謂四惡. 子曰 不
망이외지 사불역위이불맹호 자장왈 하위사악 자왈 불
教而殺 謂之虐. 不戒視成 謂之暴. 慢令致期 謂之賊. 猶之
교이살 위지학 불계시성 위지포 만령치기 위지적 유지
與人也 出納之吝 謂之有司.
여인야 출납지인 위지유사

자장이 공자께 여쭈어 보았다.

"어떻게 하면 정치를 할 수 있습니까?"

공자께서 말씀하셨다.

"다섯 가지 미덕을 존중하고 네 가지 악덕을 물리친다면 그야말로 정치를 할 수 있다."

자장이 여쭈었다.

"다섯 가지 미덕이란 무엇입니까?"

공자께서 말씀하였다.

"군자는 은혜를 베풀되 허비하지 않으며, 노동을 시키되 원망을 사지 않으며, 구하되 탐하지 않으며, 여유가 있되 교만하지 않으며, 위엄이 있되 사납지 않다."

자장이 여쭈어 보았다.

"은혜를 베풀되 허비하지 않는다는 것은 무슨 뜻입니까?"

공자께서 말씀하셨다.

"백성이 얻고 있는 이익을 그대로 얻게 하면 그것이 곧 은혜를 베풀되 허비하지 않는 것이다. 그 일에 적합한 자를 골라서 일을 시키면 아무도 원망하지 않는다. 인을 구하여 인을 얻는 것이니 그 밖에 무엇을 탐하겠느냐. 군자는 재물의 다과나 권세의 대소를 문제 삼지 않고 사람을 깔보지 않는다. 이것이 곧 여유가 있되 교만하지 않은 것이다. 군자는 그 의관을 단정히 하고 눈 움직임을 무겁게 하여 모습이 엄숙하다. 사람들은 바라보고 두려워한다. 이것이 곧 위엄이 있되 사납지 않은 것이다."

자장이 여쭈어 보았다.

"네 가지 악덕이란 무엇입니까?"

공자께서 말씀하셨다.

"먼저 가르치지 않고 사형에 처하는 것, 이것을 잔학(殘虐)이라고 한다. 경고함이 없이 갑자기 결과를 꾸짖는 것, 이것을 졸포(卒暴)라고 한다. 명령을 등한히 해 놓고서 갑작스레 기한이 되었다고 벌주는 것, 이것을 적해(賊害)라고 한다. 의당 주어야 할 것을 출납에 인색하게 구는 것, 이것을 유

사(有司)라고 한다.”

【글의 뜻】 屛:물리칠 병. 貪:탐할 탐. 驕:교만할 교. 威:위엄 위. 慢:게으를 만. 瞻:쳐다볼 첨. 儼:의젓할 엄. 畏:두려워할 외. 虐:모질 학. 暴:갑자기 포. 吝:인색할 인.

【말의 뜻】 惠而不費(혜이불비):백성은 이윤을 얻고 정부는 비용이 들지 않음. 因民之所利而利之(인민지소리이리지):물가에 사는 백성은 어로물(漁撈物)을, 산에 사는 백성은 사냥물을 얻게끔 정치함. 擇可勞而勞之又誰怨(택가로이노지 우수원):노역마다 거기에 적합한 자를 골라 일을 시키면 백성은 아무도 원망하지 않는다. 欲仁而得仁 又焉貪(욕인이득인 우언탐):인간에게는 재물과 여색의 욕망도 있거니와 인(仁)과 의(義)의 욕망도 있다. 인의를 구하여 그것을 실현한다. 그 밖에 재물과 여색을 탐함이 없다. 황간(皇侃)은 이와 같이 해석한 뒤에 강희(江熙)의 설을 아울러 싣고 있다. 그것은 ‘인(仁)을 원하여 인에 이름은 탐함이 아니다.’라고 한다. 無衆寡 無小大(무중과 무소대):황간(皇侃)은 「자신의 부(富) 많음을 가지고 상대의 과소(寡小)를 깔보지 않는다. 자신의 권세가 큼을 가지고 상대의 약소를 업신여기지 않는다.」라고 설명한다. 無敢慢(무감만):자신이 부(富)가 많고 세력이 크더라도 그럴수록 과소한 자를 존경하고 깔보지 않는다. 泰而不驕(태이불교):부(富)가 많고 세력이 큰 것은 「泰」이다. 부가 적고 세력이 작은 자를 깔보지 않는 것은 「不驕」이다. 第十三 子路篇 26에 「君子泰而不驕 小人驕而不泰」라고 하였다. 단, 그 장에서 황간의 해석은 여기와 다르다. 正其衣冠(정기의관):황간(皇侃)은 「옷자락이 펄럭이는 일이 없어야 하고, 갓을 벗지 말아야 한다.(衣毋撥 冠毋免)」라고 설명한다. 모두 ≪예기≫ 곡례(曲禮) 상편(上篇)에 나오는 말이다. 「撥」은 차올림. 尊其瞻視(존기첨시):두리번거리지 않음. 「瞻視」는 눈을 휘둘러 봄. 儼然(엄연):겉모양이 씩씩하고 점

잖은 모양. 위의 두 구에 응하고 있다. 人望而畏之(인망이외지):황간(皇侃)은 第十九 子張篇 9「떨어져서 보면 엄숙하고, 가까이 다가가면 온화하며, 그 이야기를 들으면 엄정하다.(望之儼然. 卽之也溫. 聽其言也厲)」를 인용하고「그러므로 복종하여 이를 두려워한다.」라고 설명한다. 威而不猛(위이불맹):그 사람을 보고 두려워하는 것은「威」이다. 가까이 가면 온화한 것은「不猛」이다. 第七 述而篇 37에「子溫而厲 威而不猛」이라고 하였다. 不教而殺(불교이살):정치의 도는 교육을 시키는 것이다. 만일 교육을 먼저 하지 않고서 다짜고짜 사형에 처한다면 그 군주는「虐」이다. 謂之虐(위지학):「虐」은 혹독. 不戒視成(불계시성):미리 경고하지 않고 갑자기 목전의 결과를 꾸짖음. 謂之暴(위지포):「暴」는 졸포(卒暴). '점차'의 반대. 慢令致期(만령치기):명령을 소홀히 하여 기한을 확실히 정해 놓지 않은 채 갑자기 기한이 되었다고 벌을 가함. 謂之賊(위지적):「賊」은 해침. 猶之與人(유지여인):공안국(孔安國)은「俱當與人(함께 마땅히 사람에게 주어야 한다.)」라고 설명하였고 황간(皇侃)은 '물건을 그 사람에게 준다. 부득이한 것이다.'라고 해석한다. 어차피 사람에게 물건을 주지 않고는 안 되는 경우를 말한다. 出納之吝(출납지인):출납에 인색하게 굶. 謂之有司(위지유사):「有司」는 말단 관원. 주어야 할 것에 인색하게 구는 군주는 창고지기인 하급 관리나 같다. 第八 泰伯篇 11에「설사 주공(周公)만큼의 재능과 주공만큼의 미질(美質)을 가지고 있더라도 오만하고 또 인색하다면, 그것만으로도 다른 것은 모두 가치를 잃는다.」라고 하였다.

【뜻 풀이】「五美」,「四惡」— 이와 같은 표현법은 第十六 季氏篇에서 많이 볼 수 있다.「益者三友 損者三友」(4장),「益者三樂 損者三樂」(5장),「君子有三愆」(6장),「君子有三戒」(7장),「君子有三畏」(8장),「君子有九思」(10장) 등이 그것이다.

3

孔子曰 不知命 無以爲君子也. 不知禮 無以立也. 不知言
공자왈 부지명 무이위군자야 부지례 무이립야 부지언
無以知人也.
무이지인야

공자께서 말씀하셨다.

"천명을 모르면 군자일 수 없고, 예를 모르면 세상에 몸을 세워 나갈 수 없으며, 말을 모르면 사람을 알아볼 수 없다."

【글자 뜻】 知:알 지. 命:천명 명.

【말의 뜻】 知命(지명):황간(皇侃)은 「命」을 「궁통요수(窮通夭壽)」라고 한다. 이들은 모두 하늘의 운수로 인간의 힘을 초월한 것이다. 군자는 천명에 따르는 자이다. 천명을 모르고 무리하게 영달을 구하고 장수를 원하는 것은 군자의 덕을 완성하는 것이 아니다. 知禮(지례):황간은 「예는 공검장경(恭儉莊敬)을 주축으로 한다. 몸을 세우는 근본이다. 예를 모르고서 사람은 세상에 몸을 세워 갈 수 없다.」고 하였다. 공자는 또 「시로써 일어나고, 예로써 서고, 악(樂)으로써 이룬다.(興於詩 立於禮 成於樂)」(第八 泰伯篇 8) 하였으며, 「시를 배우지 않으면 말이 발견되지 않는다. ……예를 배우지 않으면 세상을 살아갈 수 없다.(不學詩 無以言. ……不學禮 無以立)」(第十六 季氏篇 13)라고 하였다. 맹희자(孟僖子)도 「예는 인체의 기둥이다. 예가 없으면 몸이 서지 못한다.(禮人之幹也. 無禮無以立)」라고 말하며 공자에게 예를 배우라고 두 아들에게 유언하였다.[≪춘추좌씨전〉 소공(昭公) 7년] 知言(지언):황간(皇侃)은 강희(江熙)의 설을 싣고 있다. 「말을 모르면 곧 말을 완상(玩賞)할 수 없다. 말

을 완상할 수 없으면 그를 헤아릴 수 없다. 이는 단경(短綆:짧은 두레박 줄)으로는 깊은 우물을 잴 수 없음과 같다. 그러므로 사람을 알아볼 수가 없다.」 위의 泰伯篇과 季氏篇이 「立於禮」, 「不學禮 無以立」이라고 함과 동시에 「興於詩」, 「不學詩 無以言」이라 한 것은 여기서 「知禮」, 「知言」을 함께 말하고 있는 것과 같다. 말을 하고, 말을 알며, 말을 완상하는 것은 시를 배움으로써 이루어진다. 시란 아름다운 말을 가리킨다.

【뜻 풀이】 공자는 천명을 알고, 예를 알며, 말을 아는 사람이었다. 이것이 ≪논어≫의 최종 편집자가 붓을 놓음에 즈음하여 총괄한 공자의 상(像)이다. 그도 역시 혼자 중얼거렸을 것이다. 「그만두려 해도 그만둘 수 없도다.」(第九 子罕篇 11)라고.